ベルリン危機1961

Frederick Kempe

フレデリック・ケンプ

訳◆宮下嶺夫

ケネディとフルシチョフの冷戦

Berlin 1961

上

白水社

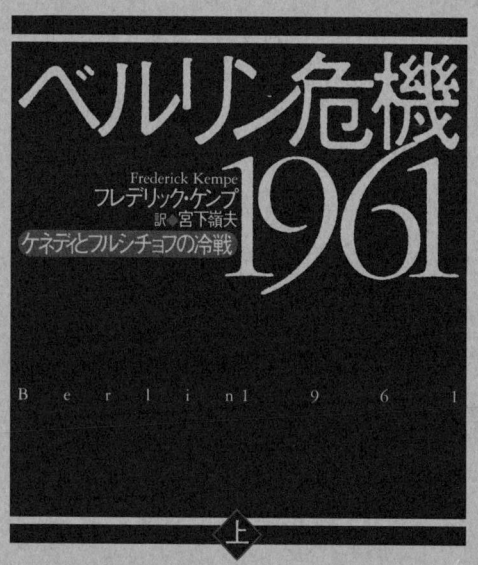

1936年モスクワ州
シチョルコヴォ空港での
スターリンとフルシチョフ
（当時、ソ連共産党モスクワ党第1書記）。
1956年にはスターリン批判を行なう
フルシチョフだが、スターリン生存中は
その忠実な部下だった。[*Sovfoto*]

訪米中のフルシチョフ夫妻と
アイゼンハワー大統領。
右端はソ連外相アンドレイ・グロムイコ。
[*ITAR-TASS/Sovfoto*]

1959年9月、ロサンゼルスで群衆に手を振る
フルシチョフ。
ソ連最高指導者の訪米はこの時が最初だった。
[*Frank Bauman/Library of Congress*]

1938年、駐英大使ジョゼフ(ジョー)・ケネディと息子たち。左が長男ジョー・ジュニア(1944年戦死)。右が次男ジョン(後の大統領)。イングランド・サウサンプトンで。[*President's Collection/JFK Library*]

新旧交替。翌日アメリカ史上最年少の大統領となるケネディ(43歳)に助言を与えるアイゼンハワー(70歳)。1961年1月19日、ホワイトハウスで。[*Abbie Rowe/JFK Library*]

ソ連亡命中のヴァルター・ウルブリヒト(左端)。
同志エーリッヒ・ヴァイナート(右端)と共にドイツ兵に投降を呼びかけている。[*Sovfoto*]

フルシチョフと厄介な従属者ウルブリヒト(右)。1958年東ベルリンでの社会主義統一党第5回大会で。
ウルブリヒトはフルシチョフに対し、しばしば尻尾が熊を揺らすような行動に出た。[*Sovfoto*]

西ドイツ首相コンラート・アデナウアー。
ケネディからは「反動的遺物」と
見なされていた。[*Library of Congress*]

1961年1月5日、アデナウアー85歳の誕生日。祝賀の席でもケネディ次期大統領に対する不安と憂慮は
「ご老体」をさいなみ続けていた。[*Bundesarchiv*]

フルシチョフによって解放されケネディの歓迎を受けるRB47型偵察機乗員。
左側がフリーマン・B・オルムステッド大尉夫妻、右側がジョン・マコーン大尉夫妻。[*APPhoto*]

ディーン・アチソンとケネディ。
ケネディは政権内のハト派との
バランスをとるため
民主党タカ派の重鎮アチソンを
顧問に迎え入れた。
[*APPhoto/Tom Fitzsimmons*]

分割された都市。有刺鉄線越しにカメラが捉えた東ベルリンの老女たち。
建物の壁には市街戦の銃弾の痕が残る。［*USIS/National Archives*］

東ベルリン、アレクサンダー広場の一隅。戦時に破壊されたままの店。
背景の建物に「ドイツ民主共和国が強くなればなるほど
ドイツの平和はより確固たるものになる」のスローガンが見える。
［*USIS/National Archives*］

分割された都市。西ベルリン随一の繁華街クアフュルステンダム(通称クーダム)のきらめく宵。[*USIS/National Archives*]

クーダムの酒場「カフェ・クランツラー」の前にたたずむトップモードの女性たち。[*USIS/National Archives*]

1961年2月11日ケネディ大統領はソ連との交渉に関する初めての会議を開催した。
左から時計回りに、駐ソ大使ルウェリン・E・トンプソン、副大統領ジョンソン、
無任所大使アヴェレル・ハリマン、国務省顧問チャールズ・ボーレン、国務長官ディーン・ラスク、ケネディ、
ソ連専門家ジョージ・ケナン。[*APPhoto/Harvey Georges*]

ケネディは2月末ルウェリン・トンプソン大使にフルシチョフへの
最初の書簡を持たせてモスクワに帰任させたが、フルシチョフは
これを10日間にわたり受け取ろうとしなかった。[*Abbie Rowe/JFK Library*]

3月13日、ケネディは外交儀礼に反して、西ドイツ首相アデナウアーよりひと月早く、
野党社会民主党の指導者である西ベルリン市長ブラントと会見した。[*Library of Congress*]

4月5日ホワイトハウスでの会談の途中散歩するケネディと
イギリス首相ハロルド・マクミラン。マクミランはケネディ政権のベルリン問題への
強硬路線に驚いていた。[*Robert Knudsen/JFK Library*]

4月13日、会談後の記者会見で互いを賞賛し合うアデナウアーとケネディ。
実際にはどちらも相手を信頼してはいなかった。[*Abbie Rowe/JFK Library*]

4月16日、テキサス州LBJ牧場での
ジョンソン副大統領夫妻と
アデナウアー父娘。
この翌日、アデナウアーを飛行場まで送る
車の中で、ジョンソンは
キューバ侵攻作戦が始まっていることを
アデナウアーに告げる。[*APPhoto*]

4月22日、キャンプ・デーヴィッドでのケネディとアイゼンハワー。大統領は大失敗に終わったキューバ侵攻の事後処理について前大統領の助言を求めている。[*Robert Knudsen/JFK Library*]

農場労働者と談笑するフルシチョフ。農業の実態を知るための旅は来たる10月のソ連共産党大会のための支持基盤強化が狙いでもあった。[*Novosti/Sovfoto*]

大統領がソ連スパイと共に写っている珍しい写真。

ハイアニスポートでケネディと対面するソ連軍情報部員ゲオルギー・ボルシャコフ(右から2人目)。

中央は通訳。右端はフルシチョフの女婿アレクセイ・アジュベイ。

ウィーン会談に先立ち、両首脳の意思疎通の円滑化を図るために
ボルシャコフとロバート・ケネディとの間に秘密の連絡ルートがつくられた。[*Cecil Stoughton/JFK Library*]

ウィーン首脳会談中、
ケネディは悪化した背中の痛みに
苦しめられた。
会談後1961年6月ワシントンでの写真。
公衆の前では決して見せない姿だった。
[*Abbie Rowe/JFK Library*]

1961年5月31日、星条旗を振ってケネディ夫妻を歓迎するパリの子どもたち。[*USIA/JFK Library*]

5月31日パリ・エリゼー宮での
公式晩餐会に臨むファースト・カップル。
［*USIA/JFK Library*］

6月3日、ウィーン。
歴史的会談に先立って
握手を交わす
ケネディとフルシチョフ。
［*USIA/JFK Library*］

それは微笑で始まった。［*Sovfoto*］

老練なフルシチョフは
急速に議論をリードしていった。
[*Cornell Capa/Library of Congress*]

シェーンブルン宮殿での晩餐会。
フルシチョフは「小学生のように」ジャクリーンに
魅せられてしまった。[*USIA/JFK Library*]

しかし、会談の雰囲気はとげとげしかった。
ケネディは後に「彼は私をさんざんの目に遭わせた」と語っている。[*USIA/JFK Library*]

ベルリン危機1961——ケネディとフルシチョフの冷戦◆上

BERLIN 1961 by Frederick Kempe

This edition published by arrangement with G.P. Putnam's Sons, a member of Penguin Group (USA) Inc.
through Tuttle-Mori Agency, Inc., Tokyo

カバー写真:Getty Images
ケネディとフルシチョフ。1961年6月2日、ウィーンのアメリカ大使公邸で。

パムへ

ベルリン危機1961——ケネディとフルシチョフの冷戦◆上
目次

ベルリン 1961年
デンマーク
北海
ポーランド
ベルリン
オランダ
東ドイツ
ボン
ベルギー
チェコスロヴァキア
西ドイツ
ルクセンブルク
フランス
スイス
オーストリア
ベルク兵営
国家保安省所有地
ソ連管理地区
統一党本部
国家保安省本部
リン大通り
東ドイツ人民軍事司令部へ
0マイル 5
0キロ 5
ソ連軍司令部
シュプレー川
オーバーシュプレー・ケーブル工場
ベルリンの壁
東ドイツ
©2011 Jeffrey L. Ward

N
東ドイツ
ベルリンの壁
東ベル
テーゲル湖
フランス管理地区
テーゲル空港
ベルナウ通り
ロイ
人民議会
フリード
シュプレー川
フンボルト港
ソ連大
イギリス管理地区
ブランデンブルク門
合同庁舎
ポツダム広場
チェックポイ
チャーリー
クアフュルステンダム
西ベルリン市庁舎
テンペルホ
空港
アメリカ管理地区
アメリカ軍司令部
アメリカ代表部
同盟国軍司令部
西ベルリン
ヴァンゼー湖
マリーエンフェルデ
シュタイン
シュテュッケン
1961年8月アメリカ軍
増援部隊の進入ルート

序言

ブレント・スコウクロフト

歴史家たちは一九六二年のキューバ・ミサイル危機を、その前年に起きたベルリン危機よりもはるかに深く探求してきた。しかし、キューバ危機に注がれた多大の関心にもかかわらず、ベルリンの事件は、一九四五年の第二次世界大戦終結から一九九〇年・一九九一年のドイツ統一、ソ連解体までの時代を形作るうえで、より決定的でさえあった。一九六一年のベルリンの壁構築こそが、冷戦を深刻化し、その後三〇年もの相互敵視を生み、われわれを独特の習癖、行動様式、疑念の中に閉じ込めたのだった。われわれがこのような状態から解放されるのは、一九八九年十一月九日のベルリンの壁崩壊まで待たなければならなかったのである。

そのうえ、このベルリン危機には特別の苛烈さがあった。ペンタゴンでベルリンとキューバの双方の危機対応に従事したケネディ政権の戦略理論家、ウィリアム・コーフマンの言葉によれば、「ベルリンは冷戦時代の最悪の瞬間だった。私はキューバ・ミサイル危機に深く関わったが、ベルリンの対決、とりわけ壁が作られたあとソ連とアメリカの戦車が文字通り対峙して砲口を向け合ったあの時は、ミサイル危機よりもいっそう危険な状況だと個人的には思った。キューバ・ミサイル危機の場合、発生して数日の時点で、ロシア側は実際にはわれわれを瀬戸際まで追い詰めないだろうというきわめて明確な徴候があった……。

ベルリン危機にはそういう感覚はなかった」

フレッド・ケンプの本書は、あの時期を真に理解するうえで決定的な貢献である。その特徴は、臨場感あふれる物語を紡ぎ出すジャーナリストとしての筆力と、政治学者としての分析能力と、アメリカ、ソ連、ドイツの機密解除文書を活用する歴史家としての手腕とを駆使して、ベルリンの壁――冷戦の東西分断をきわめて象徴的に示すものとなった障壁――が建設される過程の裏側で動いたもろもろの勢力、もろもろの個人をユニークな視線で観察している点にある。

歴史は、悲しいことに、もしそうならなければこうなったという事態を示してはくれない。しかしながら、ケンプのこの重要な書物は、われわれに、ベルリン危機に関するいくつかの重大な設問――合衆国大統領のリーダーシップについてのより大きな問題を提起する設問――を検討することを促す。もしジョン・F・ケネディ大統領がニキータ・フルシチョフとの関係を異なった風に築いていたら、われわれは冷戦をもっと早期に終結できたのではないだろうか？　ケネディ政権成立直後フルシチョフは、拘束中のアメリカ人飛行士を解放し、ケネディ就任演説を削除なしでソ連紙に掲載し、対ソ連・東欧放送「ラジオ・フリー・ヨーロッパ」および「ラジオ・リバティー」への妨害電波を減少させた。ケネディはフルシチョフのこうした宥和的ジェスチャーの陰のさまざまな可能性をもっと十分に探ってみることができたのではないだろうか？　もしケネディが一九六一年六月のウィーン首脳会談でフルシチョフに異なった対応をしていたら、フルシチョフは二カ月後ベルリンの境界線を閉鎖するという発想にためらいを感じたのではないだろうか？

あるいは逆に、一部の人たちが示唆するように、われわれは、一九六一年八月共産側の壁の建設を黙認したケネディの態度を、危険きわまる世界における悪い選択肢の中の最良のものと見なすことができるのだろうか？　よく知られているようにケネディは、戦争よりは壁がましだと言ったのである。

――彼としてはその二つのどちらかを選ぶしかないと信じたのも理由のあることだった。

これらは決して些細な問題ではない。

ケンプの迫力ある物語が提起するもう一つの設問は、われわれは将来、時間を隔てた段階で、冷戦を、現在よりももっとニュアンスある方法で眺めるのではないか、ということだ。冷戦は単に、世界征服を目指すソ連を向こうに回しての対立的現象ではなかった。それはまた、相手の意図についての一連の自己増殖的誤解に駆り立てられた事象でもあった。本書の描く、あの決定的時期における米ソ間の伝達ミスと判断ミスの数々を読むと、つくづく、――もしわれわれが相手国指導者の行動を規定している相手国内部の経済的政治的その他の諸力を、もっと明確に理解していたら、よりよい結果を生み出していたかもしれない、と思わざるを得ない。

こうしたことは、誰も正確には答えようのない推論的設問である。しかし本書の文脈においてこれらを提起することは、過去を理解するうえでも未来を展望するうえでも適切なことである。本書には、もう一人の若くて相対的に未経験な最高司令官、バラク・オバマ大統領の第一期においては特別にタイムリーなヒントや警告が含まれている。オバマ大統領はケネディ同様、われわれの敵対者たちによりうまく対応することを目指す対外政策を掲げて、一見手に負えない紛争の下に潜むものをより信頼し得るものとして理解することこそ、紛争をよりよく解決する道であるという信念を持って、ホワイトハウスの主となった人物だからである。

私はかつてジョージ・H・W・ブッシュ政権の国家安全保障担当補佐官としてソ連指導者ミハイル・ゴルバチョフとの交渉の任にあたり、前記のようなさまざまな問題を、自分自身、多少体験した。

ゴルバチョフと渡り合った二人の合衆国大統領、ブッシュとロナルド・レーガンは、全然違うタイプの人間だった。しかし、両者は共に、冷戦を終結させるうえでソ連指導者との交渉のやり方ほど重要なことはないということを理解していた。

ソ連を「悪の帝国」と呼んだにもかかわらず、レーガン大統領はゴルバチョフと五回の首脳会談を行ない、両国間の信頼を築くのに役立つ多数の具体的協定を取り決めた。一九八九年にベルリンの壁が崩壊し、われわれがドイツ統一を実現すべく動いていたとき、ブッシュ大統領は、いささかも自己満足や勝利感にひたったりはしなかった。彼は一貫して、もし冷戦が終結するのならばそれはまさに双方が勝利することとなのだというメッセージを送った。公的声明の中でそのような穏健さを強調することによって、大統領はまたソ連共産党政治局内のゴルバチョフの敵たちに、彼の政策をひっくり返したり彼を追放したりする口実を与えることを避けたのである。

一九六一年のベルリンで、よりタフなケネディとより有和的なケネディのどちらがより良く歴史を変えていたかについては、推測することしかできない。議論の余地のないことは、フルシチョフのスターリン主義との決別がわれわれに雪解けの最初の可能性をもたらしたかもしれないまさにその時に、あの一連の出来事が、冷戦を、極限の凍結状態に戻してしまったことである。

『ベルリン危機 1961』は、驚くべく新しい手法で、われわれをあの一連の出来事に案内し、米ソ二つの大国の基本的体質を明らかにしていく。両国の国内的政治環境、両国指導者の個人的資質の演じる決定的役割を描き出し、さらに、これらすべてが混ざり合って織りなしてゆく、同じく重要な、東ドイツと西ドイツという二つの国の物語が語られる。

本書は、ベルリンという興味深い舞台の上で展開する、一つの時代のドラマであり、冷戦期屈指の決定的な一年間について通説的理解に挑戦する、魅力的で、徹底的調査に裏付けられた、多くの思索を迫る作品である。

序章
世界で最も危険な場所

「ベルリンを制する者はドイツを制し、ドイツを制するものはヨーロッパを制する」

ヴラジーミル・レーニン(カール・マルクスを引用して)

「ベルリンは世界で最も危険な場所だ。ソ連はこの腫れ物を手術したいんです。

――この棘を、この潰瘍を取り除きたいんです」

ニキータ・フルシチョフ首相。一九六一年六月ジョン・F・ケネディ大統領とのウィーン首脳会談で

ベルリン、チェックポイント・チャーリー
一九六一年十月二十七日、金曜日、午後九時(ワシントン時間午後三時)

冷戦の全期間の中でこの時ほど危険をはらんだ瞬間はなかった。

雨もよいの不安な夜だというのに、多くのベルリン市民がチェックポイント・チャーリーに通じる数本の狭い横丁に集まった。翌朝の各新聞はその数をほぼ五〇〇人と報道する。彼らが熱核戦争の最初の銃撃戦の目撃者となったかもしれないことを考えれば、かなりの数の群衆といえる。六日間の高まりゆく緊張のあと、米軍のM48パットン戦車とソ連軍のT54戦車が至近距離で対峙した。――双方

とも一〇両、それぞれの後方に控えが二〇数両ずつ。

　霧雨に濡れまいと雨傘にフード付きジャケットという姿で、群衆は一番見通しのいい地点を求めて前へ前へとひしめきあう。フリードリッヒ通り、マウアー通り、ツィンマー通り、これら三本の街路が交差する場所が、ベルリンきっての東西通行ポイントだ。西側同盟軍の軍人・文民公務員の車両、および歩行者はここを通って東側に入ることになっている。群衆の中には屋根の上に立つ者もいる。報道カメラマンや記者たちの群れを含め、まだ戦時中の弾痕の残る低い建物の窓から身を乗り出している者もいる。

　CBSニュース記者ダニエル・ショアは重々しいバリトンで緊迫のドラマを実況中継している。「冷戦は今夜新しい次元に入りました。米ソ両軍の兵士が歴史上初めてあい対峙したのです。今まで東西の紛争は、ドイツその他、代理の国々の間で発生したものでした。しかし今夜、両超大国が直接睨み合いました。一〇両の低車高ソ連戦車が米軍のパットン戦車に一〇〇ヤードに満たない距離で向き合ったのです……」

　緊張しきった状況の中、米陸軍ヘリコプター一機が現場視察のためか低空を航過、東ベルリン警官の一人がパニックに駆られて「伏せろ！」と叫び、従順な群衆は一斉に地面に突っ伏すという一幕もあった。かと思うと、奇妙な静寂の支配する瞬間もあった。「情景は不気味です。ほとんど信じられないほどです」。ショアはラジオ聴取者たちに告げている。「米兵たちは戦車の傍らに立ちメス・キット〔携帯用食品セット〕からあれこれ取り出して食べています。西ベルリン市民は規制線の後ろで情況を見やりつつプレッツェル・スティックスを買っています。このありさまは東側からのフラッドライトによって照らし出されていますが、ソ連軍戦車は東側の闇に隠れてほとんど見ることができません」

　群衆の間を噂が飛びかった。――いよいよベルリンで戦争だ。「開戦は午前三時だ《エス・ゲート・ロス・ウム・ドライ・ウーア》」。ある西ベルリンのラジオ局によれば、ケネディ大統領の新しいベルリン特別代表ルシアス・クレイ退役将軍は境界線に向かってハリウッド映画ばりに肩いからせて歩み寄り、この戦争の最初の一発をみずから発射するつもりだという。別の話も広がった。チェックポイント・チャーリーの米軍憲兵指揮官が東ドイツ側指揮官をぶん殴ったとか、両軍とも銃撃戦を始めたくてうずうずしているとか。さらに別の話では、ドイツ駐留のソ連全軍がベルリンの自由を永久に葬り去るべく首都めがけて進軍中だとか……。ベルリン市民は最悪の事態の中でさえ、噂話の大好きな種族だ。しかもこの群衆のほとんどは、二度ではなくても一度は世界大戦を体験している。どんな凄いことだって思い浮かべることができるのだ。

クレイは、三〇〇日のソ連の封鎖から西ベルリンを救った一九四八年の空輸作戦を指揮した英雄だが、今回の対決は一週間前、彼がその口火を直接切っている。ワシントンにいるクレイの上司たちから見れば、本来、戦争に結びつくと思われるほどの事柄ではなかった。東ドイツ国境警備隊が、すでに慣例化している四ヵ国手続きを破って、西側の文民公務員がベルリンのソ連地域に車を乗り入れる際に、身分証明書の提示を要求し始めたのだ。それ以前はただ彼らの車両の特有のナンバープレートを確認するだけで十分だったのに。

どんなに些細な問題でも反対しておかないと、ソ連側は西側の諸権利をソフト・サラミのように次第次第に削り取っていく。個人的体験からそう確信しているクレイは、要求を拒絶、文民公務員の車両を武装兵士の護衛付きで東に入っていかせるよう命令した。着剣ライフルを持った兵士たちのジープが、戦車を従え、文民公務員の車の周囲を固めて、検問所の、ジグザグに置かれた低い赤白縞のコンクリート・バリアの間を曲折しつつ通過して行った。

最初、クレイの強硬策は功を奏し、東ドイツ国境警備隊はひきさがった。しかしフルシチョフが迅速に反応した。東側戦力が米側戦力に劣ってはならぬ、戦車の数をきっかり同じにするのだ、必要とあればさらに増強する用意をしておけ、と命じた。フルシチョフはまた、ソ連戦車の国籍マークを隠し、乗員はマークのない黒い軍服を着るようにと言ったが、これはソ連の関与を否認するためのなんとも奇妙な、結局不成功に終わる措置だった。

その午後、クレイの作戦に待ったをかけるべくソ連戦車隊がチェックポイント・チャーリーに前進してきたとき、まさにこのとき、東ドイツとの低レベルの国境トラブルは、世界の二超大国の神経戦に変容した。ベルリンの西側と東側にあるそれぞれの緊急作戦センターに陣取っている米軍指揮官とソ連軍指揮官は、次にどう出るかを検討しつつも、ジョン・F・ケネディ大統領とニキータ・フルシチョフ首相からの命令をじりじりしながら待っていた。

最高首脳たちがワシントンとモスクワで熟慮を重ねているうちに、トーマス・タイリー少佐指揮下の米軍戦車隊員は、いらいらしながら、世界で最も有名な東西境界線越しに相手側の品定めをしていた。ちょうど二カ月半前、一九六一年八月十三日、ドラマティックな夜間作戦において、東ドイツの軍と警察はソ連の支援を受けて、有刺鉄線や警備詰所からなる最初の一時的な障壁を作りあげたのだった。西ベルリンの周囲一一〇マイルにこの障壁を張り巡らし、東ドイツ共産主義国家の存続を脅かすまでになっていた難民の脱出を封じ込めようとしたのである。

それ以来、共産側は、この境界線をコンクリート・ブロックやモルタル、タンク・トラップ〔対戦車障害物〕、監視塔、軍用犬などで固め、「ベルリンの壁」として世界に知られることになるものが生まれるのである。共同放送ネットワーク（MBN）のベルリン特派員ノーマン・ゲルブの描写によれば、「悪夢の中の光景のように街を蛇行する……あらゆる時代を通じて最も珍奇で最も傲慢な都市再開発スキーム」だった。ジャーナリスト、報道カメラマン、政治指導者、諜報部チーフ、将軍、観光客、等々がこぞってベルリンに押しかけ、ウィンストン・チャーチルの比喩的表現であった鉄のカーテンが物理的存在として現われているのを目にしたのである。

兵士たちにとって明瞭なことは、チェックポイント・チャーリーでの戦車と戦車の睨み合いは演習ではないことだった。その朝、タイリーは戦車の砲弾ラックに実弾を用意しておくよう部下たちに指示し、機関銃は半ば装填しておくよう命じていた。さらに、数両の戦車にはブルドーザー・ショベルが装着されていた。タイリーは、すでに、まさに今回のような事態に備えた演習をやっており、その際、ある計画について兵士たちを訓練していた。つまり、まず、チェックポイント・チャーリーを通って東ベルリンに平和裏に乗り込む（これは四カ国協定によって認められていることだ）。そのあと、立ち塞がるベルリンの壁を突き崩して帰還する、というものだ。——あえて共産側の出方を見るための計画である。

暖をとるためと神経を落ち着かせるために米軍戦車の操縦手たちはエンジンをふかし、その騒音たるや恐るべきものだったが、とはいえ、兵力わずか一万二〇〇〇の同盟軍部隊は、ベルリンの近傍に駐留するほぼ三五万のソ連兵に対し通常戦闘においては勝ち目はない。タイリーの部下たちは、自分たちが全面戦争の仕掛け線のようなものだと知っていた。アウフ・ヴィーダーゼーエン〔さようなら〕と言う間もなく世界核戦争を引き起こしかねない存在なのだ。

対決の第一報を送るべくチェックポイント・チャーリーに駆けつけたロイターの特派員アダム・ケレット＝ロングは、戦車砲の前の不安げな顔のアフリカ系米兵を見て、「もし彼の手がほんの少しだけ強く揺れたら、砲弾が発射され、第三次大戦が勃発してしまうのじゃないだろうか」と思った。

ベルリンでほぼ午前零時、ワシントンでほぼ午後六時、ケネディ政権の国家安全保障にかかわる最高首脳陣はホワイトハウスの閣議室で緊急会議を行なっていた。大統領は事態が統御不能になりつつあることに神経を苛立たせていた。まさにその週、この政権の核戦略家たちは詳細な不測事態対応計画を策定し終えたばかりだった。必要とあらばソ連に核の第一撃を行なう、これによって敵対者は破壊されその軍隊は反攻不能になる、というものだが、大統領はまだ、専門家たちに懐疑的な質問を浴びせるばかりで、この計画を承認していない。とはいえ、このような世界終末論的シナリオを聞かされて大統領の気分がこれに影響されないはずはなかった。そんな気分のケネディの前に、いま、居並んでいるのは、国家安全保障担当補佐官マクジョージ・バンディ、国務長官ディーン・ラスク、国防長官ロバート・マクナマラ、統合参謀本部議長ライマン・レムニッツァー、等々の高官たちだ。

閣議室から、専用回線を通して西ベルリンの作戦室にいるクレイ将軍に電話がかけられた。バンディが電話に出ていると聞かされて、彼と話すつもりでいたクレイは、ケネディ自身の声を聞いて仰天した。

「これは、大統領閣下」。クレイは大声で言った。司令センターの彼の背後の話し声がピタリとやんだ。

「状況はどうだね?」ケネディは訊いた。精いっぱい、冷静でリラックスした感じの声を出している。

すべては統御されています、とクレイは答えた。「わが方はチェックポイント・チャーリーに戦車を一〇両出しています。ロシア側もやはり一〇両です。双方、イコールというわけです」

そのとき副官がクレイ将軍に一枚のメモを手渡した。

「大統領閣下。数字を変えなくてはなりません。たったいま報告を受けたのですが、ロシア側はさらに二〇両の戦車を投入してきました。これで彼らは、まさにわが方がベルリンに持つ戦車の総数を出してきたわけです。ですから、わが方は、残りの二〇両を出動させます。ご心配なく、大統領閣下。彼らは戦車の数をわが方の数に合わせています。これは私の見るところ、彼らには何もするつもりはないということの、さらなる証拠です」

大統領も同じ計算ができた。もしソ連側が彼らの数字をさらにエスカレートするならば、クレイには通常戦闘ではこれに対応する能力はない。ケネディは周囲の部下たちの不安そうな顔を見渡し、両足をテーブルの上にひょいと載せた。事態が統御不能になることを恐れている男たちに、沈着冷静のメッセージを送りたかったのだ。

「そうか、それはいい」。大統領はクレイに言った。「怖気づかずにやってくれたまえ」

「大統領閣下」。クレイは彼らしい率直さで切り返した。「こちらは怖気づいたりしません。その点は心配していません。こちらが心配しているのは、ワシントンのあなた方が怖気づくんじゃないかということです」

ケネディ政権の第一年目の半ばにベルリンの壁が構築されてから、半世紀が過ぎた。しかし、一九六一年の歴史的諸事件を形成したもろもろの力の物語をより確信を持って語り得るのは、今が初めてであると言っていい。それを可能にする十分な時間的距離が生まれ、また、アメリカ、ドイツ、ロシアの個々人の記録やオーラル・ヒストリー、新たに機密解除された文書へのアクセスが得られるようになったからである。ほとんどの叙事ドラマと同様に、それは、時間（暦の上の一年）、場所（ベルリン、そしてその運命を形作ったその他の首都）、そしてとりわけ人間、この三要素を通して最もよく語られる物語である。

あの時代の二人の指導的人物の関係で、ジョン・F・ケネディとニキータ・フルシチョフの場合ほど、性格がまったく対照的で、利害が決定的に異なる例は他になかった。

ケネディは一九一六年以来最もわずかな票差による勝利を得て、一九六一年一月、世界の舞台に登場した。彼は「アメリカをふたたび動かそう」というスローガンを掲げて、二期続いた共和党ドワイト・D・アイゼンハワー政権を、共産主義ソ連が経済、軍事の両面で危険な優位を得るのを許したとして非難したのだった。アメリカ史上最も若い大統領。四十三歳。特権階級の息子。父たる億万長者は果てしない野望の持ち主で、その最愛の息子ジョゼフ・ジュニアを戦争で失っている。新大統領はハンサムでカリスマ的で、素晴らしい雄弁家だが、たえず苦痛にさいなまれてもいる。アジソン病によるアドレナリン不足、そして、戦傷によって悪化した、しばしば耐えがたいほどの腰痛などである。表面的には自信に満ちていたが、どうやってうまくソ連と渡り合うかの不安に苦しめられていたことだろう。彼は、エイブラハム・リンカーン、そしてフランクリン・デラノ・ルーズヴェルトと肩を並べる偉大な大統領になると決意している。しかし、彼にとって気がかりなのは、彼ら二人が歴史上の大人物となったのは戦争があったからこそだ、ということだ。一九六〇年代においては、これは、核による破滅を意味することになってしまう……。

アメリカ大統領の就任最初の一年はしばしば危険に満ちている。危険な世界の重要課題が一つの政権から他の政権に引き継がれる時期なのだから、大統領がケネディ以上に経験のある人物であったときでさえ、このようなことは言えた。そのうえケネディは、就任後最初の五カ月に、ピッグズ湾侵攻事件、ウィーン首脳会談など、いくつかの自損的失策によって傷ついている。ウィーン会談では、彼自身の言葉によれば、フルシチョフが彼を出し抜き、ひどい目にあわせている。とはいえ、彼にとって、最大の正念場は、米ソ対立の中央舞台たるベルリンをおいて、ほかになかった。

気質と育ちの点で、フルシチョフはケネディの正反対だ。農奴の孫で炭鉱夫の息子。六十七歳。ケネディが不決断だとすれば彼は衝動的、ケネディが慎重だとすれば彼は大言壮語的。まともに学校教育も受けなかった男の根深い不安感と、ライバルが次々と消え、追放され、殺害されていくなか途方もない困難を乗り越えて権力の座にのぼった男の強烈な自信の間で、彼の気分は絶えず変化する。導き手であったヨシフ・スターリンの犯罪に彼自身関わってもいたが、その死後は、スターリンのやり方を否定した。一九六一年、フルシチョフは改革への意欲と西側との関係改善への意欲、またそれとは逆の権威主義、対決主義の習性の間で揺れていた。西側との平和的な共存と競争を通してこそソ連の利益は最もよく増進できるというのが彼の確信だった。しかし同時に、彼に対する圧力も強まっていた。アメリカとの緊張をエスカレートせよ、必要ないかなる手段によっても難民の大脱走を止めよとの圧力である。難民流出はいまや東ドイツの内部崩壊を引き起こしかねない事態になっていた。

一九四九年の東ドイツ国家の成立から一九六一年に至る間に六人に一人――二六〇万の人々――が難民として去った。一九四五年から一九四九年の間にソ連占領地区を逃れた人々を含めれば、トータルは三〇〇万に達する。この大脱出は、東ドイツ国家の最も有能で活動的な人々をこの国から失わせていた。

加えて、一九六一年を迎えて、フルシチョフは時間との競争を強いられていた。この年十月、重要なソ連共産党大会が開かれる。もしそのときまでにベルリン問題に決着をつけなかったなら、政敵たちが彼を追い落とすことは十分考えられることだった。ウィーン首脳会談の席上フルシチョフがケネディに、ベルリンは「世界で最も危険な場所」だと言ったとき、彼が意味したのは、一義的には、そこは最も超大国間の核戦争の発火点となりそうな場所だということだった。しかしそれだけではなく、フルシチョフは、もしベルリン問題をしくじればライバルたちが自分を葬り去るであろうことも知っていた。

フルシチョフとケネディをそれぞれ支援するドイツ人立役者たちの闘争も、やはり際立った対照を示していた。ヴァルター・ウルブリヒト（社会主義統一党第一書記兼国家評議会議長）の率いる東ドイツは、破綻しつつある人口一七〇〇万の国家であり、コンラート・アデナウアー首相の率いる西ドイツは、急速に台頭しつつある人口六〇〇〇万の経済大国だった。

この年は、ウルブリヒトにとって、ケネディとフルシチョフの双方にとって以上に、死活的重要性を持つものになりそうだった。いわゆるドイツ民主共和国（東ドイツの公式名称）は、彼のライフワークだった。六十七歳の彼は、抜本的救済策を施さないかぎりこの国が経済的・政治的崩壊に向かって突進するしかないことを知っていた。その危険が大きければ大きいほどウルブリヒトはそれを防ごうと懸命に画策し、その結果、モスクワでのウルブリヒトの影響力は東ドイツの不安定性にほぼ比例するかたちで増大しつつあった。東ドイツが失敗すればソ連帝国全域に波紋が広がりかねない。クレムリンはそのことを怖れていたのである。

国境の向こう、西ドイツの首相コンラート・アデナウアーは八十五歳。建国以来、三期連続してこの地位にあり、現在、二つの闘いを同時にたたかっている。一つは彼自身の年齢との闘いであり、もう一つは、政治的対立者たる西ベルリン市長ヴィリー・ブラントとの闘いである。ブラントの所属する社会民主党は、アデナウアーにとって、来たる九月の選挙での左派勢力の政権獲得という受け入れがたい危険を象徴するものだった。とはいえ、一九六一年初頭の時点で、アデナウアーは、ケネディ大統領こそが、自由で民主主義的な西ドイツという彼の遺産への最大の脅威になるだろうと考えていた。

一九六一年、アデナウアーの歴史上の位置は、第三帝国の屍灰から西ドイツがフェニックスのように再生したという事実によってすでに確立されているかに見えた。しかしケネディはアデナウアーを、歴代アメリカ大統領がモスクワとのより緊密な関係を犠牲にして過度に信頼してきた、今や賞味期限切れの政治家と考えていた。アデナウアーのほうも、確実に決定的な年になるはずのこの一年の間、ソ連と渡り合う度胸と気骨がケネディには欠けているのではないかと不安を感じていた。

『ベルリン危機 1961』の物語は三部に分けて語られる。

第一部「主演者たち」は、四人の主演者——フルシチョフ、ケネディ、ウルブリヒト、アデナウアー——を紹介する。この一年を通して彼らを結び付けているきずなは、ベルリンであり、彼らの野心と不安の中でこの都市が演じる中心的役割である。初めの数章は、互いにぶつかり合う主演者たちの動機と、後に続くドラマのための舞台を用意する諸事件を叙述する。ホワイトハウス、リンカーン・ベッドルームでの最初の朝、ケネディは目覚めると同時に、ソ連に拘束されていたアメリカ・スパイ機飛行士たちを一方的に解放するというフルシチョフの申し出に接する。それ以後、ストーリーは二人の指導者の接触、駆引き、誤解、等々を軸に展開していく。そしてその間ウルブリヒトはフルシチョフがベルリンにおいて強硬策に出ざるを得なくなるよう舞台裏で立ち回り、アデナウアーはまた、信用できない合衆国新大統領をなんとか善導しようと心を砕くのである。

第二部「募りくる嵐」では、フィデル・カストロ打倒を目指したピッグズ湾侵攻作戦の大失敗によって傷ついたケネディが、地に墜ちた対外政策の評価を回復すべく、軍備増強と、フルシチョフとの首脳会談に望みを託す。増大の一途をたどる東ドイツからの難民脱出は、ウルブリヒトにとっての危機を深刻化し、彼はベルリンの境界線を閉鎖するというみずからの計画にさらにのめりこんでいく。常に移り気なフルシチョフはケネディ懐柔からケネディ攻撃へと立場を変え、ウィーン会談において新しい脅迫的なベルリン最後通牒を提案し、あまりにも歴然とした相手の弱さに侮蔑的同情を示したりもする。ケネディは自分の拙劣な対応が招いた会談結果に意気阻喪し、以後、次第にフルシチョフがアメリカの決意を見誤まって世界を危険にさらすことのないよう、そのための方策を見つけることに熱中していく。

最後の第三部「対決」は、八月十三日の驚くべき夜間国境閉鎖作戦とその劇的余波を引き起こした、ワシントンの優柔不断とモスクワの果断を叙述する。ケネディは、内心では、ソ連の行動に安堵していた。この国境閉鎖によって東ドイツの難民問題が解決し、そのことでソ連がより容易なパートナーになればいいと思っていた。しかし、彼は自分がベルリンの壁の潜在的有効性を過大評価していたことを急速に思い知る。数十名のベルリン市民が壁の存在にもかかわらず決死の脱出をくわだて、少なからぬ人々が命を落としたのだ。国際的には危機は激化し、ワシントンが核戦争を最善の方法でいかに戦い勝利するかを議論している間に、モスクワは戦車を繰り出し、世界は固唾をのむこととなる。──そしてこの一九六一年ベルリン対決の余波は、一年後、キューバ・ミサイル危機を引き起こし、ふたたび世界を震撼させるのである。

叙述の流れの中に、ベルリン市民自身についての短い挿話がちりばめられている。いずれも意図せずして、冷戦史の決定的瞬間に独自の役割を果たし、それによって数奇な運命を辿らざるを得なかった人たちである。──ソ連兵による恒常的レイプの被害者がいる。彼女は自分の体験を伝えようとするが、ひたすら忘却を求める人々からはかえって反発される。農地集団化に抵抗し投獄される農夫がいる。西側に逃亡し、ついにはアメリカでミス・ユニバース・コンテストで勝利する女性エンジニアがいる。自由に向かって有刺鉄線を飛び越えた東ドイツ警察隊員がいる。跳躍のさなか、軽機関銃が彼の手を離れた。その瞬間を捉えた写真は、自由への願望の象徴的画像となった。そして、自由に向けて泳ごうとして射殺された仕立て職人がいる。彼は脱出者に対する東ドイツの射殺命令の最初の犠牲者だった。

一九六一年初めの時点で、一つの政治体制が、その国民を封じ込めるために壁を打ち立てることなど、とても考えられないことだった。そして二八年後に、その壁が平和裏にほぼ一夜にして崩れ落ちるなどということも、想像すらできないことだった。

われわれがあの事件を適切に理解できるのは、そして、いまだ答えられていない大きな歴史的疑問のいくつかに解決を求めうるのは、ベルリンの壁を生み出した年に戻り、それに関わったさまざまな勢力、さまざまな人たちを再訪することによってのみである。

歴史は、ベルリンの壁の建設を、ケネディの一貫した指導性の積極的成果——戦争を避けるための巧みな措置——と考えるべきか、あるいはそうではなくて、壁は、彼の気骨のなさの不幸な結果と見るべきなのか？ ベルリン境界線の閉鎖は、ケネディにとって不意打ちだったのか、それとも、彼はそれを予期していたのか、そしてもしかすると、（それが核戦争に繋がりかねない緊張をやわらげると信じていたがゆえに）それを求めてさえいたのか？ ケネディの動機は平和を志向した開明的なものだったのか、それとも、シニカルで近視眼的なものだったのか——つまり、もしあのとき彼が別の行動をとっていたら、数千万の東欧民衆を、さらに一世代続くソ連の占領と抑圧から解放できたのではなかったか？

フルシチョフは真の改革者であり、ケネディの大統領当選直後から彼と接触しようとしたその努力は、緊張緩和のための本物の努力（アメリカはそれを認識しなかったが）だったのだろうか？ それとも彼は、アメリカがまともに相手にすべきでなかった奇矯な指導者だったのか？ フルシチョフは、もしケネディがこれに抵抗してくると信じたら、ベルリンの壁建設の計画から手を引いただろうか？ あるいは、東ドイツ崩壊の危険がきわめて大きい状況のもとで、難民脱出を食い止めるために、必要とあらば、戦争を覚悟しただろうか？

以下の叙述は、新しい証拠と新しい分析に基づいて、二十世紀後半の最も劇的な年の一つに新しい光を当てる、一つのこころみである。——二十一世紀初頭の騒然たる日々、この物語はわれわれに、学ぶべき多くの教訓を語りかけている。

第1部 主演者たち

第1章 フルシチョフ――せっかちな共産主義者

「われわれはフランスに向けて三〇個の核兵器を持っている。あの国を破滅させるには十分以上だ。西ドイツとイギリスに向けてはそれぞれ五〇個ずつ用意してあるんだ」

フルシチョフ首相。一九六〇年一月一日、駐ソ・アメリカ大使ルウェイン・E・トンプソン・ジュニアに

「旧年がどんなに良い年であったとしても新年はなおそれ以上に良い年となるでしょう!

……わが国がアメリカとの関係改善を非常に重要なものとみなしていると私が言いましても、誰も私を非難したりはしないでしょう。

……新しいアメリカ合衆国大統領がさわやかな風のように
アメリカとソヴィエト連邦の間のよどんだ空気を吹き払うことを私たちは希望します」

フルシチョフ。一年後、一九六一年一月一日、新年の乾杯の挨拶

モスクワ、クレムリン
一九六〇年十二月三十一日

間もなく午前零時、一九六〇年がこれでようやく終わってくれる。しかし、新しい年には一層大きな問題が待ち構えている。ホッとしている暇はない……。クレムリン、聖ゲオルギーの間の高い丸天

井の下、新年祝賀に集った二〇〇〇人の賓客を見渡しながら、ニキータ・フルシチョフはそんな思いを噛みしめていた。屋外では雪嵐が吹きすさび、赤の広場と、防腐処置を施された前任者たち——レーニンとスターリン——の霊廟の上を覆った雪を飛散させている。フルシチョフはつくづく思った。世界におけるソ連の立場は、歴史におけるこの俺の位置は、そして(もっと肝心なことだが)俺の政治生命は、吹きつけてくる諸問題の雪嵐をいかに処理していくかにかかっているのだ、と。

国内問題では、フルシチョフは二年連続の農業生産の減少に苦しめられていた。二年前、彼はかなりのはったりをまじえて一九七〇年までにアメリカの生活水準に追い付き追い越すという速成的計画をぶちあげたのだが、いまだに国民の基本的需要を満たすことさえできていない。国内視察旅行の折り、彼は、ほとんど至るところで物資不足を見た。住宅が足りない、バターが足りない、肉がミルクが卵が足りない。顧問たちの言によれば、労働者の反乱の可能性が高まっている。それも、一九五六年、彼がソ連軍戦車を繰り出して鎮圧せざるをえなかったハンガリーの反乱に似ていなくもない深刻な反乱が。

対外関係では、西側との平和共存というフルシチョフの外交政策——西側世界との不可避的対決という スターリンの理念からの、異論の多い離別——は、去る五月、ソ連のロケット弾がアメリカのロッキードU2型スパイ機を撃墜したとき、挫折していた。撃墜の十数日後、領空侵犯へのアメリカの公式謝罪を得られなかったフルシチョフは、ドワイト・D・アイゼンハワー大統領および戦時に同盟していた諸国の指導者たちとのパリ首脳会談を流会させたのだった。この事件こそフルシチョフ路線の失敗の証拠であるとして、ソ連共産党内のスターリン主義残存勢力、中国の毛沢東はソ連共産党第二二回大会に備えて、フルシチョフ退治のためのナイフを研いでいる。フルシチョフ自身、まさにそのような会議を反対派粛清のために利用してきている。一九六一年に向けての彼のすべてのプランは、この大会での破局を阻止することを目指して立案されていた。

こうしたことすべてを背景として、フルシチョフを最も脅えさせているのは、二つに分割されたベルリンの悪化しつつある状況だ。批判者たちは、フルシチョフが共産主義世界の最も危険な傷が化膿するのを放置している、と非難していた。東ベルリンから西側への難民の流出は警戒すべき度合いで増えていたし、難民の多くは、企業経営者、知識人、農夫、医師、教師など、国家の最も積極的で有能な自立的な層なのだった。フルシチョフはよく、ベルリンを西側の睾丸と呼んでいた。ぎゅっと握ればアメリカもひるむ、柔らかい部分なのだと。しかし、より正確な隠喩は、ベルリンはフルシチョフの、またソ連ブロックのアキレス腱になっているということだ。そこは共産主義が最も脆弱なかたちで存在する場所なのだ。

しかしフルシチョフは、新年を祝う客たちの中を歩き回るとき、こうした懸念のどれ一つとして顔に出すことはない。宇宙飛行士、バレリーナ、画家、官僚、各国大使、等々を含む賓客たちは、大広間の六個の巨大なブロンズ・シャンデリアと三〇〇〇個の電灯の煌々とした明かりを浴びている。彼らにとってソ連指導者のパーティーに招待されることはそれ自体、ステイタスの証明だ。しかし、きょう、彼らはいつも以上に大きくさえある期待を込めて、うきうきと語らっていた。なぜなら、三週間もたたないうちにジョン・F・ケネディが就任する。フルシチョフは何を言うだろうか。ソ連指導者が毎年行なう新年の乾杯の辞が、その後の米ソ関係の方向を予告することを、客たちは知っているのだ。

赤の広場にそびえる十六世紀建築のスパスカヤ塔の大時計が真夜中を告げる轟然たる響きに向けて時を刻んでいるとき、フルシチョフは聖ゲオルギーの間の中で、客たちを相手に奮闘していた。灰色のスーツからはみ出さんばかりの勢いで、次々と手を握り合い、抱擁し合う。このエネルギーが、ウクライナとの境界に近いロシア・カリノフカ村の貧家に生まれた彼に、革命、内戦、スターリンの偏執狂的粛清、世界大戦、そしてスターリン死後の指導権争いを切り抜けて、最高権力の座を勝ち得させたのだ。一九一七年共産党の権力奪取は、貧しい生まれの多くのロシア人に新しい機会を提供した。しかし、彼らの中で、ニキータ・セルゲーヴィッチ・フルシチョフほど巧みに生き延びた者はいないし、彼ほどの高みに到達した者もいない。

西側に対するソ連の核ミサイル攻撃能力が増大したことから、ソ連指導者フルシチョフの心理状態を知っておくのは、アメリカ情報機関の喫緊の課題となっていた。一九六〇年にCIAは、内科医、精神科医、心理学者ら二〇人ほどの専門家を集め、フィルム、情報ファイル、個人的文書などを通して、フルシチョフを徹底調査した。動脈硬化と高血圧の噂を確かめるために彼の動脈のクローズアップ写真を検討することまでした。極秘の報告書が作成され(これはのちにケネディ大統領に届けられる)、その結論は、――気分変動、鬱状態、飲酒癖(最近はかなり自制している)が見られるにもかかわらず、フルシチョフは「慢性的楽天的オポチュニスト」と呼び得る一貫した行動を示している。彼は、これまで多くの人が信じていたような、スターリン型の権謀術数的共産主義者というよりも、活気あふれるアクティヴィストである、というものだった。

CIAが新政権のために用意したもう一つの最高機密文書であるパーソナリティ・スケッチは、フルシチョフについて「機略縦横で大胆不敵、政治的タイミングの取り方やショーマンシップが見事で、若干のギャンブラー的傾向も備えている」と書いており、さらに、このずんぐりした男のしばしば道化風の物腰の陰に、「生まれ持った鋭い知性、機敏な精神、積極性、野心、無慈悲さ」が潜んでいることをケネディに警告していた。

CIAが報告しなかったこともある。フルシチョフが、ケネディが当選できたのは自分のおかげだと言っていて、いまやその見返りを求めようとしていることだ。フルシチョフは同志たちに、アメリカ史上屈指の接戦となった大統領選挙で俺は決定票を投じたのだと自慢していた。つまり、拘束中の三人のアメリカ人飛行士――撃墜されたU2型機パイロット、フランシス・ゲーリー・パワーズと、その二カ月後バレンツ海でソ連軍に撃墜されたRB47偵察機の二人の乗員――を解放されたいと、共和党政権が要請してきたが、選挙戦のさなかにこれを拒否することで、民主党を有利にしたというのだ。いまや彼は多様なチャンネルを通して、ケネディとの早期の首脳会談を実現すべく、さかんに働きかけている。この会談によってなんとかベルリン問題を解決したいのだ。

フルシチョフは大統領選の間、自分がケネディの勝利を願い、リチャード・ニクソンを嫌っていることを、ソ連高官たちにはっきり見せていた。ニクソンはアイゼンハワーの反共産主義的副大統領として、モスクワで、二つの体制のどちらが優越しているかをめぐる、いわゆる「台所論争」のさいフルシチョフに恥をかかせた男である。「われわれはアメリカ大統領選挙にだって影響を与えられるんだぞ！」フルシチョフは同志たちに言ったものだ。「ニクソンにはそんなプレゼントをやるものか」

選挙のあとフルシチョフは、飛行士たちの解放を拒否することで、自分は直接、ニクソンからその当選に必要な数十万票を奪ったのだと得意満面だった。

クレムリンの新年パーティー会場からほど遠からぬ、KGB〔国家保安委員会。ソ連の政治保安警察〕のルビヤンカ監獄の中で、アメリカ人飛行士たちはフルシチョフの選挙操作の記念物ででもあるかのように閉じ込められている。ソ連指導者はなお彼らを政治的な駒として握っている。いずれ時来たれば、使えることがあるはずだ。

新年の乾杯の辞へのカウントダウンが続くなか、フルシチョフは客たちの中に立ち混じり、共産主義独裁者というより民衆政治家という風情である。まだ精力的で溌剌としているものの、多くのロシア人の例にもれず、老化の速度は著しい。すでに二十二歳で患った重病のあと髪が灰色になってもいる。同志たちと雑談しながら、しばしば、丸禿げに近い頭を反らせて、自分の言った冗談に高笑いし、悪い歯並びを見せている。前歯の真ん中に隙間がある。双頭歯二本は金歯だ。頭の周縁にわずかに残った毛髪は短く刈り込まれ、活気に満ちた丸顔に大きないぼが三つ、獅子鼻の下に切り傷の跡が一つ、赤い頬に走る深い小じわ、鋭く光る黒ずんだ目。両手を振りまわし、短くスタッカート風に、甲高い鼻にかかった大声で話す。多くの人にやあやあと声をかけ、相手の子どもたちのことを名指しで尋ねる。「タチヤーナちゃんは元気かね？　イヴァン坊やはどうしてる？」

彼の今夜の目的からして、フルシチョフは、客の中にモスクワ在住の最も重要なアメリカ人ルウェリン・「トミー」・トンプソン大使が見あたらないことに失望していた。トンプソンとフルシチョフは、米ソ両国関係の冷え込みにもかかわらず親密さを維持し続けている仲である。トンプソンの妻ジェーンはフルシチョフに、夫は潰瘍の具合が悪くて家でふせっておりますのと詫びを言ったが、それが口実でないにしても、トンプソンが、フルシチョフとの前回の新年のパーティーでのいきさつに依然として傷ついていることも事実だった。あのとき、かなり酩酊したフルシチョフは、ベルリンをめぐって第三次世界大戦の宣戦布告に等しいことをやらかしてしまったのだった。

前回、パーティーさなかの午前二時、酔眼朦朧たるフルシチョフは、トンプソンとその妻と、フランス大使とイタリアの共産党指導者とを、聖ゲオルギーの間に隣接して新しく建築された控えの部屋——色とりどりのプラスチックの岩の並ぶ噴水池を中心とする奇妙な装飾の部屋——に案内した。フルシチョフはトンプソンに嚙みついた。私の提案している、西側同盟軍の撤退も含むベルリン合意に関していい返事をくれなければ、西側に思い知らせてやる。

「われわれはフランスに向けて三〇個の核兵器を持っている。あの国を破滅させるに十分以上だ」。

フランス大使のほうに頭を傾けてそう言うと、おまけみたいに、こう付け加えた。西ドイツとイギリスに向けてはそれぞれ五〇個ずつ用意してあるんだ、と。

話が深刻になった、もっと明るい雰囲気にしなくては、と思ったジェーン・トンプソンは、それでアンクル・サム〔アメリカ〕に向けてはどれくらい用意されているんですの、と尋ねた。

「それは秘密です」。フルシチョフはそう言ってにやりと笑ったのだった。

気まずくなった雰囲気を変えようとしてトンプソンは、乾杯を提案した。来たるべきパリでのアイゼンハワー大統領との会談のために、そしてその会談がもたらすであろう両国関係の改善のために乾杯しませんか。しかしソ連指導者は脅迫的言辞をまくしたてるばかり。パリ会談が終わるまでは、ベルリンに関して、一方的に事を荒立てるようなことはしないとのアイゼンハワーとの約束を反古にするかのようだった。ようやく朝の六時になって、トンプソンはウォッカ漬けの長広舌から解放され、二つの超大国の関係は、フルシチョフがその夜の話の中身を思い出さずにいてくれることにかかっているのだと痛感しつつクレムリンを後にしたのだった。

トンプソンはその朝、アイゼンハワー大統領とクリスチャン・カーター国務長官に電報を打った。フルシチョフの発言を伝える災害対策的なものだったが、同時にトンプソンは、フルシチョフの発言は、その折りの当人の酩酊状況を考えれば、「文字どおりに受け取る」べきではなく、単に、ベルリンの状況の「深刻さをわれわれに印象づける」ことを希望したのだろうと書いていた。

一年後、トンプソンは安穏に自宅で床についており、フルシチョフは当時に比べて、ほとんど素面であり寛やかな精神状態にある。そんななか時計が一二時を打った。新年の到来を歓迎する鐘の音が鳴りわたり、聖ゲオルギーの間に置かれた四〇フィートのニューイヤーツリーの灯がともる。これに続いて、フルシチョフはグラスをあげ乾杯の挨拶を述べた。党幹部たちによって教義上の方針と受け止められ、各国大使の外交電報に引用されて世界中に伝えられるはずの挨拶である。

「新年おめでとう、同志たち！　旧年がどんなに良い年であったとしても新年はなおそれ以上に良い年となるでしょう！」大広間が喝采、抱擁、キスの渦で揺れるばかりだ。フルシチョフは定式にのっとり、労働者、農民、知識人に、マルクス・レーニン主義の理念に、世界諸国民の平和共存に、乾杯した。それから有和的な口調で言った。「私たちは、社会主義体制は優れたものであると考えています。しかし私たちは決してそれを他の国々に押しつけようとはしません」

彼がケネディについて語り始めると大広間は静まり返った。

「親愛なる同志の皆さん！　友人の皆さん！　来賓の皆さん！　ソヴィエト連邦はすべての国の人々と友好的つながりを持つためにあらゆる努力を払います。しかし、わが国がアメリカとの関係改善を非常に重要なものとみなしていると私が言いましても、誰も私を非難したりはしないでしょう。なぜならソ米関係は、他の諸国間の関係に大きな影響を与えるからです。私たちはアメリカが同じ目的を目指して努力していると信じるものです。新しいアメリカ合衆国大統領がさわやかな風のようにアメリカとソヴィエト連邦の間のよどんだ空気を吹き払うことを私たちは希望します」

一年前、西側に投下するつもりの原子爆弾の数を数えた男が、今は平和愛好者のポーズをとっている。彼は続けた。「選挙期間中、ケネディ氏は言いました」。国境を越えてスパイ機を飛ばせたことについて「もし自分が大統領だったらソ連に遺憾の意を表明しただろう、と」。自分もまた、「この悲しむべき事件を過去のものとしそれにもう立ちもどりたくはありません……。アメリカ国民はニクソン氏に反対しケネディ氏に投票することによって、冷戦政策と国際関係の悪化に反対したのだと、私たちは信じます」。フルシチョフはふたたび満たされたグラスを上げた。「諸国民の平和共存のために！」

喝采。

「諸国民の友情と平和共存のために！」

雷鳴のような喝采。くり返される抱擁。

フルシチョフの言語表現は計算されていた。「平和共存」という言葉の反復的使用は、ケネディに向けての意志表明であり、同時に、共産陣営内部の敵たちへの決意のメッセージだった。ソ連の経済的限界と新しい核の脅威を認識したフルシチョフは、一九五六年、ソ連共産党第二〇回大会での有名な秘密報告の中で、共産主義国家は資本主義国家と平和的に共存し競争し得るという新しい思考を導入していた。しかし反対派は、あくまで世界革命を推し進め戦争への一層積極的な準備をせよという、スターリンのより戦闘的な思考に戻ることを求めていた。

一九六〇年が始まると、スターリンの亡霊たちが、西側からのいかなる脅威よりもはるかに大きく、フルシチョフを危険にさらした。一九五三年のスターリンの死後、フルシチョフが相続したのは、世界の地表の六分の一にわたって広がる、数十の民族、二億九〇〇〇万の国民から成る機能不全のソヴィエト連邦だった。第二次世界大戦の戦闘はソ連の富の三分の一を奪い、ほぼ二七〇〇万の死者を出し、一万七〇〇〇の都市、七万の村を破壊した。犠牲者の数字に、スターリンがそれ以前に、人為的飢饉と偏執狂的粛清を通して殺した数百万人は含まれていない。

フルシチョフは、ソ連が以前に受けた破壊から回復もできないうちに、不必要で費用のかかる冷戦を開始したとして、スターリンを非難した。とりわけ彼は、失敗に終わった一九四八年のベルリン封鎖についてスターリンを断罪した。あのとき独裁者はアメリカ側の決意を過小評価し、アメリカ側がまだその核独占を保持している時期におけるソ連の軍事力を過大評価した。結果は、西側の封鎖破り、そして一九四九年のＮＡＴＯ創設、同年のドイツ連邦共和国（西ドイツ）成立だった。それに続いたのが、米軍のヨーロッパへのより長期間の駐留の約束だ。フルシチョフの見方によれば、スターリンが、「問題を適切に考え抜かなかった」がゆえに、ソ連は高い代価を支払わされたのである。

新年の乾杯の辞を通してケネディにオリーブの枝を差し伸べたあとの午前二時、いまだ素面のフルシチョフは、西ドイツ大使ハンス・クロルを個人的懇談のために脇に連れ出した。フルシチョフにとって、この六十二歳のドイツ人は、今回欠席のトンプソンに次いで二番目に重要な西側大使である。しかしこの二人の結びつきは、フルシチョフとトンプソンのそれよりもはるかに緊密だ。その理由は、一つはクロルのロシア語の流暢さであり、もう一つは、彼の世代のドイツ人には珍しいことではないのだが、ドイツはアメリカよりもロシアに、文化的、歴史的に、そして潜在的には政治的にも、より密接に結びついていると確信していることである。

第一副首相のアナスタス・ミコヤンとアレクセイ・コスイギンを伴なって、フルシチョフとクロルは、聖ゲオルギーの間の控えの部屋に入った。一年前フルシチョフがトンプソンを脅迫したあの風変わりな部屋である。やはり同じ新年祝賀パーティーで、クロルは、フルシチョフが乾杯の挨拶の中で、西ドイツを「報復主義的で軍国主義的」と非難したのに抗議し、退席している。

しかし今回は、フルシチョフは誘惑的ムードだった。ウェイターを呼んでクロルにクリミア・シャンパンを注がせた。自分は軽いアルメニア赤ワインをちびりちびり飲みながら、フルシチョフはクロルに、医師に言われて、このところウォツカその他の強い酒は飲んでいないのだと言った。クロルはフルシチョフとのこういう個人的やりとりが好きだった。そんなとき決まって彼は相手に身を寄せて低い声で語りかける。こうして二人の親密さを強調するのだった。

クロルはフルシチョフより四歳年下だ。元プロイセン領のドイッチュ・ピーカルの町（一九二二年ポーランドに割譲される）の生まれ。少年のころドイツ帝国とロシア帝国とを分ける川で釣りをしながら最初のロシア語を学んだ。一九二〇年代、外交官として初めて二年間モスクワに勤務。このころ第一次大戦後のドイツと新共産主義国ソ連という、当時世界で最も悪罵の対象となっていた二つの国が、ラパッロ条約を締結した〔一九二二年〕。両国の外交的孤立を破り、反西欧的、反ヴェルサイユ条約的枢軸を形成した協定である。

クロルの持論は、ヨーロッパの紛争を鎮めるには、西ドイツとソ連――「ヨーロッパにおける二つの最も強力な国」――が良好な関係を維持し得るような究極的協定を実現させるしかないというものだった。西ドイツ成立後まだ三年の一九五二年、彼は経済省で東西貿易部門の責任者であったとき以来、その方向で働いてきた。彼の確信はしばしばアメリカとの対立を引き起こした。アメリカは、ソ連と西ドイツがあまりに仲良くなると、「中立国西ドイツ」への道が開かれるのではないかと警戒したのである。

フルシチョフはクロルに礼を言った。一九六〇年秋、西ドイツ首相コンラート・アデナウアーは、共産圏との一連の新しい経済協定（数カ月前に中断されていた東西ドイツの貿易協定の更新を含めて）を承認していたが、これはクロルの尽力のたまものだった。東ドイツはソ連の属国ではあるが、ソ連経済にとっては西ドイツのほうがはるかに大きな重要性を持つとフルシチョフは考えていた。西ドイツはソ連にとって、最新式機械やテクノロジー、そして交換可能通貨〔ドル、マルクなど〕建て融資などのユニークな提供者となつているのだ。

そんなわけでフルシチョフはグラスを上げ、「ドイツ連邦共和国の著しい戦後復興」を祝って乾杯し、クロルにこう言った。――西ドイツは経済的にますます強力になりつつあり、そのことによって、アメリカからの独立性も深まっている、アデナウアー首相はこうした力を用いて、アメリカの束縛を離れ、ソ連との関係を一層改善していただきたい。

そのあと、コスイギンがクロルに、私も乾杯の音頭をとらせてほしいと言い、どうぞと言われると、「あなたはわれわれにとって全ドイツ人の大使です」と持ち上げた。これはフルシチョフ自身の意見――もし同盟者になったのが、(絶えず経済的要求を突きつけ標準以下の製品ばかり作っている厄介な東ドイツではなくて)さまざまな資源に富んだ西ドイツであったなら、ソ連としてはどんなにありがたかったことだろう――を反映したものだった。

フルシチョフはそれから、この誘惑行為に脅迫めいた言葉を添えた。「ドイツ問題は一九六一年に解決しなくてはなりません」、自分はもう我慢できない、難民の流出を食い止め東ドイツとの戦争状態を終結させるための平和条約を結ぶことのできるようなかたちでの、ベルリンの地位の変更についての交渉を求めているのにアメリカはこれを拒否している、もうこれ以上は待てないのだ……。ミコヤンはクロルに、モスクワの「ある勢力」はフルシチョフへの圧力を強めていて、フルシチョフはベルリン問題を何とかせよとの彼らの要求にこれ以上抵抗できないほどなのだと、言った。

クロルは、ミコヤンが言っているのは、ソ連党内で「ウルブリヒト・ロビー」として知られるようになった集団のことだなと思った。「フルシチョフはドイツの社会主義国を十分な精力をもって擁護していない」という、東ドイツ指導者のますます高まりゆく不満の声に大きく影響を受けている人々だ。

ソ連側の賛辞とシャンパンですっかりいい気分になったクロルは、確かにフルシチョフ首相はベルリンについて非常な忍耐を示してこられました、と認めた。しかし、彼はフルシチョフに、もしソ連が一方的にベルリンの現状を変更したら、結果は国際的危機であり、おそらくアメリカ・西側との軍事衝突さえ起こりかねませんと警告した。

フルシチョフは首を横に振り、肩をすくめた。西側は「しばらくは大騒ぎするでしょう」、しかしすぐに収まってしまう。「ベルリンやドイツ問題で宣戦布告する人間なんて世界中どこを探してもいないでしょう」。フルシチョフはクロルがこの会話を上司とアメリカ側に報告することを承知の上で、自分は一方的な行動をとるよりも、交渉による合意を望んでいるのだ、と言い、しかし最後には、「それはケネディ次第です」と強調するのを忘れなかった。

午前四時、フルシチョフは話合いにけりをつけ、クロル、コスイギン、ミコヤンを従えて聖ゲオルギーの間に戻った。踊っていた客たちは、動きを止め、体を寄せ合って、四人の通り道をつくった。クロルのような経験豊かな大使でさえ、フルシチョフの頻繁な脅しの中のどれを真剣に受け取るべきか、まったく分からなかった。しかしその夜、フルシチョフがベルリン問題を持ち出したそのやり方を見ると、新しい年が、この問題に関して対決を生み出すに違いないことは確信できた。彼はこの意見をアデナウアーに、そして彼を通してアメリカ側に、伝えるつもりである。フルシチョフは、行動には危険が伴うが、いまや行動しないことのほうが危険の度合が大きくなりつつある、と結論しているのだ。クロルにはそれがはっきり認識できた。

ともあれ、この年がどのような方向に動いていくか（協調か対決か）は、フルシチョフのベルリンについての思考の核心に横たわるジレンマによって左右される。フルシチョフは一方で、アメリカと軍事的競争ないしは戦争をすることなどできないと確信している。あくまで交渉によるアメリカとの平和共存を求め、ベルリン問題を何とか処理しようとして新アメリカ大統領に手を差し伸べている。

他方で西ドイツ大使クロルとの会談は、ベルリン問題を解決せよとの彼に対する圧力が増大しつつあることを明らかに示している。ベルリン問題は、解決しなければならなかった。ソ連帝国にとっても、そしてより直接には彼自身のリーダーシップにとっても、この問題がこれ以上の脅威になることはあってはならなかったのだ。

それゆえに、フルシチョフはせっかちな共産主義者だったのである。

しかし、それだけが彼のベルリン問題ではなかった。当のベルリン市民が彼を軽蔑していた。ソ連兵士に憤っていた。ソ連軍の占領にうんざりしていた。ベルリン市民にとって終戦時の記憶は、ただただおぞましいばかりだった……。

コラム
マルタ・ヒラースのレイプの話

スイスのどこか
一九六一年一月

マルタ・ヒラースの唯一の慰めは、あの特異な手記に自分の名を載せなかったことだ。手記の中で彼女は、一九四五年の寒い春のソ連軍によるベルリン占領をきわめて克明に記録している。あの春、彼女の生活は——他の数万のベルリンの女性たち少女たちのそれと同様に——恐怖と飢えとレイプの悪夢に変わったのだった。

彼女の手記は、一九五九年、初めてドイツ語で出版され、史上最悪の軍事的暴虐の一つをよみがえらせた。戦争末期およびソ連軍占領初期に、病院の記録に基づく推定によると九万人から一三万人のベルリン女性がレイプされた。他に数十万人がソ連地区の別の場所でこの犯罪の犠牲となった。

ヒラースは、この作品が、自分たちもまた戦争の被害者であることを世界に知ってほしいと願う人々から歓迎されるだろうと思っていた。しかし、ベルリン市民は敵意もしくは沈黙でもって反応した。世界はまだ、世界に巨大な災厄をもたらしたドイツ国民がどんなに苦痛を味わおうとも、いささかの同情も感じなかった。屈辱を生き抜いたベルリンの女たちは、そのことを思い出したくなどなかった。ベルリンの男たちにとっては、自分たちが妻や娘を守れなかったことなど思い出すのも胸痛むことだった。一九六一年初め、ソ連支配下の東ドイツと東ベルリンは、自己満足と健忘症の時期にある。今さら誰にも変更できず、また誰にも消化する能力のない、歴史上の事件に関心を寄せる理由などなかった。

たぶんドイツの反応はヒラースには驚きではなかっただろう。彼女が自分の受けた屈辱のほどを表明するかのように、その手記『ベルリン終戦日記』にただ「アノニマ」〔無名氏〕とだけ署名していることからも、それは見てとれる。手記が発表されたのは、彼女が結婚し安全にスイスに移住したあとのことだ。この本は東ドイツでは出回らず書評もされなかった。西側のファッション雑誌やその他のより現実逃避的な書物の詰まったスーツケースに数冊押し込まれて密輸入されただけだ。西ベルリンではアノニマの手記はわずかしか売れず、書評は彼女を非難するものばかりだった。反共産主義のプロパガンダという者もいれば、ドイツ女性の名誉を汚すと息巻く者もいた。——ドイツ女性の名誉を汚したのは、彼女が記述しているとおり、かつてのソ連兵の行為そのものだというのに。

西ベルリンの新聞『ターゲスシュピーゲル』の三五ページ目に埋められるようにして載った書評もそのたぐいのもので、見出しは「ベルリン女性への侮辱　海外でのベストセラー——偽りの特殊な事例」。評者は著者の「破廉恥なインモラリティ」を攻撃し、終戦直後の日々のシニシズムをきわめて豊かに捉えた同書の非妥協的語り口に苛立っている。『ターゲスシュピーゲル』紙の書評に代表される評価のゆえに、ヒラースは著者として名乗り出ることを拒み、自分の生存中、同書の新版を発行することを禁じたのだ。その禁止は二〇〇一年、彼女が九十歳で死去したことで終わった。ヒラースが知ることはなかったが、その死に続いて同書が復刊され、二〇〇三年のドイツ語版を含め、いくつかの言語版でベストセラーとなった。さらに、二〇〇八年にはこの物語がメジャー系作品としてドイツで映画化され、世界各地のフェミニストたちに歓迎されているのだが、このことも、彼女が知って満足するすべはない。

一九六一年の時点では、ヒラースの関心は記者たちを避けることにあった。記者たちは発表された手記の中のわずかな手がかりから彼女を特定しようと躍起になっていた。手記によれば、彼女は三十代のジャーナリストでありテンペルホーフ地区に住んでいて、ソ連に滞在したことがあって多少ロシア語が話せ、「青白い顔の金髪女性で、いつも同じ冬のコートを着ている」。これでは彼女を特定するのに到底十分とはいえない。

ともあれ、ヒラースの手記の内容と、それを読むことへのベルリン市民の嫌悪ほど、ソ連占領者に対する当時のドイツ人の態度を、みごとに表現しているものはない。東ドイツ駐留ソ連軍は一九六一年にまだ四〇万近くを数えた。これらの兵士への東ドイツ人の態度は、憐れみと恐れ、自己満足と健忘症の入り混じったものだった。ソ連兵とは、どうやら永久に共棲していくしかないのだと、ほとんどの東ドイツ人はあきらめていた。あきらめられない人たちの多くは難民として脱出していた。

東ドイツ人はもともとソ連兵を自分たちよりも劣る存在だと見なしていた。彼らに対する憐れみの情は、日々、目撃する事実から生まれていた。兵士の多くは、汚れた軍服を着た、栄養不良の、不潔なティーンエイジャーで、捨てられたタバコの吸いさしを地面に膝まづくようにして拾い、従軍記章やガソリンと引き換えに、ともかく飲用可能なアルコールを手に入れて、しばし苛酷な生活からの逃避を図っている連中だった。

憐れみの情は、時どき鳴り響く、兵士の脱走を伝える警報によっても掻き立てられた。ティーンエイジの兵士にとって将校の暴力、兵士の間のいじめ、寒くてすし詰めの兵営は時おり耐えがたいものとなり、絶望的な脱走を引き起こしたのだ。

彼らの兵舎は、第三帝国時代あるいはそれ以前に建てられたもので、ヒトラーの頃の三倍の数の兵士が居住していた。一九六一年の時点で、最後の脱走は一九五七年ベルリン近郊ファルケンベルクの兵営での大晦日の反乱のあとに起きている。四人の兵士が西ベルリン目指して脱営し、ベルリン境界線一帯に非常線が張られた。捜索隊は、脱走兵の逃げ込んだ納屋その他の建物に火をつけ、彼らを家畜もろとも焼き殺した――などという噂が流れた。

このようなことは、ソ連兵に対するドイツ人の根深い恐怖心をいや増すばかりだった。

この恐怖心は、一九五三年六月十七日の事件によっても増大していたものだった。スターリンの死後まもなく、労働者が反乱をおこしソ連の兵士と戦車がこれを鎮圧。東ドイツ市民三〇〇人が死に、四二七〇人が投獄された。

しかし、東ドイツ人の恐怖のもっと深い根源は、ヒラースが描写したあれこれの出来事の中に見つけることができる。東ベルリンの女性は、ソ連兵が通りすぎるとき、あるいは、東ドイツ指導者ヴァルター・ウルブリヒトがラジオでソ連国民との永続的友情について語るとき、なぜいつも凍りついたようになるのか。――それには理由があった。

ヒラースは、なぜ世界の人々がドイツ女性の被害について少しの同情も持たないのか、そしてなぜ多くのドイツ人が、この大量レイプは復讐の神が自分たちドイツ人が犯した蛮行への劫罰として科したものと考えるのか、について書き留めている。占領当初、ヒラースは書いている。「私たちドイツの苦難には、嫌悪、嘔吐感、狂気の入り混じった苦味がある。歴史上これに比べられるようなものは存在しない。ラジオから今また強制収容所のニュースが流れる。最もおぞましいことは、秩序と倹約だ。肥料、マットレスの詰め物、カリ石鹸、フェルト・マットの原料とされた数百万の人間。――アイスキュロスはこのようなことを目にしてはいない」

ヒラースは、酒類は後に残し、侵攻してくるソ連兵に委ねよという命令を出したナチ指導層の愚かさに絶望している。酩酊した兵士は敵として危険度が少ないとの理屈による命令だったが、もし酒があれほど手に入らずソ連兵があれほど酔っていなかったなら、ベルリンの女性のレイプ被害者は半数で済んだはずだと彼女は言う。ロシア兵も「生まれついてのカサノヴァではない」、だから、酒をあおって「自制心を溺れ死にさせなければならなかったのだ」と。彼女は独特の迫真力をもって、自分が受けた多数のレイプの内の一つを描写し、その出来事の果てに、保護を求める思いに駆り立てられたいきさつを述べている。

私を押し倒したのは年長の方の男だった。灰色の無精髭、ブランデーと馬の匂い。……私は声をたてない。ただ、下着が引き裂かれたとき、思わず歯噛みの音を漏らした。それは破かれていない最後の下着だったのだ。

突然、彼の指が私の口に当てられた。馬とタバコの臭いが鼻を衝く。私は目を開く。男の両手が巧みに私の口を押し開ける。目と目が合う。それから、男は、きわめてゆっくりと、溜まっていたどろりとした唾液を私の口の中に落とし込む。

私は無感覚だ。嫌悪感もなく、ただ寒いだけ。背骨が凍っている。後頭部に、冷え冷えとした目まいのような震え。自分が滑るように落ちていくのを感じる。下へ下へ落ちていく。枕を床板を通り抜け、つまり、大地の中に沈み込んでいくのだ。

ふたたび目と目が合う。男の唇が開く。黄色い歯。前歯の一本が半分欠けている。口の両端が上がっている。両方の目じりから小皺が放射状に広がっている。この男、笑っているのだ。

去る前に彼はズボンのポケットからを何かつかみだしナイトテーブルの上に放り出す。そして押し黙ったまま椅子を脇に寄せドアをバタンと閉めて出て行った。くしゃくしゃになったロシア・タバコの箱。中身が二、三本だけ残っている。これが報酬なのだ。

私は立ち上がる――目が回る、吐き気がする、襤褸切れめいた衣類が足もとにずり落ちる。廊下をよろめき歩いて……浴室に入る。嘔吐。鏡の中の私の顔は緑色だ。洗面ボウルには私の吐瀉物。浴槽の縁に腰を下ろす。吐瀉物を水で流す気にはなれない。まだ吐き気が収まらないし、バケツにはほとんど水が残っていないから。

このとき、マルタ・ヒラースは覚悟を決めた。しばらく後、少し身ぎれいにすると、街頭に出て、保護者となってくれそうな「狼」すなわちソ連軍高級将校を物色した。不特定多数のロシア人によって際限もなくレイプされるよりは、一人のロシア人によって固定的なかたちで辱められるほうが、ましだ……。占領ソ連軍に自分では抵抗できない。それならば彼らと折り合いをつけて生きていくしかない。他の数百万のドイツ人と同様に、ヒラースは、そういう結論に達したのだ。

何年も後になって初めて、研究者たちはあの時期のおぞましい事態の全容を調査した。一九四五年の晩春と初秋の間に、少なくとも一一万の女性がレイプされた。その年齢の幅は十二歳から八十八歳までである。被害者の四〇パーセントは多数回にわたって犯された。被害者の五人に一人は妊娠した。これらの人々のほぼ半数は出産した。他の半分は、しばしば麻酔なしで、中絶した。数千の女性がレイプの屈辱のゆえに、あるいはふたたび犠牲者となることへの恐怖のゆえに、自殺した。翌年ベルリンで生まれたすべての新生児の五パーセントほどが「ルッセンベビー」〔ロシア人の赤ん坊〕となる。ドイツ全体で、その数は一五万から二〇万に達する。

一九五八年、これらの子どもがティーンエイジャーになり始めたころ、フルシチョフは「ベルリン危機」として知られることになる事態を引き起こす。

第2章
フルシチョフ——ベルリン危機の展開

「西ベルリンは、ファシズムと報復主義の悪性腫瘍のようなものになってしまった。だから、私たちは手術をしなければならないと決意したのだ」

ニキータ・フルシチョフ。一九五八年十一月二十七日、首相としての最初の記者会見で

「次の大統領は任期一年目のうちに、われわれのベルリン防衛、われわれのベルリンへの誓約に関するきわめて深刻な問題に立ち向かわざるを得ないだろう。そのときこそ、われわれの勇気と意志が試されるのだ。……われわれは、一九四九年または一九五〇年以降最も深刻なベルリン危機に直面することになる」

ジョン・F・ケネディ上院議員。一年後、一九六〇年十月七日、リチャード・ニクソン副大統領との大統領選挙戦闘論で

モスクワ、スポーツ宮殿
一九五八年十一月十日、月曜日

ニキータ・フルシチョフが、後に「ベルリン危機」として世界に知られることになる事態の口火を切ったのは、およそ不似合いな舞台で、まったく心の準備のできていない聴衆を前にしてだった。

モスクワ最新最大の屋内競技場の中央に立ち、ポーランドの共産主義者の集団に向かって、フルシチョフは告げた。——自分は、ヨーロッパの脆弱な安定の基礎となっていた戦後の諸協定を破棄するつもりである。戦時中の同盟諸国によって署名されたポツダム協定を廃棄し、ベルリンの占領状態を一方的に変更するのだ。これによってベルリンの西側部分を完全に解体し、ベルリンからすべての軍隊を撤退させることを目指すものである。

彼のこの発言の場所、レーニン中央スタジアムのスポーツ宮殿は、二年前、ソ連運動競技の偉大な業績を誇示するための最新式の舞台として、盛大なファンファーレとともにオープンした。それ以後、この場所での最も記憶されるべき出来事といえば、一九五七年二—三月の、ソ連で初めて開催されたアイスホッケー世界選手権大会だ。もっとも、結構ずくめの大会だったわけではない。前年秋のソ連によるハンガリー蜂起鎮圧に抗議してアメリカその他西側数カ国はボイコットした。最終戦（ソ連・スウェーデン戦）だけは、ここではなく、屋外であって大観衆を収容可能なルジニキ・スタジアムで行なわれたのだが、五万五〇〇〇という空前の観衆が見守るなか、引き分けに終わり、優勝はスウェーデン、ソ連は二位に甘んじたのだった。

ポーランド人たちはこのようなドラマを予期してはいなかった。ボリシェヴィキ革命四一周年の祝賀のあと引き続きモスクワに滞在し、きょうのフルシチョフの演説も、きっと共産主義体制特有の団結・友誼集会らしい型通りのものなのだろうと思っていた彼らは、あっけにとられて聞き入ることになった。フルシチョフは高らかに述べた。「ポツダム協定の署名者たちが、ベルリンにおける占領体制の残り物を捨て去り、それによってドイツ民主共和国の首都に正常な状況を創り出すことを可能にする時が、明らかに到来したのだ」

ポーランド人たちだけが驚いたのではなかった。フルシチョフはポツダム協定の西側署名者たちにも、東ドイツを含む彼の社会主義同盟者たちにも、事前に知らせてはいなかった。ソ連共産党指導部の承認を求めることさえなしに行動したのだ。ただ演説の直前に、自分の発言内容を、ポーランド代表団の団長、同国労働者党第一書記ヴワディスワフ・ゴムルカに洩らしている。ゴムルカは愕然とした。もしフルシチョフが本気だとすれば、これはベルリンに関して戦争を引き起こすことになるのではないか。

フルシチョフはゴムルカに説明した。私が一方的に行動するのは、先行きの見えないベルリン外交にうんざりだからだ。西側との対決の危険を冒すのも覚悟の上だ。それに、一九四八年ベルリン封鎖に踏み切ったスターリンよりも成功する可能性は高い。いまやソ連はアメリカの核兵器独占を克服しているのだから……。フルシチョフは数週間以内に、「アトム作戦」と名付けたプロジェクトのもと、東ドイツ領土に核抑止力を展開するつもりだった。一二発の中距離R5ミサイルによってソ連側は、東ドイツへのいかなる核攻撃にも反撃できる、すなわちロンドンとパリ（ニューヨークはまだだとしても）を攻撃することができるはずだった。これらのまだ秘密の兵器については言及しないまま、フルシチョフはゴムルカに告げた。「いまや力のバランスは変化したのだ……こんにち、アメリカはわれわれに近づいた。われわれのミサイルが彼らを直接攻撃できるのだから」。文字通りに真実とは言えなかったが、フルシチョフは、アメリカのヨーロッパ同盟諸国を殲滅し得る新しい立場に立っているのだった。

フルシチョフは、彼の新しいベルリン計画のタイミングや実行について、詳しいことは何も言わなかった。彼自身それらをまだ考え出してはいなかったのだ。彼がスポーツ宮殿のポーランド人聴衆に告げたのは、ソ連と西側諸国が、いずれは彼のプランに従って、東ドイツとベルリンからすべての兵員を撤退させるだろうということ。さらにソ連は、東ドイツとの戦争状態を終わらせる平和条約を結び、しかるのちに、ベルリンにおけるソ連の全機能（西ベルリンへのすべてのアクセスへの管理を含む）を東ドイツに委譲する。その後は、アメリカ、イギリス、フランスの兵士たちは、陸路・空路を問わずベルリンのいかなる部分にであれ入る場合は、東ドイツ指導者ヴァルター・ウルブリヒトの許可を得なければならないことになる、そして東ドイツのこれらの新しい権利の行使——西ベルリンへの空路・陸路のアクセスを阻止することを含め——へのいかなる抵抗もソ連自身およびワルシャワ条約機構同盟諸国への攻撃と考える、ということだった。

フルシチョフによるこの冷戦の衝撃的エスカレーションには三つの要因があった。

何よりもまず、それはアイゼンハワー大統領の関心をかちとるための企てだった。アイゼンハワーはベルリンに関して交渉したいというフルシチョフの要求をずっと無視してきた。フルシチョフはアメリカ側高官たちの尊敬を得ることを熱望し、あれこれ努力してきたのだが、それは一向に得られないかのようであった。

党内の政敵たちは、正確にも、アメリカはフルシチョフを信用していないのだ、スターリンの死後、冷戦の緊張を緩和すべくフルシチョフがとってきた一連の一方的政策に対して何の見返りもよこしていないではないか、と批判した。フルシチョフは戦争の不可避性の理論を平和共存の理論でもって置き換えただけなのではなかった。彼は一九五五年と一九五八年の間に、ソ連軍兵員数を一方的に二三〇万削減した。フィンランドとオーストリアからソ連軍を撤退させ、両国の中立化への道を開いた。さらに東欧のソ連衛星諸国に政治的・経済的改革を奨励していた。

フルシチョフの衝動的なベルリン提案の第二の要因は、権力掌握について彼が自信を深めていることにあった。彼は自分を打倒しようとした一九五七年のいわゆる反党クーデターを制圧していた。首謀者は二人の元首相——ヴャチェスラフ・モロトフとゲオルギー・マレンコフ、そして、一時はフルシチョフが師と仰いだラーザリ・カガノヴィッチ（三人とも党幹部会員だ）。彼らはフルシチョフを、部分的には、彼がいままさにベルリンに関して発揮しているような無鉄砲な指導スタイルのゆえに攻撃したのだった。スターリンと違って、フルシチョフは彼らを殺さなかった。ただ彼らをモスクワの権力中枢から遠く離れた閑職に追放した。すなわち、モロトフはモンゴルへ大使として、マレンコフはカザフスタンへ水力発電所の所長として、カガノヴィッチはウラル地方へ小さなカリウム工場の工場長として。その後フルシチョフは人気ある国防相ゲオルギー・ジューコフ元帥を解任し追放した。彼もまた反逆を企てていると睨んだのである。

ベルリンに関する大胆な行動を正当化するために、フルシチョフは演説のまさに四日前、党指導部の面々に、──アメリカはまず一九五五年に西ドイツをNATOに加盟させることで、さらに西ドイツに核兵器を与える用意をすることで、すでにポツダム協定を廃棄している、と述べていた。自分の行動プランをあらまし説明し終わったところで会議を切り上げた。このような重要な案件については党幹部会の採決をとるのが普通だったが、それをしなかった。否決されるかもしれないと思ったのである。

フルシチョフの演説の第三の要因はベルリン自体だった。そこでは難民の流出が加速していた。権力掌握についての自信の深まりにもかかわらず、フルシチョフは、分割されたベルリンをめぐる諸問題はモスクワにおける政治生命を終わらせ得ることを、個人的経験から知っていた。スターリンの死後間もなく──一九五三年六月十七日の東ドイツ労働者の蜂起をソ連軍が鎮圧したあと、フルシチョフは、東ドイツ崩壊の脅威を利用して、最も危険なライバルたるかつての秘密警察の長官ラヴレンチー・ベリヤを破滅させたことがある。

当時フルシチョフは、独裁者にとって代わった集団指導体制の中で、スターリン後継候補の一ダークホースだった。対外政策担当の新参者であり、主としてドイツ政策を国内政治のレンズを通して観察していた。ベリヤは、権力獲得のための術策の一部分として、スターリン主義者である東ドイツ指導者ヴァルター・ウルブリヒトと、その「社会主義建設」と称する苛酷な政策とに対して、代理戦争を仕掛けていた。ウルブリヒトは党内の反対と難民の増大に対抗すべく、逮捕と抑圧の拡大、強制的農業集団化、一層の兵員徴募、検閲の強化を行なっていたが、それはさらに大きな難民の流出を生むばかりだった。一九五三年最初の四カ月に一二万二〇〇〇人が脱出、これは前年の二倍である。一九五三年三月だけで五万六六〇五人、一年前の六倍だ。

ある重要な党指導部会議の席でベリヤは言ったのだった。「われわれが必要としているのは、平和なドイツだ。それが社会主義国であるかないかは、重要ではない」。たとえそれが「統一された民主主義的なブルジョア的な中立的なものであっても」構わないのだ、と。ベリヤは中立的な統一されたドイツをソ連が同意するのと引き換えに、西側から相当額の財政的補償を獲得すべく交渉することを求め、自分の最も忠実な部下の一人を、西側諸国とのそのような取引を探る任務に当てさえした。「このGDRとはいったい何の意味なのか?」ベリヤは実態とかけ離れた東ドイツの正式名称の略語について言ったものだ。「たとえわれわれが『ドイツ民主共和国』と呼ぼうとも、それはただソ連の軍隊のおかげで存在しているだけではないか」

スターリン後の集団指導部は、東ドイツにおける社会主義の大義を放棄せよというベリヤの呼びかけには留意しなかったが、しかしベリヤが「行き過ぎ」と指摘したものは是正するよう東ドイツに要求した。ウルブリヒトはソ連の命令に従って、新しい集団農場化を停止し、大規模な政治的逮捕を取りやめ、多くの政治囚への恩赦を実施し、宗教の自由への抑圧を緩和し、消費財の生産を拡大した。

フルシチョフは、この突然の政策変更を生み出した討論には何の積極的役割も果たさなかったが、といって改革に反対もしなかった。ただ、スターリン主義的統制の緩和が労働者の蜂起を招き、ソ連軍戦車の介入がなかったなら東ドイツの崩壊をもたらす事態となったかもしれないという状況をつぶさに目撃した。

蜂起から一週間と少し後に、フルシチョフは六月二十六日のベリヤ逮捕を主導した。あれこれの罪状に加えてフルシチョフは、「第二次大戦下、あれほど大きな人的犠牲を払ってソ連が獲得したドイツにおいて、ベリヤは社会主義を完全に放棄しようとした」と非難した。ベリヤの運命を決定し、彼の処刑に至る一連の出来事の始点となった党中央委員会総会において、同僚たる党幹部たちはベリヤを、信頼できない社会主義者と呼び、党から「放逐し、反逆罪で裁くべき汚らわしい人民の敵」と罵倒した。総会は、ベリヤが東ドイツ社会主義をあきらめようとしたことを「帝国主義勢力へのあからさまな降伏」と呼んだ。

フルシチョフはこのベリヤ体験から決して忘れることのできない二つの教訓を学んだ。——第一、東ドイツにおける政治的自由化は同国の崩壊を招きかねないこと。第二、ベルリンでなされたあやまちはモスクワにおける政治生命を破滅させかねないこと。三年後、一九五六年、フルシチョフは第二〇回党大会においてスターリン主義の犯罪的行き過ぎを否定することによって、自身の権力獲得への道を切り開いた。しかし、彼は東ドイツを救い、自分にとって最も危険だった敵対者を除去できたのは、まさにスターリン型の弾圧によってであったという矛盾的教訓を、決して忘れることはないだろう。

フルシチョフのスポーツ宮殿演説のあと、アイゼンハワー大統領はあえて公式には反応しなかった。フルシチョフが大言壮語するだけで具体的行動が伴なわないことは、これまでにもよくあった。今度もそうならいいとアイゼンハワーは思っていた。しかしフルシチョフは、次の手を打った。演説の二週間後、アメリカの感謝祭の日に、彼はベルリン問題演説をアメリカが反応せざるを得ない最後通牒に変え、これを全関係国の大使館に届けた。要求のいくつかを党の幹部会の支持を得るためにやわらげていた。

フルシチョフは、ポツダム協定に基づくすべてのソ連の義務を即座に放棄するという脅迫は引き下げていた。代わりに、ベルリンの地位を一方的に変更する前に、西側にソ連と交渉すべき六カ月を与える、としていた。また、西ベルリンを非軍事化・中立化し、同地区がソ連圏にも西側にも含まれないこととするとの具体案を示していた。

フルシチョフはアメリカの特派員たちを呼び集めた。モスクワのアパートで感謝祭の七面鳥を切り分けていた特派員たちは、家庭団欒を中断して、フルシチョフがみずから立案した提案の説明の場に集まった。これはフルシチョフが一九五八年三月に首相を兼任して以来最初の記者会見であり、そのこと自体、ベルリンが彼にとってますます重要になってきたことを示していた。フルシチョフは記者たちに告げた。「西ベルリンは、ファシズムと報復主義の悪性腫瘍のようなものになってしまった。だから、私たちは手術をしなければならないと決意したのだ」

二八ページの外交覚書の原文を引用しながらフルシチョフは特派員たちに告げた。――戦争が終結してすでに一三年、いまや二つのドイツ国家という現実を受け入れるべき時だ。東ドイツは決して社会主義を放棄せず、西ドイツが東ドイツを吸収することなどあり得ない。だから、私はアイゼンハワーに一つの選択を与えるのだ。六カ月以内にアイゼンハワーは、西ベルリンを非軍事化し中立化する平和条約を取り決めることができる。さもなければソ連は一方的に行動して同じ結果を達成するだろう。

フルシチョフの息子セルゲイはこのとき二十三歳。彼は父親がアイゼンハワーに、核戦争に至るかもしれない衝突コースからの逃げ道を与えていないことが気になった。こういう提案をアメリカは決して受け入れないだろう、ロシア人のチェス好きは有名だが、この場合、他の多くの場合と同様、彼の性急な父親は次の一手を考え出していない……。彼は父親にそのことを直言した。

フルシチョフはセルゲイの不安を笑い飛ばした。「誰もベルリンのことで戦争を始めたりするものか」。俺はただ、アメリカから、公式のベルリン交渉を開始することへの「同意をもぎ取りたい」だけなのだ。そうやって、「覚書や書簡や言明や演説の絶え間ないやりとり」という苛立たしい外交プロセスを避けたいのだよ。きびしい最終期限を設けることによってしか、受け入れ可能な解決策に向けて双方の側を動かすことはできないのだからね。

「解決策が見つからなかったら？」セルゲイは訊いた。

「もう一つの出口を探すのさ」。フルシチョフは言った。「いつだって何かが見つかるはずだよ」

彼の長年の通訳で外交政策顧問のオレグ・トロヤノフスキー〔のち駐日大使〕が同様の疑念を述べたとき、フルシチョフはレーニンの言葉を敷衍してこう答えた。「まず戦闘に参加する。何が起こるか見るのはそのあとのこと」

モスクワ、クレムリン、フルシチョフの執務室
一九五八年十二月一日、月曜日

感謝祭の数日後、これまでのソ連指導者とアメリカ人政治家の間の会談のうち最も風変わりなものといえる会談の中で、フルシチョフは、自分のベルリン最後通牒の狙いは、さしあたり、ベルリンの地位を変更することよりも、はるかに大きく、アイゼンハワー大統領の関心をかちとることにあるのだということを、明らかにした。

フルシチョフは訪ソ中のミネソタ選出上院議員ヒューバート・H・ハンフリーを、わずか三〇分前の予告によって、クレムリンの自分の執務室に招き入れた。これは歴代ソ連最高指導者がアメリカの高官もしくは国会議員と行なった最も長時間の会談となった。午後三時から一時間だけという予定だったのが延々八時間二五分。終了したのは真夜中に近かった。

アメリカの事情に通じているところを誇示しようと、フルシチョフはカリフォルニア、ニューヨーク、さらにはハンフリーの地元ミネソタの地方政治について大いにしゃべった。「新マッカーシー」についてジョークも言った。反共主義のジョーではなく、中道左派の下院議員ユージン（彼は後に大統領選に出馬する）のことだ。フルシチョフはまたハンフリーに「いかなるアメリカ人も聞いたことのない」秘密を披露した。ソ連が、これまでは同規模の爆発を起こすのに必要とされた核分裂性物質のわずか十分の一を用いて五〇〇万トン水素爆弾の実験に成功したというのである。彼はまた、射程九〇〇〇マイルの、初めてアメリカ国内の目標を攻撃し得るミサイルの開発について話した。

ハンフリーから地元の街の名を聞くと、ひょいと立ちあがって壁にかかったアメリカ地図のミネアポリスのまわりに勢いよく青い円を描き、「こうしておけば、ロケット攻撃のときこの街をはずすように命令するのを忘れませんな」と言った。フルシチョフは、ハンフリーには、個人的なまた国家的な不安定感から逃れられずにいる男、「貧困者・社会的弱者の位置から富と権力の座に上ったものの決して完全には自分自身にまた自分の新しい地位に自信を持っていない人物」として映った。

翌日、この会見の中身を、アイゼンハワー大統領に伝えてもらうべくトンプソン駐ソ大使に話した際、ハンフリーは言った。──フルシチョフは会談中たぶん一四、五回、ベルリンと彼の最後通牒のことに話を戻し、これは「何カ月もかけて考え抜いた」ことなのだと言った、フルシチョフの今回のマラソン会見の主目的は、「ベルリンに関するソ連の立場を強く印象づけること、そして自分の言葉と思考を大統領に伝えること」だと私は判断する。

フルシチョフはベルリンを描写するのに多種多様な隠喩を駆使した。それは癌であり、結節であり、棘であり、喉に刺さった骨であった。自分はこの骨を、咳ばらいして吹き飛ばしたい。つまり、西ベルリンを「自由都市」にし、非軍事化し、国際連合監視団によって保証される街にすることでこの問題に決着をつけたい……。アメリカをだまして西ベルリンを共産圏の統制下に置こうとしているのでないことを説得しようとして、フルシチョフは長々と語った。――一九五五年のオーストリアからのソ連軍の撤収は自分が個人的に命令したものだ（これによってオーストリアの中立化は確実になったのだ）、あのとき、自分は外相モロトフに、ロシア軍がオーストリアにいて役に立つのはただソ連が西に拡大しようとする場合だけだ、しかし、自分はそんなことをするつもりはない、と言った。こうして「中立オーストリアは確立され、紛争の原因は取り除かれたのですよ」。

フルシチョフはさらに言った。オーストリアにおけるソ連の行動は、アイゼンハワーにとって、西ベルリンのモデルとしてもその未来についての保証としても、役立つはずだ。オーストリアの事態を見れば、アメリカ、イギリス、フランスがベルリンに軍隊を残しておく必要など何もない。「ベルリンにおける二万五〇〇〇の軍隊は、あなた方が戦争を起こす気がないかぎり何の重要性も持たないのです」とフルシチョフは静かな声で言った。「なぜあなた方はこの棘をそのままにしておくんです？自由都市、自由なベルリンは、いずれは、ソ連とアメリカの間の氷を割る役割を果たすかもしれないじゃないですか」

ベルリン問題を解決することによって、自分とアイゼンハワーは個人的関係を改善できるだろう、そして冷戦における歴史的雪解けを共にかちとることができるだろう、そしてもし合衆国大統領が自分のベルリン・プランの細部が気に入らないのなら、反対提案してくれればいい、自分はアイゼンハワーのいかなる対案をも受け入れる用意がある、ただしそれらが、ドイツの統一あるいは「東ドイツにおける社会主義体制の解体」を含まないかぎり。――初めてフルシチョフはベルリン問題の討議に自分のレッドラインを描いているのだった。

フルシチョフは誘惑と脅しとを目まぐるしく使い分けていた。ハンフリーは子どものころサウスダコタで見た父親のしもやけ治療のやり方――しもやけのできた足をお湯に漬けたり水に漬けたりを頻繁にくり返す――を思い出したほどだった。「われわれの軍隊があそこにいるのはトランプをするためじゃない。われわれの戦車があそこにいるのはあなた方にベルリンへの道を教えるためじゃない」。フルシチョフはある時点でハンフリーにまくしたてた。「われわれは本気なんだ」。しかし次の瞬間には、目を潤ませて、第二次大戦で息子の一人を失ったことをしんみりと語り、自分がいかにアイゼンハワー大統領に好感を持っているかを感慨深げに述懐した。「私はアイゼンハワー大統領が好きなんです。われわれはアメリカにもベルリンにも何の災いも起こらないことを願っています。ぜひそのことを大統領に伝えてください」

アイゼンハワーはフルシチョフのベルリン最後通牒に、まさにソ連指導者が希望した通りに反応した。彼はジュネーヴでの四カ国外相会談（東西両ドイツの代表がオブザーバーとして参加する）に同意した。そこでの進展はあまり成果のあるものではなかったが、アイゼンハワーはその後フルシチョフをアメリカに招待した。フルシチョフはアメリカを訪問する最初のソ連共産党最高指導者となるのだった。

フルシチョフは喜んだ。資本主義者の本拠地に自分を受け入れることにアイゼンハワーが同意した……。「これは自分がベルリン問題に関して西側諸国に押しつけてきていた圧力の具体的結果」にほかならない。

ついに自分はアメリカから尊敬をかちとった。自分と自分の祖国のために求めてやまなかった尊敬を、ようやくかちとることができたのだ。

フルシチョフのアメリカ訪問
一九五九年九月十五―二十七日

アメリカに旅立つ日が迫ってくるにつれてフルシチョフは次第に気をもむようになった。アメリカ側が自分に対して「挑発」を企てているのではないか、到着の際もしくは訪問中のあれこれの時点に、ひどい侮辱を加えるのではないか、それがまた、今は沈黙を強いられているものの虎視眈々と逆襲の機会を窺っているソ連党内の政敵たちに、これこそ、フルシチョフの華やかな訪米が愚行でありソ連の国益にとって有害であることの証拠なのだ、と言い立てる材料を与えることになるのではないか……。

それゆえ、ベルリンの未来をアメリカにおいてフルシチョフがどのように交渉するかについての思案よりも、旅程のあらゆる場面で彼の言う「精神的被害」を受けることのないよう精査することのほうが優先されてしまった。

フルシチョフは、建前としてはプロレタリアートの前衛を代表する共産党指導者だったが、彼の先遣チームは、彼が西側諸国元首の訪米の場合と同様の格式と華麗さでもって遇せられることを要求した。

フルシチョフはたとえば、アイゼンハワーとの最も重要な会談が「キャンプ・デーヴィッド」という場所で行なわれると知ったとき、尻込みした。それは彼の顧問たちの誰もが知らない場所であり、彼にはグラーグすなわち政治犯収容所《インターンメント・キャンプ》のたぐいのように聞こえた。革命後の最初の数年間、彼はアメリカがソヴィエト代表団をトルコのプレンス諸島中のシヴリアダ島に招いたことを思い出した。この島は一九一一年イスタンブールで捕獲された大量の野良犬が運ばれ捨てられた場所だった。フルシチョフは、「資本主義者はソ連を当惑ないし憤慨させる機会を決して逃さなかった」とひそかに考え、「このキャンプ・デーヴィッドは……疑いを持たれた人々が隔離しておかれる場所だったのではないか」と思った。

フルシチョフが会談に同意したのは、先遣チームから、調査の結果、キャンプ・デーヴィッドへの招待は特別の栄誉である、これは、ルーズヴェルトが第二次大戦中メリーランドの山中に建てた公設の別荘であり、いわばアイゼンハワーがフルシチョフを田舎の「ダーチャ」に連れていくようなもの、との報告があった後のことである。フルシチョフは後に、このエピソードがいかにソ連側の無知をあらわしているか、恥じ入るばかりだと述べているが、しかし、より重要なことは、このエピソードが、フルシチョフの対米関係のあらゆる局面に付きまとう強い不信と不安の混合を示していることだった。

パイロットの忠告を無視し、フルシチョフはまだ実験段階にあるツポレフTu114型機で大西洋を横断することにした。この機はまだ必要なテストをパスしていず、エンジンには微小な亀裂が入っていた。こうした危険にもかかわらず、フルシチョフはこの機による訪米を強く主張した。ソ連の全航空機の中でワシントンにノンストップで到達できるのはこの機だけだったからである。かくして彼は、世界最大の旅客収容能力、最長の可航距離、最大の推力、最速の巡航速度を持つ飛行機でアメリカに向かった。もっとも、ソ連の多数の漁船、貨物船、タンカーがアイスランドからニューヨークまで飛行ルートに沿って点々と位置づき、万一、同機のエンジンの裂け目が拡大して緊急着水することになった場合には救助隊となるはずだった。

フルシチョフは後に語っている。着陸エリアの上を旋回する飛行機の窓から外を眺め、彼の「神経は興奮で緊張しきっていた」。彼はまたこの旅のより深い意味合いを考えた。「われわれはついにアメリカに強制して、われわれとより緊密な関係を確立する必要性を認識させた。……われわれはアメリカが外交的承認さえ与えようとしなかった時代から遠い道のりを歩んでここに至ったのだ」

さしあたり、ベルリンはこのより大きな国家的目的に比べれば、二次的テーマとなった。アイゼンハワーによりよい関係を求める気を起こさせたのは、ソ連経済の、ソ連軍の、そして全社会主義陣営の力だ。そう思って、フルシチョフは満足だった。「荒廃した後進的な無学文盲のロシアから、われわれは、各分野での目覚ましい発展によって世界を驚かしているロシアに、みずから変身したのだ」

フルシチョフが安堵し歓喜したことに、アイゼンハワーは彼を赤い絨毯と二一発の礼砲で迎えた。フルシチョフは後に思い出す。「実に誇らしかった。少し励まされさえした。……ここはアメリカ合衆国、世界最大の資本主義国だ。その国が、わが社会主義の祖国の代表に、――資本主義国アメリカから見れば、常に無価値だった国、いや、そんなものじゃない、常にある種の疫病に冒されていた国の代表に、栄誉を贈っている」

九月十五日の最初の会談の中で、フルシチョフがアイゼンハワー大統領に、「ドイツ問題に関してさらにベルリン問題に関して折り合いをつけたい」と述べたのは、ベルリンに関するより深い戦略から出たものというより、到着直後の昂揚した気分の結果と言っていいだろう。

それ以上の詳細は語らぬまま、フルシチョフは「われわれは一方的行動をとることは考えていませんと言った。アイゼンハワーのほうも、ベルリンの状況は「アブノーマルですな」と言った。これは、旅の最後に行なわれるはずのベルリン討議にとって励ましとなる表現だとフルシチョフは考えた。

そのあと始まった全米横断の旅はいたって起伏に富んだものだったが、これは、アメリカに対するフルシチョフの複雑な思いの両側面――世界最強の国から好感を得ようとする熱心な求愛者と、ごくわずかな無礼をも見逃すまいとする不安定な敵対者――を示すものでもあった。

二十世紀フォックスでの昼食の折り、フルシチョフとその妻ニーナ・ペトローヴナは、ボブ・ホープとフランク・シナトラの間にすわった。マリリン・モンローも最もタイトなドレスを身にまとってあらわれた。しかしソ連指導者は、ディズニーランドに入ることを断わられて駄々っ子のようにふくれ、――その遊園地にコレラ患者でもいるのか、それともミサイル発射台でも隠されているのか、と文句を言った。フルシチョフは、彼のロサンゼルスでのエスコート役としてロシア生まれのユダヤ人映画製作者ヴィクター・カーターが選ばれたことにも陰謀の影を見、この街でうまくいかなかったことの多くを、少年のころドン河畔のロストフから家族と共に逃れてきたこの亡命者の悪意のせいにした。

彼の旅は、カリフォルニアでの最初の日にあやうく終わるところだった。著名人の居並ぶ晩餐会での保守的なロサンゼルス市長ノリス・ポウルソンの深夜のスピーチに、フルシチョフが噛みついたのだ。アメリカの国連大使でありこの旅を通してのフルシチョフのコンパニオンであったヘンリー・カボット・ロッジ・ジュニアが、スピーチの中の、ソ連指導者が憤慨するような反共的個所は省いてほしいと頼んでいたのだが、市長は国内の政治的得点を狙ってこれを拒否したのだ。「われわれがここに来るのにわずか一二時間しかかからなかった」。フルシチョフは飛行機を出発準備させるよう求めて、憤然と言った。「たぶん帰りはもっと短い時間で済むだろう」

クライマックスたるキャンプ・デーヴィッド会談も、出だしは順調とはいえなかった。フルシチョフとアイゼンハワーは二日間にわたり、核戦争の脅威（フルシチョフは自分はそれを恐れないと言った）から、アメリカがソ連に売るテクノロジーについての差別的規則（フルシチョフは靴やソーセージを作るのにアメリカのローテク援助など要らないと冷笑した）まで、ありとあらゆる問題について、激論をかわした。会談の決裂が防げたのは、アイゼンハワーがフルシチョフを、ヘリコプターでゲティスバーグの自分の牧場に連れて行き、そこに飼われている牛の一頭を彼にギフトとして贈ったことによるものだと言っていい。お返しにフルシチョフはアイゼンハワーと彼の孫たちをソ連訪問に招待した。

翌朝フルシチョフは、「すべての関係国を満足させる解決をかちとるとの目的を持ってベルリンの地位についての討議に入る」とのアイゼンハワーの約束と引き換えに、昨年のベルリン最後通牒を放棄することに同意した。

驚くべき率直さでもって、フルシチョフはアイゼンハワーに、自分がベルリン最後通牒を発表したのは、ただ「アメリカの高圧的な態度のせいなのです。ああいう態度に接して、われわれはもうこれ以外に手段はないと思ったのです」と述べた。フルシチョフはさらに、アメリカとの軍縮協定の必要も語った。軍備競争のコストが嵩《かさ》んで国民を養っていくのが非常に難しくなっているのだ、という。二人の男はそれから、自国の軍事エスタブリッシュメントが、常に相手国の攻撃的態度を理由にして、より多くの武器購入を求めて圧力をかけてくることを示すメモを、比較し合った。

会談がふたたび決裂しそうになったのは、フルシチョフがベルリン問題の交渉についての両者の同意を明文化した共同コミュニケの発表を主張し、ただし、その文面から「これらについてタイムリミットはない」という文言を取り除くようアメリカ側に求めたときのことだ。

困難なやりとりのあとアイゼンハワーは、フルシチョフの要求を受け入れた。ただし、フルシチョフがベルリン最後通牒を放棄することに同意したことについて自分が共同記者会見の場で言及できるのであれば、との条件をつけた。フルシチョフはこの条件を呑み、もしメディアからの質問があれば放棄したことを自分も認めると述べた。

アイゼンハワーのほうは、フルシチョフが最も求めていたこと、すなわち、ベルリン問題と軍縮問題に関する四カ国パリ首脳会談について同意した。フルシチョフにとってこの合意は、彼の「平和共存」政策は何の結果も生んでいないとする批判者たちに反撃し、彼の政策がソ連の国際的立場を改善しつつあることの明白な証拠となるものだった。

アメリカ旅行、そして首脳会談の見込みに有頂天になったフルシチョフは、十二月、率先してソ連軍兵員をさらに一二〇万人削減した。一九二〇年代以来最大の削減率である。ベルリンの地位に関する交渉にアイゼンハワーが同意したことについて、フランスのシャルル・ドゴール大統領、西ドイツのコンラート・アデナウアー首相が巻き返しを図っているとの報道も、フルシチョフの自己満足的楽天主義に翳りを生むことはなかった。

ソ連、スヴェルドロフスク 一九六〇年五月一日、日曜日

アメリカの旅からちょうど八カ月後、フルシチョフが「キャンプ・デーヴィッド精神」として称揚したものは、ウラル山中スヴェルドロフスクの上空で、ソ連の地対空ミサイルがスパイ飛行機一機を撃墜したとき、終焉を迎えた。

当初フルシチョフは事件をソ連の防空技術の勝利としてまた幸運の兆しとして祝賀した。つい三週間前、ソ連防空部隊はＣＩＡの最新式高高度偵察機〔U2型機〕を、その巡航位置を正確に把握していな

がら撃墜できなかった。このとき、アメリカ機を追跡していたソ連軍のミグ19型戦闘機はそのアメリカ機が撮影していた秘密核実験場近くのセミパラチンスクで墜落してしまったのだ。新しく開発された高高度迎撃戦闘機二機も、テュラタム弾道ミサイル基地を撮影しているU2型機に迫ることができなかった。

その時点まで、フルシチョフは苛立ちながらも、ソ連の軍事的失態を認める羽目になるのを避けるため、アメリカの侵入行為を世界から秘密にしていた。ソ連軍がU2型機を撃墜したいま、彼は大喜びでアメリカ側をもてあそんだ。さしあたり彼は事件について沈黙を守った。数日後、アメリカ側が、気象観測機一機がトルコ国境で消息を絶ったとのカバーストーリーを発表する。待ってましたとばかりフルシチョフが、U2型機撃墜、乗員生存の事実を発表。アメリカ側は当惑しつつ作り話をひっこめざるをえなかった。

しかし、数日のうちにフルシチョフは、この事件が、アメリカよりも自分自身にとって、より大きな危険を意味していることに気づいた。一九五七年のクーデター制圧によって無力化した政敵たちがふたたび結集し始めている。毛沢東は彼のアメリカへのすり寄りを「共産主義への裏切り」として公然と非難している。まだ内輪話の域を出なかったが、ソ連党官僚や軍の大物連中はこれまでより自信ありげに、彼の兵力削減に疑問を呈している。フルシチョフはわれわれの祖国防衛能力を弱めているのではないかと、彼らは語り合っているのだった。

後年フルシチョフは、彼の娘の治療に当たったアメリカ人医師A・マギー・ハーヴェイに、U2型機事件は結局のところ、自分の支配の分岐点となる出来事だったと述べている。あの事件のあと、彼は「もはや完全なコントロール」を失った。あれ以後、不誠実なアメリカの軍国主義的・帝国主義的企みを前にして彼はあまりにも弱腰だと批判する者たちから自分を守るのが一層困難になったのだ。

最初フルシチョフは、U2型機事件の二週間後に開催されることになっていたパリ首脳会談を予定どおり行なおうとした。これは、彼が自分の支配の絶頂の瞬間としてその実現のために懸命に努力した会談だった。フルシチョフは国内の批判者たちにこう告げた。もしソ連が参加しなかったらアメリカの強硬派を利することになる。アイゼンハワー大統領の真正な平和努力を掘り崩すためにU2型機スパイ飛行を命令していたCIA長官アレン・ダレスのような連中を喜ばせるだけなのだ。

五月十一日（首脳会談のまさに五日前）の記者会見でアイゼンハワーは、フルシチョフの最後の政治的隠蔽を無にしてしまった。アメリカ政府は責任もってそして大統領の完全な統御のもとに行動したのだということを国民に再保証するために、アイゼンハワーは、ゲーリー・パワーズのU2型機偵察行を——こうした特別任務のすべてについてと同様——、自分がみずから承認したと言明したのだ。さらに、ソ連の秘密主義によって同国の意図と能力を他のいかなる手段によっても判断することが不可能である以上、このようなリスクは必要であると述べた。「われわれは戦争を始めるか、それとも戦争を防ぐか、どちらかを決めなければならない時点に到達しつつある」。アイゼンハワーは国家安全保障チームにこう述べたのだった。

パリに到着するまでにフルシチョフは、もしアイゼンハワーから公式の謝罪が得られなかったらパリ会談を決裂させるのもやむを得ない、と腹をくくっていた。彼にとって、首脳会談を中断するほうが、失敗する運命にある会談を進めることより、政治的に安全だった。しかも、そのときまでに、彼がベルリンに関して求めていた譲歩のどれ一つとしてアメリカが行なう気がないことも、明らかになっていた。

アイゼンハワーはU2型機飛行についてパリで謝罪することは拒否したが、偵察飛行停止に同意することで首脳会談の決裂は避けようとした。彼はさらに重要な一歩を踏み出し、「オープン・スカイズ」方式を提案した。国連の飛行機に米ソの領空を開放し軍事施設を査察させるというものだが、フルシチョフとしては、到底これを受け入れるわけにはいかない。なにしろソ連の軍事力についてのフルシチョフの誇張は秘密性によってのみ保護されているのだから。

首脳会談は結局たった一度の会合だけで流れてしまったのだが、その会合のとき、フルシチョフは珍しく、事前に用意された四五分間の演説草稿を忠実に読みあげ、会談を六ないし八カ月延期することを提案した。つまり、アイゼンハワー大統領の任期終了後に再開するということだ。彼はまた、アイゼンハワーへの訪ソ招待を取り消した。首脳会談の他の参加者たちに無断で彼は翌日の第二会合を憤然と欠席し、国防相ロジオン・マリノフスキーと連れだって、パリから七〇マイルのプレール・シュール・マルヌ村――マリノフスキーが第一次大戦中若い兵士として駐屯した村だ――を訪れワインを飲みチーズを食べ村人たちと歓談し、すっかりご機嫌になってパリにもどり、その午後、首脳会談の決裂を宣言した。

フルシチョフの独壇場は、三時間近いお別れ記者会見の間に起きた。こぶしをテーブルにあまりに強くたたきつけ、ミネラル・ウォーターの瓶がひっくり返った。野次が飛び口笛が吹かれたがフルシチョフはこれを西ドイツの記者たちの仕業と決めつけ、「われわれがスターリングラードで退治し残したファシストども」と罵り、妨害を止めないのなら、ぶん殴って「ぐうの音も出なくしてやる」と凄んだのである。

パリ駐在のワルシャワ条約機構諸国の外交官に説明したときもフルシチョフはすっかり興奮していて、首脳会談の結末について語るのにいささか品のないジョークを披露した。帝政ロシア時代、放屁によって「神よロシアを護りたまえ」のメロディーを奏でるという特技を持つ兵士がいた。あるとき無理やりその演奏をやらされた兵士は、きわめて気の毒な羽目に陥った。――フルシチョフの話の「さわり」は、パリでフルシチョフが加えた圧力のせいで、アイゼンハワーはその兵士同様、ズボンの中に脱糞してしまった、大使の皆さんはこのことを自国政府に報告してよろしい、というものだった。

ポーランドの駐仏大使スタニスワフ・ガエフスキはこの一幕から、ソ連指導者は「いささか感情のバランスを崩している」と見た。東西関係のためには、フルシチョフがパリに来なければよかったのに、とガエフスキは思った。

しかし、こうした芝居がかった言動にもかかわらず、フルシチョフはアメリカとの「平和共存」政策にあまりに多くを賭けており、これを放棄することなどできるものではなかった。彼はアイゼンハワーについてはあきらめた。しかしまだアメリカについてはあきらめていなかった。U2型機事件は彼の首脳会談を破壊した。しかし、彼の政治支配まで破滅させるわけにはいかなかった。

モスクワへの帰途、フルシチョフは東ベルリンに立ち寄った。そこでは彼はパリの渋面を平和愛好者の微笑に換えていた。もともとはマルクス・エンゲルス広場で一〇万の群衆に話す予定だったが、パリの決裂のあと東ドイツ指導者たちは会場をより安全な屋内競技場ヴェルナー・ゼーレンビンダー・ホールに変えた。フルシチョフはそこで、選ばれた六〇〇〇の忠実な共産主義者たちに演説したのだった。

フルシチョフが危機をエスカレートするだろうと見ていたアメリカの外交官たちの予想を裏切って、フルシチョフは穏やかだった。アメリカが新大統領を選ぶまで忍耐しなければならない。「この状況の中では時間が必要だ」と彼は言った。ベルリン問題解決の機はそのとき「もっと熟するだろう」。

フルシチョフはそれから、アメリカ再訪の旅の準備を始めた。第一五回国連総会出席のためである。劇的に変化した環境のもとでの再訪であった。

バルチカ号でニューヨークに
一九六〇年九月十九日、月曜日

冴えない歓迎ぶりだった。ちょうど一年前のあの華やかさが嘘のようだ。あの時はアンドリュース空軍基地でアイゼンハワーじきじきの出迎えを受け、ソ連最新鋭の旅客機（今は工場で修理中だ）で乗り込んだのだった。今回は、がたの来たニューヨークの桟橋に、ドイツから賠償として獲得した一九四〇年建造のバルチカ号でやってきたのである。

日ごろ呼号している共産主義的団結のメッセージの代償もしくは証明のために、フルシチョフは旅の仲間として、ハンガリー、ルーマニア、ブルガリア、ウクライナ、ベロルシアの共産党指導者たちを乗船させていた。航海中の彼の気分の変転は猛烈だった。ひどく落ち込み、何の護衛もされていないこの船をNATOの連中が沈めるのではないかと不安がったかと思えば、やけに陽気になってウクライナの共産党第一書記ニコライ・ポドゴルヌイに、座興として、ゴパーク――しゃがんだまま足を激しく蹴りあげるウクライナの民族舞踊――をやってみせてくれとしつこく頼んだりした。

港では国際港湾労働者協会の組合員デモ隊が待っていた。彼らはチャーターした漁船から大きな抗議のプラカードを振った。プラカードの文句の中で最も印象的だったのは、――「バラは赤い、スミレは青い。スターリンは死んだ、あんたはどうなんだ？」

フルシチョフは憤激した。子どものころ読んだ、アメリカ大陸発見者たちのように到着することを夢見ていたのに、何ということだ。組合員のボイコットのおかげで、バルチカ号は、老朽化したイースト川第七三号桟橋に、自船乗組員と数人の不慣れなソ連外務省職員の手で係留するしかなかった。

「アメリカ人のやつら、またまた汚ない真似をしおって」とフルシチョフは不満をぶちまけた。

唯一の救いは、ソ連の新聞に対するフルシチョフの見事な統制ぶりだったかもしれない。『プラウダ』特派員ゲンナジー・ヴァシーリエフがモスクワに送った記事によれば、晴れわたった朝（実際は雨が降っていた）、喜びにあふれた群衆（群衆などいなかった）が岸壁に列をなしてソ連指導者を迎えたことになっていた。

あれこれの出来事も、フルシチョフがこの旅に注ぐつもりのエネルギーを弱めることはなかった。国連総会で、彼はダグ・ハマーショルド事務総長の辞任を求め（ハマーショルドは翌年アフリカで飛行機事故によって死亡する）、今後国連は一人の事務総長ではなく、西側、共産圏、非同盟諸国の代表からなるトロイカによって運営されるべきだと主張した（ただしこれは成功しなかった）。滞在の最終日には、ソ連は東欧を併呑し諸国民から自由を奪ったと述べたフィリピン代表に抗議し、片方の靴を脱いでテーブルを叩くという、国連史上未曾有の行為をやってのけた。

フルシチョフがアメリカに着いてわずか一週間後の九月二十六日、『ニューヨーク・タイムズ』は、ある全国調査によれば、フルシチョフは大統領選挙戦の焦点となっており、その結果、対外政策がアメリカ有権者の第一の関心事となっていると報じた。アメリカ人は、二人の候補者――リチャード・ニクソンと上院議員ジョン・F・ケネディ――のどちらが、最もよくフルシチョフに立ち向かい得るかを、見定めようとしていたのだ。

フルシチョフは自分の持つかなりの影響力を巧みに使おうと決心していた。一九五六年の失敗はくり返してはならなかった。あのとき、当時の首相ニコライ・ブルガーニンはソ連お気に入りの候補、アドレイ・スティーヴンソンを賞賛し、それが結果的に、優勢だったアイゼンハワー＝ニクソン・コンビをさらに後押ししたのだった。フルシチョフは公的には態度を明らかにせず、どちらの候補者も「アメリカのビッグ・ビジネスの代表さ……われわれロシア人に言わせれば、一対のブーツだ。左のブーツと右のブーツのどちらがいいと言うようなものさ」。でも、どちらが気に入っているのかと訊かれると、彼は無難にも「ルーズヴェルトさ」と答えた。

しかし舞台裏では、ニクソン敗北のために動いていた。すでに一九六〇年一月、駐米ソ連大使ミハイル・メンシコフがウォツカとフルーツとキャビアをふるまいながら、アドレイ・スティーヴンソンに尋ねている。あなたがニクソンを破るのを私たちはどうしたら最もよく協力できますか、ソ連の新聞があなたを褒めるのが良いのでしょうか、けなすのが良いのでしょうか、——取り上げるのはどの問題がいいのでしょうか？　スティーヴンソンは、私は今回は大統領候補の指名は受けないでしょうと答え、——そしてこのソ連の提案が外部に漏れないことを祈ったのだった。

ともあれ、両陣営とも、計画的なものであれ偶然のものであれ、フルシチョフの言動が投票行動に与える潜在的影響力は十分認識していたから、どちらも彼に接触してきた。

共和党のヘンリー・カボット・ロッジ・ジュニア（フルシチョフの最初の訪米中に両者は親しくなっていた）は一九六〇年二月モスクワに飛び、ソ連指導者に、ニクソンはあなたと協力できる人物ですと説いた。副大統領候補としてニクソンと共に選挙戦をたたかうことになるロッジは、「いったんホワイトハウスに入ったならばニクソン氏は——必ずや、両国関係を現状のまま維持し、おそらくはさらに改善する立場さえとるでしょう。私はそれを確信しています」と述べ、いかなる支持表明もニクソン票を減らすだけですから、あなたはぜひ中立的態度を保っていていただきたいと要請した。

秋までにアイゼンハワー政権は、フルシチョフに対して、ゲーリー・パワーズと北極海で撃墜されたRB47型機の飛行士たちを解放してほしいとの要請を強めていた。フルシチョフは後に、大統領選は大変な接戦だったから、そのような動きはたちまち結果に影響すると考えて、拒絶したと述べている。「結局、あれでよかったんだ」と彼は言っている。僅差での勝利を考えれば、「ほんのちょっとしたことで状況が変わっただろうからね」。

民主党もまたフルシチョフに影響を与えるべく働きかけた。ルーズヴェルト大統領の下で駐ソ大使を務めたW・アヴェレル・ハリマンは、メンシコフ大使を通して、フルシチョフは双方の候補者に対して批判的であるように薦めた。ニクソンを選ぶ一番確実なやり方は、公然とケネディを賞賛することだと彼は言った。投票日の一カ月足らず前、そしてフルシチョフがまだアメリカに滞在中という、この会談のタイミングは、民主党がフルシチョフの選挙への影響力をいかに重視しているかを示していた。

フルシチョフは公式の場では慎重だったが、部下たちの前では、本心をあけすけに語っていた。「もしジョン・ケネディがホワイトハウスの主になれば、ソ米関係改善の希望はもっと大きくなるだろう」。ニクソンの反共主義、そしてニクソンと「あの暗黒の悪魔ジョー・マッカーシー」の結びつき（「ニクソンはマッカーシーのおかげで出世したのだ」）、――これらを考えれば、「ニクソンが大統領となるのを歓迎する理由などわれわれにはまったくない」。

ケネディの選挙演説はモスクワに対してタカ派的だったが、KGBはこれを信念によるものというより、政治的打算と反共主義的父親ジョーの影響によるものと見ていた。フルシチョフは、ケネディの核実験禁止交渉への呼びかけや、U2型機侵入について、もし自分が大統領だったなら謝罪しただろうとの発言を歓迎した。さらに重要なことだが、フルシチョフは、自分はケネディを牛耳ることができると信じていた。外相グロムイコによれば、ケネディは「傑出した人物の資質を持っていそうもない」男だった。クレムリン内のコンセンサスは、この若僧はとうてい大物とはいえず、リーダーシップに要求される経験を欠いたアメリカ特権階級の産物だ、というものだった。

フルシチョフはニューヨーク六八丁目とパーク・アヴェニューの角にあるソ連国連代表部に滞在していた。二十世紀初め、銀行家パーシー・パインの住宅として建てられたマンションだ。時たまバルコニーに姿を見せる以外は、もっぱらスイートルームにこもって、大統領選挙戦の成行きを追っていた。候補者の側も大いにフルシチョフへの関心を示し続けていた。九月二十六日、シカゴTVスタジオにおける最初のケネディ＝ニクソン討論――史上初の大統領選討論生中継――で六〇〇〇万視聴者に向けたケネディの冒頭発言は、直接、フルシチョフのニューヨーク滞在と「生き残りのためのフルシチョフ氏とのわれわれの闘い」に触れたものだった。

討論のテーマは国内問題ということになっていたが、ケネディは、アメリカで教師の低賃金、学校の資金不足が続いているうちに、ソ連は「わが方の二倍の科学者・技術者を」生み出しているではないかと指摘した。そして、教育、医療、住宅建設、経済力の面でアメリカがソ連を凌駕し続けるために、よりよい働きをするのはニクソンではなく、自分であると宣言した。

十月七日、ワシントンDCで行なわれた二度目の討論（テーマは外交政策）では、候補者たちは正面からフルシチョフとベルリンについて議論した。ケネディは、次の大統領は「任期一年目のうちに、われわれのベルリン防衛、われわれのベルリンへの誓約に関するきわめて深刻な問題に立ち向かわざるを得ないだろう。そのときこそ、われわれの勇気と意志が試されるのだ」と予言した。彼はさらに、アメリカの強さが腐食するのを放置したとしてアイゼンハワー大統領を批判し、自分はもし大統領に選ばれたら、軍備増強を支持するよう議会に要請するつもりである、なぜなら来年の春あるいはもっと早く冬の内にも「われわれは、一九四九年または一九五〇年以降最も深刻なベルリン危機に直面することになる」からだ、と述べた。

選挙戦の間、アドレイ・スティーヴンソンはケネディに、ベルリンを議論するのを完全に避けるよう助言していた。「あの分割された都市について、将来の交渉の障害となる危険を冒さずにきわめて建設的な意見を言うことなど困難」という理由からだった。だからケネディはわずか五、六回の演説の中でだけベルリンを論じていた。しかし全国のテレビ視聴者の前でこの問題を避けることは不可能だった。とりわけフルシチョフが国連記者団に、アメリカが大統領選挙のあと早期に、ベルリンの将来に関する首脳会談に加わるべきだと述べ――首脳会談後、四月にはこの問題についての国連総会が開かれるべきだと主張したあとでは、なおのことそうだった。

十月十三日、三度目の大統領選討論の際、NBCニュースのフランク・マギーは候補者双方に、ベルリンを防衛するために軍事行動をとる意志があるかどうかをたずねた。ケネディの答えは、選挙戦の中でのベルリン問題に関する彼の最も明瞭な言明と言っていいだろう。「マギーさん。アメリカはベルリンに存在するという契約上の権利を持っています。これはポツダムでの協議と第二次大戦から生まれたものであり、合衆国大統領の直接の誓約によって強化されてきています。NATO加盟の他の諸国によっても強化されてきています。……それは、もしアメリカが西欧の安全を保護しようとするのであれば、必ず果たすべき誓約なのです。ですから、この問題に関して、いかなるアメリカ人の心にも疑念があるとは私は思いません。西ベルリン市民のいかなるメンバーの心にもいかなる疑念もないことを私は希望します。ロシア人の心にもいかなる疑念もないはずです。われわれは西ベルリンの自由と独立性を維持するというわれわれの誓約を果たします」

一見確信に満ちた言葉だったが、フルシチョフは、そのはしばしに妥協のニュアンスを感じた。ケネディはベルリンにおけるアメリカの契約上の権利について語ったが、道徳的責任については語らなかった。共和党流の、囚われの諸国を解放せよという勇ましい進軍ラッパを吹き鳴らしはしなかった。彼は西ベルリンの自由は市の境界線を越えて東ベルリンに広められるべきだと示唆することさえなかった。

リンについて話した。いや、西ベルリンについてのみ話した。ケネディはベルリン問題を交渉の対象となる技術的・法的案件として語っているのだった。

とはいえフルシチョフは、ケネディと手合わせする前に、まず共産主義陣営内部を整頓しなければならなかった。——中国と東ドイツという二つの戦線から高まりつつある挑戦を抑止しなければならなかった。

モスクワ 一九六〇年十一月十一日、金曜日

史上最大規模で開かれた共産党指導者たちの会議の最重要ポイントを、西側が最初見逃したのは、この会議の特徴が、まず、世界八一カ国の党代表団による二週間にわたる退屈・冗長きわまる演説の連続であったことを考えれば、理解できることだった。しかし舞台裏では、フルシチョフは中国の毛沢東が仕掛けてくる世界共産主義運動における彼の指導性に対する挑戦を抑え込もうとして——また、次期アメリカ大統領ケネディとの新しい外交努力への党内の支持を得ようとして、懸命に動いていた。

ソ連の対外政策戦略家たちは、対外問題での二つのプライオリティは、中ソ同盟、そして西側との平和共存だと見ていた。非常に多くの者がこの順位で考えていた。外相アンドレイ・グロムイコはかつて、アメリカから確実な見返りを得ることなしに北京を失うとすればそれは誤りだろうと述べていたが、まさにそれが一九六〇年に起きていた事態だった。北京のソ連大使館からのフルシチョフへの報告によれば、中国はU2型機事件の余波やパリ首脳会談の失敗を材料にして、「初めて直接に公然と」

フルシチョフの対外政策に反対しているという。

毛は西側との平和共存というフルシチョフの対外政策に反対し、ベルリンと開発途上世界全域の双方について、もっと強い対決姿勢をとるよう求めた。モスクワに到着した中国代表団は、アジア、アフリカ、ラテンアメリカの民族解放運動とさまざまな左翼運動についてクレムリンがもっと支援を増やすよう要求することを決意していた。

多くのソ連官僚は、アメリカとの関係が行きづまった今、フルシチョフは中国にもっと大胆な戦略的賭けをすべきだとひそかに語り合っていた。しかし、フルシチョフと毛との間に、それを不可能にする個人的敵愾心が生まれていることを知る者は、ほとんどいなかった。

フルシチョフ自身の述懐によると、彼の毛沢東嫌いは一九五四年、人民共和国成立五周年の際の最初の訪中以来のものだった。このとき、フルシチョフは、緑茶をさんざん振る舞われたこと(「あんなにたくさん水分はとれないよ」)から、慇懃無礼と思われる物腰まで、毛のありとあらゆる点に嫌悪を感じた。毛は会談の際もきわめて非協力的だったから、フルシチョフはモスクワに帰着したときには、「いずれ中国との対立は不可避だ」との結論を出していた。

一年後、一九五五年九月、訪ソ中の西ドイツ首相コンラート・アデナウアーが、新しい中ソ同盟が生まれるのではないかと懸念を表明したとき、フルシチョフはそんなことはありませんと否定し、彼自身の中国についての懸念を語ってみせた。「考えてみてください。あそこにはすでに六億の国民がいて、さらに毎年一二〇〇万ずつ増えているんです……われわれは自国民の生活水準も向上させなければならないし、アメリカと同様、軍備を整えなくてはならないんです。そのうえ、中国人に四六時中、われわれの血を蛭みたいに吸われるなんて……」

フルシチョフが一九五六年スターリンと彼に対する個人崇拝を否定したことは、両党関係を緊張させた。「彼らはこのことの意味合いを彼らなりに理解したわけだ」とフルシチョフは中国共産党について語っている。「スターリンはわが党の大会で、数十万の人々を銃殺し権力を濫用したかどで断罪された。毛沢東はまさにスターリンの足跡をたどっていたのだ」

フルシチョフが衝撃を受けたのは、毛沢東がアメリカとの戦争に乗り気なことだった。戦争がもたらす惨害は毛の念頭にないかのようだった。中国もソ連も膨大な人口を擁しています、われわれは結局勝利者となるでしょう。一九五七年モスクワで、毛はそう語ったのである。「どんな種類の戦争が起きようと――通常戦争であれ熱核戦争であれ――われわれは勝利します。われわれは三億以上の国民を失うかもしれません。だからどうだというのです？　戦争は戦争です」。続けて毛は、フルシチョフには性行為に関する最も下品な表現と思えた言葉を用いて、中国人は死者の補充をするためにこれまで以上に子どもを産むでしょうと言ったのだった。フルシチョフは毛を「玉座に座った狂人」と考えるようになった。

一九五八年夏のフルシチョフ秘密訪中の際、毛はフルシチョフを北京・中南海の屋外プールに誘った。場所を変えて話し合おうということだったが、ここで毛の侮辱的態度は頂点に達した。毛は深みにダイブしプールを何往復もして、水泳の名手ぶりを見せつけ、一方フルシチョフは浅いところで中国人係員の投げてくれた浮き袋を頼りにばしゃばしゃやるだけだった。フルシチョフは、はめられたことに気づいていた。「通訳は訳してくれていたんだが、私がうまく答えられなかったんだ。自分を有利な立場に立たせるために毛が仕組んだことだ。うんざりだったね。泳ぎながらずっと『こん畜生』と思っていたよ」。毛は北京から避暑地、北戴河に戻る列車の中で、フルシチョフを痛めつけてやったよ、まるで「尻の穴に針を突き刺したみたいだったよ」と侍医に言っている。

関係の悪化がさらに加速したのは、一九五九年六月、フルシチョフが中国に原子爆弾のサンプルを与えるという約束を反古にし、時を同じくして、アメリカとの関係改善に乗り出したときだ。毛は党の幹部たちに、フルシチョフは悪魔と契約を結ぶために共産主義を放棄しようとしている、と語ったのだった。

フルシチョフはこの年、アメリカ旅行の直後、人民共和国成立一〇周年を祝うべく三度目のそして最後の訪中をする。公式晩餐会の席で、彼はただ毛沢東の革命を賞賛するのではなく、自分がアイゼンハワーと共に生み出した「キャンプ・デーヴィッド精神」によって世界の緊張を緩和していることを誇らしげに語った。その後の会談中、毛は相手がそうされるのが大嫌いなことを承知の上で、フルシチョフの顔にタバコの煙をしきりに吹きかけた。フルシチョフの発言を支離滅裂と呼んであざ笑った。

毛とフルシチョフの関係悪化が共産圏内部で初めて表面化したのは、五カ月前、一九六〇年六月二十日、ルーマニアの首都ブカレストでのことだ。ルーマニア労働者党が同党の第三回大会を記念して五一カ国の共産党代表団を招いて国際会議を行なった。会議二日前になって、フルシチョフがこれに出席するむね表明した。その直前、ルーマニアに向かう途中の中国代表団がモスクワに立ち寄り、フルシチョフと会談したものの、双方の見解の相違を埋められなかったということがあった。ともあれ、フルシチョフの参加は、取るに足らないローカルな党会議であったはずのものを、二大共産主義国の指導者間の公然たる闘争の場に変えた。

下準備としてソ連共産党中央委員会国際部長ボリス・ポノマリョフは、毛沢東の「現在の世界情勢についての誤った評価」に対するモスクワの主張を八一ページに及ぶ「情報書簡」にまとめて、会議参加者に配布した。そのなかでフルシチョフは、議論の対象となっている平和共存政策を新しい合衆国大統領との間で引き続き追求するつもりであると述べていた。

ブカレストにいない毛沢東に代わって反撃に出たのは中国代表団長、彭真である。日本軍占領下の抵抗を指導し一九四八年の共産軍の北京奪取に大きく貢献した伝説的共産主義者だ。［彼は後に一九六六年文化大革命の中で失脚するが一九七九年復活。一九九〇年代には中国共産党「八大元老」の一人となる］。彭はフルシチョフに対して前例のないしかも猛烈な攻撃を行なって各国代表を驚愕させた。そのうえ彼は、この年フルシチョフが毛に送った長い書簡のコピーを全員に配布した。このことは代表たちに二つの点で衝撃を与えた。一つは、フルシチョフが毛に投げつけた悪意に満ちた言葉遣いであり、もう一つは中国側が内密の書簡を公開するという暴露的行為に出たことだった。

フルシチョフは最後の非公開会議で、ベテラン代表たちもこれまで見たことがないほどの辛辣さを発揮して、不在の毛沢東を「鼻の穴から理論を取り出す仏陀みたいなもの」、「自分の利益のことしか考えていない男」と攻撃した。

彭真は、フルシチョフがブカレストの会議を中国を攻撃するためだけに組織したことは今や明らかだとやり返し、フルシチョフには対外政策というものがない、ただ「帝国主義諸国の顔色をうかがっているだけだ」と非難した。

フルシチョフは憤激し、発作的決断の中で一夜の内に相次いで命令を発した。この結果、何年もかけて中国に築いたソ連の経済的・外交的資産また情報収集のための資産が解体されることとなった。「一カ月のうちに」一三九〇人のソヴィエト技術顧問を引き揚げよと命令し、これにより二五七の科学的技術的共同事業と、三四三の専門的契約・下請け契約が中止されたほか、数十の研究・建設計画が放棄され、試験生産を始めていた製造業・鉱業部門のプロジェクトも中断されることになった。

こうした事態にもかかわらず、会議終了後発表されたブカレスト・コミュニケは、共産主義指導者二人の正面衝突についての真実を西側に気づかれないよう、注意深く仕上げられていた。しかし、引き続き十一月にモスクワで開かれる会議では、隠蔽はより難しくなりそうだった。モスクワでの会議は、ブカレスト会議の出席者の多くを含みつつも、規模と出席者の役職上のレベルの点で、ブカレストをはるかに上回るものだった。

各国代表へのフルシチョフの会議前、会議中の猛烈な働きかけ、利益誘導が、中国の動きを食い止めた。国内的には共産主義をリベラル化し対外的には平和共存を追求するというフルシチョフの政策に反対する中国の態度を支持したのは、八一カ国のうち十数カ国の代表団だけだった。とはいえ、ソヴィエト支配へのその程度の反対でさえ前例のないことだったのである。

遠い北京からの毛の視線を意識しつつ、クレムリン聖ゲオルギーの間の閉ざされた扉の中で、フルシチョフと中国共産党総書記鄧小平が論戦を繰り広げた。フルシチョフは毛を「誇大妄想の戦争屋」と呼び、彼は「物事がうまくいかなくなったとき責任を負わせ小便をひっかけられる存在がほしいのだ……スターリンがそんなに欲しけりゃ持っていくがいい。死体も棺も何もかもな！」と言った。

鄧はソ連指導者の演説を攻撃して、「フルシチョフは明らかに自分の言っていることが分かっていない。これはまあ、いつものことだが」と言った。これは、自他共に認める共産主義運動の指導者に対してその本拠地の中で発せられた前代未聞の個人的罵言だった。毛の新しい同盟者、アルバニアの指導者エンヴェル・ホッジャは、すべての演説の中で最も激越な言葉を吐いた。――フルシチョフは、われわれがスターリンに忠実であり続けているがゆえに、言うことを聞かなければ飢え死にさせるぞと脅している。

結局のところ、ソ連と中国は交渉によって停戦する。中国側はフルシチョフがなお獲得し得た支持に驚き、このような重要な時期に共産主義運動を分裂させる無益さを見てとって、矛をおさめた。フルシチョフは発展途上世界全域で資本主義と闘っている勢力への支援を増やすことに同意し、それと引き換えに、中国側は、西側との平和共存を求めるフルシチョフの考えをしぶしぶ受け入れたのだった。

ソ連は中国への援助を再開し、すでに着手していた未完の工業プロジェクト一五五のうち六六について建設作業が継続することになった。とはいえ、毛が最も欲したもの、すなわち、軍事技術における最高度の協力は得られなかった。毛の通訳、閻明復《えんめいふく》はこの合意について、「一時的停戦にすぎない。長い目で見れば事態はすでに統御不能になっていた」と述べていた。

ともあれフルシチョフは、中国を一時的にではあれ抑え込み、続いて、東ドイツという横腹を保護すべく行動を開始した。

モスクワ、クレムリン 一九六〇年十一月三十日、水曜日

ウルブリヒトは背筋を伸ばし身を乗り出して、フルシチョフが来たる一九六一年にケネディをどう扱いベルリン問題をどう処理するかについて述べたてるのを、疑わしげな表情で聞いていた。東ドイツ指導者は十月以来フルシチョフに三通の手紙を送りつけていた。あとの手紙になるほど、東ドイツの経済的困難や難民流出に対するフルシチョフの態度への批判が強まり、もっと抜本的な対策で立ち向かってほしいと求めていた。

フルシチョフがベルリンについて近々の内に行動してくれそうもないと見たウルブリヒトは、一方的に、ベルリンについての自分の統制を強化するよう行動し始めていた。西ドイツに信任状を出した外交官たちに対し、東ドイツは初めて、東ベルリンあるいは東ドイツに入る際、東ドイツ当局の許可

を求めるよう要求し始めた。――そして、西ドイツ駐在アメリカ大使ウォルター・「レッド」・ダウリングを追い返すという驚くべき事件さえ起きていた。こうした東ドイツの動きは、西ベルリンおよび西ドイツと外交的・経済的接触を拡大しようとするソ連の努力とまともに衝突するものだった。それで十月二十四日、フルシチョフは憤然として、新しい国境管理方式を破棄せよと命令、ウルブリヒトはしぶしぶこれに従った。とはいえ二人の男の間の緊張は高まるばかりだった。

東ベルリンのソ連大使ミハイル・ペルヴーヒンは、フルシチョフと外相グロムイコに、ウルブリヒトがクレムリンの指示をますます頻繁に無視していると報告し、ソ連大使館の二等書記官A・P・カゼンノフは、――東ドイツ当局は、増大する難民の流れを食い止めるために、国境を越えての通行を全面的に遮断するかもしれない、との警告を、モスクワの上司に打電した。ペルヴーヒンはまた、ウルブリヒトの実施した、ベルリンの東西間の移動や経済的交流を制限する多数の措置は、彼の「頑迷さ」を示している、とモスクワに報告していた。

ウルブリヒトは安全保障政策の向上を図るとして、新しい国家評議会を創設し、みずからその議長に就任した。十月十九日、新しい会議は、難民の主たる流出口となっているベルリンの境界線を閉鎖するにはどのような手段があるかを討議した。西側はウルブリヒトをソ連の操り人形と見ていたが、実際には、ウルブリヒトのほうが、モスクワの糸を引っ張ろうとしていることが多くなっていた。

直近の十一月二十二日の手紙の中でウルブリヒトは、不満を並べ立てていた。――東ドイツ経済が崩壊しつつあり、難民流出が留まるところを知らず、西ベルリンの自由が国際的関心事となり、西ベルリンの工場が西ドイツ防衛産業を潤しているというのに、ソ連は手をこまねいているだけではないですか。ソ連は「何年もの間不正常な状況を許容してきたが」、このあたりで政策を転換すべきです。ケネディとの首脳会談が実現したそのあとにまでベルリン問題に関する行動を先延ばしするのは、ただアメリカの術策にはまるだけではありませんか。

そしていま、クレムリンで、フルシチョフは懐疑的なウルブリヒトに請け合った。——自分は必ず、ケネディ政権成立後の早い時期にベルリン問題の討議を始めるつもりだ。自分が求めるのはこの前流産したような四カ国首脳会談ではない、ケネディとの一対一の話し合いだ。そのほうが自分の目的をより効果的に達成できるのだ。もしケネディが政権の最初の数カ月のうちに合理的な同意を目指して交渉する意思を示さなかったならば、自分は早い段階でふたたび最後通牒を突きつけるつもりだ。

ウルブリヒトはなお信じられない思いだったが、ともあれ、ベルリン問題にそんなに早期に取り組むというフルシチョフの決意表明には励まされた。同時に、彼はフルシチョフに警告した。——ベルリンに関して行動するとのあなたの度重なる約束は「わが国の国民の中で」信用を失いかけています。『フルシチョフはただ平和条約についてしゃべるだけ、それについてどんな行動もしない』というムードが広がっているのです。われわれは気をつけなくてはなりません」。従属者が支配者に説教をしているのだった。

ウルブリヒトはフルシチョフに、もう待ったなしの状況なのですと述べた。「ベルリンの状況は複雑化してきています。それも、わが方に有利ではないかたちで」。西ベルリンの経済は急速に強くなっていて、そのことは、西側のより高い賃金に惹かれて、五万人ほどの東ベルリン市民が毎日国境を越えて働きに行っている事実がはっきりと示している。東西の生活水準の格差の広がりとほぼ比例して、ベルリンの緊張は高まっています……。

「われわれはこうした問題へのしかるべき対抗策をまだとっていないのです」。ウルブリヒトはさらに続けた。——われわれは知識階級の心をつかむ闘いにも敗れており、彼らの大多数は難民として去っていっている。手の打ちようがないのです。なにしろ西ベルリンの教師は東の教師よりも月に二〇〇ないし三〇〇マルクほど多く賃金を得ているし、西の医師の給料は東の医師の二倍です。私にはこのような給料に対抗すべき手段はない。それに、万一、東ドイツ国民にかなりの給料を払えたとしても、購入すべき十分な消費財を生産することが出来ないのです。

フルシチョフはウルブリヒトに一層の経済援助を約束した。

それから肩をすくめて、ベルリンの地位の変更を図ろうとするときは、たぶん、わが軍のロケット基地を臨戦態勢に置かなくてはならないだろうな、と言った。とはいえフルシチョフは、西側がベルリンの自由をめぐって戦争を始めることはないと確信していた。「ありがたいことに、われわれの相手はまだ発狂してはいない。まだ思考能力はあるし、神経も病んではいない」。もしケネディが交渉に応じようとしないなら、私は一方的に前進するだけだ。「そして敗北するのが誰かを、見せつけてやるのさ」

ふーっと苛立たしげな溜息をついて、フルシチョフはウルブリヒトに告げた。「この状況、いずれケリをつけなくてはならないんだよな」

第3章 ケネディ――大統領の教育

「われわれはベルリンにおける現状と共存することはできる。しかし、それをより良い方向に変えるための現実的イニシャティブは何らとることができない。ソ連と東ドイツは、程度の差はあっても、政治的結果を得ようとしたときには、いつでも、より悪い方向に変えることができる」

国務省ドイツ課長マーティン・ヒレンブランド。一九六一年一月、ケネディ大統領への移行関連メモ

「だから新たに始めましょう。礼節は弱さのしるしではなく、誠意は常に証拠とともに示さなければならないことを、双方が思い起こそうではありませんか」

ケネディ大統領。一九六一年一月二十日、就任演説

ワシントンDC、ホワイトハウス、オーヴァル・オフィス
一九六一年一月十九日、木曜日、朝

彼にこの仕事の一番忌まわしい部分を教えてやる時が来たな、アメリカ史上最高齢の大統領はそう思った。史上最年少の次期大統領が、明日、就任式を迎える。二四時間足らずのうちに、七十歳のド

ワイト・D・アイゼンハワー大統領は、アメリカの核のフットボールを四十三歳のジョン・F・ケネディ上院議員に手渡すことになる。単一の国家が保有するものとしては最大の破壊兵器を委譲するのだ。

しかも、時期が時期だ。米ソの紛争地点は世界中に数多く存在する（なかでも最も大きく危険をはらんでいるのがベルリンだ）。こうした地点についてのわずかな誤算がたちまち核戦争を引き起こすことになりかねない。だからアイゼンハワーは、ケネディと二人だけで、このような戦争になった場合どう戦うのかをじっくり話し合いたかった。話の締めくくりには、世界最強の人間、アメリカ大統領が常に手元に置いておくべき道具を用いてしっかり実物教育をしなくてはならない。

アイゼンハワーは、はたしてケネディにこのような責任をになう用意があるのかどうか気がかりだった。内輪で話しているとき、彼はケネディを「あの天才少年」と呼んであざ笑うか、「ちびっこ」とか「あの青二才」とか呼んでほとんど無視する態度をとっていた。アイゼンハワーは、第二次大戦の最後の二年間、ヨーロッパの連合軍最高司令官としてフランス解放とドイツへの侵攻・占領を指揮した。一方、ケネディは海軍中尉としてPTボートすなわち小型哨戒魚雷艇を操舵しただけである。PTボートはあまりに小さくて、これの戦隊は「モスキート艦隊」と呼ばれていたほどだ。

確かにケネディは戦争英雄として勲章を授与されている。一一人の乗組員の命を救ったのがその理由である。しかし、部下を救ったのは、不明確な状況の中で彼のPT109が日本の駆逐艦に衝突されたあとでのことだ。アイゼンハワーの軍人仲間は「夜の闇、戦場の霧」式説明には納得せず、むしろ、ケネディに（軍による取り調べは免れたものの）過失があったのではないかと見ていた。

アイゼンハワーは、父親ジョーの財力と飽くなき野心がなかったなら若いケネディが大統領職を勝ち取ることができたかどうか怪しいものだと思っていた。すでに戦争中ジョー・シニアは、いとこでボストン政界に影響力を持つジョー・ケインに、長男ジョー〔ジョゼフ〕とジャック〔ジョン〕の双方について、政界に進出する場合の当選の可能性について調査させていた。ジャックの海の武勇伝を、作家で家族の友人ジョン・ハーシーに書かせたのも、ジョー・シニアだった。この記事は『ニューヨーカー』に、続いて『リーダーズ・ダイジェスト』に掲載され、ジャックの政治的キャリアを高めるのに貢献した。ジャックが英雄として受章して二カ月後、長男ジョー・ジュニアが実験的なハイ・リスクの爆撃任務遂行中に戦死した。彼は爆薬を搭載したB24型リベレーターを操縦しており、ある時点で機から脱出し、無人となった機がリモート・コントロールによって目標たるドイツ軍V爆弾基地まで誘導されることになっていたのだが、爆薬が予定より早く爆発してしまった。ケネディ家を最も良く知る人々は、彼の死は究極的には、父親が長年にわたり助長してきた兄弟間の功名争いの結果だったのではないかと見た。弟に負けてたまるかという思いからの無謀な冒険がジョー・ジュニアの命を奪ったかもしれないのだ。

寒い曇り空の朝、八時五七分にケネディはホワイトハウスに到着した。ジョージタウンの彼の住まいから八分のドライブだ。いつも遅れがちのケネディにしては珍しく時間通りだった。この朝、新聞各紙にはケネディ家の人々の経歴やいろいろな画家の描いた閣僚夫人たちの優雅な舞踏会用ドレスのイラストが溢れ、野暮くさいアイゼンハワー時代が去ったことを告げている。より冷厳なレベルでは、初めてアメリカが、奇襲攻撃に備えて二四時間態勢の核武装爆撃機による飛行警戒を行なうとの戦略航空軍団司令官トーマス・S・パワー将軍の言明が掲載されている。

会談に先立ち、ケネディの移行チームの責任者でワシントンの伝説的弁護士クラーク・クリフォード〔ジョンソン政権で国防長官を務める〕は、アイゼンハワー側に、ケネディが討論することを望んでいる問題のリストを送っていた。いずれも、就任早々ケネディの頭を悩ますはずの問題だ。ラオス、アルジェリア、コンゴ、キューバ、ドミニカ共和国、ベルリン、軍縮と核実験に関する論議、基本的な経済、財政政策、貨幣政策、そして「戦争における必要条件と対応能力の評価」。

この最後の項目は、オーヴァル・オフィスに入る日が近づくにつれてケネディの頭を占めるようになった問題、すなわち「もし実際に核戦争になったら、私はどう戦えばいいのか？」を彼なりに表現したものだ。アメリカはベルリンを防衛するという厳粛な誓約を行なっているが、もしその誓約が数百万のアメリカ国民の生命を犠牲にし得る核戦争のリスクを要求するとしたら、はたして自分にもアメリカ国民――自分の再選に必要な投票者たち――にも、その誓約を履行する意志があるのだろうか。ケネディにはまったく確信がなかった。

十二月六日に行なわれた移行のための最初の会談のあと、アイゼンハワーはケネディについての否定的見方のいくつかを修正していた。彼はクリフォードの友人で民主党の政治活動家ジョージ・E・アレンに、「私はこの若者について誤った情報を聞かされて誤解していたよ。彼は私が出会ったなかで最も有能で聡明な人物の一人だ」と述べていた。ケネディの若さと経験不足にはまだ心もとなさを感じたが、直面しようとしている諸問題の把握の確かさには安堵していた。

ケネディはそれほどは「アイク」に魅せられていなかった。友人たちの間では「あの老いぼれ」と呼んでいた。弟のロバート（新政権の司法長官となる）に、去りゆく大統領は、頭の働きが鈍く、掌握しておくべき問題について適切な知識を持っていないようだと話している。

ケネディは、アイゼンハワー政権は、アメリカを押し流しかねない歴史の激流の中にあって何の成果もあげず時を過ごしていただけだ、と思っていた。最も顕著な例は悪化の一途をたどるベルリン問題だ。自分なら理想とする二人の大統領、エイブラハム・リンカーンとフランクリン・ルーズヴェルト同様、必ず大きな成果を挙げてみせる……。フランス大使エルヴェ・アルファンはケネディをアイゼンハワーと比較しつつ、次期大統領は「事実について、数字や歴史について膨大な量の記憶」を持ち、「自分が討議すべきもろもろの問題について完璧な知識を備え、……国家のため世界のために偉大な構想を実現する意志を、言いかえれば偉大な大統領になる意志を持つ」男であると述べていた。

偉大さを求める彼の努力に二つの大きな障碍があった。一つは圧倒的権威が欠如していること。これは、彼の当選が一八八六年以来の僅差によるものだったことに起因している。もう一つは、リンカーンとルーズヴェルトが歴史に名を残したのは戦争を通してであったことだ。今日、戦争は、核ホロコーストを意味すると言ってよく、極力避けるべき恐怖のシナリオとなっている。

ケネディは五〇パーセント足らずの得票率で辛勝したことに戸惑っていた。それもニクソンのような、彼の見るところ個人的魅力などまったくない男を相手に、だ。「どうしてあんな奴にわずか一〇万票の差しかつけられなかったんだろう？」。友人のケネス・オドネル（新政権で大統領特別補佐官となる）にそう愚痴をこぼしている。

議会内支持基盤も強くはなかった。民主党は議会で過半数を確保してはいるものの、上院で一議席、下院で二〇議席を失っていた。最も多く議席を得た南部民主党はソ連とベルリンに関して強硬路線を唱えていて、共和党と連携する可能性が強い。そもそも、もし選挙戦でモスクワに対してニクソン以上にタカ派的態度をとらなかったなら、ケネディは勝利しなかったかもしれないのだ。保守的・反ソ的態度にさらに磨きをかけるために、そしてたぶん、彼の過去についてのマイナス情報のリークを防ぐために、彼は、アイゼンハワーの下でのCIAとFBIの長官、アレン・ダレスとJ・エドガー・フーヴァーの両者を留任させるという、あまり前例のない決定も行なっている。こうしてケネディとフルシチョフの間の奇妙な相似性が現われつつあった。二人とも、国内の状況に押されて、協調よりも対決へと進まざるを得なくなっているのだった。

ニクソンに対する僅差の勝利のゆえに、ケネディはこの日ますますアイゼンハワーを熱心に観察する気になっていた。彼の穏やかなくつろいだ態度から多くを学びたかった。このような態度こそ、去りゆく大統領に、二度の勝利と、絶大な国民的敬愛をもたらしたものなのだと思った。ケネディも眼前のすべての問題と取り組み成果を挙げて行くために、できるだけ早く、国民の広い人気を獲得しなければならなかった。

核戦略についての移行説明の際、ケネディにとって最も気がかりだったのは、アイゼンハワー政権はかくも限定的で柔軟性のない戦闘オプションしか残していかないのか、ということだった。万一ソ連が西ベルリンに侵攻した場合、ケネディは、在来型戦闘で対抗するか（これは間違いなくソ連が勝利する）、全面核戦争に踏み切るか（彼も同盟諸国もこんなことは極力回避したい）、そのいずれかの選択しかないのだった。そうだとすれば、その朝の会談の中心議題になるのはベルリン問題であるのが、当然だったはずである。

ところが双方のチームは、はるかに大きな関心をラオス問題に集中した。東南アジアのこの国が、ドミノ理論言うところの最初の駒として、共産主義化する危険が高まっていた。ベルリンの危機はもちろんより大きな重要性を持っているのだが、ケネディがしばしば言い聞かせられたところによると、ベルリンの状況は現在冷凍状態にあり、予見し得る解決策は存在しない。だから、就任当初は、これ以外の問題にエネルギーを費やすのが最良のやり方なのだという。

アイゼンハワー・チームがケネディのために用意した移行に関する一文書は、気宇壮大な思考を得意とする新大統領に、ベルリンに関して彼が注意すべきはこまごました諸問題なのだと警告していた。西ベルリンへの自由な往来を取り決めている細かな協定から、西ベルリン市民の諸権利と同盟国軍の駐留を保護している四カ国協定の下の数々の不可解な慣行まで、ありとあらゆる些細なことに、注意を怠ってはならない。

「現在のソ連の戦術は」とその文書は言う。「西側の権利を少しずつ削り取ることによってベルリンを奪い取ろうとするものである。一つ一つは小さな出来事であり、そこにひそむ真の問題が、自由なベルリンの存続にかかわる重大なものであることが、なかなか明らかにならない。われわれの当面の課題はこのような『サラミ戦術』に反撃することである。……われわれは、いよいよとなればベルリンのために戦う覚悟であることを、ソ連側に分からせるべく、可能なあらゆる方法によって努力してきた」。次期大統領は間もなく、ベルリン問題に関する会談の復活を求めるフルシチョフの要請に直面するだろうが、フルシチョフの目的はベルリンからの西側軍隊の撤退をかちとることにあるのだ。——移行文書はケネディにこう警告していた。

しかしアイゼンハワー・チームは、ケネディに対し、どうすればこのような問題にもっと効果的に対処できるかについて、ただ地歩を固め、沈着に行動せよと言う以外、適切な助言を持ってはいなかった。「全体としてのドイツ問題の解決と切り離したかたちで、ベルリン問題を解決するための受け入れ可能で交渉可能な方式は、いまだ誰も考え出せずにいる」と、その移行文書は述べていた。さしあたりアメリカの立場は、ドイツは、東西ドイツ全体の自由選挙を通して、いつか統一されるべきである、というものだ。——そしてそれがいったい何時になるのかは誰にも予測できない。したがって、「西側の基本的戦術は、解決の基礎を探求しつつ、時間をかせぎ、西ベルリン防衛の決意を示すことであった。いまやますます、西側諸国が自分たちの立場を維持する意志と手段を持っていることをソ連に知らしめることが重要になっている」。

国務省のドイツ課課長マーティン・ヒレンブランドは、彼自身の移行メモの中で、そのことをもっと鋭く述べている。彼は、フルシチョフの一九五八年のベルリン最後通牒のあとアイゼンハワーが設けたベルリン問題タスク・フォースの主導者で、この組織は大小の問題に関してほぼ毎日会議を開いていた。メンバーにはアメリカ政府のほとんどの機関の代表と、フランス、イギリス、ドイツの大使たちが含まれていた。

「われわれはベルリンにおける現状と共存することはできる。しかし、それをより良い方向に変えるための現実的イニシャティブは何ら取ることができない」とヒレンブランドは書いている。「程度の差はあっても、ソ連と東ドイツは、政治的結果を得ようとしたときには、いつでも、より悪い方向に変えることができる。……この問題に新しいアプローチを見いだしたいという要求がいかに喫緊であろうと、状況が示す免れがたい諸事実のゆえに、西側の取りうる具体的方策はきわめて限られているのである」

ケネディが多くの方面から聞かされているのは、彼の当選の原動力となった、感動的な変化のメッセージは、ベルリン問題には当てはまらないということだった。ベルリンに関しては、いかに不満であれ現状を守るようにと顧問たちは言っていた。これはケネディの全資質、全行動様式に反するものであり、また、ベルリン問題に、アイゼンハワー政権にはなし得なかった創造的解決策をもたらすとの選挙民への約束に反するものだった。しかし、しばし熟慮の末に、結局、ケネディは(急速な同意を見つけられそうなところではただちに問題に取り組む一方)ベルリン問題は棚上げにすることを選んだ。

そんなわけで、ケネディの対ソ交渉における最優先事項は核実験禁止問題の追求となる。彼はこれを冷え切った米ソ関係を暖めなおす信頼醸成措置と考えた。まず、核兵器関連の交渉によって両国関係の全体的トーンが改善されたならば、そのあと、より扱いにくいベルリン問題に取りかかることができる、というのがケネディのロジックだった。しかしこのことは、ケネディとフルシチョフの間の最初で最大の不一致点となるもの――すなわち、ベルリン問題解決のための交渉のペースと優先度をめぐる不一致――を引き起こすこととなった。

ケネディはホワイトハウスに入る前から、現職大統領としてベルリンを扱う現実と、上院議員としてまた大統領候補者として彼が用いたタカ派的レトリックとは別次元のものであることを学びつつあった。一九五九年二月、彼は、西ベルリンの自由をめぐる「きわめて深刻な」武装対決をも想定し、これに向けてアメリカをもっと用意させるべきだと、アイゼンハワー政権に呼びかけていた。

同年八月、大統領選出馬の準備中、ケネディはベルリン防衛のために原子爆弾を使う用意があると言明していた。アメリカをドイツから押し出そうとしているとしてソ連を非難し、「ヨーロッパにおけるわれわれの立場は核戦争にあたいします。もしベルリンから追い出されたら、続いてドイツから追い出されます」。ミルウォーキーでのテレビ・インタビューの中で彼は言った。「そしてもしヨーロッパから追い出されたら、アジア、アフリカから追い出されます。そしてついには、自分の家から追い出されてしまうのです……だから、究極兵器を使うことも辞さないとの意志を明確に示さなければならないのです」

一九六〇年六月の民主党全国大会での指名獲得の数時間後にハースト系新聞に発表された記事の中で、ケネディは、「次の大統領はフルシチョフに対し、宥和政策はないことを――ベルリン市民の自由を犠牲にしたり、基本的原則を捨て去ったりすることはないことを、はっきりと悟らせるべきだ」と述べていた。

しかし遊説中の上院議員のミルウォーキーでの「明確な意志」表示や、指名候補者としての「宥和政策」否定発言と、大統領としての核兵器の使用とは、天と地ほどの隔たりがある。そしてソ連の核戦力は向上しつつあり、またソ連のベルリン周辺での通常兵力の優位は依然として圧倒的なのだ。

アメリカが西ベルリンに持つ兵力はわずか六〇〇〇。イギリス軍四〇〇〇とフランス軍二〇〇〇とを合わせて一万二〇〇〇の同盟軍が、東ドイツ内部もしくはベルリン攻撃可能距離に布陣する三五万（CIA推定）のソ連軍と向き合っているのである。

ソ連の戦力に関する最新の「国家情報評価」――合衆国情報共同体による権威あるアセスメント――は、ケネディ政権の第一期が終了するまでに、ベルリンにおけるアメリカの立場を掘り崩しかねない戦略面の変化が生ずるだろうと。憂慮をもって述べていた。ソ連は、一九六五年までに、主として大陸間弾道ミサイル戦力と核防衛システムの強化によって、戦略的不均衡を脱するであろう。そうなるとソ連は勢いづき、ベルリンでまた世界各地で西側に挑戦してくるに違いない。

さらに文書はケネディに、フルシチョフの移り気な性格について警告し、フルシチョフは「ソ連の行動のいつものパターンである、圧力と和解の使い分け」をやってくるだろう、フルシチョフはケネディ政権の初期には求愛者の役割を演じるだろうが、それが失敗すれば、「圧力と恫喝を強める手法に出て、西側を、自国にとってより有利な条件の下でのハイ・レベル交渉に追い込もうとするだろう」と述べていた。

そんなわけでアイゼンハワーは、ベルリン問題は棚上げしラオスについてケネディに事細かに話し始めた。ラオスでは共産系パテト・ラオ、親西欧的王党派、そして中立主義勢力の間で三つ巴の内戦が戦われており、共産勢力の権力掌握の可能性が高まっていた。

危険は明白だった。ケネディの就任後の最初の数週間は、彼にとっては何の興味もない、東南アジア内陸の小さな極貧国への軍事介入に費やされかねなかった。対外政策に関する自分の最初の決定としてラオスに派兵する、――ケネディが最も望まないことだった。アイゼンハワー政権が任期中にこの問題を処理しておいてくれればよかったのにという思いを込めて、ケネディは、ラオス問題の軍事的対応に関するアイゼンハワーの意見と見通しについて尋ねた。

アイゼンハワーはラオスを「ボトルのコルク栓」にたとえた。あそこは私の思うにアメリカが一方的にであれ介入すべき場所だ、ここで共産主義の勝利を食い止めなければ、同じ事態が伝染病のように、タイ、カンボジア、南ベトナムへと広がってしまう。「これは私があなたに残して行く、心苦しい問題の一つです」。アイゼンハワーは詫びた。「アメリカは戦わなくてはならないかもしれませんな」

ケネディは、戦争のシナリオを語るときのアイゼンハワーの寛いだ態度に驚いていた。それを一層明瞭に示したのが、核兵器使用についての五〇分にわたる個人指導だった。アイゼンハワーは次期大統領をオーヴァル・オフィスに案内した。彼の私物はすでにほとんど運び出され、いくつかの箱が偶々に積み上げられているだけだった。カーペットには、アイゼンハワーのパッティング練習のほどを物語る傷が目立った。

アイゼンハワーはケネディに、隠密作戦の実施方法から最高司令官固有の権限である緊急措置のたぐいまで、さまざまな問題について説明した。差し迫った攻撃にどう対処するか、核兵器の使用をどう承認するかを含め、コードブックの使い方、核攻撃のためのコンピューター装置——カバンに入って常に大統領の傍に置かれている、いわゆる核のフットボール——の操作の仕方も教えた。

それは、核時代における、去りゆく大統領と入りきたる大統領の間の最も内密な会話だった。ケネディが選挙戦中、アイゼンハワーが危険な「ミサイル・ギャップ」を発生させソ連を有利にしたという誤った発言をくり返したことについて、アイゼンハワーは何も言わなかった。選挙中も彼はケネディの発言に反論せず、候補者ニクソンを大いに驚かせたのだが、彼はむしろ安全保障上の秘密を守ることを優先し、ソ連に軍備増強を速める口実を与えることを避けたのだった。

しかしいま、アイゼンハワーはケネディに、アメリカはとりわけ核ミサイルを装備した潜水艦によって、まだ圧倒的な軍事的優位を保っていると、穏やかに請け合った。「ポラリスは貴重このうえない財産だよ。絶対に負けることがないんだ」

アイゼンハワーはさらに言った。――ポラリス・ミサイルは地球のさまざまな海洋の探知不能の地点からソ連を攻撃できる。だから、ソ連側が核戦争を起こすとしたら狂気の沙汰としか言いようがない。ただ困ったことに、ソ連の指導者連中は実際に狂っているかもしれないのだ。第二次大戦中やその直後に彼らが自国民や敵たちにやってのけた暴虐から判断すると、核戦力が劣っているからと言って、ファナティカルな共産主義者たちがしかるべき状況のもとで攻撃を仕掛けてこないとは言えないのだ……。アイゼンハワーの口ぶりによれば、ロシア人は、交渉の対象とすべきパートナーというよりも、馴らすべき動物であるかのようだった。

アイゼンハワーはそれから、ケネディへの個人授業の最後に、緊急事態の場合大統領がヘリコプターによっていかに迅速にワシントンから移動させられるかのデモンストレーションを行なった。まるで、新しい友だちにお気に入りのおもちゃを見せびらかす子どものようだった。

「まあ見ていなさい」

それから特別の電話をとりあげ、あるナンバーをダイヤルし、ただ、「オパール・ドリル・スリー」とだけ言って電話を置いた。ケネディに向かってほほ笑み、時計を見ているようにと告げた。

五分以内に轟音とともに海兵隊のヘリが飛来し、ホワイトハウスの芝生、二人のいるオフィスのすぐ近くに着陸した。やがてアイゼンハワーはケネディを双方の幹部たちの待つ閣議室に連れ帰り、「この友人に逃げ出し方を教えたのさ」と冗談を言った。

双方のスタッフの前でアイゼンハワーはケネディに、大統領の権威といっても、いつもこんな、魔法の杖みたいな具合にはいかないよと警告した。

ケネディはほほ笑んだ。アイゼンハワーの新聞係秘書は後に、ケネディはこの「予行演習」にかなりの興味を示したと言っている。大統領職に伴なう責任には重圧を感じたが、もうすぐわがものとなる数々のパワーは、ケネディの心を浮き立たせた。

車で去りゆくとき彼は満足感とともにホワイトハウスを振り返った。これも明日からは自分のホームとなるのだ……。

ワシントンDC
就任式の日、一九六一年一月二十日、金曜日

ケネディがアイゼンハワーの許を辞して間もなく、正午に雪が降り始めた。ワシントンは大統領就任式を明日に控えているというのに、厳しい天候にうまく対応できなかった。交通は渋滞し、その夕べ、コンスティテューション・ホールでの就任記念コンサートの前売り券を買った客の三分の二は現われなかった。ナショナル交響楽団の演奏は三〇分遅れて始まった。楽団員の多くが交通麻痺や雪に阻まれたせいで、フランク・シナトラのガラ・コンサートは二時間遅れてようやく始まった。

しかし一月二十日の明るく冷たい朝までには一大隊の兵士と除雪車とが八インチの雪を取り除いていた。空は晴れわたり、史上最も精密に計画され最も広くテレビ中継される就任ショーのための完璧な照明を提供した。約一四万フィートのケーブルが五四のテレビジョン回路に走り、三三の地点から就任式の一部始終を、宣誓から最後のパレードの山車に至るまで捉えようとしている。報道陣のために六〇〇台ほどの特設電話が要所要所に設置されている。ケネディと前任者たちとの相違は数々あるが、その最大のものは、何と言っても、彼が史上最もテレビに（しかもカラー映像で）映し出された

最高司令官だという点だった。

就任式前日、妻のジャッキーとリムジンに乗っているときも、その夕刻バスタブに浸かっているときも、そして翌朝、四時間の睡眠の後、朝食をとっているときも、次期大統領はくり返し就任演説の最新バージョンを見直していた。少しでも時間を見つけると、無駄なく構成された一三五五語の一語一語について再吟味し、訂正し、磨きをかけた。これまでのどの演説をも上回る念の入れ方だった。

去る十一月、彼はチーフ・スピーチライターのテッド・ソレンセンに、演説は短く、党派性がなく、楽天的で、前任者を批判せず、外交政策に重点を置いたものにしてくれと頼んでいた。しかし、演説を行なうわずか一週間前になって二人して最終仕上げにかかったとき、彼はまだそれが自分の好みからすると、長すぎるし国内問題を取り上げすぎていると思った。「国内問題は全部落とそうよ。いずれにせよ長すぎる」とソレンセンに言った。「いったい誰が最低賃金のことなんか気にするかね?」

一段と難しかったのは、演説の中でフルシチョフにどんなメッセージを送るか、だった。もちろんソ連と核戦争をするわけにはいかない。しかし、正当な平和を求めて交渉するというのも予測不能の要素が多すぎる。ケネディは民主党タカ派の立場で選挙戦をたたかった。そして民主党は、対ソ政策として、交渉と対決のどちらが最良の道かという、党内議論を解決していなかった。

トルーマン政権で国務長官をつとめたディーン・アチソンは民主党強硬派の代表格だった。フルシチョフはまだ世界支配というスターリンの目標を追求している、と彼は確信していた。他の民主党員――アドレイ・スティーヴンソン、アヴェレル・ハリマン、チェスター・ボールズ――は、フルシチョフは真の改革者であり、その主たる目的は軍事予算を削減し、ソ連の生活水準を改善することにあると見ていた。

ケネディの就任演説は、まさに、そうした二つの議論の中間点に位置することになる。これは、歴史に名を残すのはソ連と対立することによってか、それとも、ソ連と協調することによってか、決めかねている彼の態度を反映したものだ。このような曖昧さのゆえに、ケネディは、当選後、多くのチャンネルを通して伝えられた、「プライベートなルートを作り、早期の首脳会談を予定しよう」という、度重なるフルシチョフの要請に積極的に対応できずにいるのだ。

一九六〇年十二月一日、ケネディは弟ロバートを通してフルシチョフに、少し待ってほしい旨の、早期のしかし間接的な要請を送っている。この日ロバートは、新聞『イズヴェスチヤ』の特派員を名乗るKGB要員とニューヨークの大統領移行業務のオフィスで会った。三十五歳のボビー〔ロバート〕は、兄の大統領選の総指揮者だったし間もなく新政権の司法長官となる。だから、KGB要員は、彼が自分は兄の代理として話していると言ったときそれを疑う何の理由もなかった。

この偽特派員は、『イズヴェスチヤ』に記事を送ることはなく、KGBの上司に報告を打電した。この報告は、新政権の外交政策の方向を示すものとして、ただちにフルシチョフのもとに届けられたと見ていいだろう。報告にはいくつかのメッセージが含まれていた。ボビーの言うところによれば、次期大統領は両国関係に大きな関心を払うはずであり、一九六一年中には核実験禁止協定を締結できると考えている。また、彼は、直接の対面による会談を求めるフルシチョフの要望を共有しており、アイゼンハワーの下で生じた両国関係のダメージを修復したいと思っている。

フルシチョフにとってやや残念だったのは、ケネディがベルリン問題を自分が求めているよりも、はるかにゆっくりと取り組むつもりであることだった。新大統領は首脳会談を行なう前に二―三カ月の期間を必要とするだろう、とボビーは言った。「ケネディはベルリンの状況について真剣に憂慮しており、ベルリン問題の解決に到達する手段を見つけるべく努力するだろう」とKGB要員の報告は述べている。「しかしながら、もし次の数カ月の内にソ連側がこの問題について圧力をかけたならば、そのときはケネディは確実に西側の立場を擁護することになるだろう」

とはいえ、フルシチョフはあきらめることなく、早期の会談を求め続けた。数日後、十二月十二日、ソ連大使ミハイル・メンシコフはボビーをワシントンのソ連大使館にランチに招いた。メンシコフはアメリカの高官たちから嘲笑気味に「スマイリング・マイク〔ミハイル〕」と呼ばれている。知性に劣るくせに自信過剰で、コミカルな人物とみなされている。彼のお粗末な英語はかつてジョージタウンのカクテル・パーティーで女性たちの顰蹙を買ったことがある。乾杯のとき「杯をあげましょう《ボトムズ・アップ》！」というべきところを「尻をあげましょう《アップ・ユア・ボトムズ》！」と言ってしまったのだ。

しかしながら、彼がもたらしたフルシチョフからの直接のメッセージは、メンシコフを蔑視している人たちさえも、この招待を真剣に受け止めざるを得ないものだった。

メンシコフはボビーに言った。——米ソ間に生じているあれこれの誤解は、両国指導者が重要な問題を中レベルの官僚たちに任せてきた結果であることが多い。ケネディ大統領とフルシチョフは、官僚制度を迂回して歴史的成果を達成する方策を共に見いだし得る、希有な人々だ。ぜひ大統領に、「明瞭で友好的な理解」をかちとるために、両国家指導者の早期の会談という考えに賛成するよう伝えていただきたい。

大統領の弟との会見の二日後、メンシコフはほぼ同じメッセージを、フルシチョフの最大のお気に入りのアメリカ人、フランクリン・ルーズヴェルト大統領の下での駐ソ大使、アヴェレル・ハリマンに手渡した。その翌日、メンシコフはふたたび、早期のフルシチョフ＝ケネディ会談の薦めを、影響力のある『ニューヨーク・タイムズ』記者ハリソン・ソールズベリーに説いている。「下の者による数々の会議を全部合わせたよりも、フルシチョフとケネディの直接的でくだけた対話に費やされた充実した一日のほうが、得られるものは多いでしょう」

ケネディはこの時期、アドレイ・スティーヴンソンによる同じようなロビーイングの対象になっていた。二度にわたって民主党大統領候補となった、かつてのライバル、スティーヴンソンは新政権で重要な地位を得ることを目指していた。彼はパーム・ビーチの父親の家にいるケネディに電話してきて、就任式の直後モスクワに飛び、フルシチョフともろもろのことについて話をつけておこうかと、仲介者の役を買って出たのだ。「彼が冷戦を拡大しようとしているのかどうか見きわめることが重要だと思うんだ」とスティーヴンソンは言った。

ケネディは餌に食いつかなかった。スティーヴンソンは一九六〇年民主党大会の前、ケネディの大統領指名を支持しなかった。これが原因で、ケネディが彼にほのめかしていた国務長官の地位を得られなかったといわれるのだが、原因はそれに留まらなかった。議会内の反共主義者たちはこの元イリノイ州知事を宥和主義者と見ていたし、ケネディは自分の外交政策を誰かの影響下で進めたくなかった。さらに、西ドイツ首相コンラート・アデナウアーは、新聞へのリークによって、ケネディ新政権に関して気がかりなのは、たとえばスティーヴンソンのような対ソ協調派が外交政策を主導することだと、意思表示を行なっていた。それで、ケネディはスティーヴンソンを国連大使に任命した。フルシチョフとの間に立とうという申し出も取り上げる気はなかった。

フルシチョフの相次ぐ要請にうんざりして、ケネディは友人のデーヴィッド・ブルースに助けを求めた。フルシチョフの差し伸べた手にどう対応したらいいのか、一緒に考えてほしい。ブルースは新政権のロンドン駐在大使に任命されたばかり。ベテラン外交官で、戦時中はロンドンでアメリカの諜報組織を動かし、戦後は、ハリー・トルーマン政権のパリ駐在大使をつとめた。

一月五日、ブルースはメンシコフの住まいで大いにご馳走になったあと、レターヘッドも署名もない一通の手紙を渡された。ソ連大使は、これは自分の個人的考えをしるしたものだと言った。手紙が疑念の余地なく訴えているのは、フルシチョフが首脳会談を切実に求めていること、そしてその実現のためにはどんな苦労も惜しまないつもりだということ、だった。

メンシコフはブルースに言った。――フルシチョフは、ケネディ政権のもとで両国は「存在する危険なもろもろの相違点を解決」し得ると信じている。しかし同時に、緊張を緩和し得るのは、二つの大国の最高指導者が平和共存へのプログラムについて同意した場合のみであるとも信じている。そしてこのことは、「二つの大問題」を解決し得るかどうかに、つまり、軍縮を達成し、「西ベルリンを含むドイツ問題」を解決し得るかどうかに、かかっている。フルシチョフはケネディとの早急な会談を望んでいる。新大統領が西ドイツ首相コンラート・アデナウアーと、またイギリス首相ハロルド・マクミランと会う前に（これらの会談は二月と三月の予定と聞いているが）、会いたいと言っている。

ブルースはソ連大使に、主要同盟国とのそれらの会談は、もっと遅くに行なわれるはずだと言った。しかし、このことは、フルシチョフの基本的メッセージを変えるものではなかった。フルシチョフはケネディに、対立者と会う前に同盟者と相談するという従来の慣習から離脱してもらいたかったのだ。メンシコフは、フルシチョフには個人的、公的のいかんを問わずあらゆるチャンネルを通してそのような会見のための準備を加速させる意思がある、と言った。会見の最後に、一層のインセンティブとして、メンシコフはブルースに、ソ連最高のウォツカとキャビアの詰まったかごを贈った。数日後にはふたたびブルースを昼食に招待し、さらにメッセージを強調した。

就任式の九日前、ケネディはソ連からの矢継ぎ早の要請をどう扱うかについて、新政権のユーゴスラヴィア大使となるジョージ・ケナンに、一層の助言を求めた。ケネディは一九五九年一月以来、伝説的な前モスクワ駐在大使ケナンとソ連関係の問題について連絡をとり合っていた。ある手紙の中でケネディは、トルーマン政権の国務長官ディーン・アチソンの、モスクワに対する「極端な硬直性」

に反対しているとしてケナンを賞賛した。

ケナンは一九四六年外交官としてモスクワから発した長い電報と、その後、一九四七年七月『フォーリン・アフェアーズ』誌に匿名で発表した、有名な論文「ソ連の行動の源泉」によってソ連共産主義「封じ込め」政策の生みの親となった。しかしケナンはいまや、自分がかつて唱道した対ソ強硬路線に反対していた。彼は、アメリカとその同盟諸国はいまや、フルシチョフと会談に入るに十分なほど強力であると考えており、アメリカの軍事専門家たちが自分の考えを誤解していることに不満をいだいていた。

選挙戦の間ケナンはケネディに告げていた。——大統領となった場合、彼は「モスクワとの関係を改善することによって、ソ連圏内部の分離的傾向を高めるよう」にすべきだ、ただしそれは、公式の首脳会談や協定を通してでなく、むしろ、双方の譲歩を目指したソ連政府との内密の伝達チャンネルを用いることによって行なわれるべきだ。「こうした事柄はむずかしい。しかし、くり返し言うが、それらは不可能ではない」。このようなコンタクトは、一九四八年のベルリン封鎖を終わらすのにも、朝鮮戦争を終わらすのにも役立った……。ケナンはまた一九六〇年八月の手紙の中でケネディに忠告していた。もし当選したら、新政権は「就任直後の時期に、迅速に大胆に動くべきだ。ワシントンの繁文縟礼の中にからめとられたり、事件の連続の中で守勢に立たされたりしてからでは遅いのだ」。

ケネディはケナンの忠告のほとんどに同意すると返信したのだった。しかし、大統領となろうとしているいま、彼はもっと具体的で直接的な性質のガイダンスがほしかった。自家用ジェット「キャロライン」でのニューヨークからワシントンまでの飛行中、ケネディはケナンに、ソ連からの相次ぐメッセージについて説明し、そのあと、メンシコフの手紙を見せた。

ケナンは眉をひそめつつ読んだ。堅苦しい言葉遣いからしてこれはフルシチョフの執務室で草稿が作られ、その後、アメリカとの関係緊密化への賛成・反対両派を含む高官たちの承認を得て完成されたものだろう、とケナンは言った。ソ連との対話を開始するため早急に動くべきだという以前の助言とは反対に、ケナンはいまやケネディに、ソ連にはこんなふうに急きたてる権利はない、次期大統領は実際に就任するまで反応すべきではない、と言った。とはいえ、ケナンは、就任のあかつきにはフルシチョフと内密に連絡をとるべきだろうと提案し、アイゼンハワーはフルシチョフとのやりとりのほとんどすべてを公表していたがこのような慣習には縛られるべきでない、と付け加えた。

なぜフルシチョフはそんなに熱心に私に会いたがるのかと問われ、ケナンは彼らしい洞察力を示して言った。——U2型機事件と中ソ対立の激化がフルシチョフの立場を弱めている。このような情況を打開するために、彼は対米関係の飛躍的発展を必要としている。「フルシチョフは彼特有のパーソナリティと説得力を発揮することでアメリカとの間にそのような合意をかちとり、そうすることで、落ち目になりつつある自分の政治的運命を回復したいのです」

これは、ケネディにとって、フルシチョフの行動についての、これまで聞いた中で最も明快な最も説得力ある説明だった。それは彼自身の理解とも一致した。ケネディも、国内政治が対外政策の諸問題を動かしている度合いは、多くのアメリカ人が理解している以上に大きく、権威主義的なソ連においてさえそうだろうと、思っていたのだ。フルシチョフが国内で危険に瀕した政治的立場を挽回するために助力を求めているということは、ケネディには理解できる話だった。しかしそれは、ケネディが準備も整わないうちに行動するには不十分な理由だった。次期大統領はふたたび決定した。フルシチョフは待たせておこう——ベルリン問題も待たせておこう。

こうしてケネディの就任演説が、(間接的であり数千万の人々と共有するかたちではあったものの)ベルリンに関する、フルシチョフとの最初のコミュニケーションとなる。

最も力強いくだりはやはり翌日ベルリンの各紙で最も多く引用された部分だった。――「われわれは自由の存続と成功を確保するためならば、いかなる代価をも支払い、いかなる重荷をも背負い、いかなる苦難にも立ち向かい、いかなる友人をも支援し、いかなる敵にも対抗します」

しかし、ケネディの荘重なレトリックは、対ソ政策の基本的方針の欠如を隠していた。特定の方向を打ち出さず、どのような選択肢をも選べるようになっていた。何度も書き直されたとはいえ、ニュアンス以外は変わらなかった。ケネディの不決断がより印象的な表現に置き換えられ、スピーチライター、テッド・ソレンセンが書いたソ連に対してあまりにソフトに見えかねない文言が削除されるなどのことはあった。

たとえば、最初の草稿では――。「……二つの偉大な強力な国家が永久にこの無謀な進路を歩み続けることはあり得ません。双方とも近代兵器の莫大なコストによって苦しめられ……」

しかしケネディは、アメリカの進路を「無謀」とも持続不可能とも呼びたくなかった。それで最終テキストはそれら二つのアイデアを取り除き、こうなった。「しかし、二つの偉大で強力な国家グループは、どちらも現在の進路に安心できずにいます。双方が近代兵器のコストの重い負担に苦しめられ……」

さらに最初の草稿で、「もし協力の果実が疑惑の麻薬よりも甘いのであれば、双方は、究極的には協力して真の世界秩序を創造しようではありませんか――パックス・アメリカーナでもなくパックス・ロシアーナでもなく、力のバランスでさえもなく――力のコミュニティを創造しようではありませんか」となっていた個所は、仕上げ段階で、共産主義者との「力のコミュニティ」という発想が消された。議会のタカ派にナイーブだと批判されるかもしれないからだ。最終的にはこうなった。「そして、もし協力の拠点が疑惑のジャングルを押し返すならば、双方が協力して、新たな試みを創造しようではありませんか、新たな力の均衡でなく、新たな法の世界を創造しようではありませんか……」

ケネディはいかなる国名も地名も――ソヴィエト連邦もベルリンもその他の地名も口にしなかった。ドイツの新聞『ヴェルト』はアメリカからの「新しい風」を賞賛した。それは「厳しいがさわやかだ。しかし、われわれドイツ人はすぐ気づく。『ベルリンについて一言もない！』」

フルシチョフを名指しはせず、ケネディはただ「われわれの対立者となろうとしている」諸国についてのみ述べた。コラムニストで友人のウォルター・リップマンの意見を容れて、「敵（enemy）」という語を「対立者（adversary）」に変えていた。両陣営のさまざまな協力の可能性として、ケネディは、宇宙と深海の探査、軍備管理と査察体制に関する交渉、病気治療のための科学面での協力などを挙げた。

演説にはアメリカの強硬派を喜ばせるに十分なものがあった。アリゾナ選出上院議員バリー・ゴールドウォーターは、自由のためにいかなる代価をも支払うとのくだりに熱狂的に喝采した。フルシチョフとの早期の会見という要請に何の進展も得られなかったソ連大使メンシコフは、演説の間中、灰色のハットを目深にかぶり白いスカーフに顎をうずめ、大きな灰色の外套に身を包んで、無表情に座っていた。

この日、ケネディにとっては言葉と同様に外見が重要だった。外見は、世界的好感を得るための競い合いにおいては表面的ファクター以上のものだった。就任式前フロリダでの休日の間に日焼けした顔にきらめくカリスマ的な微笑に、世界中が魅了された。誰も気づかなかったのは、ケネディの秘められた不健康である。この日も彼は胃炎と腰痛のための薬剤のカクテルを呑みこんでいるし、ほかに、アジソン病の治療につきものの腫脹を抑えるためコーチゾンの臨時投与を受けている。就任式四日前、鏡をのぞいたケネディは、ショックを受け、秘書のイーヴリン・リンカーンにこう言った。「なんてこった。このふくらんだ顔を見てくれ。もし今週五ポンド減量できなかったら就任式を中止しなくちゃならないぞ」

イーヴリン・リンカーンはケネディの服用する多種多様の薬物の管理にも力を貸すことになる。若い大統領は、多くの点で、二十三歳年上のフルシチョフよりもはるかに不健康だったのだ。ケネディはただ、彼の真の健康状態について細大漏らさず情報を集めているKGB諜報員たちが真実を発見しないことを祈るだけだった。彼の病気についての噂を打ち消すために、ケネディ・チームは二人の医師に記者会見を開かせもした。さらに就任式二日前、『今日の健康』誌が、ケネディ・チームの出したレポートに基づいて、次期大統領の病歴を、以前のどの大統領の場合よりも詳しく伝える記事を掲載した。それによれば主治医たちは、彼は「上々の身体的コンディション」にあり、「大統領職の重荷をになうことは完全に可能である」と述べていた。彼が多くの病気を克服したという事実そのものが、彼の「有刺鉄線のような強さ」を証明しているのだという。記事によれば、彼は酒もタバコもほとんどやらない。夕食の折りに時たま冷たいビールを口にする。唯一のカクテルはダイキリだ。シガレットは吸わず、ただ時おり葉巻をたしなむだけ。さらに記事は、彼が体重を一六五ポンドに保ち、特別のダイエットはやっていないと、いかにも権威ありげに伝えていたが、これは、胃の悪い彼が刺激の少ない食物を好んでいたという事実を隠すものだった。

綿密に読めば、この記事にも不安を感じさせる記述は多数あった。黄疸、マラリア、座骨神経痛や、背中の二カ所の傷の痛みに襲われることなど、彼の抱える健康問題は書かれている。アジソン病の病名には触れていないが、彼が「急性副腎不全の後遺症のため経口薬療法と年二回の内分泌学的検査を受けている」ことは書かれているし、さらに、わずかに短い左脚によって生ずる腰痛をやわらげるため、靴に、「またビーチ・サンダルにさえも」、四分の一インチのリフトを施していることが書かれている。

おそらくアメリカ大統領の歴史の中で、若々しいイメージと病身の現実とがこれほど著しいコントラストをなした例は一度もないだろう。就任式中、他の人々はシルクハットと分厚いオーバーで寒気から身を守っていたのにケネディはオーバーもハットもなしで就任宣誓を行なった。そして、吹きさらしの観閲ボックスの中で、ただ一台の電気スペースヒーターにわずかに暖められつつ、新副大統領リンドン・ジョンソンと共に、祝賀パレードを三時間以上にわたって見守った。

翌日の世界中の新聞は彼が望んだ通りのケネディ像を描き出した。『ワシントン・イヴニング・スター』のコラムニスト、メアリー・マグローリーは、彼をヘミングウェイの主人公になぞらえた。「彼は深刻な病いを征服した。彼はグレーハウンドのように優雅であり、快晴の日のように魅力的でもあり得る」

とはいえケネディは、就任に先立つメディア操作には成功したものの、ソ連指導者ニキータ・フルシチョフの行動に関してはそれほどの影響力を持たないことをたちまち認識することになる。就任して最初の朝、ホワイトハウス、リンカーン・ベッドルームで目覚めた彼は、世界中から寄せられた祝電の山の上にモスクワからの就任祝いの贈り物が置かれていることを知る。これはまさに彼の在任中の米ソ関係におけるフルシチョフの最初の先手だった。贈り物とは、しかるべき条件が整えば、ソ連は、(前年夏以来モスクワの牢獄で拘束されていた)RB47型偵察機の二名の飛行士を解放するであろう、という申し出だった。

この申し出はケネディを、はやばやと、ベルリンをめぐる米ソ策謀の世界にいざなうことになる。そしてその経験の中で、彼は、外見上の勝利もしばしば恐るべき危険を隠していることを急速に学んでいくのである。

コラム

寒い国から来た「狙撃者」

一九六一年一月四日、水曜日

アメリカ中央情報局（ＣＩＡ）ベルリン支局のチーフ、デーヴィッド・マーフィーはサクセス・ストーリーに飢えていた。だから、彼の最も価値ある情報源《アセット》――「ヘッケンシュッツェ」つまり「狙撃者」というコードネームを持つポーランド人エージェント――が電話してきたと聞いたときには、胸が高鳴った。狙撃者は、クリスマス休暇中、緊急の場合にのみ使うよう知らせておいた秘密の番号にかけてきた。用件は、どうやら正体がばれたらしい、亡命したい、「妻と私を保護してもらいたい」、というものだった。

マーフィーはあらかじめＣＩＡ支局の特別ベルリン交換台のオペレーターたちに、もしこの特別の番号にかかってきた狙撃者の電話を取り次がなかったりしたら、「即刻、帰国してもらうからね」と警告していたのだ。狙撃者は、コワルスキ氏のメッセージを伝えたいとだけ言ったのだったが、これは暗号だった。定式に従って、前もって準備されていた一連の行動が始まった。狙撃者の亡命計画は見事だった。まず彼は、（ポーランド工作員数百人の名前と組織表を含む）たぶん三〇〇点もの文書をフィルムに収めていて、これをワルシャワの自宅近くの立ち木の幹をえぐった隠し場所《デッド・ドロップ》に入れておいた。この宝物はすでにＣＩＡが回収している。

いま、一月四日の午後。ベルリンのアメリカ領事館の一室。ワシントンから急遽飛んで来たＣＩＡ

高級幹部が、他の情報部員と共に狙撃者からの連絡を待っている。寒い国から来た狙撃者を彼らは領事館で迎えることにしたのだ。民間人も出入り自由な領事館は、好都合なことに、西ベルリン、クレイ大通りのアメリカ政府コンパウンドの軍事セクションの傍らにある。マーフィーは、狙撃者からとりあえず事情を聞くために、録音設備の整った立派なオフィスを用意していた。

マーフィーが後に述懐したところによると、注目される事例に臨んだ場合、誰しも緊張するものだが、あのときは、マーフィーも副支局長ジョン・ディマーも、ことのほか緊張しきっていたという。その理由は、部分的には、二年にわたって狙撃者からの手紙（しばしば解読不能だが時どきは価値あるものだった）を受け取っていたにもかかわらず、誰もまだその謎の工作員に会ったことはなく、彼が実際に何者であるかを知らなかったからだが、それだけではない。マーフィーのＣＩＡベルリン支局すなわちベルリン作戦基地《ベルリン・オペレーション・ベース》――秘密電報の中ではその頭字語ＢＯＢによって知られる――が、地上のどの土地よりも多数の各国工作員がひしめく都市を舞台とした、世界最重要、最大規模のスパイ戦争において、負けいくさを戦っていたからでもあるのだ。

ＣＩＡは、ソ連軍諜報機関の中にひそませていた唯一のエージェント、ピョートル・ポポフ大佐を、当人の失策か組織の内偵かによって失った〔一九五九年十月逮捕〕ばかりだったから、新しい勝利を必要としていた。とにかくアメリカはベルリンのソ連・東ドイツそれぞれの情報機関に出し抜かれてばかりいた。問題はマーフィーの見るところ、ＣＩＡはスパイの世界では比較的に新参者であって、そのため、あまりにしばしば若さゆえの勇み足と未経験ゆえの危険なナイーブさを発揮してしまうことだった。その点でＢＯＢは、アメリカがより世界的な役割を演ずるようになって間もない時期の、十分にプロフェッショナルでない、楽天的な性格を反映していると、マーフィーは思った。

ベルリンはアメリカのスパイたちとアメリカ国家そのものの双方が、第二次大戦後の一五年に顕著な成長をなしとげてきた場所であるが、その土地でマーフィーが最も頭を悩ませているのは、地元からのリクルートの問題だった。有能なドイツ人工作員をなかなか獲得できない。この点で彼は、モスクワのKGBと東ドイツ国家保安省（シュタージ）の双方に大きく立ち遅れている。悲しいことに、共産側が西側の開放的な社会に浸透し、重要人物を操作し、諜報員を潜入させるのは、CIAが、ウルブリヒトの厳重な統制・監視の下にある東ドイツで活動するよりも、はるかに容易なのだ。

CIAは、第二次大戦時の戦略諜報局（OSS）が急速に発展して、アメリカ最初の平時文民情報機関となったものであり、秘密作戦と情報分析の双方を単一の組織で担っている。これに対し、KGBは経験の蓄積も豊かで権限も強大だ。ロシア革命の中で創建され、スターリンの粛清とナチ・ドイツとの戦争によって鍛え上げられた、国内外を対象とする熟達した情報機関である。政治権力をめぐる頻繁な内部抗争の動揺にもかかわらず、名称を変更しつつ驚くべき継続性を維持し、絶えず成功を収めている。

マーフィーの最も直接的な気がかりは東ドイツ秘密警察がますます有能になってきていることだ。これは一五年の間に、KGBばかりか、先輩であるゲシュタポをも、すでにしのいでいる。国内の無数の密告者、ドイツ的効率によるデータ収集システム、西側の重要部署に張り巡らされた広い諜報網。これらによってウルブリヒトとソ連は、多くのCIAの画策を未然に防止して来たのだ。

BOBがすでに全面警戒態勢にはいっていた午後五時三〇分、コワルスキが三〇分後に到着するとの電話が入った。電話の男は、コワルスキ夫人に特別のご配慮をお願いしたいと述べた。——狙撃者が一人で来るのではないことが、まずはっきりした。午後六時六分、西ベルリンのタクシーが一組の男女を下ろした。それぞれが小さなバッグを提げている。やや不安げに領事館のエントランスに歩いてくるのを、支局の東欧部のチーフが見て、急いで中に請じ入れる。

スパイの世界には良くあることだが、当初の触れ込みと実態には隔たりがあった。狙撃者は、この女性は妻ではなくて愛人だ、彼女も一緒に保護してほしい、と言った。さらに、彼女は私のことをポーランド人ジャーナリスト、ロマン・コワルスキだと思い込んでいる、だから私が事情聴取される際には別室に遠ざけておいてほしい、とも言った。実際には、彼はミハウ・ゴレニエフスキ中佐といって、一九五八年までポーランド軍防諜部の副部長を務めた男であった。CIAに情報を流すだけでなく、ポーランド当局がご主人たるソ連に隠しておきたいことどもをKGBに報告する、二重スパイだった。

　CIAは翌日には軍用機で彼を西ドイツ・ヴィースバーデンに運び、さらにアメリカへと移送した。ゴレニエフスキは無数のポーランドおよびソ連の情報将校、諜報員の名を明らかにした。イギリス海軍省内部のスパイ組織摘発にも貢献し、イギリス情報部のジョージ・ブレークがKGBのスパイであることを知らせ、西ドイツ防諜部のチーフであるハインツ・フェルフェがやはりKGBのスパイであることを暴露した。もっと大きな功績もあった。ゴレニエフスキは、アメリカ情報機関の奥深くに長く潜んでいたモグラ〔諜報員〕一匹をも指摘したのだ。

　ただ、一つ問題があった。事情聴取の途中からでさえ、ゴレニエフスキの精神には異常さが目立ち始め、話に信憑性が感じられなくなった。ひたすら酒をあおり、ヴィクトローラ蓄音機を回して古いヨーロッパの歌を大音量で聴いた。そのうちに、自分はロシア皇帝ニコライ二世の息子アレクセイだ、ロマノフ王朝の唯一の生き残りで後継者だ、と言い始め、ヘンリー・キッシンジャーはKGBのスパイだなどと口走った。彼が本物の亡命希望者なのかそれともソ連の回し者なのか、最上級のCIA分析官たちの間でも意見の一致は見られなかった。

　ケネディは、不十分・不適切な準備のままで、このような陰謀と欺瞞の世界に入り込もうとしているのだった。

第4章 ケネディ——最初の過ち

「合衆国政府はソ連のこの決定に満足しており、ソ連政府のこの行動がソ米関係改善への深刻な障害を取り除くものと考える」

ジョン・F・ケネディ。一九六一年一月二十五日、大統領として最初の記者会見でソ連当局によるアメリカ人飛行士の解放に関連して

「日ごとに危機は増大しています。日ごとにその解決は困難になっています。日ごとにわれわれは最悪の危険の時刻に接近しています。私は次のことを議会に告げるべきだと思います。最近一〇日間にわたるわれわれの分析が明白に示しているのは、危機の主要な分野のそれぞれにおいて、情勢はわれわれに不利になっていること——そして時間はわれわれの味方ではないことです」

ケネディ大統領。五日後、一九六一年一月三十日、一般教書演説の中で

モスクワ、クレムリン
一九六一年一月二十一日、土曜日、午前一〇時

ニキータ・フルシチョフはモスクワ駐在アメリカ大使トミー・トンプソンを午前一〇時にクレムリンに呼んだ。ワシントン時間の午前二時。まだケネディ大統領が就任式後のどんちゃん騒ぎからホワ

イトハウスに戻っていない時刻である。

「就任演説は読まれましたか?」トンプソンは訊いた。彼の目にフルシチョフは疲れているように見えた。前夜、一睡もしなかったかのようだ。声もかすれていた。

演説を読んだだけではない、ソ連の新聞に、明日、全文を掲載するよう言うつもりだとフルシチョフは答えた。いまだかつて、どのソ連指導者も、アメリカのどの大統領についてであれ、このような措置をとったことはない。「もし連中が同意すればの話だがね」。そう言って満足げにくすくす笑った。彼の言いつけどおりに動かないソ連の新聞編集者などいるわけはないのだ。

フルシチョフはそれから第一外務次官ヴァシーリー・クズネツォフに向かってうなずいた。手もとの覚書の英語版をトンプソンに読んで聞かせるよう促したのだ。覚書はケネディへの就任祝いとなるものだった。「ソヴィエト政府はソヴィエト連邦と合衆国との関係に新しい局面を開きたいとの真摯な願望に導かれて、二名のアメリカ人飛行士——米空軍RB47型偵察機の乗員F・オルムステッドとJ・マコーン——の解放に関連するアメリカ側の希望に応ずることを決定した」

クズネツォフは、ソ連側はまた、撃墜された機体から回収した第三のアメリカ人飛行士の遺体をアメリカに移送すると言った。

フルシチョフは、正確にどうやってどの時点でこの申し出を行なうか、注意深く計算した結果、ケネディの就任第一日を選んだのだった。これによって、最大のインパクトでもって新政権への彼の厚意を世界に示すことができる。しかし、その一方、彼はU2型機の操縦士ゲーリー・パワーズの拘禁は続けるつもりである。パワーズはRB47型機の飛行士たちと違い、すでに八月、見世物裁判の後に、スパイ行為のかどで有罪とされ一〇年の禁固刑を言い渡されている。フルシチョフの頭の中ではこの二つのケースほど異なっているものはない。彼にとってU2型機事件はソ連領空の許しがたい侵犯だった。事件はフルシチョフに政治的打撃をあたえパリ首脳会談を前に彼を個人的に侮辱した。パワーズについてはいずれもっと高い値段で取引しなくてはならない。［パワーズが解放されるのは一年以上後の一九六二年二月十日である。彼は西ベルリン西端、グリーニッケ橋でルドルフ・アベル大佐と交換された。アベルはウィリアム・フィッシャーという偽名のもと大きな実績を挙げた伝説的スパイであり、アメリカで服役中だった。後に彼の肖像はソ連の郵便切手に用いられる］。

昨年十一月、ケネディ当選の直後、元駐ソ大使アヴェレル・ハリマンは、ある仲介者から、ソ連指導部はどうすれば両国関係において「新しいスタート」を追求できるだろうかと問われ、何はともあれ飛行士たちを解放することだと答えていた。いずれにせよフルシチョフの考えも、その方向に向かって動いていた。飛行士たちはすでに大統領選での役割は果たしていた。彼らに、今度は、より積極的な米ソ関係を始動させるという外交上の役割を演じさせるのだ。

覚書には、フルシチョフは「両国関係に新しいページを開くこと」を欲している、過去の対立は「良き未来のためのわれわれの共同の作業」の妨げとなるべきではない、と書かれていた。フルシチョフは、ケネディがこの件に関するソ連声明の草案に同意し、今後ソ連領空への侵犯を行なわないこと、解放された飛行士たちが反ソ宣伝に使われないことを確約するならば、われわれはただちに彼らを解放する、と述べ、さらに、もしケネディがこの条件を受け入れないならば、両飛行士をパワーズの場合と同様スパイ活動のかどで裁判にかけるつもりであることを明らかにした。

トンプソンはケネディの指示を仰ぐことなくその場で対応した。ホワイトハウス、リンカーン・ベッドルームでのケネディの第一夜を邪魔したくはなかったのだ。トンプソンは、――提案を評価する、しかしRB47型機はソ連領空の外側で撃墜されたというのがアメリカ側の主張である、したがってアメリカ側は、意図的侵入という自白にも等しいソ連提案の中の表現を受け入れることはできない、と述べた。

フルシチョフは鷹揚な気分になっていた。

「お互いがそれぞれの意見を言えばいいんだ」と彼は言った。アメリカはアメリカなりの声明を出せばいいじゃないか。

これで一件落着。トンプソンとフルシチョフはそのあと、互いの体制の長所についてのいつもながらの論戦を始めた。トンプソンはフルシチョフの一月六日の演説——その中でフルシチョフは米ソの争いを世界規模の階級闘争のゼロ・サム・ゲームと表現した——について文句を言った。とはいえ二人の論争は、改善された両国関係の雰囲気を反映してなごやかな態度で行なわれていた。

フルシチョフはトンプソンに冗談を言った。ケネディの下でもあなたが大使として留まれるよう私も一票投じようか。トンプソンは留任を望んでいたが、まだその内示は得ていなかった。ソ連指導者はウインクして、私の口出しがあなたの役に立つかどうかは疑問だねと言った。

トンプソンは笑って、私もそう思いますと答えた。

飛行士たちを解放するというフルシチョフの申し出を知って、新大統領はにわかには信用できない思いだった。国家安全保障担当補佐官マクジョージ・バンディに、「何か裏があるのかな」と尋ねた。しかし、さまざまな危険を比較考量したあとで、ケネディは結論を出した。——アメリカ人飛行士たちを帰国させる機会を逃すわけにはいかない、大統領に就任してほんの数時間のうちにソ連との間でこのような劇的な結果を得たことを示す機会を逃すわけにはいかない、フルシチョフの申し出を受け入れよう。

フルシチョフの申し出の二日後、国務長官ディーン・ラスクはトンプソンに大統領の積極的反応を伝えた。

その間、フルシチョフは相次いで一方的和解ジェスチャーを見せていた。約束どおり、『プラウダ』と『イズヴェスチヤ』はケネディの就任演説を、フルシチョフが気に入らない部分を含め削除なしで全文掲載した。ボイス・オブ・アメリカ放送に対する妨害電波が減らされた。高齢ソ連市民五〇〇人のアメリカ在住の家族との再会が認められた。モスクワでのユダヤ人劇場の再開が承認された。アメリカ研究を専門とする機関の創設に青信号が出された。新しい学生交換プログラムが許可された。海賊版を出されたアメリカ人作家に謝礼が払われることになった。国家と党のメディアは改善された両国関係への「大いなる希望」を祝賀的コーラスの中で報じた。

トンプソンの見るところ、フルシチョフは米ソ関係にイニシャティブをとったことでご満悦の様子だった。トンプソンが予期しなかったのは、その後ケネディがフルシチョフの一連のジェスチャーを急速に無視してしまったことだ。このケネディの態度は、部分的にはトンプソン自身の電報の一つを誤読したことに起因していた。

それは大統領ケネディの最初の過ちとなるのである。

ワシントンDC、新国務省講堂
一九六一年一月二十五日、水曜日

合衆国第三五代大統領として、就任五日目の勝利感あふれる最初の記者会見の場で、米軍飛行士の解放を高らかに発表すべく準備している間にも、ケネディのもとには、モスクワから、フルシチョフの真の動機を疑わせる新しい情報が届いていた。

ケネディの役に立ちたいと懸命なトンプソン大使は、大統領として初のメディアとの出会いに備えさせるための電報の中で、一月六日のフルシチョフの秘密演説の扇動的な表現に言及した。「私の思うに、この演説は、ソ連問題に関わるすべての人によって全文を読まれるべきである。共産主義者、宣伝家としてのフルシチョフの視点がこれに集約されている。文字どおりに受け取れば、この発言は冷戦の宣言であり、以前よりもはるかに強いはるかに明確な言葉で述べられている」

トンプソンがケネディや国務省の上司たちに告げなかったのは、このフルシチョフの発言には何ら新しいものはないということである。フルシチョフのこのいわゆる秘密演説は、ソ連のイデオロギー担当者や宣伝家たちに向けて行なった、前年十一月の八一カ国共産党会議に関する事後説明のようなものに過ぎなかった。クレムリンはこれの簡約版をケネディ就任の二日前に党機関誌『コムニスト』誌上に発表しさえしているが、これがワシントンで格別注目されるということもなかったのである。発展途上世界はアメリカに対して立ち上がれというフルシチョフの呼びかけは、トンプソンが示唆したような、冷戦のエスカレーションというより、外交的決裂を防ぐための中国との戦術的合意の結果であったのだ。この文脈を捉えぬままケネディはフルシチョフの言葉を「ゲーム・チェンジング〔完全な変化〕」だと解釈し、チャーチルの名文句をもじるならば、フルシチョフの謎の中のエニグマを解明する手掛かりを見つけたと思ったのだ。

この解釈のゆえにケネディは、フルシチョフの和解ジェスチャーのすべてを無価値で信用のおけないものと見なすようになってしまった。

大統領は、当初はフルシチョフの動きに彼自身の積極的シグナルでもって対応していた。アメリカはソ連の蟹肉の輸入禁止を解除し、民間航空交渉を再開し、ソ連出版物のアメリカ郵政省による検閲を終わらせた。ケネディはまた軍首脳たちに反ソ的言辞をトーンダウンするよう命令していた。

その上ケネディは、最初のインテリジェンス・ブリーフィング〔情報説明〕を通して、クレムリンは候補者ケネディが主張していたほどには脅威的な敵手でないことを学びつつあった。ソ連がアメリカに優越する「ミサイル・ギャップ」を創り出したという彼のかつての論難がいかに誤っていたかを、次第に詳細にわたり認識していたのだ。

とはいえ、フルシチョフの演説がソ連の本質を示すものであり、また完全に自分個人に向けられたものであるというケネディの新たな確信は揺るがなかった。この思考の変化は、五日後の一般教書には相当程度影響するが、ケネディにはまだ、フルシチョフについての考え方の変化を記者会見でみずから明らかにする用意はなかった。──そしてそれについて質問する記者もいなかった。記者たちはその日多くのニュースを予期してはいなかった。ケネディが、全国にテレビとラジオで生放送される最初の大統領記者会見を行なう、それだけで十分センセーショナルだった。録音録画し入念な編集を経たのちに初めてリリースされるというアイゼンハワー時代の記者会見とは、ドラマティックなまでの変わりようだったのだ。

メディアの空前の参加要請を受けてケネディは会見を新築の国務省講堂で行なうことにした。『ニューヨーク・タイムズ』紙が「処刑室のように暖かい」と書いた階段教室風のだだっ広い部屋である。ケネディはモスクワからのニュースを、用意された三つの発表項目の最後にとっておいた。彼が、六カ月間拘束され訊問されていた二名のRB47型機飛行士がすでにモスクワから空路帰国の途についていると述べたとき、場内に驚きの低い口笛が聞こえた、と翌日の『タイムズ』は報道する。

ケネディは、飛行士たちの解放に関してフルシチョフには何の返報も約束していないと嘘を言った。実際には、ソ連領土の偵察飛行の禁止を延長せよ、飛行士たちが帰国したら、彼らをメディアから隔離するように、とのフルシチョフの要求を呑んでいたのである。ケネディは静かな自己満足を発散させていた。ソ連との最初の公的接触はうまくいった。記者会見での彼の発言には、フルシチョフ宛ての電文とほぼ同じ表現が含まれていた。――「合衆国政府はソ連のこの決定に満足しており、ソ連政府のこの行動がソ米関係改善への深刻な障害を取り除くものと考える」

しかし、友人や顧問たちと一緒のときは、ケネディはますます一月六日のフルシチョフ演説に固執するようになっていた。いつも演説の翻訳を持ち歩き、――閣議室で、ディナーの際に、普段の会話の中で――頻繁に大声で読みあげ、後で決まって相手にコメントを求めた。トンプソンはケネディにこの演説を政権トップの人々に配るよう進言したのだが、ケネディはそれを実行し、フルシチョフのメッセージを「読むんだ、マークするんだ、学ぶんだ、心に浸み込ませるんだ」と言うのだった。「きみはそれを理解しなくちゃならない」。彼はくり返し言った。「ここにいる誰もが理解しなくちゃ。これはソ連理解のためのわれわれの手掛かりなんだ」

フルシチョフの演説テキストは、「発展途上世界全域での植民地住民の抑圧者に対する……解放戦争と民衆蜂起への」クレムリンの支持について語り、第三世界は革命に立ちあがり、帝国主義は「資本主義の全般的危機の中で」弱まっている、と述べていた。ケネディが最も好んで引用した一節は、「われわれはアメリカを多くの小規模解放戦争でもって打ち破るだろう。全世界で、南アメリカでアフリカで東南アジアで彼らをじりじりと追い詰め消耗させるだろう」というものだった。ベルリンに言及してフルシチョフは、「ヨーロッパの心臓部からこの棘を抜き取るつもりだ」と約束していた。

自分の就任の直前というタイミングから見て、フルシチョフの政策転換はまさに自分をテストするためのものだ、だから何らかの反応を示さなければならない、と、ケネディは誤って決断した。トンプソンもその考えを助長させていた。メディアから質問された場合どう対応するかについての大統領への助言の中で、彼はこう述べていた。「ソ連に対する戦術的観点だけからしても、大統領が〈われわれと交渉することを望むと公言する人物が、大統領就任式の数日前に、冷戦の宣戦布告に等しいもの、アメリカの体制を転覆するとの決意に等しいものをなぜ公表するのか、理解できない〉との態度をとることは、有益であるかもしれません」

確かに、ソ連と中国は発展途上世界に関して、より積極的・戦闘的な政策をとることで同意していた。八一カ国共産党会議のあと当時の国務長官クリスチャン・A・ハーターはアイゼンハワー大統領に告げていた。――今回の共産党会議は「あらゆる手段による力の強化、全社会主義陣営の防衛能力の強化を呼びかけるなど、西側が留意すべき多くの危険信号」を発しています、しかしながらこれは冷戦の継続と激化への儀式的呼びかけであって、「何の新しさもありません」、無視すればいいのです。

アイゼンハワーは任期中フルシチョフから同様のこけおどしをさんざん聞かされていたから、この最新バージョンを問題にしなかった。こうした経験を欠き、自分の直感に過度の確信を持つケネディは、アイゼンハワーが黙殺したものを拡大した。かくして彼は共産党会議の最も重要なポイントを、そしてフルシチョフの苦境を理解するのに(当人の発言以上に)役立ったであろうポイントを、見逃したのである。ハーターがアイゼンハワーに話した通り、最も重要なポイントは、中国が世界共産主義内のソ連の指導性への挑戦において――毛沢東の意見を封じ込めるための四カ月にわたるモスクワの工作にもかかわらず――かつてない成功を収めたことだった。

ソ連に関する大統領ケネディの最初の失策にはいくつかの原因があった。トンプソンの電報も役割を果たした。ケネディにはまた、(そのような態度がアメリカ選挙民に受けがよかったがゆえに)直観的にソ連に対するよりタカ派的なアプローチに惹かれるところがあった。父親からの反共主義的影響もあった。かつて約束した「偉大なるものの時代」実現というスローガンのせいもあった。彼独自の歴史観もある役割を演じていた。一九四〇年七月に発表したハーヴァードでの優等生論文はミュンヘン会談におけるイギリスの対ナチ有和政策を論じたものだったが、ケネディは自分のヒーロー、チャーチルの著書『イギリスが眠るうちに（*While England Slept*）』にあやかってこの論文の表題を『イギリスはなぜ眠ったか（*Why England Slept*）』としていた。

ケネディはうたた寝さえしてはならないのだ。

大統領は大いなる挑戦を求めていた。そしてフルシチョフはそれを提供しつつあるように見えた。ケネディ政権は対クレムリン政策を正式には検討していなかったし、フルシチョフをどう扱うかについて主要な政策会議を開いてもいなかった。にもかかわらずケネディは、一〇日前の就任演説のソ連に対する意図的曖昧さから、一転して、アメリカ大統領の発表した最も黙示録的な一般教書の一つの起草へと、急激にコースを変えつつあった。

一般教書演説においてケネディはまず、七カ月続く景気後退から九年に及ぶ農業減収まで、アメリカ国内のもろもろの難題を列挙した。「しかし、これらすべての問題は、世界中でわれわれに立ち向かってくる諸問題と対比したとき重要さを失います」。最終草案の上にみずから走り書きした言葉を読みながら彼は言った。「日ごとに危機は増大しています。日ごとにその解決は困難になっています。日ごとにわれわれは最悪の危険の時刻に接近しています。私は次のことを議会に告げるべきだと思います。最近一〇日間にわたるわれわれの分析が明白に示しているのは、危機の主要な分野のそれぞれにおいて、情勢はわれわれに不利になっていること――そして時間はわれわれの味方ではないことです」

この一〇日間の内に彼のもとにもたらされた新しい情報は、中国とソ連がますます対立を深めていることを告げていたが、ケネディは一月六日のフルシチョフ演説に依拠して、中ソは「世界支配」への野心を「つい最近、力強く再声明した」と述べたのである。

そして国防長官ロバート・マクナマラに「わが国の国防戦略全体を再検討するよう」求めたことを

明らかにした。

ケネディは、このみずからの思い込みによる危難の時にあって、彼のヒーローであるチャーチルとリンカーンとに、修辞の点でこれ以上ないほど明白にみずからを重ね合わせたのだった。チャーチルは、「確実に言えることは、勝利を得るためにこそ耐え抜かねばならぬということだ」と述べていた。リンカーンはゲティスバーグ演説の中で、南北戦争を、「自由の理念から生まれ、すべての人が平等に創られているという命題に捧げられた一つの国が……長い間耐え抜けるかどうか」の試練として捉えていた。

自分を直接、彼らと同じ歴史の十字路に位置付けて、ケネディは議会と国民に告げた。「私の任期が終わる前にわれわれは、わが国のように組織され統治された国が耐え抜けるかどうかの新たな試練に見舞われることになるでしょう」

それは、誤った理解に基づく、記憶されるべき修辞だった。

モスクワ、クレムリン
一九六一年一月三十日、月曜日

フルシチョフがまだ、ケネディとの早期の首脳会談を求めたさまざまな意思表示に対する回答を待っているとき、大統領の一般教書演説のニュースが入った。これは、フルシチョフにとっては相次いで受けることになる侮辱の最初のものだった。二日後、フルシチョフはふたたび屈辱としか思えないものを味わわされる。ケネディのアメリカが同国最初のミニットマン大陸間弾道ミサイルの発射実験を行なったのだ。

その四日後、マクナマラがフルシチョフをまたしても辱める――同時にホワイトハウスを当惑させる――。ペンタゴンの記者説明会の際、アメリカに対するミサイル優越性が拡大しつつあるというフルシチョフの発言を、「愚かなこと」として一蹴したのだ。ミサイル技術と全体的攻撃力の双方においてアメリカはまだ相当程度の優位を保っていた。マクナマラは、両国はほぼ同数のミサイルを配備していると述べ、ソ連の約三〇〇に対して六〇〇〇の弾頭をもつアメリカの優位については言及しなかったが、にもかかわらず、フルシチョフの言葉をこけおどしであると公然と言ってのけたのである。

一九六〇年にアイゼンハワーとの一連の交渉に失敗したあと、フルシチョフはケネディの当選を手放しで歓迎し、アメリカ人飛行士を解放し、その他、和解的ジェスチャーをくり返しつつ、新大統領との早期の会談を求めたが、そのことで深刻な政治的リスクを負っていた。ケネディの拒絶的反応、ICBM発射実験、そしてマクナマラの発言は、フルシチョフはアメリカの意図にナイーブだとする政敵たちの批判を力づけるものだった。

二月十一日、フルシチョフはソ連農業地帯から予定より早く戻って、緊急の党幹部会の会合に臨んだ。席上、政敵たちは、彼らの言うところの新しいアメリカの好戦性に対処するための政策転換を要求した。

フルシチョフは自分の対応策を再考しなければならなかった。新大統領がモスクワに対する態度を確定する前に会いたいという彼の願望は挫折していた。驚愕すべき一般教書演説のあとのこととて、弱腰に見られるわけにはいかない。フルシチョフはただちにケネディとその政権に対するトーンを変更し、ソ連の核能力を誇示する攻撃的な談話を発表した。ソ連のメディアも同様の論調変更を行なった。

ケネディとフルシチョフの蜜月は始まる前に終わってしまった。数々の誤解が、まだケネディが対

ソ政策についての最初の会議を開く以前に、世界最強の二人の男の関係をこじれさせたのである、

ワシントンDC、ホワイトハウス、閣議室
一九六一年二月十一日、土曜日

一般教書演説の一二日後、ケネディは政権の政策の基礎づくりのために、初めて上級のソ連専門家たちを招集した。順序が完全に逆だった。

新しく選ばれた合衆国大統領が、正式な政策検討の前にさまざまな折りの発言を通して、政策の方向を決めてしまう羽目になった事例は、ケネディが最初でもなければ最後でもない。政権発足後まだ二〇日だったが、会議の出席者たち——対モスクワ強硬派、柔軟派の双方を代表する人々だった——は、フルシチョフの早期のジェスチャーとケネディの強硬な反応が、自分たちがこれから舵取りしようと望んでいるこの列車を、すでに、がたがた揺らしながら発進させていることに気づいていた。

長く待たれた会議の中で、ケネディの猛烈な知識欲が明らかになる。同時にフルシチョフをどう扱うかについての（発言の外見的明快さとは裏腹な）引き続く不決断も見えてくる。大統領が閣議室に呼んだ顔ぶれは、副大統領リンドン・ジョンソン、国務長官ディーン・ラスク、国家安全保障担当補佐官マクジョージ・バンディ、モスクワ駐在大使トンプソン、三人のモスクワ大使経験者、すなわちチャールズ・「チップ」・ボーレン（ロシア専門家として国務省の顧問格）、ジョージ・ケナン（新しい駐ユーゴスラヴィア大使）、そしてアヴェレル・ハリマン（「無任所大使」）。

この会議の準備のため、電報が飛び交い打合せが相次ぐ目まぐるしい日々が続いたのだった。一番忙しかったのはトンプソンだった。長文の電報を次々と送った。最大の外交課題の全局面について新

大統領とその政権を教育しようという思いからだった。ケネディはトンプソンを大使として留任させることに決めていた。主として、彼のフルシチョフへの独自のアクセスが理由である。今回は、その決定がなされてからトンプソンにとっては最初のワシントンDCへの旅だった。トンプソンはケネディに仕えることを喜んでいた。新大統領は同じ民主党員であるばかりでなく、彼の送る電報を、前大統領アイゼンハワーよりもはるかに熱心に読んでくれることがすでにわかっていたからだ。

トンプソンは五十六歳。前任者ボーレンの魅力、ケナンの才智を欠いてはいるが、誰も彼の知識と経歴の豊かさを疑うものはいない。アメリカ自由勲章の受章者であり、かつてナチ・ドイツ軍包囲下のモスクワに、大使も脱出したあとの最悪の日々、留まり続けたアメリカ人外交官として、ソ連の人々の敬愛を受けている。

トンプソンは終戦後、一九四五年七月のポツダム会談から一九五四年と一九五五年のオーストリア主権回復に関する会議まで、ソ連のかかわるほとんどすべての重要な交渉に参加している。大使館員相手のポーカーにおいてもソ連相手の地政学的チェスにおいても、冷静沈着な対戦ぶりで知られている。トンプソンは、いまやケネディが「ソ連に対するわが国の基本政策」を決めるべき時であるとの意見だった。

個人的にトンプソンは、アイゼンハワーが、冷戦の緊張を緩和しようとするスターリン後のソ連側の努力を理解しなかったことに批判を持っていた。緊張を減少させるためにいろいろ努力したのになんら報われていないというフルシチョフの意見に、彼は同意していた。トンプソンは一九五九年三月本国への電報の中で、「われわれはこれらの提案を拒否する場合であれ、受諾する場合であれ、彼が共産主義者として不可能と考える条件を付けてきた」と述べた。一九五八年遅くベルリン危機を引き起こしたフルシチョフの決意を説明して、トンプソンは、「われわれはドイツを再武装させ、ソ連領土を取り囲むわれわれの基地を強化しつつある。ドイツ問題を確定しようとするというわれわれの提案は、フルシチョフに言わせれば、結局、共産ブロックを解体させるものでありソヴィエト連邦自体のレジームを脅かすものなのだ」と指摘した。

二月十一日の会議に先立つ日々、トンプソンは入念にも、一般教書演説の前に伝えたものよりも、ニュアンスのある複雑なフルシチョフ像を伝えていた。彼はフルシチョフを、ソ連指導部全体の中で最も教条性が少なくトップとして最良の人物だと考えていた。「彼は連中の中で最もプラグマティックであり自国をよりノーマルにしようとしている」と外交電報の簡潔な表現の中で書いている。クレムリン内の反フルシチョフ派に関連して、トンプソンはこう警告した。——ケネディの任期中にフルシチョフは「自然もしくは他の原因によって」姿を消す可能性がある。

ベルリンに関してトンプソンはこう電報した。ソ連は分割された都市〔ベルリン〕の運命についてよりも全体としてのドイツ問題に大きな関心を持っている。フルシチョフは何よりもまず東欧全域の共産主義国の安定化、「とりわけたぶん最も脆弱な東ドイツ」の安定化を求めている。ソ連は「ドイツの潜在的軍事力を深く危惧しており、西ドイツがいずれは行動を起こし、それによってソ連が世界戦争か東ドイツからの撤退かの選択を迫られるのを恐れている」。

トンプソンはさらに述べた。確かに、ベルリンに関するフルシチョフの意図を誰も正確には予想することはできない。しかしまず間違いないと思われるのは、フルシチョフが一九六一年の内に問題を解決しようとするだろうということだ。理由は、ウルブリヒト体制からの圧力の増大だ。ウルブリヒト体制は、ベルリンが難民の脱走ルートとして、また西側のスパイ・宣伝活動の基地としてますます盛んに使われていることによって、自分たちが危険に瀕していると感じており、ソ連にその対策を求めているのだから……。またトンプソンはフルシチョフはベルリンに関して、ケネディの提示したあれこれの貿易刺激策から自分に対する国内的圧力に至る諸問題によっても影響されるだろう。さらに、フルシチョフは九月の西ドイツ総選挙の前に「ベルリンの事態を重大な危機に至らしめることはないはずだ」、ただしそのためにはケネディが彼に、選挙後に真の進展がなされるとの希望を与えることが肝要だ……。

相次ぐ電報によって、トンプソンはベルリンに関してソ連側をどう扱うべきか、新政権に特訓をほどこそうとしているのだった。彼はまた他の意見と競争関係にあった。それらの意見はモスクワに対するもっと強硬な方策を薦めていた。西ドイツ駐在アメリカ大使ウォルター・ダウリングはボンからの電報の中で次のように述べていた。大統領はソ連に対して十分にタフでなければならない、そうすればフルシチョフは「ベルリンにおける西側の立場を弱めるのに無痛の道などない」ことを知るだろう、そして、そのようないかなる企ても（ワシントンにとってと同様に）モスクワにとって多くの危険をはらむということを知るだろう……。

しかしながらトンプソンは、モスクワから主張していた。ケネディ政権は共産主義とたたかうためのより良い非軍事的手法を考え出さなければならない。大統領は、アメリカのシステムが見事に機能するよう保証しなければならない。西側同盟諸国の結束が崩れないよう留意しなければならない。そして未来はソ連ではなくアメリカに属するのだということを、事実を通して、発展途上世界に、そして新しく独立した旧植民地に、示さなければならない……。トンプソンはまた、中国の挑戦を受けてソ連が彼らの「革命的態度」を復活させざるを得なくなっているこの時期に、アメリカがラテンアメリカで失敗を重ねていることを憂慮した。

「もしわれわれが現時点での共産主義の脅威を主に軍事的性質のものとして扱うならば、それは間違いである」と、彼はワシントンで特別に注目された電報の中で述べている。「私の思うにソ連指導部は核兵器の意味を以前から正確に評価している。彼らは、大戦争は彼らの目的を達成するための手段としてもはや受け入れられないことを認識している。もちろん、われわれは、万一の場合に備え、明白な目的のために、戦いの用意を怠ってはならないのであるが」

ケネディは二月九日、ハリー・トルーマン政権の国務長官ディーン・アチソンに引退生活から戻ってきてもらうことにしたと発表した。トンプソンと釣り合いをとるかのような措置だった。アチソンは、長年の経験に基づき、クレムリンを掣肘《せいちゅう》できるのはただ力の政策をもってのみであると確信する強硬派である。ケネディの懇請によって、アメリカの最もよく知られたタカ派の一人が、ベルリン、NATO、そして将来ソ連との間に軍事衝突が発生した場合の通常兵器と核兵器のバランスなど、関連する諸問題について、政権の政策研究をリードすることになる。アチソンは任命の二日後に行なわれる会議には出席しないが、やがて、トンプソンのより協調的な立場に対する解毒剤となっていく。

二月十一日の会議は、新大統領が決定を下すやり方を示す典型例となった。高官たちを集め、一つの問題について活発に議論させ、自分は時どき鋭い質問を放って探りを入れる。この討論の模様を、後にバンディがまとめたのが「ソ連指導部の思考過程」と題する最高機密文書である。この中でバンディは討論の内容を四つの見出しのもとに整理している。すなわち、(1) ソ連とその指導部の全般的状況、(2) アメリカに対するソ連の態度、(3) 有用なアメリカの政策と態度、そして最も重要なことだが、(4) どうすればケネディ大統領は最もよい状態でフルシチョフ首相との交渉に入れるか。

ボーレンは、ケネディが一般教書演説ではあんなにも攻撃的態度を示したにしては、ソ連に対しあまり偏見をもっていないことを知って驚いた。「こんなに知りたがり屋の大統領なんて私は聞いたことがない」とボーレンは述べている。ケネディは深遠壮大なソ連の国家教養には少しの関心も持たず、実践的な助言を求めた。「彼はロシアを偉大で強力な国と見なしており、同じく偉大で強力な国であるわが国とは、互いに相手を爆弾で吹っ飛ばすことなく生きていける基盤があるに違いない、と見ているようだった」

ケネディの前に居並ぶ男たちのそれぞれが、対ソ観において基本的に異なっていた。ボーレンは、ケネディが世界共産主義の拡大を目指すフルシチョフの決意を過小評価しているのが気がかりだった。ケナンは、フルシチョフが真に実権を握っているかどうかに疑念を持っていた。彼の見るところ、フルシチョフは西側との交渉に反対するスターリン主義の残党からの「相当の反対」に直面している。だからケネディはフルシチョフ個人というより「集団」を相手にする必要がある、とケナンは主張した。トンプソンの意見は、ソ連政府の集団指導体制はますますフルシチョフの思いのままになりつつある、ただし、対外政策と農業政策で深刻な失敗があれば、彼の政治支配は脅かされかねない、今年、三年連続の農業減収となる可能性もあるだけに、その点が問題だ、というものだった。

トンプソンはまた、アメリカの「未来への希望」は、ソ連社会がよりソフィスティケートされた消費者優先の社会へと漸進的に変化することであると論じ、「彼らは非常に急速に市民階級化しつつある」と述べた。フルシチョフとの度重なる長い対話に基づいて、トンプソンはさらに論じた。――フルシチョフは、ソ連経済がその方向に進むのを可能にするだけの時間をかせごうとしている、「それゆえ、彼は国際問題で波乱の起きない時期が続くことを真剣に欲している」。

だからこそ、フルシチョフは大統領との早期の会談を切実に求めている。U2型機事件には自分のプライドへの打撃として憤激し、ホワイトハウスとの対話を断つなどの行為に出たが、彼はいまやふたたび前に進もうと意欲を燃やしている。フルシチョフの対外政策が、他国首脳との直接対話にきわめて大きく依存していることを考慮するならば、このような会談にケネディ大統領は応ずるべきだろう――というのがトンプソンの考えだった。

他の出席者たちはもっと慎重だった。アメリカを「人類の主要な敵」と呼んでいるソ連指導者と会談することに、いったいどんな価値があるというのか、という考えが支配的だった。ボーレンは、会談は国連の会期中に行なわれるべきとのフルシチョフの提案に、「フルシチョフのことだから国連の演壇で首脳会談の中身をしゃべってしまうのではないか」、そうなるとまずい、との理由で反対した。ハリマンはケネディに、外交儀礼《プロトコール》に従えば新大統領はまず同盟諸国首脳と会談すべきですな、と述べた。

タイミングの問題はどうあれ、ケネディがフルシチョフとの会談を望んでいることは、室内の男たちに次第に明確になってきた。ケネディはフルシチョフと会談して初めて、大統領職の権能を完全に発揮し得るのだと思っていた。彼は、補佐官で長年の友人であるケネス・オドネルにこう話したことがある。「私は彼に、こっちだって彼と同様タフであり得るんだってことを示さなくてはならない。他の人々を通してメッセージを送っていたのでは、それは出来ない。一緒に腰をおろし、こっちがどういう人間なのかを、見せてやらなくてはならない」。それだけではなかった。アメリカの緊密な同盟国を含めて他の諸国も、ケネディとフルシチョフがどのように話をつけるかが見えてくるまでは、重大な諸問題に関して用心深くふるまっているのだった。

ケネディは一同に言った。――全面的な「サミット」は避けたい。これは自分の解釈によれば、世界が戦争の危険にさらされたとき、あるいは指導者たちが、下僚の準備した重要な条約を署名するときにのみ必要なものだ。自分が求めているのは個人的な非公式の会談だ。フルシチョフとじかに会って彼の印象をつかみたい、そしてその結果を、彼とどう付き合うかについての判断に役立てたいのだ……。ケネディは、ソ連側とのコミュニケーションのさまざまなチャンネルを開発してほしいと言った。彼の人生においての三つの戦争が誤算が原因となって勃発している。それだけは避けたかった。

核時代において、この誤算の脅威こそ、彼の最大の懸念材料だった。

「私だけがなし得る決定、いかなる顧問も盟友も私になり代わっては行ない得ない決定を行なうのが、私の義務なのだ」と、ケネディは言った。それらの決定は、確実で豊富な情報に基づいたものでなければならない。だから、フルシチョフからだけしか得られない、詳細な個人的知識のたぐいが必要なのだ、と彼は言った。同時に彼は、アメリカの考えを、「正確に、ありのままに、そして先方に討論し理解する余裕を与えつつ」ソ連指導者に伝達することも求めた。

一〇日後、二月二十一日、専門家と政府高官の同じ顔ぶれがふたたび集まった。この時までに、ケネディがフルシチョフとの会談を申し入れる手紙を書くことに、全員が同意していた。フルシチョフは、三月、ニューヨークでの国連の特別軍縮総会の折りに会いたいと言ってきていたが、それは受け流して、ケネディは、春に、ヨーロッパの中立国の都市、ストックホルムもしくはウィーンで会おうと提案することにした。ケネディの手紙をモスクワで手渡すとき、トンプソンはフルシチョフに、大統領にはまず同盟者たちと相談する時間が必要なのですと説明するというわけだ。

二月二十七日、バンディは国務省に、ベルリン問題の研究レポートを用意するよう、大統領の名において指示した。このレポートは、「ベルリン危機の政治的・軍事的局面、そして四カ国協議が行なわれた場合のドイツ問題に関するわが国の立場」を扱うべきものとされた。

その同じ宵トンプソンはケネディの手紙をたずさえてモスクワに帰任した。当選後、移行期の一〇週間と就任後の最初のひと月を経て、ようやくケネディは、会見を求めるフルシチョフの度重なる要請と、関係改善を目指すあれこれのジェスチャーに反応する用意ができたのだった。

しかし、トンプソンがソ連外相グロムイコに、長く求められていたケネディの回答を渡すべく、時間を調整していただきたいと電話したとき、フルシチョフはもはや関心を失くしていた。首相は農業視察旅行を再開しなければならず、出発前、今夜も翌朝も、大使にお会いする時間がとれません、と外相は言った。グロムイコの冷ややかな口調ほどフルシチョフの気分を明瞭に伝えるものはなかった。

トンプソンはグロムイコに抗議した。私の携えている手紙はきわめて重要なものです、フルシチョフ首相に会うために「いつどこにでも行くつもりです」。グロムイコは場所も時間も保証はできませんと答えるだけだった。トンプソンの大使としての再任は、少なからず、彼の自慢のフルシチョフとの親密さによるものだった。だから彼は、いささか遣る瀬ない気分で、この状況をワシントンに報告したのだった。

翌日、フルシチョフはスヴェルドロフスクで、現在の不機嫌さを反映した演説を行なった。「ソ連は世界で最も強力なロケット兵器を保有しており、さらに侵略者を地上から一掃するに必要なだけの原子爆弾、水素爆弾をも保有している」

それは、ケネディ新政権を米ソ関係における「さわやかな風」と呼んだ新年の乾杯の辞とはかけ離れていた。ケネディはフルシチョフの意図を読み間違えた。フルシチョフは自分が侮辱されたと思い込んでこれに憤激した。こうした過ちが、両国関係改善のための束の間の機会を掘り崩したのだった。

トンプソンは状況の一層の悪化を防ぐべく、シベリアに飛ばなくてはならない。

そして当のドイツにおいても、事態は憂慮すべき方向に進んでいた。

第5章 ウルブリヒトとアデナウアー──厄介な同盟者たち

「アメリカは軽率にも過去の影を追い求め、
今や成熟してきた世代の政治的な指導性と思考を無視している」
西ドイツ首相コンラート・アデナウアーについてジョン・F・ケネディ。
『フォーリン・アフェアーズ』誌一九五七年十月号

「西ベルリンは成長ブームを経験しつつある。
向こうでは労働者、被雇用者の賃金がわが方以上に増え、
より好ましい生活条件が生み出されている。
……私がこれを言うのは、ただ、われわれが真の状況を直視し、
そこから結論を引き出さなければならないからだ」
ドイツ社会主義統一党第一書記ヴァルター・ウルブリヒト。
一九六一年一月四日、政治局との会議で

歴史は、ヴァルター・ウルブリヒトとコンラート・アデナウアーについて、「彼らはあい対立する二つのドイツのそれぞれの建国の父であった。人間的にも政治的にもまったく異質な両者が、ともに

あの時代を規定するにいたったのだ」と記録することだろう。しかし、一九六一年の最初の数週間、彼らを突き動かしているのは、一つの重要な類似性だった。二人とも、自分の運命を左右している男を基本的に信用していなかった。ウルブリヒトの場合はニキータ・フルシチョフを、アデナウアーの場合はジョン・F・ケネディを。この新しい年、二人のドイツ人にとって最大の課題は、これらの強力な外国人とどう向き合っていくか、これらの外国人が、二人がみずからの遺産と思っているものを破滅させることのないよう、どう動くか、だった。

六十七歳のウルブリヒトは、冷たく内向的な、ワーカホリックだった。友人を作らず家族とも距離を置き、独自の厳格なスターリン型社会主義を追求した。苛烈なまでの努力の集中と揺らぐことのない人間不信が彼の指導の特徴だった。「若いころあまり人から好かれなかったし、年を重ねてもその点は変わらなかった。ジョークというものが全然理解できない男だった」と、長年の同志で党のイデオロギー担当となったクルト・ハーガーは語っている。

小柄で堅苦しい物腰のウルブリヒトは、フルシチョフのことを、イデオロギー的には一貫性がなく、知的には劣っていて、人間的には弱い男だと見ていた。西側は多くの脅威をもたらしたが、わが東ドイツを最も直接的に危険にさらしたのは、フルシチョフの動揺的な態度だ、とウルブリヒトは考えている。この国の存続を守るという約束を、フルシチョフはしっかり果たそうとしていないのだ。

ウルブリヒトにとって、第二次大戦――この期間彼はもっぱらモスクワで亡命生活を送っていた――の教訓は、ドイツ国民は、選択の自由を与えられたがゆえにファシストになった、というものだった。二度とふたたび同胞に自由意志のたぐいを許してはならぬ。彼はそう決意して、国民を彼の抑圧システムの頑丈なガードレールの内側に閉じ込め、ヒトラーのゲシュタポ以上に精緻で強力な秘密警察組織によって監視させた。ウルブリヒトの生涯の目的は、一七〇〇万人の共産国家の創設であり、そして今やその国家の救済であった。

八十五歳のアデナウアーは、エキセントリックで抜け目なく、そっけないくせにユーモラスでもある、几帳面な男だった。この一世紀ばかりのドイツのカオス的段階のすべて――ドイツ帝国、その崩壊、ワイマール共和国の混沌、第三帝国、そして現在のドイツ分割――を生き抜いてきた。政治的同盟者のほとんどが死んだり舞台を去ったりするのも見てきた。いま、彼の気がかりは、アメリカ新大統領ケネディには、トルーマンやアイゼンハワーなど前任者が持っていた、物事を歴史的文脈において捉える態度が、政策的経験が、ソ連に立ち向かうための気骨が、欠けているのではないかということだった。

アデナウアーは、ドイツ人の国民性を信用しない点ではウルブリヒトと同じだった。しかし彼は、ドイツを、NATOとヨーロッパ共同市場を通して、アメリカと西側に分かちがたく結びつけることで、この国民性を匡正しようとした。彼が後に説明するように、「われわれの任務は、西側のいたるところにわだかまるドイツに対する不信感を取り除くことだった。われわれはドイツ人への信頼をふたたび覚醒させるべく、地道な努力を重ねなければならなかった。その前提条件となるのは……西側との一体化」を、そして西側の経済的・政治的活動との一体化を、「明瞭で着実な、確固としたかたちで肯定することだった」。

アデナウアーは自由に選ばれた最初の、そしてまだ唯一の西ドイツ首相として、ナチの廃墟から六〇〇〇万人の活気あふれる民主的な自由市場国家を建設するのに大きく貢献してきた。彼の目的は、その成果を維持すること。いずれ西側が力をつけ、思い通りの条件で統一を達成する日が来る。それまで西ドイツを維持し抜くことだった。より直接的には、今年九月の選挙で首相四期目を勝ち取りたい。歴史によって使命を与えられた政治家だとみずから感じている彼は、若返った思いで闘志をたぎらせていた。

ウルブリヒトもアデナウアーも、中心的行為者であると同時に無力な従属者でもあった。二人とも、事態を動かし、同時に事態によって動かされていた。――一九六一年最初の日々の彼らの行動がそれをよく物語っている。

東ベルリン、「グローセスハウス」、ドイツ社会主義統一党中央本部
一九六一年一月四日、水曜日

緊急に開かれた政治局秘密会議――。ヴァルター・ウルブリヒトは重苦しい表情で顎鬚を掻きながら、わずか三日前にみずから語った楽天的な展望を否定している。三日前、国民に向けての公式の新年メッセージの中で、彼は社会主義の勝利を謳いあげた。農場集団化の成功を称え、前年、東ドイツが経済的に豊かになり、世界におけるその立場を高めたことを誇った。しかし、状況は深刻だった。実情を知る指導部のメンバーに同じ嘘をつくことなど出来るものではない。それに、時々刻々もろもろの資源を拡大しつつあるかに見える対立者との闘争に、指導部の支持は欠かせない。

「西ベルリンは成長ブームを経験しつつある」。ウルブリヒトはぼやいた。「向こうでは労働者、被雇用者の賃金がわが方以上に増え、より好ましい生活条件が生み出されている。またベルリンの主要部分の再建も、こちら側は相変わらず遅れているというのに、向こうではかなりの規模で進んでいる」。その結果、西ベルリンは東ベルリンの労働力を「吸い取って」おり、東ドイツの最も才能ある若者たちが西ベルリンの学校で学び、西ベルリンの映画館でハリウッド映画を観るという始末だ……。

ウルブリヒトが、敵の優勢、味方の劣勢について、これほどはっきりと同志たちに語ったことはない。

「私がこれを言うのは、ただ、われわれが真の状況を直視し、そこから結論を引き出さなければならないからだ」。彼はこの一年に取り組まなければならない課題をあげた。——難民流出を食い止める、東ベルリン経済をテコ入れする、西ベルリンを策源地とするスパイ活動や宣伝活動から東ドイツを守る。

同志たちは次々と立ち上がってウルブリヒトを支持し、憂慮すべき事態の実例を報告した。マクデブルク地区の党書記の発言。——休暇中のクリスマス・ツリー不足をわが地区では緊急に調達することでようやく解決した。さらに同地の市民は、靴と織物の不足は、もともと不十分な供給しかないのに、党がカール・マルクス・シュタットやドレスデンなど、より政治的に敏感な主要都市に振り向けたからだと文句を言っている。政治局員エーリッヒ・ホーネッカーの発言。——西側の魅力は東ドイツ・スポーツ界（ホーネッカーはスポーツ部門の総責任者だ）から最良のアスリートを奪い取っていて、これはオリンピックにおける東ドイツの成績にとって深刻な脅威となっている。ブルーノ・ロイシュナー（国家計画の責任者で強制収容所の生き残り）の発言。——東ドイツが崩壊を避けるためには、即座にソ連から数十億ルーブルの信用供与を得るしかない。とはいえ、最近モスクワから戻ったのだが、かの地ではこの規模の援助を獲得するには、双発のイリューシン14型軍用貨物輸送機を一杯にするぐらいの専門的文書が必要なようだ。東ベルリンの党の大物パウル・フェルナー（もと冶金工）の発言。——この街の最も熟練した労働者が引きも切らず脱出しているが、自分にはどうにも手の打ちようがない。

ウルブリヒトの党官僚たちの報告は、避けがたい崩壊に向かって突き進む国家の実像を描いていた。国の労働力人口のきわめて多くが難民として出て行くかぎり、この傾向を逆転させるために出来ることは何もない。供給者としての西ベルリン経済に依存すればするほど、東ドイツはますます脆弱になっていくしかないのだった。カール・ハインリッヒ・ラウ（西側との貿易を担当する大臣）は主張した。――フルシチョフは、ケネディと首脳会談をやり、増大しつつある諸問題を処理するまで、東ドイツ側は待つのだと言っているが、そんな意見を受け入れるべきではない。われわれはいま行動しなくてはならないのだ。

同志たちの前でこのような率直さを見せることは珍しかったが、ウルブリヒトはベルリンの状況に関するフルシチョフの「不必要な寛容ぶり」を激しく非難した。自分のこの発言がすぐKGBに伝わることは承知していたが、ウルブリヒトはひるまなかった。フルシチョフの不興を買うことの危険など、フルシチョフが動こうとしないことの危険に比べれば、物の数ではない。ウルブリヒトは同志たちに言った。――そもそも、「ベルリンのすべては東ドイツ領土の一部分と考えられるべきだ」と公然と宣言したのは私が最初なのだ、フルシチョフはただ後になって私に同意したにすぎない。

ふたたび私がリードを取らなければならないのだ、と、ウルブリヒトは言った。

一九六一年年初の日々におけるウルブリヒトの行動が、その後の全事態が生起するうえでいかに重要であったかを、西側は、数十年後、機密とされていた東ドイツとソ連の文書が公開されることによって、初めて知る。自分の身に政治的危険が及ぶかもしれないにもかかわらず、フルシチョフへの圧力をエスカレートし続けたウルブリヒトの決意は、スターリンが思い描いた以上にスターリン主義的でさえある国家の創建を目指して、ソ連と東ドイツ内部の反対をくり返し克服してきた彼の政治的経歴に、まさしく合致したものだった。

師と仰ぐスターリン同様、ウルブリヒトは異常に短軀で五フィート四インチしかなかった。ウルブリヒトの終生のハンディは、十八歳のときかかったジフテリアの後遺症である独特の甲高い声だった。しばしば理解困難なザクセン方言で激しくまくしたて、聴衆はいつも、彼が気を静めてオクターブを落としてくれないかと思うのだった。一九五〇年代、彼はよれよれのスーツとシャツ、不釣り合いなネクタイといういでたちで、反帝国主義の大演説をぶったものだが、この姿は嘲笑の対象となり、東ドイツ市民の間でも（もちろん、彼らが普段より大胆になったり酩酊したりしたときに限られるが）、西ベルリンのキャバレーの芸人の間でも、ジョークのネタにされた。たぶんこれを気にして、やがてウルブリヒトは演説を短くし、もっときちんとプレスされたダブルのスーツを着、シルバーのネクタイを締めるようになった。しかし、こうした変化も、大衆にとっての彼のイメージを変えるには少しも役立たなかった。

スターリン同様、ウルブリヒトはすべてについて組織的・系統的手法の愛好者であって、人の名前をすべて記憶し、その忠誠度や弱点を綿密に記録しカタログ化していた。これは友人たちを操作し敵たちを破滅させるのには大いに役立つデータとなった。レトリックの才もなく人間的温かみにも欠けていて、それゆえ大衆的人気を得ることはついになかったが、その代償として、物事を秩序だてて着実に処理していく能力には恵まれていた。これは中央集権的な権威主義的システムを経営していくにはきわめて重要な武器だった。東ドイツはスターリンのソヴィエト帝国に比べればはるかに小さなカンバスでしかなかったが、ウルブリヒトはスターリン同様の才覚を発揮して、困難にめげず権力を獲得しこれを保持し、途方もない成果を生み出していったのだ。

ウルブリヒトはまた規則性と習慣を重んずる人だった。毎朝、必ず一〇分間の柔軟体操を行なった。規則正しくエクササイズすることの大事さを、韻文のスローガンのかたちで、国民に説教した。冬の夕刻には、妻のロッテと専用の湖でスケートを楽しんだが、その前に必ず部下たちに凍った湖面を磨かせ氷上の傷が見えないようにした。

ウルブリヒトはスターリンと違って、真の敵あるいは思い込みによる敵を処刑することはなかった。

とはいえ、敗戦後のドイツ領土の三分の一にあたるソ連占領地区にボリシェヴィキ体制を押し付ける際の彼のやり方は、スターリン顔負けの暴圧的なものだった。しかも彼は、スターリンその他のクレムリンの高官たちの指示に反して、そうしたのである。スターリンらは、自分たち独特の共産主義のスタイルがドイツ人には歓迎されないだろうと思っていて、あえてこれを押しつけなかった。

ウルブリヒトにはそんなためらいはなかった。ほとんどナチ・ドイツ崩壊の瞬間から、ウルブリヒトはソ連占領地区について将来のビジョンを描いていた。一九四五年四月三十日朝六時、ヒトラーの自殺の数時間前、一台のバスが、モスクワのホテル・ルックス（各国の亡命共産党幹部の戦時中の宿舎）から、未来の東ドイツ指導者と他の一〇人のドイツ人左翼——ウルブリヒト・グルッペとして知られる——を乗せた。スターリンから課されたウルブリヒトの任務は臨時政府を作るのに協力すること、そしてドイツ共産党を再建することだった。

グループの最年少、当時二十三歳だったヴォルフガング・レオンハルトによれば、ウルブリヒトはドイツに到着した瞬間から、ナチのテロ支配、苛烈な空爆・市街戦を生き延びて瓦礫の中から這い出てきた地元の共産主義者たちに対して、「独裁者のように振る舞った」。彼らには戦後ドイツを統治する資格などないと考えていた。ウルブリヒトはかつてナチ・ドイツを脱出してスペイン内戦を戦い、その後モスクワに亡命した経験を持つ。彼は、第三帝国の内部に留まってはいたもののヒトラーを倒すために何もせず、その仕事を外国人に任せきりだったドイツ人共産主義者への軽蔑を隠そうとしなかった。

ウルブリヒトは早くも一九四五年五月のうちに、百にのぼる地区の共産主義者を集めて会議を行なっているが、このときの態度は、彼のその後の指導スタイルを予示するものだった。出席者の何人かが、当時大量に起きていたソ連兵士によるドイツ人女性レイプ事件をとりあげ、これがもたらす社会的苦痛を癒すことが、最も急を要する任務だと述べた。レイプの結果としての妊娠を中絶する許可を医師に与えるよう、ウルブリヒトに訴える声もあがった。赤軍の行き過ぎを公然と非難すべきだと主張する者たちもいた。

ウルブリヒトは憤然として言い放った。「いまそんなことで騒ぎ立てている連中はヒトラーが戦争を始めたときもっと騒ぎ立てるべきだったんだ。そんな感情に流されるなど、われわれとしては、あってはならんことだ。……私はこの議論が続くことを許さない。会議はこれで終わりだ」

その後しばしば起こるように、ウルブリヒトの潜在的反対派は、彼がスターリンの承認を得ているものと思い、沈黙を守った。しかし実際には、ウルブリヒトは最初から、スターリンの命令以上のことをやっていた。たとえば一九四六年に、スターリンはウルブリヒトに対し、ドイツ共産党（KPD）を、より教条的でない社会民主党（SPD）と完全に統合して、単一の社会主義統一党（SED）となるよう求めた。これに対しウルブリヒトは、自分が主導権を握るうえで障碍となるSPDの重要人物たちを放逐し、スターリンが求めた以上に教条的な党を作りあげたのだった。

一九五二年四月になってもスターリンはウルブリヒトに、「現在ドイツに二つの国家が作られているが、きみはこの時点で社会主義について叫びたてるべきではない」と語っていた。スターリンは、現在の東ドイツのような半端な国家よりは、むしろソ連圏外であっても、アメリカの軍事的抱擁の外側に存在する、国家的資源をまるごと所有した統一ドイツを望んでいたのだ。しかし、ウルブリヒトは自分なりのプランを持っていた。独自のスターリン主義的な東ドイツを建設すべく奮闘し、産業の八〇パーセントの国有化、いわゆるブルジョア的両親の子弟の高等教育からの排除などを推進した。

一九五二年七月までにスターリンも、強制的集団化と社会的抑圧の拡大というウルブリヒトの苛酷なプランを支持していた。ウルブリヒトの確信は、スターリンの死後、自由化を求めて彼の解任を図った同志たちによる二つの企てを乗り越えて、ますます深まった。これらの企ては、ソ連の軍事介入が、まず一九五三年東ドイツの蜂起を、それから一九五六年ハンガリーの蜂起を、鎮圧したのちに失敗したのだった。これら二つの蜂起は、どちらもウルブリヒトの反対する改革が原因となって発生したものだった。

ウルブリヒトは、スターリン主義的東ドイツを創造するのにスターリン以上に真剣であったのと同様、みずからの創造物を守るのにフルシチョフ以上に真剣だった。一九六一年一月四日、党政治局の会議の中で、彼は、すべての難民流出のうち六〇パーセントは東ドイツ自体の欠点に起因している、と断じた。したがって党は、住宅不足、低賃金、不適切な年金を解決しなくてはならない、一九六二年までに週労働日数を六日から五日に減らさなくてはならない。そして脱出者の七五パーセントは二十五歳以下であり、これは東ドイツの学校が若者を適切に教育していない証拠なのだ。

政治局緊急会議の最も重要な決議は、難民の流出を「基本的に阻止」する計画の策定を目的とした最高レベルの作業部会を設置するというウルブリヒトの提案を承認したことである。ウルブリヒトは、三人の最も忠実で頼りになる、そして最も有能な部下をその仕事に当てた。党の保安担当書記エーリッヒ・ホーネッカー、内相〔内務大臣〕カール・マロン、そして国家保安相エーリッヒ・ミールケだ。

国内の自己防衛態勢を十分に固めて、いよいよ、フルシチョフに立ち向かうのだ。

ボン、首相官邸
一九六一年一月五日、木曜日

しきたりどおりカトリックとプロテスタントの孤児たちが最初に到着した。コンラート・アデナウアーの八十五歳の誕生日。午前一〇時を過ぎて間もなく、小人に扮した二人の男の子と白雪姫に扮した一人の女の子が、閣議ホールに入った。西ドイツの初代首相がここで祝賀の客を迎えるのである。一人の小人は赤いキャップ、青いケープ、赤いズボン。もう一人は青いキャップ、赤いケープ、青いズボン。二人とも同じ白髯をつけている。修道尼たちから「さあご挨拶するのよ」とドイツ史上屈指の偉人に向けて押し出されて、子どもたちは縮こまっている。偉人のほうは長引く風邪のせいで鼻をすすってばかりいる。

アメリカ大統領選の投票日前に風邪をひきそれが気管支炎になり肺炎になった。ケネディが当選したことへのアデナウアーの慰めようのない憂悶が、病気を悪化させたに違いない、首相の友人たちはそう確信していた。ともあれ、いまようやく回復しつつある。首相は表向きはケネディを大いに賞賛したものの、内心では、危険なほどに人格的欠陥のある、胆力のない男が選ばれたものだと苦々しく思っていた。西ドイツの情報機関である連邦情報局はアデナウアーに、ケネディの性的奔放さについての報告をあげてきている。これは共産側に利用されかねない弱点だ。とはいえ、ケネディの私行の乱脈ぶりはアデナウアーの憂慮の数ある理由の中の一つでしかない。アデナウアーにとって、四十二歳年下のケネディは「若い海軍士官とローマ・カトリック的ボーイ・スカウト団員とのごた混ぜ」だ。どちらも、修練が足らず、しかもナイーブなのだ。

アデナウアーはケネディが自分に少しの敬意も持っていないことを知っていた。次期大統領は首相を反動的遺物と考えていた。ワシントンにかなり影響力を持ち、ソ連と交渉する際のアメリカの柔軟性を束縛している存在だと見ていた。来たるべき選挙で、反対党、社会民主党のヴィリー・ブラントにとって代わられればいいと思っていた。ブラントは魅力的でハンサムなベルリン市長。四十七歳で、ドイツのケネディを自称している。

アデナウアーは一九六一年、四つの挑戦に直面している。ケネディをあやつること、ブラントを打ち負かすこと、フルシチョフに抵抗すること、そして彼自身の年齢という逃避不能の生物学的事実と格闘すること。

にもかかわらず首相は、白雪姫と小人たちが、森の動物たちと自分たちが首相に寄せる愛をうたった詩を暗誦するのを、歓喜の微笑をうかべて聞き入った。子どもたちは彼に手造りのギフトを贈り、アデナウアーはしたたる鼻水をハンカチで拭いたあと、子どもたち一人一人に自分の大好きなザロッティ・チョコレートを数個ずつ渡した。

そのあとドイツ史上屈指の偉人は、翌日の新聞用の写真を撮影される。グリム童話の服装をした脅えたような表情の子どもたちの間で、直立不動、奇妙に真剣な顔である。

これも成功のもたらす陳腐さというべきか。

アデナウアーの若い国家は月ごとにより強さを増していく。一九六一年に至る一〇年の一人当たり国民所得の年平均伸び率は六・五パーセントだった。自動車から工作機械に至るすべてのものの工業ブームが原動力となって完全雇用も達成している。いまや世界第三位の輸出国だ。他の先進国でこのような例はない。

このような業績にもかかわらず、アデナウアーはあまり英雄らしい英雄ではない。コミカルなほどに矛盾したところが多々あるのだ。堅苦しい男でありながらドイツの酒飲み歌を楽しげに歌い、厳格なカトリックでありながらチャーチル同様、裸で昼寝をし、強烈な反共主義者でありながら自分の民主主義国を権威主義的熱情で統治する。権力行使が大好きだが、ストレスがあまりに強くなると、しばしばイタリアのコモ湖で休暇を楽しむ。西側の統合を強く主張するがそれと同程度にアメリカから見捨てられることを恐れる。ドイツを愛しているがドイツのナショナリズムは恐れている。

トルーマン政権の国務長官ディーン・アチソンは、友人アデナウアーのことを「謹厳と深遠の人」と呼んでいる。噂話が大好きだが同時に男同士の友情も何よりも大事にする。初めのうちは用心深いがいったん胸襟を開くと、相手の地位がどう変わろうと、いつまでも友情を忘れない。「彼はゆっくりと動く、身振りは少ない、束の間だけ微笑する、面白いことがあっても声をあげて笑わず、くすくす笑う」。アチソンは特に、歴史の教訓を学ぼうとしない政治家たちに対するアデナウアーの鋭いウィットが忘れられない。「神は大きなあやまちを犯した。人間の愚かさではなくて人間の知性を制限するとはね」。アデナウアーはよくアチソンにそう言ったという。

誕生祝賀会の朝、アデナウアーはきびきびと歩いて閣議ホールに入った。ここで客たちを迎えることになっていた。一九一七年の自動車事故のあと医学的に再建された、羊皮紙のような顔。ドイツ人というよりチベット人のようだ。高い頬骨、青い東洋風の目。ゆがんで走る平らな鼻梁。その横顔をアメリカの五セント白銅貨のアメリカ先住民のそれになぞらえる者もいた。

アデナウアーの首相としての一二年はすでにヒトラー政権の期間と同じになっている。彼はこの期間を、前任者がドイツにもたらした災厄の多くを解消することに費やしてきた。ヒトラーは民族主義とジェノサイド的人種主義を煽りたて戦争を引き起こしたが、アデナウアーはヨーロッパへの静かな平和的な帰属意識を唱道し、文明諸国の共同体の中でのドイツの管理人の役割を果たしていた。

第三帝国崩壊の八年後、『タイム』誌はアデナウアーを一九五三年の「マン・オブ・ザ・イヤー」に選び、彼のドイツを、「ふたたびの世界制覇……ソ連を除きヨーロッパ大陸最強の国」と呼んだ。以来、彼はこのような評判に依拠して、一九五五年NATOに加盟し、同年モスクワでフルシチョフと交渉して外交関係を確立し、一九五七年にはキリスト教民主同盟を、悠々、絶対多数による政権維持に導いた。

ドイツとベルリンの分割は東西緊張の結果であってその原因ではないというのが、アデナウアーの確信だった。だから、ドイツを再統一する唯一の安全な道は、より大きな米ソ緊張緩和が達成されたあと、ヨーロッパの再統合を通して、西側共同体の一部としてのものでなければならない、と信じていた。それゆえアデナウアーは、一九五二年三月初めスターリンからの、「ドイツを再統一し、中立化し、非武装化し、非ナチ化し、全占領軍は撤退する」という申し出を一蹴したのだ。

アデナウアーを批判する人々は、これは構想力ある指導者の行為ではない、むしろご都合主義的な政治屋のやりくちではないか、と言った。確かに、統一されたドイツにおいて、ドイツ東部に優越するプロテスタントのプロイセン人が選挙に加われば、カトリックのラインラント人であるアデナウアーには不利である。一九四九年戦後最初の選挙でも、もしそのような事態であったなら、アデナウアーは敗れていたかもしれなかったのだ。とはいえ、ロシアの動機についてのアデナウアーの疑念はリアルで筋が通っていた。彼が後に説明したように、「ロシア側の目的ははっきりしていた。ソヴィエト・ロシアは帝政ロシアと同様、ヨーロッパに新しい領地を獲得もしくは征服したいという欲望を持っていた」。

アデナウアーの見方によれば、戦争直後、ソ連が戦前のドイツの大きな部分を併呑し、東欧全域に従属的な政府を樹立するのを許したのは、当時の西側諸国の覚悟のなさだ。このおかげで西部ドイツは、「完全に逆の理念を代表する二つの勢力圏の間に」挟まれることとなり、「両者の間で押しつぶされたくなかったらどちらかの側に加わるしかなかった」。アデナウアーにとって、中立は決して選択すべき道ではなかった。彼は政治的自由と個人的自由というみずからの思想と合致する側に加わることを望んだのだった。

二日にわたる誕生祝賀会は、民主主義国の指導者に対するものというよりも、君主に対するもののような趣きさえあった。アデナウアーはヨーロッパ諸国の指導者、各国大使、ドイツのユダヤ人団体指導者、政党首脳、組合幹部、編集者、財界人、カラフルな衣装の民族音楽グループ、そして政敵ヴィリー・ブラントを引見。ケルンの大司教が祝福を与え、国防相フランツ・ヨーゼフ・シュトラウスが将軍たちの代表を率いて訪れた。

時間は乏しい食糧でも分けるかのように細かく割り当てられていた。家族は二〇分、閣僚は一〇分、それ以下の人々は五分。アデナウアーの八十五歳の誕生祝賀式が二日間に伸ばされたのは彼の健康を気遣って、客たちと会うのに間隔をおき、彼が十分休養できるようにしたためだと西ドイツ・メディアが報じると、アデナウアーは憤然と抗議し、二日になった真の理由は、式典担当者がへまをして、押しかけてくる祝賀客を一日分で抑えなかったからだと言い張った。ともあれ、「ご老体《デア・アルテ》」――同国人たちは愛情こめて彼をこう呼んでいる――にお祝いを言いたい人々は引きも切らなかった。

すべての祝賀行事の上に暗くのしかかっていたのは、ケネディについてのアデナウアーの懸念だった。近々成立するケネディ政権とトルーマン、アイゼンハワー両政権との相違点は数々あるが、なんといっても、アデナウアーおよび西ドイツに対する態度ほど異なっているものはなかったのだ。

選挙戦中、ケネディはアデナウアーについて、「本当に厄介なのは、彼が年寄りすぎ私が若すぎて、お互いを理解し合えないことだ」と言っていた。しかし問題は、アデナウアーがケネディの年齢の二倍に一年不足しているという事実を越えていた。性格と生い立ちの違いこそが、もっと重要だった。二人にはカトリック教徒であるという以外、何の共通の基盤もなかった。

ケネディは富と特権の環境に生まれ、成人してからは華麗さと美女たちに囲まれていた。古い問題を解くのに新しい思想と解決策を性急に追い求めた。アデナウアーは質素な十九世紀末の謹直な公務員である父の家で育った。父はケーニッヒグレーツの戦い〔一八六六年〕の生き残り。この戦いはヨーロッパではこの時期までの最大の会戦で、プロイセンがオーストリアに大勝しドイツ統一に道を開いた事件である。アデナウアーは秩序、経験、そして熟慮を尊び、直感やひらめきやきらびやかさに頼るケネディの手法には不信の目を向けていた。

アイゼンハワー大統領は、アデナウアーを二十世紀の偉人の一人であり、ドイツ人の間にある民族主義的・中立主義的志向を抑止した人物だと考えていた。アイゼンハワーの見方によれば、アデナウアーは、より強大な西側の軍事力こそソ連との交渉を成功させる前提条件であるべきだと説き、西側がソ連共産主義を封じ込めるに際しての哲学と手段の双方を提供してくれた人なのだ。

アイゼンハワーの国家安全保障会議（ＮＳＣ）は、ケネディ移行チームに渡された最高機密扱いの報告の中で、アデナウアーへの賞賛を要約している。すなわち、ＮＳＣ実施調整理事会（すべてのアメリカ政府機関に向けて外交政策に関する調整を行なう組織）は、「一九六〇年におけるドイツの主な動向は、自存性と独立性の著しい増大である」と述べ、西ドイツはすでに国民国家となりつつあり、もはやその住民から、統一までの一時的構成体とは見られていない、それどころか、西ドイツは「ライヒ〔国家《ドイツ》〕の継承者であり、将来において再統一されたドイツの基本的枠組みとなる存在である」と主張していた。

この報告は、「強固で安定したアデナウアーの支配」が、このように成功した国家を創造したのであり、それゆえに、反抗的だった社会民主党さえ選挙に勝つために教条的社会主義と親ソ政策を放棄するに至ったのだと指摘して、アデナウアーへの全幅の信頼を示した。さらに文書は、西ドイツの健全で強力な経済をとりあげて、交換可能通貨、輸出の成功、国内市場の豊かさを称え、これらが相俟って、人口増加の中でさえ、労働力不足を生み出していると述べていた。

ボン駐在アメリカ大使ウォルター・ダウリングも自身の移行メモの中でアデナウアー礼賛に加わっている。「彼は、自分が政治の真実を正確に把握していることは、近年の諸事件によって証明されたと確信しており、そのことから生まれた自信は揺るぎのないものになっている。彼は八十五歳にしてなお、自分の政治権力の行使を、ドイツ国民の福祉と運命に不可欠なものと見ている。彼は来たるべき選挙での自分の勝利を、国の安全と繁栄の継続のために必要であると考えている」。ダウリングのメモの締めくくりはこうだ。「アデナウアーは政治の中心にあって支配的影響力を保持し続けている。彼の政治的直観はいまなお鋭敏である」

こうした文書を読んでも、ケネディの対照的な意見がぐらつくことはなかった。彼の意見が最初に発表されたのは、一九五七年秋の『フォーリン・アフェアーズ』誌上だ。この記事はなお出回っていて、アデナウアーに近い人々によって懸念と共に読まれていた。マサチューセッツ選出の新参上院議員はこう言ったのだ。アイゼンハワー政権は、その前のトルーマン政権と同じく、「ドイツの単一の政権、単一の政党に自身をあまりに固く結び付けている。選挙結果がどうあろうと、アデナウアーの時代は終わっている」。私の思うに、野党社会民主党が西側に忠誠を誓っていることは明らかであり、アメリカはヨーロッパ全域の民主的移行に備えなければならない。「アメリカは軽率にも過去の影を追い求め、今や成熟してきた世代の政治的な指導性と思考を無視している」

アイゼンハワーの国家安全保障会議（NSC）の報告は、アデナウアーを、歴史の影としてでなく、一九五七年選挙で議席数をさらに拡大しますます影響力を増大させている人物として描いていた。フランスのドゴールが民族主義的、反米的傾向を強めているとき、NSCはアデナウアーを、ヨーロッパ統合を進めるうえでも欧米関係をより緊密化するうえでも不可欠のリンクと見なした。それればかりでなく、アデナウアーの国防相フランツ・ヨーゼフ・シュトラウスは軍備拡充を精力的に追求しており、この結果、二九万一〇〇〇の兵士、一一個師団と近代的兵器システムを有する西ドイツは、ヨーロッパの国家としてはNATO最大の軍事力を持つに至っているのだ。

しかし同時にNSCは、警鐘も鳴らしていた。――もし双方の国を動かしている人々の個人的繫がりが失われたら、緊張は顕著になり、両国関係はたちまち危うくなりかねない。西ドイツ国民は長引く東西分断にうんざりしている。ワシントンの誓約に頼っていいのかどうか、疑い始めている。そして最もあり得る米ソ紛争はドイツ領土の上でドイツ人の死骸を踏み付けて行なわれるのではないかと絶望的気分になっている……。

ケネディの当選は、アメリカに捨てられるのではというアデナウアーの不安を募らせていた。この不安は、一九五九年五月に、彼の友人でありアメリカでの最も断固たる支援者であり、アイゼンハワー政権の国務長官であったジョン・フォスター・ダレスが死去して以来、彼を日増しに激しくさいなみ続けていた。アデナウアーは眠られぬ夜をただ、大量の睡眠剤を飲むことで鎮めた。アデナウアーは、「ニュー・フロンティアズマン」とか「ハーヴァード・プリマ・ドンナ」とか「一度も政治の前線で戦ったことのない」理論家とか呼ばれている、才能あふれるケネディの若い顧問たちをまったく問題にしていなかった。

アデナウアーはケネディが自分に疑念をいだいていることに痛いほど気づいていた。すでに一九五一年、下院議員だったケネディはドイツへの最初の政治的旅行をしたあと、「ドイツの政治家の中で最も強力なのは」社会民主党指導者クルト・シューマッハーであり、アデナウアー首相ではないと結論していた。シューマッハーはその二年前西ドイツの最初の選挙に接戦で敗れていたが、もし勝っていたら、彼なら中立のための統一というスターリンの話に乗り、その結果、より緊密な西欧統合も西ドイツのNATO加盟も実現しなかったかもしれない。アチソンはシューマッハーを、ドイツと西側との結びつきを弱めることに専念した「苛烈で粗暴な男」と考えていた。一九五二年に彼が死んだ後も、社会民主党は西ドイツのNATO加盟（一九五五年）に反対し続けた。

ケネディがドイツについて判断を誤ったのはこれが最初ではない。一九三七年ヒトラー支配の五年目に学生としてヨーロッパを旅行したとき彼は日記にしるしている。「早く就寝。……一般的印象は、近い将来戦争は絶対ないということ、そしてフランスはドイツに対して十分すぎるほど準備していることだ。ドイツとイタリアの同盟の永続性も疑問だ」

アデナウアーが一九五七年選挙で用いて成功したスローガンと、彼がベルリンとソ連に関してアイゼンハワーに与えた助言は同じで、——「実験無用」だった。しかしケネディの主張はすべて実験を必要とするものだった。ケネディは、ソ連社会の潜在的変化はより実りある交渉のチャンスを提供していると信じた。「われわれは冷戦に雪解けをもたらすためにリスクを冒すのを厭うべきでない」という彼の発言は、ロシアに対する新しいアプローチを示唆していた。新しいアプローチによって「長い冷戦の……凍った好戦的な一触即発的局面」を終わらせ得るかもしれないではないか、というわけだ。

なんとナイーブな発想か、とアデナウアーは思った。アデナウアーのこのような態度は一九五五年九月の彼の歴史的なモスクワ訪問以後、強まったものである。その訪問はソ連と国交を開き、ドイツ人捕虜を解放させるのが目的だった。ドイツ人でソ連に拘束中の者、もしくは連行されその後投獄されている者は総勢七五万にのぼる。アデナウアーは、このうち、捕虜一九万と民間人拘留者一三万は帰国させられるだろうとの希望を持っていた。

アデナウアーはこの時、これまでに体験したことのないたぐいの罵言、暴言を浴びたのだった。ソ連の収容所に残っているドイツ人「戦犯」は九六二八人だけだと知らされて、アデナウアーがあとの人々はどうなったのかと尋ねると、「どこにいるかですって?」と、フルシチョフはわめいた。「土の中ですよ! 冷たいソヴィエトの大地の中ですよ!」

アデナウアーは愕然とした。「疑いもなく、悪賢くて抜け目なくて鋭敏で、非常に経験豊かで、しかも粗野で無慈悲なこの男……彼は半ば荒々しくこぶしでテーブルを叩いた。それで私もこぶしを見せてやった。彼が理解する言語はこれだけなのだ」

フルシチョフが勝負に勝った。ごく少数の生き残りの捕虜と引き換えに、事実上の東ドイツ承認をかちとったのだ。初めてアデナウアーは、モスクワに二つのドイツからの二人の大使が駐在するという事態を受け入れたのである。この訪ソによる肉体的緊張のせいで、アデナウアーは両側肺炎をわずらうことになる。『ツァイト』紙の特派員マリオン・デーンホフは「一万人の自由が一七〇〇万人〔東ドイツ人口〕の隷従を対価として買われた」と書き、モスクワ駐在アメリカ大使チャールズ・ボーレンは「捕虜たちがドイツ分割の合法化と取引された」と書いた。

この屈辱的出会いを忘れられずにいるアデナウアーは、ケネディだとフルシチョフからもっとひどい目に遭うに違いない（しかも賭け金ははるかに高いのだ）と憂慮した。だから、自分がケネディよりもニクソンを買っていることをほとんど隠そうとしなかった。ニクソンが敗北したとき、アデナウアーは慰めの手紙を送ってさえいる。「あなたのいまのお気持はよく想像できます」。つまり、アデナウアーはニクソンの悲痛を共に味わっているのだった。

とはいえ、きょうは八十五歳の誕生日。このような心配事はしばらく脇におき、崇拝者たちの浴びせかける称賛に身をゆだねるほかはない。

この日はアデナウアーが決めておいた通りに始まった。ボンの聖エリザベート病院での息子パウルによるミサ朗読、続いて医師や看護師との朝食会。それからレーンドルフでのカトリックの礼拝。レーンドルフはライン川対岸の美しい村だ。よく手入れされたフラワーボックスを置いた小さな家々が並んでいる。一九三五年彼がナチ勢力を逃れて隠遁した場所である。ボンを西ドイツの臨時首都として選んだのは、公式の説明によれば、大都市だと永続的な首都になる可能性があるのでそれを避けるため、とされている。しかしドイツ人たちは、この選択はアデナウアーのライフスタイルに合っているからでもあることを知っていた。

ボンではすべてがアデナウアーの好みどおりだった。――何もかも落ち着いていて、収まるべきところに収まっていた。ベルリンの危機は確かに現実だが、なにしろ四〇〇マイルほど離れているし、アデナウアーはめったにベルリンを訪れない。この都市のプロイセン的魅力はこのラインラント人にはおよそ無縁だった。彼は、ドイツは古代のガリアと同様、それぞれの特産物であるアルコール飲料によって代表される三つの部分から成る国だと考えていた。彼はプロイセンをシュナップス愛飲者のドイツと呼び、バイエルンをビール党の土地、自分のラインラントをワイン愛好者の土地と呼んだ。この三者のうち、ワイン愛好者のみが他の者たちを支配するに十分なだけ素面だと、アデナウアーは信じている。

首相執務室の窓から、落葉した冬木立の先に、ライン川の朝のきらめきが望める。室内の装飾はシンプルだ。古いグランドファーザー時計、ギリシャの寺院を描いたウィンストン・チャーチルの絵（この日曜画家からの贈り物だ）、十四世紀に彫刻された聖母像（彼の七十五歳の誕生日に内閣から贈られたものだ）。デスクの後ろの磨きあげられたサイドボードのきらめく表面に繊細なクリスタル花瓶が置かれ、アデナウアーが自分で育て切りとったバラが活けてある。政治家にならなかったら園芸家になっていただろうと、彼は友人たちに語っている。

誕生祝賀会は彼の愛する秩序の感覚に従って整然と進められていたが、ただし小さな孫たちはその埒外にあった。彼らが閣議ホールをきゃっきゃと駆け回るなかで、大統領ハインリッヒ・リュプケが首相の業績はもはや何人も覆し得ないものだと称揚し、経済相ルートヴィッヒ・エアハルトは首相のおかげでドイツ国民は自由な諸国民の共同体にふたたび加わることができたと賛嘆した。

二日間の祝賀会で、アデナウアーは総計三〇〇の賓客を迎え一五〇の贈り物を受けた。しかし、いかなる訪問もベルリン市長ヴィリー・ブラントのそれほどは注目を浴びなかった。ブラントは四十七歳、アデナウアーの敵対者にして正反対の人物である。本名はヘルベルト・フラーム。リューベックの女店員の非嫡出子。少年期からの社会主義者でゲシュタポを逃れてノルウェーに行きそこで身の安全のため改名。ドイツ軍がノルウェーに侵入するとスウェーデンに移り終戦までそこに留まった。

ブラントがアデナウアーに敬意を表していることは、西ドイツの政治がかくも変化したかを明確に示している。社会民主党（SPD）は、中立・親ソという綱領を掲げているかぎり決して選挙で勝利することはないとようやく悟っていた。それで一九五九年、バート・ゴーデスベルクの党大会で新綱領を採択し、さらに、ブラントをリーダーに選んだ一九六〇年十一月に、政治綱領を修正し西ドイツのNATO加盟を認めたのだ。

SPDの右旋回はアデナウアーの誕生日への対応ぶりに如実に現われていた。一年前の誕生日に社会民主党の新聞は、権力を濫用している、国家の最高の職務を遂行するに当たり専制的にシニカルにふるまっている、とアデナウアーを非難する記事を載せていた。中級幹部がわずかばかりのカーネーションを置いていっただけだった。今年は、ブラント自身が訪れて祝意を述べ、SPDの議会指導者カルロ・シュミットが八五本の赤いティーローズを持ってきた。

それでも、アデナウアーはブラントや社会主義者たちの回心を信用しなかった。彼はブラントを、その魅力と優れた政治的能力のゆえに、また、より選挙民に受けの良い社会民主党穏健派を代表しているがゆえに、特別に警戒すべき敵対者だと考えた。それで、彼独自の政治的術策の一つを適用した。最も危険な敵を最も軽蔑すべき人間として描き出し、その出生についてあげつらいその愛国主義の真正さに疑問を投げかけたのだ。アデナウアーは党の幹部会で「いまやブラントの素姓について何を言っていいか、考慮すべき時だ」と発言し、さらに別の党集会で、「ドイツの首相になろうとする者は品格とクリーンな過去を持たねばならない。国民は彼を信用しなければならないのだから」と述べた。

ブラントが、直接アデナウアーに、そのような非友好的な攻撃が本当に必要だったのかと尋ねたとき、首相はいかにも無邪気そうに、「気に入らないことがあれば、言うのが当然だよ」と答えた。そしてその後もブラントへの策謀を続けた。アデナウアーがその年齢でもう一期求めることに疑問を持つ者もいたが、社会主義者たちを敗北させずにはおかぬという執念ほど彼に若々しいエネルギーを注入するものはなかったのだ。

アデナウアーは新年のラジオ・インタビューで、一九六一年における成功のハードルを低くセットした。今年の抱負について問われて、彼は答えた。「一九六一年は一二カ月ある。これについては誰も異論はない。この一二カ月に何が起きるかは、世界中の誰にもわからない。……ありがたいことに、一九六〇年はわれわれの頭上にいかなるカタストロフももたらさなかった。そしてわれわれは一九六一年にこれまで同様懸命に熱心に働くつもりだ。一九六一年もまたわれわれにとってカタストロフのない年であることを望みたい」

それが「ご老体」の最大の夢だった。災厄のない一年、ソ連圏を彼の力の政策と西側の統合とでもって崩壊に導くための時間を提供してくれる一年……。彼は一九六一年にフルシチョフがケネディを試しにかかると見ていた。ドイツの未来はその結果に大きく左右されるに違いない。誕生祝いの合間に行なった閣議の席で彼は言った。「全員、大胆に行こう。誰も一人ではそれは出来ない。みんなで努力して頑張っていこう」

首相秘書アンネリーゼ・ポッピンガは長い祝賀会が終わったとき、アデナウアーに、素晴らしいご気分でしょう、皆さまからこんなに称賛されて、と言った。

アデナウアーは手を振って彼女に答えた。「きみ、ほんとにそう思うのかい？　いい気分だと？私くらいの歳になると孤独なものなのだよ。昔の知り合い、愛した人たち、二人の妻たち、友人たち、みな死んでいる。誰も残っちゃいない。きょうは悲しい日だよ」

寄せられた祝賀の手紙を秘書と一緒に見ていきながら、彼はこの年自分を待ち受けている緊張の数々について話した。近日中に、パリ、ロンドン、ワシントンに行かなければならない。ブラントを抑えつけておかなければならない。ベルリンの自由を守らなければならない。「老人ってやつは重荷だ」と、彼は言った。「私の年齢についてあれこれ言う者たち、私を片づけたがっている者たちの気持ちはよくわかる。きょうのお祝い騒ぎに騙されちゃならないんだ。多くの者は私がどんな状態か知りはしない。私がきわめて健康であることを知ってはいない。もう八十五だからよろよろしていて頭もおかしくなっているに違いないと思っているんだ」

彼はそれから手紙の束を脇に置いて立ち上がり、ふーっと溜息をつくと、完璧なイタリア語で秘書に言った。「La fortuna sta sempre all'altra riva」――幸運は常に川の向こう岸にある。

しかしアデナウアーは、最も暗鬱な思いに沈んでいるときでも知っていた。活気に満ちたドイツ連邦共和国は経済の抑えがたいダイナミズムを通して、国民の自由な活動を通して、共産主義に対する闘争に勝利しつつあるということを。アデナウアーがケネディ大統領の経験不足やブラント市長の社会主義からどんな危険を予想したとしても、そのいずれもが、ウルブリヒトの東ドイツが直面している存立上の脅威――すなわち難民の脱出――とは到底比較にならないものだった。

コラム

フリードリッヒ・ブラント、逃亡に失敗

東ドイツ人民警察が自宅に押し入ったとき、フリードリッヒ・ブラントは納屋の乾草置場に隠れていた。自分の罪状は分かっていた。四世代にわたってブラント家の財産であり生活の基盤であった農地が、国家の命令で集団化されることに抵抗している。それが彼の犯した罪なのだ。

ブラントの妻が嗚咽し十三歳の息子フリーデルが押し黙って立ちつくすなか、警官たちは部屋をかきまわし、引出しの中身をぶちまけ、マットレスを裏返し、飾られていた絵を切り裂き、本棚をひっくり返し、犯罪を証明する物品を懸命に捜索しているかのようだった。しかし、彼らはすでに立派な証拠物件を握っている。農夫ブラントが数週間前、東ドイツ大統領ヴィルヘルム・ピークに宛てて書いた手紙である。

ブラントはピークのことを、もとを正せば腕の立つ大工だったのだし、きっと勤勉で誠実な人だろうと思っていた。だから、もし誰かが集団化の行き過ぎとそれが農業生産をどんなに阻害しているか、本当の話を聞かせてやれば、ピークは自国の農夫とその財産を守ってくれるはずだ、と信じていたのだ。

親愛なるヴィルヘルム・ピーク大統領殿

市議会の代表たちは私の耕作権を無効にしました。私の穀物や収穫は最高水準にあるというのに、また農場管理人グレーザーの監督している集団農場ではジャガイモが収穫されないまま腐っているというのに。

私は、なぜ警察が私のすべての農機具と収穫物を没収したのか、知りたいのです。彼らは私の美しい若い馬たちも連れ去って殺してしまいました。これは窃盗という犯罪行為だと思います。あなたのお力添えで、出来るだけ早くこれらの事件を調査していただきたいのです。そしてもしそれがもはや可能でないのなら、そのときは私は出国許可を求めます。ドイツ民主共和国を去り、残りの年月を静かに暮し、不公正なこの国で受けた心の傷を癒したいと思います。

自由と団結を願って！

フリードリッヒ・ブラント

ブラントは、一九五六―一九六〇年のウルブリヒトの第二次五カ年計画のもとでの急速な農業集団化、産業国有化政策の犠牲となった数万の東ドイツ人の一人だった。ウルブリヒトはこのスターリン主義的計画を猛烈な勢いで推し進めていた。彼を追放しようとする改革派による二度の努力が敗北したあとのことでもあり、また、一九五三年と一九五六年の蜂起が、あまりにリベラルな東ドイツ指導部は国家崩壊を招きかねないことをソ連指導部に示したあとでもあったのだ。

この計画の最初の二年間に、六〇〇〇の農業生産協同組合――これは急速に、**Landwirtschaftliche Produktionsgenossenschaft** という長たらしいドイツ語を縮めた、LPGという略語で知られるようになった――という相当程度の結果が生まれていた。しかし、ウルブリヒトにとってそれは不十分だった。すべての耕作可能地の七〇パーセントはまだ七五万の個人所有の農場に属していた。それで、一九五八年と一九五九年、党は全国の村々に指導チームを派遣し、地元民を脅したりすかしたりして「自発的」集団化を強行した。一九五九年の末までに、国は、個人農業に留まる農夫たちに達成不能の割当量を押し付けた。さらに国家保安省は集団化に抵抗する農夫たちを投獄し始めた。

ブラントはこのような少数の拒否者の一人だったのだ。この時点では、国有部門の一万九〇〇〇のLPGと数十の他の国営農場が耕作可能地の九〇パーセントを占め、農産物の九〇パーセントを生産していた。それは、全工業生産に占める個人企業のシェアをわずか九パーセントに減らしたことと並んで、ウルブリヒトにとっては目覚ましい業績だった。しかし、その代価も大きかった。この国の最も熟練した企業幹部や農夫が何万人も脱出し、国家企業を運営しているのは効果的管理に熟達した人々ではなくて、党への忠誠心の発揮に熟達した人々だったのだ。

ブラントの妻子をさんざん脅えさせたあと、人民警察は引き揚げた。姿を消した容疑者を見つけようともしなかった。すでにブラント夫妻は、身分証明書を取り上げられていて、旅行も西側への逃亡もほぼ不可能な状態だった。二人は、頻繁にまた何の脈絡もなく証明書の提示を求められるこの国に、まるで素裸でいるようなものだった。当局はいずれまたやって来てヘル・ブラントを逮捕するだろう。罪名は、集団化への抵抗ともう一つ、レプブリークフルフトすなわち共和国逃亡を企てた罪だ。これには三年間の懲役が科せられる。

それで、ブラントはその夜、国を去る決意をした。終戦時から一九六一年までにソ連占領地区ないし東ドイツを離れた四〇〇万人に加わるのだ。公共交通機関だと警察の目がきびしい。彼は自転車で行くことにした。夜、四時間かけて東ベルリン、テルトウ運河のほとりにある、妻の妹の家に着いた。この運河にかかる橋を境界線が横切っている。妻の妹はしばらくここに隠れていたら、と言ったが、短い会話のあと、ブラントはすぐ西に行くことにした。境界線の哨所に手配写真のたぐいが届かないうちに、あるいは警察が翌朝、親戚の家々を捜索し始めないうちに、脱出した方がいい。運が良ければ、身分証明書の提示を求められることなく、毎日、仕事や買い物のため、また知己友人を訪ねるために、開かれた境界線を無事越えている数万の人たちと同様に、西側に入ることが出来るかもしれない……。

翌朝、妹から夫の決意を聞かされたブラントの妻も、息子と一緒に逃げることにした。農場は失くなった、夫はどうやら無事、西側に入ったらしい。となれば、逃亡は容易な決断だった。彼女と瓜二つの妹が自分の身分証明書を使えばいいと言ってくれた。ばれた場合は、盗んだと言えば、妹にお咎めはないだろう。ともあれ、フリードリッヒのいない人生など彼女には無意味だった。

夫が渡ったはずの運河の橋の上で東ドイツ警察に停止させられたとき、彼女は地面にくずおれそうになった。ばれたに違いないと思った。しかしその夜、幸運は彼女の側にあった。東ドイツの生活を支配している例の脈絡のなさがここでも現出し、国境警察隊員はフラウ・ブラントの身分証明書をちらりと見ただけで彼女を通した。

彼女が息子と一緒に西ベルリン、マリーエンフェルデの難民収容所に着いたとき、登録担当者は、あなたのご主人の名前や顔つきに一致する人はまだ到着していませんよと言った。三日間気をもみながら待っていたところ、同じ村の知人が難民としてやってきた。彼が耳にした話によると、フリードリッヒ・ブラントは境界線を越える前に捕えられ投獄されたのだという。ウルブリヒトがしばしば好んで適用する、「秩序紊乱《びんらん》および反社会的行動」をはたらいた廉《かど》によるものだ。当局はちょっと皮肉をきかせたつもりか、ブラントの直訴状の中の、東ドイツを「不公正なこの国」とした中傷的主張をも指摘して、彼の投獄をさらに正当化していた。

同じ村の男はブラントの妻に、西側に留まるほうがいいよと助言したが、彼女は耳を貸さなかった。「西側で息子と二人きりで私はどうするんだね？　私はフリードリッヒを、励ましてくれる人もなしに向こうの牢屋に置いておくことなんて出来ないよ」

彼女は翌日息子と一緒に東側に戻った。フリードリッヒが牢屋にいる間、息子と二人だけの暮らしを支えるぐらいの仕事は、まだ集団農場で見つかるだろう。母と子の束の間の自由は静かな絶望の数年間に変わった。二人は東ドイツのくすんだ社会の中に消え入って、ひっそりとフリードリッヒの釈放を待ったのだった。

フリードリッヒ・ブラントの逮捕はウルブリヒトにとって小さな勝利だった。しかしウルブリヒトは、難民をめぐるもっと大きな戦いに勝利しなければならないことを知っていた。そのためには、フルシチョフからのもっともっと決定的な援助が必要なのだった……。

第6章

ウルブリヒトとアデナウアー――尻尾が熊を揺らす

「われわれは何の資源もなしに創建され、いまなお何の資源も持っていない国家なのです。そして二つの世界システムの競り合いのど真ん中に、開かれた国境に囲まれて存在している国なのです。……東ドイツのあらゆる市民の目に見えている西ドイツの好景気、これが、この一〇年間にほぼ二〇〇万の人々がわれわれの共和国を去った第一の理由です」

ヴァルター・ウルブリヒト。一九六一年一月十八日、フルシチョフ首相への手紙の中で

「現在、われわれはケネディとこれらの問題についての詳細な討論を開始しようとしています。われわれが調べたところによれば、ケネディがドイツ問題に関するみずからの立場をより明確化するまで、そしてアメリカ政府が相互に受け入れ得る解決を達成することを欲しているかどうかが明らかになるまで、若干の時間が必要です」

一九六一年一月三十日、ウルブリヒトへのフルシチョフの返答

東ベルリン
一九六一年一月十八日、水曜日

ヴァルター・ウルブリヒトはこれ以上重要な手紙を書いたことがなかった。極秘扱いとしてはいた

が、フルシチョフ宛てのこの手紙が、ソ連最高指導部の中で回覧されることはわかっていた。ウルブリヒトとしても、自分がソ連指導者にかけようとしている新しい圧力を支持してくれそうな共産圏の仲間に、手紙のコピーを送ろうと思っている。

一五ページのウルブリヒト書簡の一語一語が、読む者に最大限のインパクトを与えるべく入念に選ばれていた。この前モスクワで会ってからまだ二カ月だというのに、ウルブリヒトはフルシチョフがベルリンについて行動してくれるという信念をふたたび失っていた。辛抱するのだというフルシチョフの言葉など聞いてはいられない。東ドイツの問題は急速に悪化しつつあり、フルシチョフがケネディと出会って両者の関係を試すまで先延ばしすることなど出来るものではないのだ。

「一九五八年十一月のフルシチョフ同志の西ベルリン問題に関する言明以来、二年が過ぎました」と、ウルブリヒトは述べている。フルシチョフへのいささかの譲歩として、この間、ソ連指導者が多くの国々に、「西ベルリンの異常な状況は除去されねばならない」ことを納得させるために努力してくれたことも認めている。しかし文面のほとんどを費やして主張しているのは、なぜ、今こそベルリンについて行動すべき時なのか、そして、どのように行動すべきであるのか、ということだ。反ソのNATOの連中でさえ西ベルリンの地位を変更するための交渉は「避けがたい」ことを知っている、とウルブリヒトは言う。

しかも、新しい年の諸条件はわれわれ共産側の行動に有利である。アデナウアーは九月の選挙の前に大規模な紛争は避けたいだろうし、ケネディもどんな手を打ってでも就任一年のうちに東側との全面対決は避けようとするだろうからだ。

ウルブリヒトはそれから、臆面もなく、「GDR〔ドイツ民主共和国〕要求」なるものを突きつけた。被支配者でなく支配者であるかのように、今年彼がフルシチョフに期待するものを事細かに列挙した。終戦以来の連合国の西ベルリン占領権を終わらせてほしい、西側軍隊の削減、そしてその後の撤退を実現してほしい、破壊的影響をもたらしている西側のラジオ局とスパイ機関を撤去してほしい。

要求のカタログは、大小さまざまな問題を取り上げていて、長かった。ウルブリヒトは、郵便サービスから航空管制まで、いまだ四カ国が管理している、ベルリンの全国家機能の東ドイツへの移譲を求めた。とりわけ、西ドイツから西ベルリンへの全航空アクセスの管理権を強く要求した。これが手に入ると、西ドイツの新しいホームと高収入を求める数万の難民の輸送手段である、日々の予定便、チャーター便を止めることが可能となる。

もし西ベルリンへの全アクセスを管理できれば、西ベルリンを締めつけることもできる、そしていずれは、自由な西側の都市としてのその生命力を衰滅させることもできるだろう……。自分が、失敗に終わったスターリンの一九四八年のベルリン封鎖に似たものを提案していることを、ウルブリヒトは知っていた。しかし彼は、フルシチョフ自身の発言を自説の根拠としていた。すなわち、――ソ連は西側との軍事力のギャップを克服したし、新大統領ケネディは一九四八年のトルーマン大統領に比べると断固たる敵対者ではない。だから、今度はうまくいく可能性が高い。

ウルブリヒトは、三つの案件についてフルシチョフが即座に決定を下しそれらを公表するよう求めた。

尻尾は激しく熊を揺すろうとしていた。

第一。ソ連が東ドイツへの経済援助を格段に増加するとの声明を発してもらいたい。これは西側に、東ドイツに対する「経済的恐喝」は成功しないことを知らしめるためである。第二。東ドイツ・ソ連首脳会談を四月に行なう旨、言明してもらいたい。これは西側との交渉においてウルブリヒトと東ドイツの立場を強化するためである。そして最後に、ワルシャワ条約機構の首脳会議を開催してもらいたい。これは、東ドイツを軍事的に経済的に支持するようこれら同盟諸国に働きかけるためである。これらの国はこれまで非協力的な傍観者だった。「彼らはドイツ・ベルリン問題について新聞で報道はするが、基本的に自分たちには関係ないことだと思っているのです」とウルブリヒトは書いている。

ウルブリヒトはフルシチョフに、そもそもわが国をこのような最悪の状況に置いたのはソ連なのだ、と言った。そんな条件のもとで、いまわれわれはソ連の世界的立場を擁護させられている。ウルブリヒトはフルシチョフに講義した。「われわれは何の資源もなしに創建され、いまなお何の資源も持っていない国家なのです。そして二つの世界システムの競り合いのど真ん中に、開かれた国境に囲まれて存在している国なのです」

ウルブリヒトはフルシチョフに不平を言った。戦後最初の一〇年間、クレムリンは賠償による経済的資源の奪取（工場設備の完全な没収を含む）の結果、東ドイツに甚大な損害を与えた。――アメリカはマーシャル・プランに基づく巨大な財政的支援と信用供与を通して西ドイツを再建しているというのに。

たぶん賠償は、ソ連の戦時の被害と世界共産主義の指導者としての立場を強化する必要とを考慮すれば、当時においては正当化されただろう。しかし今は、そのような手段が、西ドイツとの競争において東ドイツにどれほど大きな損害を与えたか、ぜひ理解してほしい。終戦から一九五四年に至る期間、西ドイツの一人当たり投資は東ドイツのそれの二倍だった。「これこそが、われわれが労働生産性と生活水準において西ドイツにはるかに遅れている主要な理由なのです」とウルブリヒトは書いている。

つまり、ウルブリヒトはフルシチョフに、「あなた方がわれわれをこの惨状に引きこんだのだ。そして、もしわれわれが生き延びなかったらあなた方もきわめて多くのものを失う。だから今こそわれわれを救い出してくれ」と言っているのだ。ウルブリヒトは去る十一月にフルシチョフに求め、ほとんど受け入れてもらった経済要求をさらにエスカレートした。「東ドイツのあらゆる市民の目に見えている西ドイツの好景気、これが、この一〇年間にほぼ二〇〇万の人々がわれわれの共和国を去った第一の理由です」と彼は言い、さらに、西ドイツが「絶え間ない政治的圧力」をかけてくることのできた理由もそこにあるのだと、付け加えた。

東ドイツの労働者は、靴一足を買うのに西ドイツ労働者の三倍長く働かなければならない（もし靴が見つかったとしての話だが）。西ドイツには車が一〇〇〇人につき六七台あるが東ドイツは一〇〇〇人に八台だ。東ドイツの公式成長率八パーセントはほとんどの市民が実態とかけ離れたものと感じている。この数字はソ連への重工業輸出によって膨張させられたもので、国内の消費者を満足させることとは縁がない。一九六〇年には、西ドイツの一人当たり国民所得が東ドイツのそれの二倍だったが、その結果は、一四万から一八万五〇〇〇へ、すなわち一日平均五〇〇人という、難民の三二パーセント増だったのだ。

このような状態だから、ぜひとも未払い分の対ソ賠償を大幅に減らしてほしい、そして原料、半加工品、肉やバターなど基本的食料品の供給を増やしてほしい、とウルブリヒトは訴えた。彼はまた新しい緊急借款を求めており、すでに、東ドイツを助けるために金を売ってくれるようフルシチョフに要請もしていた。「もしこの信用を与えられなければ、われわれは国民の生活水準を一九六〇年のレベルに維持できません。供給と生産においてきわめて深刻な状況に陥り、深刻な危機の発生に直面することになります」

ウルブリヒトのフルシチョフへのメッセージは明瞭だった。「もし今ただちに助けてくれなければ、またまた蜂起に見舞われますよ」。フルシチョフはブダペストの動乱に続いた一九五七年の党内クーデター計画をかろうじて乗り切った経験を持つ。だからこの警告は無視できないはずだと、ウルブリヒトは踏んでいた。

ウルブリヒトはフルシチョフが行動しなかった場合に起こり得る不吉な結果をほのめかしつつ、最大限の要求を突きつけているのだった。彼の手紙はソ連指導者を怒らせるかもしれなかった。しかし、ウルブリヒトは意に介しなかった。フルシチョフが行動しなければ、東ドイツは終わりになるかもしれない。――そしてそれはウルブリヒトの終わりでもあるのだ。


同じ日ウルブリヒトは、フルシチョフの仇敵、北京を通して、間接的なしかし間違えようのないメッセージを送った。

ウルブリヒトはハイ・レベルの使節団を中国の首都に派遣するに当たって、フルシチョフの許可を求めなかったし、事前の通知もしなかった。使節団長は政治局員ヘルマン・マーテルンだ。ウルブリヒトがフルシチョフと毛沢東との激烈な論争について当然知っていることを考えれば、これはタイミングの点ばかりか、そもそもこれを実行したという点で、非友好的な行為だった。

ソ連指導部がこの使節団に気づいたのは、たまたま、東ドイツから中国への飛行ルートが、モスクワ経由のものしかなかったという事情だけによる。社会主義政党関係の責任者だった政治局員ユーリー・アンドロポフが、空港での乗り継ぎ時間の間に、旅の目的について説明してほしいと使節団に要請。マーテルンは、われわれの目的は純粋に経済的なものだと述べた。東ドイツからあれこれ求められ、それを満足させるためのコストにクレムリンが渋い顔をしているこの時期、フルシチョフがこれに反対できないことをウルブリヒトは読んでいた。

しかし、この旅のタイミングといい内実といい、すべてのことが政治的だった。使節団は中国で副首相、陳毅に会見した。陳毅は毛沢東の盟友であり、日中戦争中の伝説的共産軍司令官であり、人民解放軍の元帥だ。彼はマーテルンに、われわれは、中国にとっての台湾問題とウルブリヒトの東ドイツ問題は「きわめて多く共通のもの」を持っていると見ている、と述べた。双方とも共産主義国の構成部分の中で「帝国主義による占領」が続いている地域に関わっている、というのだ。

フルシチョフに挑戦状を叩きつけるかのように、東ドイツと中国は、自国の領土を回復するための努力において互いに協力し合うことに同意した。中国の見方によれば、世界的イデオロギー闘争において台湾は東の最前線でありベルリンは西の最前線だ。――そしてフルシチョフは世界共産主義の指導者でありながら、そのどちらにおいても、ひるみ、ためらい、よろめいている……。それだけでなく陳毅は、ベルリンの状況は世界の共産主義者の闘争の他のすべての戦線に影響を与えるがゆえに、ベルリンからアメリカを追い出す闘争を中国は援助すると約束した。

陳はドイツ人たちに、一九五八年中国が台湾（国民政府）支配下の金門島、馬祖島を砲撃した話をした。アイゼンハワー政権下の統合参謀本部が核兵器による反撃を検討するほどの危機であった。陳によれば、これは、中国が国際的緊張を増大させたかったから起きたのではなく、むしろ、「われわれが現在の台湾の地位を受け入れているわけではないことを、アメリカと全世界に、示すためだった。われわれはまた、アメリカのきわめて強大な力の前に誰も何事もなしえない、ひたすら屈辱を甘受するしかないのだという印象を払拭しなければならなかったのだ」。

陳はベルリンに関しても今や同じ決意が必要だと言っているのだった。

東ドイツ・中国の対話の暖かさは、中ソ間に吹き込んできた冷気とは鮮やかな対照をなしていた。ウルブリヒトは十一月のモスクワでのフルシチョフとの会談から、ソ連指導者が毛沢東に関してどれほど対抗意識を燃やしているか知っていた。彼はすでにそのカードを切って、モスクワからの経済支援をまんまと増大させていた。当時フルシチョフは胸を張って言ったのだった。私は、ソ連領内に東ドイツとの合弁事業を創設するとか、毛沢東には真似の出来ない経済援助を提供するよ。――これはまだソ連が他の同盟国とはやったことのないやり方だ。「われわれは中国じゃない。われわれはドイツ人を応援することを恐れない。……東ドイツの必要はわれわれの必要だからね」

モスクワでの十一月の共産諸党会議において取り結んだ表面的な停戦にもかかわらず、三カ月後、中国はフルシチョフにとってますます大きな問題になりつつある。東ドイツ使節団が北京で経済援助を求めているころ、中国はチラナで、外国人嫌いのアルバニア指導者エンヴェル・ホッジャにソ連と絶縁するよう説いていた。二月十九日から二十一日までのアルバニア共産党第四回大会で、同国の共産主義者たちはフルシチョフの公式の肖像を引き下ろし、代わりに毛沢東、スターリン、そしてホッジャの肖像を掲げたのだ。ソ連の最高指導者が自身の支配地域においてこれほどの辱めを受けたのは未曾有のことだった。

フルシチョフに対して外交圧力を強めていくウルブリヒトの路線は、リスクを伴なっていた。格段に大きな力を持つフルシチョフが、ついに、ウルブリヒトをもっと従順で素直な東ドイツ指導者と取り替える時が来たと感じたかもしれなかった。中国への使節団派遣は許しがたい一線を越えたと判断したかもしれなかった。しかし、ウルブリヒトが正確にも読んでいたように、彼に取って代われる人間はいなかった。フルシチョフは手が出せないのだ。

モスクワ、クレムリン
一九六一年一月三十日、月曜日

フルシチョフの回答は、ウルブリヒトが手紙を書いた一二日後、偶然にもジョン・F・ケネディの一般教書演説の日に、東ドイツ指導者のデスクに届いた。ウルブリヒトの要求の露骨さを考えれば、フルシチョフの手紙は驚くほどに低姿勢だった。

ソ連指導者はウルブリヒトに伝えた。——中央委員会は「あなたの手紙を注意深く討論しました」。幹部たちは手紙に書かれた多くの部分に同意しており、フルシチョフも彼らと同意見である……。ということは、フルシチョフは、ウルブリヒトの批判の重大性と、彼の要請の緊急性を認めているということだ。しかし、それでもなお、フルシチョフはウルブリヒトにふたたび、募りくる苛立ちを抑えるよう求めていた。

「現在、われわれはケネディとこれらの問題についての詳細な討論を開始しようとしています。われわれが調べたところによれば、ケネディがドイツ問題に関するみずからの立場をより明確化するまで、そしてアメリカ政府が相互に受け入れ得る解決を達成することを欲しているかどうかが明らかになるまで、若干の時間が必要です」

フルシチョフはウルブリヒトが手紙の中で示唆した極端な方策も、「状況によっては」必要になるだろうと認めた。「もしケネディとの合意に達することに成功しなければ、われわれは同意されている通り、あなた方と共に、それらをいつ実行に移すべきか討議したいと思います」

ウルブリヒトは求めていたよりも少なく獲得した。しかし、たぶん得られるだろうと予測していたよりも多く獲得した。フルシチョフはふたたび経済援助を増加すると言い、ベルリンに関するワルシャワ条約機構の会合も開くと言った。ウルブリヒトの要求のすべてのうち、フルシチョフが同意しなかったのは、東ドイツ・ソ連首脳会談だけだった。

フルシチョフは問題についてのウルブリヒトの診断を受け入れ、その治療のためにウルブリヒトが提案した措置も拒まなかった。なんとか、ソ連共産党の最高レベルでのベルリンに関する思考に影響を与えることができたようだ。ウルブリヒトは満足だった。

フルシチョフはまだ新アメリカ大統領に働きかけるための時間をほしがっていた。しかしウルブリヒトは、ケネディとベルリンについて合意したいというフルシチョフの努力が失敗した場合、自分なりにただちに事を押し進めようと用意を整えていた。そしてウルブリヒトは、フルシチョフの努力は必ず失敗すると見ていたのだ。

だから、彼は自分のチームをあらゆる事態に対応できるよう鍛えておかなくてはならなかった。

ワシントンDC、ホワイトハウス
一九六一年二月十七日、金曜日

首相の命を受けて訪米した西ドイツ外相ハインリッヒ・フォン・ブレンターノ・ディ・トレメッツォが、ホワイトハウス、オーヴァル・オフィスに入ってきた。彼の携えたかばんにはアデナウアーの心配事が一杯詰まっている。この時期、米独関係には暗雲が立ちこめ始めているのだ。

この十数年、アメリカ人は西ドイツ人に対して暖かく接してきた。彼らがアメリカ式の自由を選び擁護していることに好感をいだいたからである。が、ここにきて、世論はふたたび西ドイツに否定的になろうとしている。理由の一つは、イスラエルで近々開かれるナチ戦犯アドルフ・アイヒマンの裁判についての報道。もう一つは、ウィリアム・L・シャイラーのベストセラー『第三帝国の興亡』をめぐる評判だ。どちらも、そう遠くないドイツの過去のおぞましい出来事をまざまざとよみがえらせるものだった。

年初、西ドイツ外務省はアデナウアーに、欧米の人々の中に「表面には出ていないものの、怨恨や不信感がいまなお息づいており、何らかの刺激があれば噴出する可能性がある」と警告していた。駐米西ドイツ大使ヴィルヘルム・グレーヴェは、ムードの変化に苛立ちを示しつつ、アトランティク・ブリュッケ（「大西洋の橋」。独米両国の緊密化のために創設された団体）の会議で、アメリカのジャーナリストたちに向かって、あなた方は「われわれを同盟者と考えるのかそれとも度しがたいトラブルメーカーの国と考えるのか、選んでいただきたい」と述べた。

ブレンターノとの会見のために用意された文書は、大統領に、〈西ドイツ外相の会見の目的は、ケネディ政権がソ連との合意と引き換えにベルリンにおける西ドイツの権利を売り渡すのではないかというアデナウアーの憂慮を伝えることにある〉と、告げていた。「ドイツ人は、自分たちの運命の最重要の部分が自分たち以外の者によって左右されていることを痛切に意識している」。国務長官ディーン・ラスクによって署名された文書はそう述べて、ケネディに次の点を助言した。ブレンターノに西ベルリン防衛に関するアメリカの誓約が不変であることを再保証すること、そして、モスクワとのベルリン交渉の可能性について大統領が考えているところのなるべく多くを彼に語ること。

しかし、これまでの経験にかんがみて、アメリカの高官たちはパートナーたる西ドイツの秘密保持能力に不信の目を向けていた。アメリカの情報機関は、西ドイツの情報組織には東側スパイが多数潜入していて、とうてい信用できないと見ていた。「とりわけドイツが慢性的に不安感にとりつかれている点からいって、率直に語ることは望ましい。しかしドイツ政府は、秘密保持の点で芳しい記録を持っていない」とラスク・メモは述べていた。

口の悪い人たちは、自分の職業とそれに伴なう特権・虚飾のたぐいを生き甲斐とする五十七歳の独身者ブレンターノのことを、意志強固なアデナウアーの、上品で洗練された使い走りに過ぎないと言っている。ブレンターノもその印象を少しも変えようとしていない。アデナウアーは断固として思うがままの外交政策を進める人間であり、独立心のある者は外務大臣の職に長くとどまれないのだ。ブレンターノとアデナウアーの相違点と言えば、ヨーロッパにおけるドイツの役割についての彼らの態度ぐらいだ。ブレンターノは、ヨーロッパをドイツの当然の運命と考える、より若い世代に属しているが、アデナウアーのほうは、ヨーロッパの統合をドイツ民族主義を抑える一手段と見なしている。

堅苦しい会見になりそうだった。ケネディがまず台本に従い、「過去数年にわたるドイツ政府の協力と友情へのアメリカ政府の感謝」の意を表明。続いて、自分はアデナウアーとの早期の会談が実現することを大いに望んでおり、その会談で「すべての相互の問題が満足のゆくよう解決されることを」希望している、と述べた。

アデナウアーの政敵ヴィリー・ブラントは、すでに巧みに動いて、アデナウアーよりも前、三月に訪米し、ケネディとの個人的会見を行なうことが決まっていた。同盟国の元首はいかなる市長よりも優先されるという通常の外交慣習には反するが、ラスクはブラントの訪問を、「どんなコストを払っても西ベルリンを支持するというわが国の決意を世界の前にあらためて」示す機会として、支持したのだった。ラスクはまた、そのあと出来るだけ早くアデナウアーとの会談を行なうことを主張している。ケネディが来たるべきドイツの選挙においてブラントの勝利を望んでいるという印象を与えてはならないからだ。——もちろん、ケネディはブラントの勝利を望んでいるのだが。

ケネディはブレンターノに、自分が就任演説と年頭教書演説の中でベルリンという地名をあげなかったことがドイツのメディアにおいてあれこれ取り沙汰されていることについて、それは「決して、ベルリン問題へのアメリカ政府の関心が減じたことを意味するものではない」、自分はただ、ベルリンが相対的に平穏な時期にソ連を挑発したくなかっただけなのだ、と言った。またケネディは、今後数カ月のうちにソ連が新たにベルリンへの圧力を強めてくると思われるが、ソ連の仕掛けてきそうな「隠微な圧力」への最も有効な対抗手段についていろいろ提案してほしい、とブレンターノに要請した。

ブレンターノは言った。ケネディの二つの演説にベルリンという地名がなかったことは、われわれとしてそれほど気にしているわけではなく、アデナウアー首相から手渡された、討議すべきポイントの中にも入っていない。ベルリン問題を提起する理由がまだないことは言われる通りだと思う。しかし、「われわれは遅かれ早かれ、それを処理しなければならないでしょう」。ブレンターノはここで顔をしかめて、「ソ連圏の指導者たちは彼らの赤色ゾーンの真ん中に自由ベルリンがシンボル的に存在することが我慢できないのです」。東ドイツの指導者たちは「ソ連を刺激してベルリンについて何らかの行動に出るよう、ありとあらゆる手を尽くすことでしょう」。

ブレンターノは好ましい側面として、東ドイツ国民の九〇パーセントが自国の体制に反対していることを挙げた。東ドイツは、東欧圏の中でもチェコスロヴァキアに次ぐ強権的共産主義国だと彼は言った。ブレンターノの言わんとするところは、二つのドイツのどちらに住む国民も、西ドイツの体制の方がはるかによいと思っており、それゆえ、いずれは統一を支持するだろうということだった。

ケネディはさらに深く探りを入れた。ソ連が一方的に東ドイツと単独講和を結び、そのあと、西側をなだめるため短期間だけ現状維持を継続し、しかるのちに西ベルリンの自由を奪うことも考えられるのではないか……。

ブレンターノはそのようなやり方もあるかもしれないと答え、ケネディは、ではそのような場合、NATO同盟国はどうすべきかと尋ねた。

ブレンターノはケネディにアデナウアー首相の「力の政策」について説明し、さらに言った。ソ連は、「西側同盟国がいかなる強硬手段も許さないということを知っているかぎり、ベルリンに関してそのような手段を取ることをためらうでしょう」。あなた（ケネディ）が確固としているかぎり、ソ連は「脅かし続けるかもしれませんが、ここ当分の間は、いかなる具体的な手段にも出ないでしょう」。とはいえ、コンゴ、ラオス、ラテンアメリカにおける最近のアメリカの後退が、ソ連がベルリンに関してあなたの決意のほどを試す機会を増大させていることは確かです、とブレンターノは言った。

ブレンターノの主張を証明するかのように、まさにこの同じ時、フルシチョフはボンで、アデナウアーへの圧力をエスカレートさせていた。

ボン、首相官邸
一九六一年二月十七日、金曜日

アデナウアーに会いたいとのアンドレイ・スミルノフ大使からの緊急の要請が良いニュースであることは、まずなかった。

フルシチョフが脅しをかけてくるとき、その伝達役となるのは、決まってボンにおけるフルシチョフの使節、スミルノフだ。だから西ドイツ首相は、ただちに会いたいというスミルノフの要請に接したとき、すでに不安を感じていた。このタイミングは何なのか。外相ブレンターノのホワイトハウス訪問とまさに同時だとは、どういうことなのか。

たいていの場合、スミルノフは魅力的で礼儀正しい外交官だった。最も厳しいメッセージであっても、穏やかな態度で目立たないかたちで伝えるのが常だった。ただ、例外的出来事が前年十月に起きている。アデナウアー政権のナンバー2、ルートヴィッヒ・エアハルトが、二四カ国（その多くは新独立国だった）から訪れた二〇〇人のアフリカ人指導者を前に、「植民地主義は克服されました。しかし植民地主義以上に邪悪なのは共産主義的全体主義型の帝国主義です」と述べたとき、スミルノフが怒りを爆発させたのだ。

スミルノフは聴衆の中から立ち上がり、「あなたは自由について語っておられる。しかしドイツはわが国で二〇〇〇万の人々を殺したのですぞ！」と叫ぶと、憤然として広間から出ていった。ロシア人がいだくドイツ人への忘れがたい怨恨がこのような公式の場で表出するのは稀なことだった。

今回、スミルノフの仕事はより馴染みのあるものだった。彼はフルシチョフからの覚書をアデナウアーに手交したのである。九項目にまとめられた二八六二語のこの覚書は、ケネディ政権成立後フルシチョフがふたたびベルリンに関して対決姿勢に転じたことの最も強力な証拠となるものだ。ソ連情報機関は、アデナウアーがケネディに不信感を持っていることを察知しそのむね報告して来ていた。それでフルシチョフは賭けに出たのだ。アデナウアーは、もっと頼りになる存在だったトルーマンやアイゼンハワーの時代よりも、ソ連の要請を受け入れる気になるかもしれない。

「西ベルリンにきわめて異常な状況が現われています。西ベルリンが、ドイツ民主共和国、ソ連、そしてその他の社会主義諸国に対する破壊的活動に悪用されているのです」。フルシチョフ文書は明確な非外交的な表現で述べている。「このような事態が続くのは許されることではありません。諸国間関係の一層の悪化と軍事紛争への道を歩み続けるのか、それとも平和条約を締結するのか、どちらかしかありません」

フルシチョフからアデナウアーへの私信のトーンで書かれたこの覚書は、ベルリンを独ソ関係において最も重要な問題だと呼んだ。さらに覚書は、第三帝国崩壊時にソ連、ポーランドのものとなった領土を回復しようとする動きを、西ドイツ国民がますます声高に強烈に支持しているとして、これを批判した。「もしドイツが現在、戦前のものと異なる国境線を持っているとしても、それはみずからを責めるほかないことです」。ドイツは近隣諸国に侵攻し「幾百千万の人々」を殺したのだから、と覚書は述べるのである。

覚書はソ連大使によってアデナウアーに渡されたが、その強硬なメッセージはまさにケネディにも向けられていた。誤解の余地のない言い方で、フルシチョフは述べていた。――西側の混乱ぶりにはほとほと愛想がつきた。最初、アメリカはベルリンに関する会談を大統領選挙後まで待ってほしいと言った。それから、ケネディが大統領職に就いてからにしてくれと言ってきた。そして、いままた、西ドイツの選挙が終わるまで待つのだと言っている。

「こんなやり方に屈していたら、永遠に待ち続けることになるでしょう」とフルシチョフは書いている。

覚書の末尾は、フルシチョフらしい誘惑と脅迫のカクテルだった。アデナウアーに、「その個人的影響力と政治家としての偉大な経験」とに物を言わせて、ヨーロッパの平和と安全を確保してほしいと訴え、その一方で、もし事態がより対決的になった場合、現在の軍事力の相互関係は、ソ連とその友好諸国に、自国防衛に必要なすべての力を与えているのですぞと恫喝している。

覚書は西ドイツの軍縮へのアピールをあざ笑った。アデナウアーが急速に自国軍事力を増強し核武装さえ志向し、NATOを第四の核パワーに変えようと努めているくせに、いったい何を言っているのだ。覚書はまた、アデナウアーの党が来たるべき選挙で反共産主義キャンペーンに重点を置くとの話をとりあげてアデナウアーを叱責し、「もしそれが本当なら、あなたは……その結果に気づくべきです」と述べている。

ケネディ政権はまだ成立後ひと月たっていない。しかしフルシチョフは、すでにベルリン問題への

白水 図書案内
No.826／2014-6月　平成26年6月1日発
白水社 101-0052 東京都千代田区神田小川町3-24／振替 00190-5-33228／tel. 03-3291-78
http://www.hakusuisha.co.jp ●表示価格は本体価格です。別途に消費税が加算されます

サムライブルーの料理人
3・11後の福島から

西 芳照　■1500円

故郷で被災し避難した後、原発事故の対応拠点Jヴィレッジに再び戻り、作業員に食事を提供し始めるも、待っていたのは過酷な現実だった。ザックジャパンを支える専属シェフの3年間の戦い。

読書礼讃

アルベルト・マングェル
野中邦子訳■3800円

半世紀以上にわたり、出版や翻訳業にたずさわりながら世界を旅してきた著者が、ボルヘスをはじめとする先人を偲びつつ、何よりも「読者」である自身の半生を交えて、書物との深い結びつきを語る。

メールマガジン『月刊白水社』配信中

登録手続きは小社ホームページ http://www.hakusuisha.co.jp の登録フォームでお願いします。

新刊情報やトピックスから、著者・編集者の言葉、さまざまな読み物まで白水社の本に興味をお持ちの方には必ず役立つ楽しい情報をお届けします。（「まぐまぐ」の配信システムを使った無料のメールマガジンです。）

アダム・スミスとその時代

ニコラス・フィリップソン［永井大輔／訳］

誘拐された幼少期から、母との閉じた日々、ヒュームの友情、執拗な隠匿癖まで、「経済学の祖」の全体像を初めて示した決定版評伝。「暗い」精神が産んだ明るい世界！（6月下旬刊）四六判■2800円

ベルリン危機1961（上・下）

——ケネディとフルシチョフの冷戦

フレデリック・ケンプ［宮下嶺夫／訳］

キューバ・ミサイル危機の前年、東西分断を象徴する「壁」の建設が始まった。ケネディ・フルシチョフ交渉の舞台裏とは？ 最新資料と取材により、米記者が「決定的な一年間」を追う。（6月中旬刊）四六判■各3200円

ローマ帝国の崩壊

——文明が終わるということ

ブライアン・ウォード=パーキンズ［南雲泰輔／訳］

ローマ帝国末期にゲルマン民族が侵入してきたとき、

新刊

評伝 吉村昭

笹沢 信

事実こそ小説であると現地主義に徹し、歴史家には埋めることのできない空白部分を独創的に物語化した人気作家の生涯を熱く検証する、『ひさし伝』『藤沢周平伝』に続く渾身の力作評伝。（6月中旬刊）四六判■3000円

エクス・リブリス

かつては岸

ポール・ユーン［藤井 光／訳］

韓国南部の架空の島ソラに暮らす人々、日本からの移民、アメリカ兵たちのささやかな人生。韓国系アメリカ人作家による珠玉の小宇宙を作り出す、静謐な筆致で奥深い連作短篇集。（6月下旬刊）四六判■2300円

エクス・リブリス

アルグン川の右岸

遅子建［竹内良雄・土屋肇枝／訳］

トナカイとともに山で生きるエヴェンキ族。民族の灯火

らはじめる中国語　パズル式作文トレーニング

《CD2 枚付》

→中国語の変換力を鍛えるための 1 冊。パズルのピースを組み合わうに、短いフレーズを組み合わせながら表現を増やします。中国語について出るまで練習あるのみ！　（6 月中旬刊）**A5判■1900円**

学とホームステイのフランス語

婦美代

でのホームステイ & 留学を想定し、さまざまな場面で役立つ文例を。音声は無料でダウンロードできます。最新情報を盛り込んだ資料集強い味方。準備万端で出発しましょう！（6 月上旬刊）**四六判■2000円**

で学ぶ韓国語文法　初級のおさらい、中級へのステップアップ

子、河村光雅

形からパンマル、連体形まで 77 の文法項目。効果的に絵を使ったコクトなまとめと練習問題。さらに、22 のコラムでお悩み解決。ポイを直感的に理解でき記憶に残ります。　（6 月上旬刊）**A5判■2300円**

シア語のしくみ《新版》

田龍之助

葉にはそれぞれ大切なしくみがあります。細かい規則もいっぱいありまが、大切なのは全体を大づかみに理解すること。最後まで読み通すことできる画期的な入門書シリーズ！　（6 月中旬刊）**B6変型■1400円**

ンドネシア語のしくみ《新版》

播正志

葉にはそれぞれ大切なしくみがあります。細かい規則もいっぱいありまが、大切なのは全体を大づかみに理解すること。最後まで読み通すことできる画期的な入門書シリーズ！　（6 月中旬刊）**B6変型■1500円**

フランス語・フランス語圏文化をお伝えする唯一の総合月刊誌

ふらんす

7月号（6／22頃刊）　**■639円**

★特集「色彩の魔術師　ラウル・デュフィ」宮澤政男 / 南日美輝 / 菅野麻美★「フランスと私」山梨絵美子★「いまどきフランス痛快放談」一丸禎子＋ Patrick REBOLLAR ★「立ち止まって考えるフランス語」西村牧夫★「ラテン語とフランス語」秋山学★「詩人は画家である」岡見さえ★書評

水のなまえ

高橋順子

水にまつわる多様な表現を、古典から現代の諸作品まで幅広く紹介しながら、季節の移ろいや日々の暮らしに生きる人々の心情を「雨の名前」等で知られる詩人が細やかな筆致で繰り広げる。　**■1900円**

「音楽の捧げもの」が生まれた晩　バッハとフリードリヒ大王

ジェイムズ・R・ゲインズ　松村哲哉訳

バッハ晩年の傑作はどういう経緯で誕生したのか、そして作品に込められたメッセージとは？　後期バロックと初期啓蒙主義という時代の衝突から生まれた名曲を、二人の人生をもとに読み解く。**■3600円**

書物復権

新装復刊

過去の克服　ヒトラー後のドイツ

石田勇治　**■3700円**

「過去の克服」にはそれを促す力と押しとどめる力があった。このふたつの力のせめぎ合いをとおして、「過去の克服」をめぐる戦後ドイツの歩みを概観していく。

道徳的人間と非道徳的社会

ラインホールド・ニーバー　大木英夫訳　**■4600円**

ヴェーバーの「心理倫理」と「責任倫理」の問題を克服し、倫理学と政治学に新生面を拓いた不朽の名著。アメリカの政治的リアリズムの精神的源泉でもある。

クレンペラーとの対話

ピーター・ヘイワース編　佐藤 章訳　**■4600円**

音楽史に偉大な足跡を残した巨匠が、政治的圧力、周囲の無理解をはねのけ、数多の苦難より再起した人生、音楽観、名演を回想する。

…ダヤ人救出工作

…フラム・ヴェッテ編〔関口宏道／訳〕

…告が支配するドイツ国防軍でなぜユダヤ人救済…行なわれたのか？　軍隊文化の両義性に着目して、救済と抵抗の複雑な綾を解きほぐし、「抵抗か協力か」の旧来図式を相対化する。

四六判■2400円

高山宏セレクション〈異貌の人文学〉

ピープスの日記と新科学

M・H・ニコルソン〔浜口稔／訳〕

サミュエル・ピープスの『日記』を通して、王立協会の科学者たち、顕微鏡や輸血実験、双底船の発明、科学ブームへの諷刺など、17世紀英国〈新科学〉時代の諸相をいきいきと描く。

四六判■4200円

死の都の風景

記憶と心象の省察

オトー・ドフ・クルカ〔壁谷さくら／訳〕

「アウシュヴィッツが私の子供時代だった」。収容所の記憶、母親の消息、奇怪な夢、神の存在など、「説明のつかない廃墟」を録音起こしと日記で綴る。ユダヤ史家による異色の省察。

四六判■2200円

新訳ベルクソン全集5

精神のエネルギー

アンリ・ベルクソン〔竹内信夫／訳〕

知性を乗り超えて前進しようとする意識——生命活動において、夢を見るとはどういうことか？　スピリチュアルな「超能力」についても明快に語る。ベルクソン哲学への入門に最適な講義録。

四六判■3000円

絵をみるヒント（増補新版）

窪島誠一郎

戦没画学生の作品群を展示する「無言館」の館主が、どのように絵を見ればよいかという「絵の前に立つ行為」とその周辺を、深く、わかりやすく、楽しく解説した、入門書を超えた入門書。

四六判■2200円

文庫クセジュ

991

ツール・ド・フランス100話

ムスタファ・ケスス、クレマン・ラコンブ〔斎藤かぐみ／訳〕

2013年100回目を迎えたツール・ド・フランス。その歴史から、選手・コースにまつわる秘話、また用語解説までを満載した概説書。愛好家も初心者も必携、観戦の楽しみが増す一冊。

新書判■1200円

好評既刊

ジョナサン・ウィルソン〔実川元子／訳〕

「アウトサイダー」と称される、サッカーGKの歴史と文化、各国事情を英国記者が徹底取材。ヤシンからカシージャスへ、超人的セーブからPK戦の心理まで、知られざる真相に迫る！

四六判■2800円

オオカミ

迫害から復権へ

ギャリー・マーヴィン〔南部成美／訳〕

人間が歴史的にオオカミに投影してきたものとは何か？　最新の研究に基づいた生態学的側面から文化史的側面までを幅広く紹介。さまざまな偏見を取り払い、オオカミへの理解が深まる好著。

四六判■2500円

白水Uブックス

エドウィン・ドルードの謎

チャールズ・ディケンズ〔小池滋／訳〕

クリスマスの朝、忽然と姿を消したエドウィン・ドルード。彼と反目していた青年に殺人の嫌疑がかかるが、背後にはある人物の暗い影が……。作者の急死により中絶した文豪最後の傑作。

新書判■1700円

ゼバスチアンからの電話〔新版〕

イリーナ・コルシュノフ〔石川素子・吉原高志／訳〕

夫やボーイフレンドの意向ばかり気にする43歳の母シャルロッテと17歳の娘ザビーネ。ある日、母が夫に相談せずに車の免許をとる決断をすることから、それぞれのあり方が変化していく。

四六判■2000円

ブルーシート

飴屋法水

【第58回岸田國士戯曲賞受賞作】

動物なのか死体なのか、それが問題で……。東日本大震災に見舞われた10人の高校生たちは、「生存確認」の声を響かせつづける！　第58回岸田國士戯曲賞受賞の表題作のほか『教室』を併録。

四六判■2000円

990

レヴィ=ストロース

カトリーヌ・クレマン〔塚本昌則／訳〕

人類学・神話学研究により独自の思想を展開した民族学者の生涯。構造主義の祖としても多大な影響を及ぼした巨星の思想を概説。『悲しき熱帯』『野生の思考』ほか、多数の名著も紹介。

新書判■1200円

態度を変化させていた。もしケネディの側に、受け入れ可能な合意を取り決める意志がないのであれば、フルシチョフとしては、自分の求めるものを獲得するために、別の方法を見つけるしかないのだった。

第2部
募りくる嵐

第7章 フルシチョフの春

「西ベルリンはソ米関係の喉にひっかかった小骨なんだ。

……もしアデナウアーが戦争をやる気になったら、西ベルリンはそれを始める絶好の場所なんだからね」

フルシチョフ首相。一九六一年三月九日、アメリカ大使ルウェリン・E・トンプソン・ジュニアに

「ソ連が今年ベルリンに関して危機を引き起こすことは十分考えられることである。

行動は、開始の時点ではすべて危険に満ち見通しの暗いものだ。

しかし、不行動はもっと悪いとさえ言える。

われわれにはもはや選択の余地はない。危機が引き起こされた場合には、
果敢で危険なコースこそ最も安全であるかもしれないのだ」

元国務長官ディーン・アチソン。一九六一年四月三日、ケネディ大統領に宛てたベルリンに関する報告書

シベリア、ノヴォシビリスク
一九六一年三月九日、日曜日

ニキータ・フルシチョフは疲れて、機嫌も悪かった。顔は青ざめ、動作も鈍く、目に生気がない。

――いつもの元気溌剌ぶりとのあまりの違いに、アメリカ大使ルウェリン・「トミー」・トンプソンと

彼の二人の同行者、アメリカの若い政治顧問ボリス・クロッソンと、ソ連外務省屈指のアメリカ通アナトーリー・ドブルイニンは、一様にショックを受けた。

トンプソンはケネディ大統領からフルシチョフへの最初の親書を預かっていた。フルシチョフが待ち焦がれていた首脳会談への勧誘が記された書簡である。ところがトンプソンは、一〇日間にわたり要請し続けた末に、ようやくソ連指導者との会見の約束を取り付けることができたのだ。しかも、フルシチョフはアカデムゴロドクにいる。トンプソンは空路一八〇〇マイルの旅をしなければならなかった。アカデムゴロドクは、西シベリア平原のノヴォシビリスク近郊にフルシチョフが建設を命じた巨大な研究学園都市である。

シベリアに世界有数の科学研究センターを創設するというのがフルシチョフの夢だった。しかし彼の夢の多くと同様、この夢もなかなかうまくはいっていない。数日前にもその理論が気に食わないからと言って彼は遺伝学者を一人解雇している。新しい研究所の建設プランに文句をつけ、標準的ソ連サイズにふさわしくないとの理由で九階建てを五階建てに変更させている。アカデムゴロドクをめぐるこのような不満は、フルシチョフの自信に暗い影を落としつつあるソ連の数多い否定的現象のほんの一部でしかない。

フルシチョフが現在行なっている農村視察旅行は肉体的・感情的に彼を痛めつけているが、このおかげで、彼は自国が経済的に何もかも不足していることに否応なしに気づかされているのだ。対外関係を見れば、異端者アルバニアはその忠誠の対象をモスクワから中国へと公然と移動し、世界共産主義におけるフルシチョフの指導性に憂うべき亀裂を生じさせている。コンゴのソ連同盟者だったパトリス・ルムンバはこの二月、反対派によって殺害されている（このことでフルシチョフは、国連事務総長ダグ・ハマーショルドを非難している）。

より基本的に言うならば、資本主義世界はソ連の宣伝家たちが予言していたよりも、はるかにしたたかであることを証明しつつあったのだ。アフリカの非植民地化は、ソ連の専門家たちが思い描いたほどには発展途上世界における西側の立場を傷つけなかった。同盟を分断しようとするモスクワの努力にもかかわらず、NATOの結束は強まっており、西ドイツの連邦軍はその軍事的能力をきわめて急速に拡大し、ヨーロッパの軍事的バランスを変更しつつある。レトリックと国防予算の双方において、ケネディ大統領はアイゼンハワー以上に反共的にふるまっている。そして東ドイツからの難民の数は毎月、記録を更新している。こうした状況が早く好転しなければ、来たる十月の党大会はフルシチョフの政治生命の終焉をもたらすものになりかねない。

このような新しい難問の連続に直面してフルシチョフはトンプソンとの会見に同意したのだが、それとてもトンプソンが『ニューヨーク・タイムズ』モスクワ特派員シーモア・トッピング――そしてモスクワ駐在の外交官たち――に、ケネディが手を差し伸べているのにフルシチョフは自分にまともに対応しないとリークしたあとのことだった。三月三日、トッピングは忠実に報じた。――トンプソンはケネディの重大なメッセージをフルシチョフになかなか渡せず失望している。このメッセージには「両国関係における深刻な障碍を取り除こう」との希望がこめられている。また、トンプソンは「東西のもろもろの相違点について実質的な交渉をめざす一連の予備的会話を開始するための」新しい指令を持っている。

その報道のあとでさえフルシチョフは、トンプソンとの会見にいかにも気の進まぬ態度で同意したのである。フルシチョフの補佐官オレグ・トロヤノフスキーは、フルシチョフの米ソ関係の新出発にかけた熱望が、ケネディ当選後の四カ月の内に「急速に蒸発してしまった」のを見ていた。トロヤノフスキーほど、米ソの気温の変化を的確に察知していた人物は少ないだろう。彼はいつもフルシチョフの傍にいたし、一九三〇年代半ば父親が最初の駐米ソ連大使であったとき、ワシントンDCのシドウェル・フレンズ・スクールで学んでいる。マルクスを引用するのと同様の流暢さでアメリカン・スラングを話すことのできる人物なのだ。

トロヤノフスキーの見るところ、フルシチョフはケネディの引き延ばし戦術にうんざりしていた。フルシチョフにしてみれば、ワシントンの反ソ偏見（と彼が考えるもの）に新しいアメリカ指導者が感化される前に会いたかったのに、その機会が失われてしまったのである。U2型機事件とパリ首脳会談の流産からまだ一年足らず、またしてもアメリカ大統領との会談に失敗することなど出来るものではない。フルシチョフにそのような政治的余裕はない。ところがいまや、失敗こそが最もありそうな首脳会談の結果のように見えた。どうやらケネディはベルリン問題ではぐずぐずし、ソ連軍部の欲しない核実験禁止協定ばかりを急きたてるつもりらしいのだ。

フルシチョフは、すでに兵力削減をめぐってソ連軍首脳連中とは冷ややかな関係になっている。軍人たちは核開発を抑制するような、また、外部からの介入的査察を許すような、いかなる方策にも抵抗する構えである。

フルシチョフはノヴォシビルスクまでの途中で多くの農場を視察してきた。それらの実態は彼の不満をいや増すばかりだった。ソ連の新しい統計年鑑は、ソ連はアメリカの国民総生産の六〇パーセントほどを達成したと書いているが、これはどう見ても誇張だった。CIAはそれを四〇パーセント足らずと推定している。また他の専門家たちはソ連経済の規模はアメリカの二五パーセントにすぎないと推定している。農業生産性はアメリカの三分の一に過ぎず、しかも縮小しつつある。

フルシチョフは視察旅行のなかで、各地のおべっか使いが述べたてるひどく楽観的な報告の陰にひそむ醜悪な真実を見た。不規則な播種、不作、しばしば作物を腐らせてしまうほどの最悪の流通システム、これらによってソ連農業は衰退しつつある。フルシチョフは行く先々で、無能な役人たちに出くわし憤激した。自分の失敗を隠すために数字をごまかす者、失敗は認めるがそれを直すことができない者。ロシア西部ツナ河畔の州都タンボフのゾロトゥヒンという名の党書記は、自分の無能さを告白し、やにわにズボンを引き下げて、フルシチョフに三度鞭打ちしてくださいと言った。

「鞭打ちでもってパンツをふっ飛ばし、きみのケツを丸見えにしてほしいのか?」フルシチョフは吠えたのだった。「こっちがそれでもって興奮するとでも思ってるのかね? ああ、なんだってこんな書記ばかり雇っていなきゃならないんだ?」

地方の共産党の集会に出席するたび、フルシチョフはその地の指導者たちに、アメリカの経済的・農業的基準に肩を並べるよう、そしてアメリカの牛乳と食肉の生産を上回るよう、要求した。これらは一九五九年にアメリカ中心部を訪れたとき以来、彼の頭を離れない目標だった。帝国主義国家と比較することが適切なのですかと、同志たちが疑問を呈したときフルシチョフは言った。アメリカは「資本主義の最高の段階」だが、ソ連はまだ共産主義という家屋の土台を作り始めたばかりだ。「生産財も消費財も土台作りに必要な煉瓦なんだ」

国家の機能不全を民衆は骨身にしみて知っている。その結果、大量のユーモアが生まれていた。フルシチョフが国中を飛び回っているとき、食料品を求める行列の中でこんな小話が語られていた。

Q　アダムとイブは何国人だったの?
A　ソ連人さ。
Q　どうして分かるの?
A　だって二人とも裸で、食べるものはリンゴしかなくて、そのくせパラダイスに住んでいると思っているからさ。

ジョークの中には新しいアメリカ大統領の出てくるものもあった。

ジョン・ケネディ大統領が神のもとに来て尋ねた。「神よ、お教えください。わが国の民が幸せになるのに何年かかるでしょうか?」

「五〇年だ」と神は答えた。

ケネディは涙を流し去っていった。

シャルル・ドゴールが神のもとに来て尋ねた。

「神よ、お教えください。わが国の民が幸せになるのに何年かかるでしょうか?」

「一〇〇年だ」と神は答えた。

ドゴールは涙を流し去っていった。

フルシチョフが神のもとに来て尋ねた。「神よ、お教えください。わが国の民が幸せになるのに何年かかるでしょうか?」

神は涙を流し去っていった。

トンプソンが到着したときフルシチョフはすでに不機嫌だったが、ケネディ書簡のロシア語訳を読んでいくうちに、不機嫌さはますます募った。書簡にはベルリンに関して一語も書いてなかったのだ。穏やかな、しかしうんざりした口調で、フルシチョフはトンプソンに話した。「ドイツ問題」を交渉したいという要求を私が絶対ひっこめないことをケネディ大統領は理解すべきだね。私は長い年月をかけてアイゼンハワー前大統領に、ベルリンに関する会談は避けがたいことを認識させたのだが、まさにそのとき、アメリカの軍国主義者がU2型機のスパイ飛行でもって「意図的に両国関係を破壊した」んだよ。

ベルリン問題に立ち入るなとの指示を受けていたので、トンプソンはただ、ケネディ大統領は「アメリカのドイツ政策を見直していて、結論を出す前にアデナウアーその他の同盟国首脳と討議することを望んでいるのです」とだけ答えた。

またしてもアメリカの引き延ばし戦術か。フルシチョフはうんざりだった。彼は自分自身がワルシャワ条約機構加盟国に対してとっている支配者的態度を思って、世界一強力な国家が何かの行動をする前に誰かと相談しなければならないなんて、いったいどういうことかねと、冷笑した。「西ベルリンはソ米関係の喉にひっかかった小骨なんだ」。今がそれを取り除く良い時なのだ。「もしアデナウアーが戦争をやる気になったら、西ベルリンはそれを始める絶好の場所なんだからね」と、フルシチョフは言った。

フルシチョフはケネディにベルリン問題の交渉に応ずる気がないと知りながら、ケネディに伝わることを狙って、トンプソンに対し、交渉に関する自分の立場を熱心に説明した。いわく、いかなる合意が結ばれるにせよ、自分はその中に、西ベルリン市民は彼らの選んだ体制を（たとえそれが資本主義であろうと）維持し得るということを明記する用意がある。しかし、アメリカ側はドイツ統一という観念を、たとえ米ソの双方がいずれそれを望むかもしれないとしても、交渉の議題から外すべきだ。もしソ連とアメリカが、ドイツとの戦争を終わらせる協定に調印し、二つのドイツをそれぞれ主権国家として承認したいのであれば、統一という言葉を放棄しなければならないのだ。

フルシチョフはまた言った。自分たちとしてはソ連帝国を西に向けて拡張することは絶対にしない。

だからアメリカ側も、すでにソ連側のものとなっている土地についてはいかなる巻き返しも慎んでほしい。旧友同士の親しさを示すよう計算された声で、フルシチョフはトンプソンに告げた。ケネディとの関係を改善し核戦争を不可能にすることが自分の「率直な要望」だ、しかし、それは一人でやることはできない仕事なのだよ。

トンプソンは、彼があらかじめ指示されていた範囲をはるかに超えた議論に引きこまれているようだった。彼はフルシチョフに警告した。ベルリンに関するアメリカの立場に急激な変化を期待してはなりません。一方的に行動したら、ただ緊張を増大するだけです。「朝鮮戦争の時のような、アメリカの軍事費の大幅な増加を引き起こすものがあるとすれば、それは、ソ連が実際にアメリカをベルリンから追い出そうとしていると、われわれが思いこんでしまうことです」と、トンプソンは言った。

フルシチョフはトンプソンの警告は無視し、「それにしても、西側はなんでそれほどベルリンに執着するのかね?」と返した。

それはアメリカがベルリン市民に厳粛な約束をしたからです、ですからベルリン市民の運命がどうなるかにアメリカの国家的威信がかかっているのです、とトンプソンは答えた。

フルシチョフは肩をすくめて、西側諸国がベルリンにやって来たのは第二次大戦でドイツが降伏したあとになってからじゃないか、と言い、ともあれ、「アメリカも一緒になって西ベルリンの地位を解決しようじゃないか。そして国連に保証してもらってもいい。平和条約に基づいて四カ国が保証する統合警察組織を作るのもいい。四カ国の象徴的軍隊を駐留させることも考えられる」。唯一の前提条件は、東ベルリンがそのような計画からは完全に除外されること、いかなる新計画の下でも、東ベルリンは東ドイツの首都として留まるということだ、とフルシチョフは言った。

ベルリンはソ連にとって政治的重要性のない土地だ、だから自分は、アメリカに同国が求めるどんな保証でも与える、アメリカの威信を守り、西ベルリンの現在の政治体制を確保するためのどんな保証だって提供するつもりだ、とフルシチョフはくり返した。西ベルリンを東ドイツ国内に浮かぶ資本主義の島として受け入れる用意がある。いずれにせよ、ソ連は一九六五年までに一人当たり生産量で西ドイツを上回るのだし、さらにその五年後にはアメリカを上回るのだから……。西ベルリンが重要でないことをさらに強調するために、フルシチョフは、ソ連の人口は毎年三五〇万ずつ増えている、西ベルリンの総人口二〇〇万など、性行動旺盛なわが国にとっては、ほんの「ひと晩の仕事」だ、と言った。

トンプソンはあえて反論した。ソ連にとって西ベルリンが重要でないにしても「ウルブリヒトは非常に強い関心を持っています」、あなたが西ベルリンの民主主義や資本主義制度を保証しても、彼は承服しないではありませんか。

うるさいブヨでも追い払うかのように手をひと振りして、フルシチョフは言った。自分とケネディ大統領の決めたことには、何が何でもウルブリヒトには従ってもらうさ。

ベルリン問題よりも安全なテーマを求めて、トンプソンは米ソの貿易自由化に話を切り替えた。この問題では、フルシチョフを軟化させられそうな提案があった。わが国はソ連の蟹肉の対米輸入制限を撤廃するつもりです、とトンプソンは言った。

この話に飛びつくと思いきや、フルシチョフは憤然として、アメリカがさきごろ最新鋭の研削盤のソ連への販売を、安全保障上の理由でキャンセルしたことに文句を言った。「アメリカの機械がなくてもソ連はロケットを打ち上げられるんだからな！」と唸り、さらに、尿素肥料工場の販売の承認が、やはり軍事利用の可能性がある、すなわち化学兵器の生産に転用されるかもしれない、との理由で遅れていることを非難した。そんな尿素合成技術はどこでも入手できる、ソ連はすでにそのようなプラントを三つオランダから買っているんだ、とフルシチョフは言った。

とはいえ、肥料問題の重大さも、フルシチョフにとって、ベルリン問題の重要性には遠く及ばない。だから彼は何度も何度も話をベルリンに引き戻そうとし、ついにはトンプソンもしぶしぶ、それに対応せざるを得なかった。彼はフルシチョフに請け合った。大統領は状況が双方の側にとって不満足であることを知っています。彼は「ドイツとベルリンの問題全体を再検討しているところ」であり、「緊張緩和に役立つ何事かをなすつもり」でいるはずです。しかし、私は大統領が同盟諸国指導者と直接相談するまで、彼の見解をあれこれお話しすることはできないのです。――大統領は、今回提案しているあなたとの首脳会談の前に、三月と四月に彼らと会って話し合うことになっています。

フルシチョフは言った。ベルリン問題において何が重要なのかをケネディは十分に理解していない。自分とケネディがベルリン市の戦後の地位を終わらせる条約に署名できたら、世界中の緊張を緩和することになる。しかし二人がベルリンをめぐる不一致を解決することができなければ、米ソ両国の軍隊は、「平和でなく休戦の」状況の中で対峙し続けることになる。フルシチョフは、兵器削減のための会談が、より困難なベルリン問題と取り組むのに必要な信頼を築きうるはずだ、というケネディの考えを一蹴した。まったく逆だ、ドイツからの米ソ軍隊の撤収のみが兵器削減のための適切な雰囲気を創りだすのだ、と彼は言った。

ケネディに会おうと何週間もさんざん努力したあとで、フルシチョフはいま、大統領の招待状を手にしてためらっていた。彼はただ、ケネディの申し出を「受け入れるかもしれない」とだけ言った。ケネディは、二カ月ほど先、五月の最初の週に、――イギリスのマクミランと西ドイツのアデナウアーのワシントン訪問のあと、そしてケネディがパリに立ち寄りドゴールに会ったあと、会いたいと言っている。会談の場所としてウィーンもしくはストックホルムを提案している。ウィーンの方がいいが、ストックホルムでも構わないとフルシチョフは言った。いずれにせよケネディを知ることは有益だと思われた。二人は一九五九年に、束の間、顔を合わせただけだった。フルシチョフが上院外交委員会を訪れたとき、当時上院議員のケネディは遅れてやってきたのだった。ともあれフルシチョフは、招待を受け入れることも断わることもしないまま、トンプソンに「会見の理由を見つけ出すことが必要だね」と言った。

それにつづいたランチの最後に、フルシチョフはお気に入りの胡椒風味ウォツカのグラスをあげケネディのために乾杯した。乾杯の挨拶は、あの熱烈な新年メッセージとは驚くほどに対照的な、なまぬるいものだった。挨拶に付き物のケネディの健康を祈る言葉はなしですました。「あんなに若いのだから彼にはそんな祈りは必要ないね」。アイゼンハワーへの訪ソ招待を取り消したのは一年前だったが、あのあと、ロシアの伝統的ホスピタリティをケネディとその家族に及ぼす機がまだ熟していないのはまことに残念だと、フルシチョフは言った。

その宵トンプソンは、雪に覆われたモスクワ・ヴヌコヴォ空港に戻った。迎えの車で凍てついた街路を疾走し大使館に入った。早速ワシントンに向けて報告を書き、打電し始めた。一八時間眠っていなかったが、アドレナリンに駆り立てられてタイプを打ち続けた。

トンプソンの経験でも、フルシチョフのベルリン問題へのこだわりがこれほどまでにひたむきだったことは一度もなかった。フルシチョフはもはや行動を先延ばししない、とトンプソンは確信した。「この件を討議してきた私の外交官仲間は全員、交渉がない場合フルシチョフは……今年ベルリン危機を引き起こすだろうと考えている」と彼は書いた。

一週間後、トンプソンは別の電報の中で上司たちに、ベルリンに関するソ連の動きに向けての緊急時対応計画の策定を急ぐよう求めた。——フルシチョフとケネディ政権との関係は非常に悪い、だからフルシチョフは、ベルリンに関して自分は得るものが多く、失うものはごくわずかだと思うかもしれない。とはいえ、フルシチョフはまだ西側との軍事的対決を挑発することは避けたいと思っている。だから東ドイツ側に、西側同盟国の軍隊がベルリンにアクセスすることにいかなる方法であれ介入するなと指示するだろう。

トンプソンは、ケネディ政権の最初の数週間の内に高まってきた米ソ間の緊張の原因を列挙した。――クレムリンは核実験禁止協定に関するアメリカの提案に関心がない。クレムリンは軍事予算の増大から見てケネディはアイゼンハワーよりも好戦的だと考えている。クレムリンはアメリカが開発途上世界において新しくゲリラ戦争の準備をしていることに不安を感じている。またクレムリンはケネディ政権が、あれこれの微妙なテクノロジーをソ連に売ることへの規制を強めていることに不快感をいだいている。クレムリンは、「ラジオ・フリー・ヨーロッパ」(この放送は共産主義体制の情報独占を防ぐうえで効果を上げている)のための一層の支援をケネディが個人的にも公的にも行なっていることに、とりわけ苛立っている。アフリカや南米で、米ソの代理抗争が継続し、たぶん増大することだろう。

フルシチョフとの会談が実現した場合、焦点となりそうな事柄について、トンプソンはケネディ大統領のために自説を披歴した。「フルシチョフに関するかぎり、ドイツ問題の議論が会談の中心点となるだろう。ソ連指導者がベルリンに関して方針を定めるのは、会談の席上か、もしくはその直後のことになるはずだ」。トンプソンの思うに、大統領はなんとしても疑い深いフルシチョフに、アメリカは西ベルリン市民をたとえ戦争に訴えても見捨てはしない、ということを、分からせなければならない。一方、強硬な態度だけでは対決は避けられない。フルシチョフはこの問題を十月のソ連共産党大会以前に持ちだしてくるだろう、とトンプソンは予言した。そうなると「世界戦争の現実的可能性が生まれるし、われわれはほとんど確実に、激烈な冷戦関係に引き戻されることになる」。

トンプソンは、フルシチョフと付き合うリスクはアメリカが他によい手段を持っていないという現実と対比して考量されるべきだ、との確信をくり返した。すべてのマイナス面にもかかわらず、フルシチョフは「おそらく、彼の後継者となるべきどの人物よりも、われわれの観点から見て、ベターである」、だから、フルシチョフを権力の座に置いておくことはアメリカの利益にかなうのだ、とトンプソンは言った。もちろんトンプソンも、アメリカ大使館はクレムリンの内情についてごくわずかしか知らず、共産党の党内闘争にいかにケネディが影響を及ぼし得るかについて、頼りになる助言を提供できないことは認めていた。

続いてトンプソンは、際立った洞察力を示してこう書いた。「ソ連がベルリン問題を現状のままにしておくと予想される場合でも、われわれが最小限予想しておかなくてはならないのは、ベルリンを通しての難民の流出の耐えがたい継続（と彼らが考えているもの）を止めるために、東ドイツが、地区の境界を閉鎖するかもしれないということである」

この意見によって、トンプソンはベルリンの壁を予言した最初のアメリカ外交官となったと言えるだろう。

トンプソンはさらに、交渉の際の一つの主張点を提案した。この主張ならソ連が受け入れるかもしれないし、またこれによってアメリカ側がイニシャティブを再獲得できるのではなかろうかと考えたのだ。つまりトンプソンは、ケネディがフルシチョフに、ベルリンに関する暫定的な協定を提案するよう、勧めたのである。その協定の下で二つのドイツ国が七年間、ベルリン問題の解決について時間をかけて交渉する。その七年のあいだ、また西ベルリンへの西側同盟国側の継続したアクセスをソ連が保証することと引き換えに、アメリカはソ連に、〈西ドイツは第二次大戦後失った東方の領土を回復しようとは試みない〉という確約を与える、というのだ。

この協定により、東ドイツは難民の流出を停止することができる、これはソ連の利益であるばかりかアメリカの利益にもなるはずである、なぜなら難民の増大はこの地域を不安定化しかねないからだ、とトンプソンは述べた。彼はさらに自分のプランを詳述し、信頼醸成措置として、ベルリンから行なわれている西側の隠密行動作戦を減少させることと、RIAS——西ベルリンから東ドイツ・東ベルリンに向けてニュースを流しているアメリカのラジオ局——を閉鎖することを提案した。さらにトンプソンは、たとえフルシチョフがそのようなアメリカの申し出を拒否したとしても、それを申し出たという行為だけでケネディは国内外の世論の支持を得られるだろうし、その結果、フルシチョフの一方的行動への反発はさらに高まることになるだろう、と主張した。

しかしケネディは、トンプソン大使ほどの切迫感を持っていなかった。トンプソンは「任地病」という国務省特有の病いにかかったのではないか、任地先であるソ連の立場に寄り添いすぎているのではないか。大統領と弟のロバートはそう思い始めていた。ケネディは、友人たちには自分がまだフルシチョフという人間を理解していないことを認めてもいた。いずれにせよ、アイゼンハワーはフルシチョフの一九五八年のベルリン最後通牒をいかなる真の対価も払うことなく無視し続けた。あのときよりも現在のほうが、なぜ切迫の度合いが大きいと言えるのか、ケネディには分からなかった。

アメリカの情報共同体のベスト・メンバーの分析もケネディのこの見方を補強した。ベルリンに関するアメリカ情報委員会の特別分科会——諜報の世界のこの問題に関する権威的グループ——の報告によれば、フルシチョフは「今のところベルリンに関して緊張を増大しそうではない」。フルシチョフは、圧力を増大させることによってケネディを否応なしにハイ・レベルの会談に引き込み得ると考えたときにのみ、圧力をかけてくるだろう。だからこのグループの結論は、ケネディがソ連の増大する脅威に対し平然としたところを示していれば、フルシチョフはベルリンにおいてエスカレートすることはない、というものだった。

大統領はそれでまたしても、ベルリンは先送りできる問題だと思ってしまった。さらに他の二つの事柄が彼の思考の中心となり始めてもいた。第一、ディーン・アチソンがベルリン政策についての彼の最初の報告書を提出しようとしていた。それはトンプソンのよりソフトな路線に対するタカ派的反論になるはずだった。

もう一つ。ケネディはよりアメリカ本土に近い問題に、次第に強く心を惹かれつつあった。アメリカの最上級諜報機関がある作戦の準備を終えようとしていた。CIAによって訓練され武器を与えられた亡命キューバ人の部隊がカストロ政権下の故国に侵攻しようとしていたのだ。

ワシントンDC
一九六一年四月三日、月曜日

ケネディ政権のベルリン政策に関する最初の主要な見解であるアチソンの報告書が国務長官ディーン・ラスクのデスクに置かれたのは、イギリス首相ハロルド・マクミランがワシントンに到着する前日のことだ。トルーマン政権期の国務長官〔アチソン〕はいかにも彼らしく、報告書の配布を、同盟国からの一連の訪問者の到来に先んじて、政権内を強硬路線で固めるべく最大のインパクトとなる時点で行なったのである。

アチソンの中心的主張は、ケネディ大統領は、ソ連によるヨーロッパ支配（それはアジア、アフリカの支配へと波及しかねない）を避けようと望むのなら、ベルリンのために戦うという意志を明示しなければならないというものだ。言葉を武器のように巧みに操って、アチソンは書いた。もしアメリカが「どのような体裁のいい緩慢なやり方であろうとベルリンの共産側による奪取を受け入れたならば、ヨーロッパにおけるアメリカの威信は明らかに低下してしまう。この結果、ドイツ、そしてたぶんフランス、イタリア、ベネルックスはしかるべき調整を行なうだろう。イギリスは何らかの解決策が現われるのを望むだろうが、そのようなものは決して現われはしないのだ」。

アチソンはケネディを良く知っている。大統領は自分の判断を信用してくれているし、ソ連に対して不信感をいだいている点でも自分と同じだと確信している。政権移行期、国務長官の人選の際、ケネディはジョージタウンの自宅の隣人アチソンの助言を求めている。屋外のカメラマンたちのざわめきを遠く聞きながら、次期大統領はアチソンに、「この数年間多くの時間を費やして、自分が大統領になるのを援助してくれる人たちと知り合いになりましたが、自分が大統領であることを援助してくれる人はごくわずかしか知らないことに気づきました」と言った。

アチソンはそのときケネディに、ウィリアム・フルブライト上院議員を候補から外すように言っている。フルブライトについてアチソンは、「彼はあなたがその地位で必要とするような堅固で真剣な男じゃない。私はかねがね彼は一種のディレッタントだと思っているんです」と言った。彼は別の男の方にケネディの目を向けさせ、結局、その男すなわちディーン・ラスクが選ばれた。ラスクはトルーマン政権時代、有能な極東担当国務次官補として、アジアにおいて宥和主義とたたかい共産主義に抵抗する上で、国務長官アチソンを支えたのだった。他の閣僚ポストや大使ポストについて、アチソンはいくつかの名前には祝福を与え他のいくつかの名前には痛罵を浴びせるなど、大好きな政界人物評を楽しんだ。また、NATO大使になってほしいというケネディの要請は断わった。自分は「法律や規則にしばられずに」自由の境地と弁護士の収入とを維持したいというのが理由だった。

とはいえアチソンは、自分の影響力をふたたび政府部内に及ぼし得ることを喜んでいた。なにしろアメリカの最重要課題の中の二つ――NATOの将来、そしてそれに関連する核兵器使用とベルリン防衛の問題――を検討する上で主導的役割を演じられるのだ。アチソンの歴史における位置は、国際通貨基金、世界銀行、マーシャル・プランを創設するのに果たした指導的役割のゆえにすでに定まっている。彼はNATOの主要設計者だった――アメリカにはごたごたしがちな同盟というものを忌避する伝統があったが、彼はそれを変更したのである――。そしてジョージ・マーシャルと共に一九四七年のトルーマン・ドクトリンを構想した。これは「自由世界の指導者」としてのアメリカの役割を定め、世界的規模で共産主義とたたかい民主主義を支援する任務を明確にしたものだった。それでもなお、ケネディに招かれてふたたび政治の修羅場にもどるということは、自分の能力がいまだ今日的意味をもち必要とされているということをアチソンに快く確認してくれるものだった。

もうすぐ六十八歳だというのにアチソンはまだ魅力的な風采を保っている。一分の隙もない身なりをして、友人たちによく、私には自己不信というものがないのだよと言っていた。その自信過剰で対立者たちを圧倒してきたのだ。ホンブルグ帽、意地悪そうな微笑、暗青灰色の目、ピンとはねた口髭、それだけでも十分目立ったが、そのうえ、脚が長くスレンダーで身長六フィート、まさに抜群の存在感をもっていた。頭脳明敏で愚者に我慢がならぬアチソンは、新しいベルリン研究に、ソ連の裏をかき、これを出し抜くための断固たる決意を盛り込んでいた。このような決意が彼のキャリアを非常に際立ったものにした原動力であったし、この強硬な態度こそが、アチソンとトルーマンの間に――監督教会教区牧師の息子でイェール大学卒のマティーニを飲む男と、率直な物言いの大学卒でない中西部出身政治家との間に――奇妙なきずなを生んだ要因でもあったのだ。

アチソンはケネディの当選後まもなく、ケネディがカトリック教徒であることへのトルーマンの懸念について、手紙の中でからかっている。「ジャックがカトリックであることをあなたは本当に気になさっているのですか?」。トルーマンはケネディのことを小馬鹿にするかのように「あの若者」と呼ぶこともある人間だった。あなたはドゴールやアデナウアーがカトリックであることを少しも気にしていなかったじゃありませんか、と書いた後、アチソンは、「それに、私は彼が非常によいカトリックだとは思いません」と皮肉っぽく付け加えた。

アチソンは二月にケネディから任務を与えられて以来、ベルリンの緊急事態に際しての全オプションを集中的に検討してきた。今年のうちに対決が発生しそうだという点で、彼はトンプソンに同意した。が、二人の一致はそこで終わる。アチソンは大統領に、もっと強さを示すこと、現状を改善できるような解決が交渉によって得られるなどという希望はいっさい放棄することを勧告した。「行動は、開始の時点ではすべて危険に満ち見通しの暗いものだ。しかし、不行動はもっと悪いとさえ言える。われわれにはもはや選択の余地はない。危機が引き起こされた場合には、果敢で危険なコースこそ最も安全であるかもしれないのだ」とアチソンは書いていた。

アチソンはかつてアイゼンハワー大統領に助言を拒否されたことがある(あの時は政権の外部からの提案だった)。ヨーロッパとベルリンへのアメリカの誓約を試そうとしてソ連がくり返しさまざまな行為を仕掛けてくる、これに対し、アチソンは、顕著な軍備増強によって、もっと強固に対応せよと助言したのだった。今回はケネディから積極的な支持を得たいものだとアチソンは思った。すでにラスクとバンディは味方につけていた。他に二人の最も影響力ある政府高官も同盟者として数えることが出来た。国防総省のポール・ニッツェと国務省のフォイ・コーラーだ。

彼の報告の中で最も議論を呼びそうなのは、全面核戦争の脅威は、ベルリン問題におけるフルシチョフの行動を抑止するのにもはや十分でないかもしれない(たとえ以前はそうだったとしても)、という主張だった。アチソンは論じた。――フルシチョフがこれまで行動を起こす上で慎重であったのは、アメリカがベルリン防衛のため核戦争も辞さないだろうと彼が信じたからだとはいえない、むしろ、西側との決裂を避けたいという彼の欲求に基づくものだったといえるだろう。だとすれば、ヨーロッパにおいては通常戦力の顕著な増強を行なうべきなのだ。同時に、同盟諸国、とりわけ西ドイツを、「ベルリンのために戦うことに、前もって同意するよう」説得すべきである。

アチソンはケネディのために、自分の推定によるフルシチョフのベルリンに関する五つの主要目的を列挙した。

1　東ドイツの体制を安定化し、それがいずれ国際的承認を得られるべく用意する。
2　ドイツの東部国境線を法的に確定する。
3　第一段階として西ベルリンを中立化し、東ドイツによるその究極的奪取に備える。
4　NATO同盟を、解体はできないまでも弱体化する。
5　アメリカの信用を失わせる、もしくは少なくともその威信に深刻なダメージを与える。

アチソンはアデナウアーと同様に、ベルリン問題は統一以外に解決策はないと確信していた。そして、統一が達成できるのは、遠い将来、西側の強さを一貫して示すことを通してのみであると信じていた。それゆえ、現時点でケネディがベルリンに関してソ連と合意を結ぶとすれば、それはすべて西側の立場を弱めるものにならざるを得ない。だから、ソ連との会話は無意味なのだ。

ベルリンは「ヨーロッパにおけるアメリカの威信の鍵である」。だからベルリンを防衛するとの決意の表明は、他の場所でのクレムリンの動きを抑止するうえでも重要だ。どのようなコースをとるにしても、ケネディ大統領は「ベルリンに関して戦うための理由となるものを早急に選ぶ」べきだし、アメリカの同盟諸国にもこのような基準に同意させるべきである……。

要約して言うならば、「われわれは当分ベルリンにおける現状を維持することで満足しなければならない。われわれはフルシチョフがそれ以下のものを受け入れることを期待できないし——われわれ自身それ以下のものを受け入れるべきではない」。

アチソンの画期的な文書は、そのあと、フルシチョフを抑止するための（アメリカの戦闘能力の範囲内での）最も妥当な軍事的手段のことに集中した。核攻撃の脅しは、長きにわたり、いざというときのアメリカの切り札だった。しかしアチソンは、通説に反して、それは真の戦闘能力ではないと主張した。なぜなら、アメリカ政府がベルリンに関して数百万のアメリカ人の生命を賭けることがないのは、ロシア人にとって「完全に明白だから」だ。アチソンは、何人かの軍幹部が、代替手段として「核の限定的使用——すなわち核爆弾を一つどこかに投下すること」を推奨していることに言及した。

しかし彼は、そのアイデアをただちに否認する。「もし核爆弾を一つ投下すれば、それはもはや脅しではない。——まさに投下そのものだ。——いったんそうなると、投下の事実が引き起こすのは、こちらがもっと投下するか、あるいは相手側が仕返しに投下するかのどちらかしかない」。これは「無責任で愚かで、ベルリン問題にはまったく適切でない方法である」。

そしてアチソンは、西側の決意を誤りなく伝えるべく策定されたプランを提出した。彼はベルリン防衛へのアメリカの覚悟をソ連側により明確に示すために、大統領がドイツにおける通常戦力を相当程度増強するよう求めた。——七年間のモラトリアムを定めその間に二つのドイツ国が不一致点を話し合うというトンプソンの考えと、これほど対照的なプランもないだろう。この戦力増強によって、「わわれわれはもはや後退できないほど大規模な関与をすることになるかもしれない――そして、もし後退などということがあるとすれば、それは相手側がやるべきことなのだ」。

核抑止力への依存が減少したことには確かにリスクがある。しかし「それは、非常に愚かなことをすることなしに、われわれが本気であることを示す唯一の方法なのだ」とアチソンは書いていた。彼の提案は、ベルリンにおいて軍隊を増やすことではなかった。ベルリンでは軍隊は罠にかかったも同然で何の役にも立たない。ベルリンではなくてドイツの別の場所に三個師団あるいはそれ以上を派遣するのだ。そして兵力を徐々に六個師団ほどまでに増やし、輸送手段をいっそう強化し、緊急事態の場合これらの新しい全兵員をベルリンに投入できるようにするのだ。

国防長官マクナマラはアチソン文書を全面的に支持した。ケネディはそれを真剣に受け止め、ベルリンがふたたび封鎖された場合どのように対処するかについてのペンタゴンの研究の基礎資料として用いることを命じた。しかし、アチソンは自分の考えに反対する重要なグループの存在を知っていた。同盟諸国である。フランスとドイツは核抑止力のいかなる希薄化にも反対するだろう。彼らは、核抑止力こそが自国防衛に関する長期にわたるアメリカの関与を確実ならしめているものと信じている。そしてイギリスは、ソ連との交渉により大きな力点を置くことを求めている。アチソンとは正反対のコースである。ベルリンを守るにはどうするのがベストであるかについて、同盟諸国間でも同意ができてはいないのだ。ケネディへのアチソンの助言は、アメリカの方針を一方的に決定しそれを既成事実として同盟諸国に提示すればよい、というものだった。

マクミランとの会見に先立ち、バンディはケネディに、友人アチソンの「第一級」文書（バンディはそう呼んだ）を手渡し、こう言った。イギリス政府はベルリンに関して「ソフト」なことで知られています、この件に関してアメリカはソ連に一歩も譲らぬ決意であることを、マクミラン氏たちに分からせてやってください。ラスクもまたアチソン報告に賛同した。ベルリンに関する会談はこれまですべて失敗している、今回は成功するだろうなどと考える理由はまったくないという意見だった。

ほとんど一夜にして、アチソンはその報告書によって政権内の真空を満たし、ベルリンに関して主導権を握ってしまった。これに力を得て国家安全保障担当大統領補佐官バンディはケネディに言った。イギリス政府が「ひねり出す」どんな計画をも丁重に検討することにすべきでしょう、「しかしその代わり、われわれは強い態度に出て、いざという時には断固たる行動をとるとの約束をイギリスから取り付けなければなりません」。

ワシントンDC、ホワイトハウス、オーヴァル・オフィス
一九六一年四月五日、水曜日

イギリス首相マクミランは唖然とした。ケネディが半ば部外者ともいえるアチソンに向かって、こう言ったのだ。ベルリンに関して、なぜ、ソ連との間に受け入れ得る妥協的解決よりも対決的事態のほうがありそうだと考えるのか、説明してくれませんか。ケネディ大統領の周囲には、国家安全保障チームの高官たちが居並んでいる。イギリス駐在アメリカ大使デーヴィッド・ブルースも列席している。マクミランの傍らにも外相サー・アレック・ダグラス＝ヒュームを筆頭に多くの高官がいる。いま彼らは全員アチソンに注目した。そして世界で最も華やかな外交的ショーマンがイギリス人たちの不安をかきたてる演技を開始した。

ケネディは、自分がアチソンの強硬な意見と同じかどうかは言わなかった。マクミランはただ、きっと同意見なのだろうと推測するしかなかった。アチソンは冒頭、自分はまだベルリンに関する研究

において最終的結論には達していないと言いわけめいたことを言ったものの、本題に入ると、持論を精力的に正確に述べたてていった。ケネディはコメントを差し挟むこともなく耳を傾けていた。

マクミランとアチソンはほぼ同年齢である。アチソンの装い、上流階級らしい物腰、そしてイギリス・カナダ系出自は、他の場面であったなら、マクミランとの文化的親和性を醸し出したことだろう。しかし二人の男は、ソ連とどう付き合うかについての意見において、これ以上はないほど異なっていた。マクミランはハイ・レベルの対ソ会談への情熱を少しも失っていなかったが、その対ソ会談をアチソンは一貫して何の価値もないと言い続けているのだ。これはアチソンが国務次官だった一九四七年、外交委員会で「いつであろうと、ロシア人と語り合って問題を解決できるなどと信じるのは間違いだと思います」と発言した時にまでさかのぼる彼の信念だった。

アチソンは彼が「準根拠」と呼ぶものを列挙した。

1　ベルリン問題に、より広いドイツ分割問題の解決と切り離されたかたちでの、満足できる解決はない。そして、そのような解決は、近い将来のどの時点にも存在するようには見えない。

2　ソ連が本年中にベルリン問題を前面に押し出してくる蓋然性が高い。

3　ベルリンに関して西側を現時点以上に有利な立場に置き得るような、交渉による解決は、アチソンの想像するかぎり、あり得ない。

だからこそ、「われわれは問題に向き合い、究極的事態に向けて用意しなければなりません。ベルリンは最大の重要性をもつ土地です。それゆえにソ連はこの問題に関して攻勢をかけているのです。もし西側がしりぞいたなら、ドイツはわれわれの同盟から外されてしまうでしょう」とアチソンは言った。

大統領はアチソンのプレゼンテーションを遮らず、そのせいか他の誰も遮らなかった。アチソンは、交渉その他の非軍事的対策——それがイギリスの好むやり方であることは室内の誰もが知っている——は不十分だ、軍事的対応がなくてはならない、と言った。しかし、それは何であるべきか、どのような環境のもとで実行されるべきなのか？

マクミランとヒューム卿は当惑を抑え込んだ。彼らはパリを訪れてきている。パリで彼らはドゴールの話を聞いた。ドゴールはすでにアデナウアーを、ヨーロッパ統合から将来にわたってイギリスを除外するというドゴール流のヨーロッパ観に誘い込もうと努めているところだったが、マクミランに向かっては、やはり熱烈にソ連とのベルリン問題の討議に反対したのだった。マクミランらはケネディが同じ意見であってほしくなかった。

六十七歳にしてマクミランは、世界におけるイギリスの希望のほとんどは、アメリカに影響をあたえる自国の能力に依存していることを、ますます強く確信するようになっていた。そのことはまた、いかに彼自身がアメリカの新大統領と影響し合えるかに依存しているのだった。鋭敏な歴史学徒であるマクミランは、アメリカは「新しいローマ帝国であり、われわれイギリス人は古代ギリシャ人のように、アメリカ人に行動の仕方を教えねばならない。……われわれはたかだか、彼らを文明化し、ときどき彼らに影響を与えることを希望できるだけだ」と認識するようになっていた。しかし、ケネディのローマがマクミランのギリシャに学ぶよう、どうやってケネディを説得できるのだろうか？

スエズ危機の結果としてのアンソニー・イーデン首相の政治的崩壊後、その後を継いだマクミランは、第二次大戦中に生まれたアイゼンハワー大統領との友情を通して、アメリカとの「特別な関係」を再構築することに多くを賭けた。マクミランは、アイゼンハワー大統領に、ベルリンの将来について首脳会談を通してフルシチョフと話し合うことを納得させるうえで、「誠実な仲介者《オネスト・ブローカー》」として、重要な役割を演じた。パリ首脳会談の流産は彼にとっては個人的敗北だった。彼はフルシチョフに会談を放棄しないよう要請したのだが、聞き入れられなかったのである。

マクミランが、二十四歳年下の男によりよいかたちでアプローチできるよう、ケネディについて見つけられるかぎり多くの情報を集めていたのは、この文脈においてだった。マクミランは友人のコラムニスト、ヘンリー・ブランドンにこんなことを話していた。アイゼンハワーは同じ世代で、共に恐ろしい戦争を体験した仲だ。彼との間に持ったようなユニークな結びつきは二度と生まれるものではない。「ましてや、今度の相手は生意気な若いアイルランド男なんだからね」

アイゼンハワー政権期の駐英大使ジョン・ヘイ・「ジョック」・ホイットニーはマクミランに、ケネディは「頑固で 神経質で酷薄で性欲旺盛です」と警告していた。しかし、彼らの行動面の相違を直接マクミランが思い知るのは、何カ月も先になって、ケネディが一夫一婦主義のピューリタン的スコットランド人に、礼儀知らずの質問をぶつけたときだ。「あなたはどうなんです、ハロルド？ 私は三日も女性と寝てないと、ひどく頭痛がするんですがね……」とケネディは言ったのである。

マクミランが年齢と性格の違い以上に懸念したのは、ケネディが反共的・孤立主義的な父親の影響を過度に受けているのではないかということだった。ジョゼフ・ケネディはおそらくイギリス宮廷で最も嫌われたアメリカ大使だった。ルーズヴェルト大統領に、ヒトラーに抗戦するイギリスへのアメリカの支援はほどほどにしておけとか、連合国側が敗北する場合にも備えておけとか、忠告していた男である。調査の結果、ジャック・ケネディのヒーローが反宥和主義者チャーチルであることが分かり、マクミランはほっとした。——この点は自分と同じだったからだ。

ケネディの思考にさらに影響を与えるため、政権移行期にマクミランは次期大統領に一通の手紙を書き、未来に向けての「グランド・デザイン」を提案していた。マクミランはアイゼンハワーとの紐帯を彼らの共通の戦争の記憶に基づいてつちかったのだが、ケネディ当選を知って、新大統領へのアプローチは知性に基礎を置いたものにしようと心に決めた。「年は重ねているけれど若々しいフレッシュな考えを持った男」として自分を売り込むことにしたのである。

まずケネディの以前の著作物からの引用でその自負心をくすぐったあと、マクミランは出版人らしい巧みな筆致で書いた。——われわれはいま危険な時代にさしかかっており、このなかで、米英欧の「自由世界」が、伸長しゆく共産主義の勢いに打ち勝つには、経済的福祉と共通目標の着実な拡大による以外にない。だから、共同の通貨・経済政策を生み出すためのより密接な環大西洋協調関係が政治的・軍事的同盟以上に重要である。

この手紙を書いたあと、訪米に先立って行なった同盟国への訪問において、マクミランはこの「グランド・デザイン」についての支持をあまり得ていなかった。パリのドゴールはマクミランの意見にいちおう共感は示したものの、ヨーロッパ共同市場に加入したいというイギリスの要求には頑固に反対した。ロンドンを訪れたアデナウアーからは、ドゴール以下の支持しか得られなかった。マクミランは、繁栄のさなかにいる西ドイツはあまりに「豊かで利己的に」なって、イギリスの提案を理解できないのだと思った。マクミランの訪米が迫ったとき、ケネディは「グランド・デザイン」のコピーをどこかに置き忘れたことに気づいた。ホワイトハウスを隈なく探した結果、文書は彼の三歳の娘キャロラインの育児室で見つかった。

マクミランは当初こそ懸念をもっていたものの、ワシントンでの会談よりも前に、ケネディと予想以上に緊密な関係を築き始めていた。ウィットに富み、育ちがよく、知力に優れているという共通点のせいもあったが、マクミランの意図的努力によるものでもあった。それに彼らは姻戚だった。ケネディの妹キャスリーンはマクミランの甥と結婚していたのだ。ハロルド・マクミランはケネディ同様、生まれたときから富を知っていた。富裕のゆえに許される、言動の独立性や奔放さを楽しむことも知っていた。エレガントで身長六フィート、近衛兵ふうの口髭の下の明るい微笑、さりげなくハンドカットのスーツを着こなし、さりげなく知性のひらめきを見せる。マクミランはケネディがその著書『勇気ある人々』の中で勇敢な行為を称揚しているのが気に入っていた。彼自身、第一次大戦中、三度負傷している。ソンムの戦いで骨盤に銃弾を受けたときは、救出を待ちながらアイスキュロスを原語ギリシャ語で読んだのだった。

マクミランはケネディと一〇日前に意気投合していた。これはマクミランにとっては一つの安心材料だった。大統領がイギリス首相を不意にフロリダ州キーウェストのリトル・ホワイトハウスに招待し、ラオスにおいて展開している危機にどう対処するかについて意見を交換したのだ。ラオスにおける軍事干渉からは遠ざかっているほうがいいというマクミランの助言を、ケネディは好意的に聞いていた。またマクミランは、大統領が周囲の将軍たちによって動かされるのではなく、彼らを動かしているのを見て、励まされる思いだった。マクミランは、ケネディの「溢れるような魅力と……軽快さ」に惹きつけられた。「非常に多くのアメリカ人があまりにも重苦しいので、これは歓迎すべき変化だった」

しかし、キーウェストで得られた安心感のゆえに、ワシントンでの会議の中で、マクミランとヒューム卿は一層気をもむことになった。アチソンが表明し推進しているソ連への好戦的態度に、どうやらケネディも同調しているらしいのだ。

アチソンは言った。ベルリンをどう防衛するかを考えるとき、西側は三つの軍事的対応策に焦点を絞るべきだ。すなわち、空、陸、核である。核のオプションは「無謀であり到底考えられない」以上、他の二つを検討することになる。アチソンは空の対応は除外すべきだと述べた。ソ連の「地対空ミサイルは航空機が生き残れない段階にまでに到達している。したがって空において断固たる態度を見せるなどのことはあり得ない。ソ連側のロケットで航空機を撃墜されてしまうだけだ」とアチソンは述べた。

したがって、アメリカとその同盟国は、ベルリンをめぐる対決に関して、実際には、確実な対応策を一つしか持っていない。それは通常戦力による陸上攻撃態勢だ。これによって「真に強固な西側の努力を阻止することなど、やっても無駄であることをロシア人にわからせる」のである。そのためには、相当の軍事的増強が必要となる……。アチソンはベルリンが封鎖された場合に取るべきさまざまな形の軍事的対応策を歯切れ良く例示していったが、その中には、ベルリンへのアクセスを力でもって再開すべくアウトバーン経由で一個師団を派遣することも含まれていた。もし封鎖が行なわれたら、そのとき西側は、朝鮮戦争のときそうであったように、現実に目覚め、軍備を強化し、同盟国同士の結束を固めることになるだろう……。

マクミランはアチソンの弁舌を聞きながら、眉をあげたり横目を使ったりして、懐疑心をあらわにしていた。それを見てケネディは彼に、私はまだアチソンの考えを十分考察してはいないのですと言った。とはいえケネディは、ベルリンに関する従来の緊急時対応計画は、何らかの対決の見込みが強まりつつあることを考えれば、まだ「十分に真剣」でないという点では、アチソンと同意見だった。

マクミランはアチソンの提案への反対を、アウトバーンを通して一個師団派遣するという点に絞った。それは「狭い戦線を移動することになり、非常に脆弱な集団となるだろう」。もし紛争が始まれば、それはアウトバーンを越えて広がることは不可避だ。そうなると多くの難問を引き起こすことになるでしょう……。しかし、ケネディにあれこれ質問されるなかで、ソ連の対空攻撃能力の向上のゆえにベルリン空輸を再現することはできないというアチソンの見方には同意した。

米英の高官たちはそれから、ベルリンの緊急事態のためのより集中的な用意を整えるには、どのような新しい軍事計画と訓練が必要であるかについて、大いに議論した。ラスク国務長官は英米の双務的な計画作成を歓迎したが、同時に、西ドイツが軍事的能力を拡大しベルリン防衛にも意欲的であることから同国を「急速に」参加させるべきではないか、と述べた。ヒューム卿は眉をしかめて不同意をあらわした。イギリス人はドイツ人を信用していない。アメリカ人が信用していない以上にそうなのだ。彼らはアデナウアーの情報機関も他の政府機関もスパイで一杯だと確信しているのである。ヒューム卿はドイツの将来をアメリカ人と議論するのは構わないが、ドイツ人とそれをする気はないのだった。

ヒュームは軍事的緊急事態に集中しているアメリカ側の議論を、ソ連との会談の可能性の方に向けさせたかった。彼は論じた。フルシチョフは策略をめぐらす余地の少ない公的な約束を一つだけした。それは、ベルリンの占領状態を終わらせることだ。ベルリンの現状を一〇年間ほどそのままにしておき、しかし、いずれはその状況を変えていくような協定に、もし同盟諸国が署名すれば、フルシチョフは「この窮地から脱することができるはずです」。

アチソンは言い返した。「フルシチョフは窮地に立ってなどいません、だから脱する必要などないのです」

アチソンは我慢ならなかった。イギリス人はなんとモスクワに対して弱腰なのか。彼は語気鋭く、ヒュームに言った。フルシチョフは「法律を尊重しません。同盟諸国を分断しようとしています。わが方に有利ないかなる協定も結ぼうとしません。われわれの立場は今のままで悪くはないのです。われわれはそれを守るべきなのです」。アチソンは、そもそも東ドイツと協定を結ぶなどと考えること自体に苛立ちを覚えた。そんなことはソ連の利益になるだけで、「ドイツ人を意気沮喪させることになるのです」と彼は言った。

ヒュームとアチソンの対立によって室内に緊張がみなぎった。

気づまりな沈黙のあと、ラスクがアチソンに同意して、そのたぐいの協定を受け入れるために会話を始めるのは「滑りやすい坂道で転ぶ」ようなものだと言った。続けてラスクは、われわれはアメリカがベルリンに存在するのは戦争の結果なのであって「フルシチョフの恩恵」によるものではないことを明確にしなければならないと述べ、イギリス人たちに向かって、アメリカは大国なのだからベルリンを追い出されたりはしないと、胸を張った。

ヒュームも負けてはいず、アメリカの友人たちも世論の反応に留意していただきたいとやり返した。すなわちフルシチョフが、ベルリンの法的地位の合理的変更と見なされ得るものをおおやけに提案し、これに対し西側がいかなる代替案も示さなかった場合、西側の世論はどう反応するかも考慮すべきではないか。四カ国の軍隊がベルリンにまだ存在しているのは第二次大戦でドイツ軍に勝利したがゆえの「征服権」に基づいているが、これはもう擦り切れかけている。新しい法的基礎に基づくようにすべきではないか。

アチソンはふたたびヒュームに言い返した。「擦り切れかけているのは、たぶん、われわれ西側のパワーですよ」

翌朝、ほとんど同じ顔ぶれがふたたび集まった。ただし、イギリス側にとってありがたいことにアチソンは他の任務で欠席だった。とはいえ彼の精神は室内にまだ揺曳《ようえい》していた。ケネディ大統領が両国の専門家に質問した。なぜフルシチョフはベルリンに関してこれまで行動に出なかったのか、なぜ彼はためらったのか？

「西側の反応を怖れたからなのだろうか？」とケネディは訊いた。

ヒューム卿はそれに答えて、フルシチョフは「もう、あまり長くは先延ばししないでしょう」と言った。

チャールズ・E・「チップ」・ボーレン大使――国務省のソ連専門家で一九五三年から一九五七年までモスクワ駐在大使だった――も同じ意見だった。彼の見るところ、日増しに募る中国の挑戦と「東ドイツからの強い要求」はフルシチョフをより好戦的な立場に追い込みつつある。ソ連人たちはベルリンのことをそれほど気にしているわけではない。しかし彼らは、ベルリンを失うことは彼らの全東方帝国の解体に繋がると判断しているのだ、とボーレンは言った。

ケネディはアチソンの文書に議論を戻してこう言った。もしフルシチョフが西側との軍事対決の脅威によって抑え込まれてきたのなら、「われわれはこの脅威を強めることを考えるべきだ。ベルリンに関してわれわれは有利な立場にいるわけではない。だから、昨日アチソン氏が示唆したように、この脅威をできるだけ大胆に明確にフルシチョフに分からせることを考えるべきだ」

アチソンのゴーストが戻ってきたので、一同はフルシチョフが次にどう出るか、それに対し西側がどう対応すべきかを論じ合った。イギリス側は、どうしてアメリカ側がソ連との対話を避けようとするのかが理解できなかったし、アメリカ側出席者のほとんどは、対話の有効性に疑念を持っていた。

ケネディのイギリス大使デーヴィッド・ブルース――もと戦略情報局（ＯＳＳ）オフィサーでアイゼンハワー政権の西ドイツ大使――は、言った。アメリカはベルリンに関する残りわずかな権利を失うわけにはいかない、「アメリカがベルリンに関して弱い態度をとった場合、それが中欧や西ドイツに及ぼす影響は無視できない」。

会談が終りに近づいたころマクミランは不満を漏らした。ベルリンに関するロシアの動きに対して、西側がどのようなポイントで「決断」し行動を開始するのか、自分はまだ知らない。そういう明確な線がないと、ケネディ大統領は、ごく些末なことを理由に、みずから欲しない戦争に引き込まれてしまう惧れがある。そして、イギリスがその紛争に引きずり込まれる危険性もある。

これに答えるかたちで、ケネディはアチソンとはいささか異なる意見を述べた。「共産側がベルリンに関して大紛争を引き起こすのを妨げているのは」核抑止力の存在だと自分は思っている。だから、その抑止力という事実を「前面に押し出す」ことが必要なのだ。

マクミランはまた、アデナウアー亡きあと西ドイツがどうなるかについての懸念を述べた。後継者がアデナウアーほどの剛毅さを持たない場合、ベルリン・ゲームにソ連が勝利するのではないか。「遅かれ早かれ、たとえば五年か一〇年の内に、ソ連は西ドイツに、中立と引き換えの統一を提案するかもしれない」。その提案に西ドイツは飛びつくのではないか。――マクミランはまたしてもドイツに対するイギリスの頑固な不信感をあらわにして、そう言った。

ボーレンは、西ドイツが「中立の餌」に飛びつく時は過ぎたと思う、ソ連の方も、東ドイツの社会主義を失うような余裕はないはずだと、マクミランに言った。ブルースはまた、当面のより大きな問題は、東ドイツの難民問題だと言った。一九六〇年に二〇万が流出し、そのほぼ七〇パーセントが生産年齢の人々であり、「二国家の通常の生活の仕組みすべてを弱めている」のだ。

会談に関する内部用の最終メモランダムは、米英間の論争については記述せず、次のように述べた。――米英の双方が、一九六一年内におけるベルリン危機のエスカレーションを予期している、西ベルリンの喪失は破滅的結果をもたらすであろうことに両者は同意する、そして、同盟諸国がベルリンに関する真剣さをソ連に対してより明確に示すことが必要であると両者は信じる……。メモランダムはまた、軍事的緊急事態のための計画を集中的に策定する必要を訴えた。

さわやかな春の日差しの中、ホワイトハウス、ローズ・ガーデンでケネディはマクミランの脇に立ち、一ページの共同声明を読みあげた。それは「両国の直面する諸問題の性質に関する評価において非常に高いレベルの同意」が得られたことを宣言していたが、多数にのぼる不一致点については、「ソヴィエト連邦との満足のいく関係に向けて行動することの重要性と困難」について両者は同意した、といった曖昧な表現で言いつくろっていた。

マクミランはケネディからほとんど何も得られなかった。あえて言えば、ケネディがマクミランの「グランド・デザイン」の一部としての、ヨーロッパ共同市場参加のためのイギリスの努力を支持したことだ。これはフランスの反対を考慮すれば貴重な声援といえる。マクミランとケネディはまた、二回にわたる長い私的な対話を通して、個人的繋がりをさらに深めた。

にもかかわらず、マクミランは最も重要な目標の多くにおいて失敗していた。ケネディは中国を国際連合に加盟させるというイギリスの努力に反対した。アイゼンハワーと異なり、マクミランをモスクワとの関係の仲介者として用いる意思のないことを明らかにした。さらに重大なことがある。アメリカはソ連指導者と首脳会談を開くことを計画している。ヨーロッパ地域で、初めてイギリスやフランスという同盟国を招くことなしに、二国だけでやる。ケネディは明らかに、「イギリスはベルリン問題に関してあまりにソフトだ」というアチソンの意見を受け入れていると見てよさそうだった。

イギリス側はアメリカ側を驚かすことをやってのける。イギリスのプレスに実情をリークしたのだ。――ケネディ＝マクミラン会談は「粗っぽくきわどい」雰囲気だった、多くの点で結論に達しなかった、コミュニケが示唆するよりもはるかに厄介な会議だったのだ、と。

そして、さらに悪い事態が待ちかまえていた。

第8章 アマチュアの時間

「才能ある若いアマチュアがブーメラン投げをやっていた、ところが、あろうことか、彼はそのブーメランにノックアウトされてしまった。ヨーロッパではこのように見ています。ヨーロッパ人は、そんなに未経験な人物がそんなに恐るべき武器をもてあそんでいることに唖然としているのです」

ディーン・アチソン。ケネディ大統領のピッグス湾事件への対応ぶりについて。一九六一年六月

「ケネディという男が理解できないよ。本当にあれほど優柔不断なんだろうか?」

フルシチョフ首相。ピッグス湾事件のあと息子のセルゲイに

ワシントンDC、ホワイトハウス
一九六一年四月七日、金曜日

ワシントンではこの春初めての暖かい日。ケネディ大統領がホワイトハウス、ローズ・ガーデンをディーン・アチソンと共にそぞろ歩くのには完璧の気温だった。誘ったのはケネディだ。緊急にアド

バイスが欲しいのだと言った。ケネディはワイシャツ姿だが、アチソンはジャケットにボウタイという、いつもながらのフォーマルな装い。唯一気候に妥協して、ホンブルグ帽は取り、小脇にはさんでいる。

アチソンはケネディが現在進行中のNATOやベルリンの問題について訊いてくるのだろうと思った。アチソンは翌日、同盟諸国にこれらの問題についての進展具合を説明するためにヨーロッパに旅立つことになっている。が、ケネディは、別のもっと緊急の案件が念頭にあるのだと言った。「ガーデンに出て日にあたりましょう」と大統領は言い、アチソンを木のベンチに導いた。並んで腰を下ろすと、「キューバ計画について何か知っていますか?」と切り出した。

アチソンはキューバ計画などというものがあることさえ知らないと答えた。

それでケネディは、現在彼が検討しているという計画の概略を述べた。一二〇〇から一五〇〇人のキューバ亡命者がグアテマラでCIAによって訓練を受けている。彼らがキューバに侵攻するというのである。彼らはB26爆撃機(操縦するのはやはり亡命者だ)による空からの支援を受けることになっている。亡命キューバ人が上陸拠点を確保したら、すでにキューバ国内にいるゲリラ部隊やその他のカストロ反対派七〇〇〇人が反乱に決起する。アメリカの軍隊や航空機を用いることなく、アメリカはフィデル・カストロを権力から除去し、彼に代わる友好的政権を樹立するのだ。この計画はアイゼンハワー政権が立案したものだが、ケネディ政権初期の数週間のうちに修正を加えられている。装備も、訓練も、作戦も、すべて一貫してアメリカの情報機関に依存した計画である。

アチソンは衝撃を隠さなかった。そんなクレージーな計画に、大統領はまさか本気なのではないでしょうねと言った。

「私が本気なのかどうかは分かりません」。ケネディは言った。「しかしこれは計画であり、私はこれについてずっと考えてきました。その意味では本気です。まだ決心はしていませんが、これについてすごく本気で考えています」

実際には大統領は、すでに、ほぼひと月前一九六一年三月十一日に、この計画にゴー・サインを出していた。四月五日、アチソンとの会話の二日前に、最終プランを承認している。重要な点を二つだけ変更した。侵攻をあまり目立たないものにするために、上陸地点を動かしたことと、戦術的航空支援のために近くに適切な飛行場があるのを確認したことだ。その他の点では、この侵攻作戦はケネディがアイゼンハワー政権から引き継いだのとほとんど同じだった。

アチソンは言った。ケネディのキューバ亡命者一五〇〇人がカストロのキューバ正規軍二万五〇〇〇人に敵わないことは、「プライス・ウォーターハウス」〔アメリカの八大会計事務所の一つ〕に問い合わせるまでもなく分かることだ。そのような侵攻は、ヨーロッパにおけるアメリカの威信にも、ベルリンをめぐる対ソ関係にも、破滅的な結果をもたらす。もしかすると、ソ連はこれへの返報として彼ら自身が侵攻してくるかもしれない。

しかし、ケネディがキューバ侵攻に際して明白なアメリカの関与を極力隠蔽しようとしたのは、まさにベルリンのゆえだった。彼は、ソ連がベルリンで同様の破壊的行動に出るようないかなる口実も与えたくはなかったのだ。

二人の男はあとわずかな時間だけ、ぎこちなく語り合った。やがてアチソンは、キューバ以外の事柄についてはは大統領とひと言もかわさぬまま、ローズ・ガーデンを去った。ヨーロッパに向けて旅立ったとき、アチソンはもうキューバ問題を一切考えないことにした。「それが乱暴きわまる考えに見えた」からだ。より賢明な思考が力を得て、あんな計画は阻止されるに違いない。

西ドイツ、レーンドルフ　一九六二年四月九日、日曜日

ケネディとどう付き合えばいいのか、数日後の訪米を控えて、西ドイツ首相コンラート・アデナウアーの懸念は深まるばかりだった。これについて対策を話し合うため、彼は友人であるディーン・アチソンをボンに呼んだのだった。

日曜のことと花咲く果樹の並木に縁取られたライン川沿いの道はそぞろ歩く人たちであふれていた。アデナウアーはそのようなのどかさとは程遠い思いをいだいて、アチソンと共に疾走していく。空港から首相の自宅まで二人を運ぶのはメルセデス。首相は輸出ヒット商品となったこの名車のスピード感が気に入っていた。アデナウアーの運転手が先導のジープに遅れまいとして加速するたび、アチソンは席にしっかり捉まっている。

先導のジープの後部に一人の兵士が座っていた。彼は手に持った櫂をあやつってこちらに指示を出しているのだ。櫂の突き出される方向に従って、右に左に寄って混雑を避けつつ進むというわけだ。アチソンは苦笑いしながらアデナウアーを見やり、「ご老体、すっかり楽しんでいるな」と思った。

ライン河畔レーンドルフ村に着くと、アデナウアーの隣人たちが集まっていて、伝説的政治家二人に喝采を送った。丘の上にあるアデナウアーの自宅には街路から約一〇〇フィートのジグザグの階段を登らなければならない。八十五歳のアデナウアーは六十七歳の賓客に言った。「ねえきみ、きみはもう若くはないんだ。この階段をあまり速く登るんじゃないよ」

「ご忠告ありがとう、首相閣下」。アチソンはにっこり笑って答えた。「疲れてきたら腕におすがりしてもよろしいですかな?」

アデナウアーはくすくす笑った。「私をからかってるのかね?」
「そんなことを考えるわけがないでしょう」と言ってアチソンはまたにっこり笑った。そんな軽妙なやりとりがアデナウアーの悩む心には何よりの妙薬だった。

アチソンはその日、アデナウアーを安心させることに多くの時間を費やした。首相はケネディについて「死ぬほど心配している——完全に心配している」ようだった。アデナウアーの最大の懸念は、ケネディが自分の背後で、ソ連とあれこれの問題について、取引をしようとしているのではないか、ドイツの利益を売り渡し、ベルリン市民を見捨てるのではないか、ということだった。彼はまた、戦後の癒しの年月のあとに、数日後にイスラエルで始まるナチ戦犯アドルフ・アイヒマンの裁判に関する報道などの影響を受けて、アメリカ国内でドイツ人に対する敵意が新しく高まっていることも心配していた。

そのうえアデナウアーは、ケネディ政権がその抑止戦略を、核兵器への圧倒的依存から「柔軟反応戦略」という相対的に新しい考えにシフトしつつあるとの報道にも心を痛めていた。これは、ベルリンをめぐるすべての軍事的緊急事態において通常兵器への依存が大きくなることを意味する。このような政策の変更は西ドイツの安全保障に重要なインパクトを持ち得るものだ。それなのにケネディ政権は、アデナウアーにも他の西ドイツ高官にもいっさい相談もしていないし説明もしていない。

アメリカの新戦略を批判しているときアデナウアーが知らなかったのは、目の前のアチソンがその戦略の指導的設計者の一人であるということだった。アデナウアーは、西側がモスクワを封じ込め得るのは、ベルリンに関してソ連が行動を起こすならば、アメリカによる破滅的な核反撃を覚悟しなければならないことをフルシチョフに悟らせることしかない、と確信していた。アデナウアーは、アメリカの政策のどのような変化も、ソ連が、アメリカ政府の決意をテストしてみる一つの機会と見なすのではないかと不安だったのだ。その日、口には出さなかったものの、アチソンはアデナウアーの考えに不同意だった。アチソンは、アメリカ大統領が誰であろうと、ベルリン防衛のために数百万のアメリカ人の生命を危険にさらすことなどしないだろう、――おそらくフルシチョフもそれを知っているだろう、と思っていたのだ。

それでアチソンは、ケネディの確固とした態度をアデナウアーに再保証することに努力を集中した。西ドイツと西ベルリンの自由を防衛する決意においてケネディが前任者たちと同じであることを力説し、ケネディ政権のベルリンに関する軍事的緊急事態対応策や、ソ連に対するケネディの不信感などにつきかなり詳しく説明した。

アデナウアーはようやく安堵の吐息をつき、「きみは私の心臓から石を取り除いてくれたよ」と言った。

しかし同時にアチソンは、アデナウアーの最も求めていたことの一つについて彼を落胆させなければならなかった。ケネディは、アメリカのポラリス・ミサイル潜水艦の一艦隊をNATOの統制下に置く（それによりこの同盟を第四の核所有パワーにする）という、アイゼンハワーの発案による計画を、さしあたり拒否したのだ。ケネディはそれに換えて、五隻もしくはそれ以上のポラリス潜水艦をNATOにゆだねることを提案した。ただし、それらはいずれもアメリカの艦隊司令官の指揮下に置かれ、運用については非常に厳格な制限が課せられていて、使用プロセスはきわめて複雑であり、より容易にアクセスし得る核抑止力を求めるアデナウアーの願いを満足させるものではなかった。

要するに、ベルリンの軍事的緊急事態の処理に関するケネディの考えは、まだ変化しつつはあったものの、基本的には、いかなるベルリンの紛争も局地的なものにとどめ、世界戦争にエスカレートさせない、というものだった（当時パリその他の土地からソ連に送られたKGBの報告にも、このことを推定した内容のものがある）。そのためには当然、いかなるベルリンの対決においてもアメリカは核兵器への依存から後退し、それだけでなく、NATOが核兵器を所有するという計画にも反対することになるのだった。

アデナウアーはいかにも彼らしいやりかたでその日を閉じた。賓客をバラ園に招きイタリア式ボーリングゲーム、ボッチャをやったのだ。ジャケットは脱いだがタイは取らず腕まくりもせず、アデナウアーはいたってフォーマルだ。まず小さいジャック・ボールを投げ、そのあと大きいボールを、最初のボール目がけて投げていく。一番近くに届いた方が勝ちである。両者が競い合い、アチソンが勝利に近づいたとき首相は突然ルールを変え、ボールをサイドボードに跳ね返し始めた。

アチソンが抗議するとアデナウアーはにっこり笑って言った。「きみはいまドイツにいるんだ——ドイツでは私がルールを作るんだよ」

アチソンはほほえんだ。自分のミッションは目的を果たしたなと思った。アデナウアーのケネディへの警戒心をやわらげることもでき、ワシントンで彼が出会うはずの失望をより穏やかなかたちで事前に伝えることもできた。最初のアデナウアー＝ケネディ会談をより期待の持てるトーンで行なわれる基礎を整えたのである。

しかし、アチソンにも統御しようのない出来事が相次いで起きて、アデナウアー訪米の影を薄くすることとなる。歴史的なソ連の宇宙船打ち上げとキューバにおけるアメリカの大失敗である。

ソ連、ピツンダ半島
一九六一年四月十一日、火曜日

アデナウアーがワシントンに飛んだ日、フルシチョフは黒海東岸ピツンダ半島ソチにある別荘にこもっていた。ここで休養しつつ、翌朝に迫った人類初の有人宇宙船打ち上げの進捗状況を把握し、また、十月の第二二回ソ連共産党大会のための準備も始めていた。

頻繁にピツンダにこもったことを、フルシチョフは後に、「鶏だって卵を産むときはしばらく静かに休んでなきゃならないからね」と説明する。

この比喩は英語では否定的意味合いを持つが、フルシチョフはこれに積極的なニュアンスを与えてこう言った。「何かを生み出すときには、それをちゃんと生み出すための時間をかけなくてはならないからね」。ピツンダは歴史の激動の中で彼がひと息入れる場所であり、また彼自身が歴史の数ページを書いた場所だった。

彼がスターリンと決別する一九五六年の演説の構想を練ったのも、ここの海岸の松林を散歩しながらだった。彼は客人に自分の好きな古い樹木たち（その多くに彼は人間の名前を付けていた）を紹介するのが好きだった。自分用の小さな室内ジムやガラス張りの水泳プールを見せびらかすこともあった。

この朝、もろもろの用件が立てこんでいるなかで、それでも伝説的な七十一歳のアメリカ人コラムニスト、ウォルター・リップマンとその妻ヘレンに会おうと決めたのは、フルシチョフがケネディとの関係をいかに重要に考えているかの証左だった。フルシチョフは、単に、リップマンの国民的影響力とそのケネディへの近さのゆえだけで彼に会おうとしたのではない。フルシチョフがリップマンを気に入っていたのは、彼の書くコラムが一貫してソ連に友好的であったという事実にもよっていた。

しかし、有人宇宙船打ち上げのスケジュールが固まってきたので、フルシチョフはいったんは会見の延期を決めた。それを伝える駐米ソ連大使メンシコフのメッセージがリップマンの許に届いたのは、彼がローマ経由でソ連に向かうべく、ワシントンの空港ですでに飛行機のファーストクラスにおさまっている時だった。

「もう無理ですな」――そう書きなぐったメモがメンシコフ宛てのリップマンの返答だった。リップマン夫妻がソ連に到着するまでに、フルシチョフはふたたび心を変え、二人に会うことを決めていた。ただ、翌朝の歴史的なユーリー・ガガーリン搭乗の宇宙船打ち上げについてはひと言も口にする気はなかった。

この打ち上げは、もともとメーデーに予定されていたのを、三月二十三日に起きた訓練事故のあと、フルシチョフが急遽前倒ししたのである。この日、最初の宇宙飛行士となるはずだったヴァレンティン・ボンダレンコ中尉が高濃度酸素の充満した訓練室で火焔に包まれて死亡した。アメリカに先んじて宇宙に人間を送りこもうとするソ連の性急さがこのような事故を招いたと言えるかもしれない。ソ連当局はこの事故の詳細をいっさい明らかにしなかった。ボンダレンコの死を公表せず、ソ連宇宙チームのすべての写真から彼の姿をエアブラシで消してしまった。

しかしフルシチョフはこの事故にめげるどころか、いっそう決意を固め、打ち上げ予定日を早めて四月十二日にしたのだ。そのタイミングは、アメリカのマーキュリー計画――宇宙飛行士アラン・シェパードを五月五日に打ち上げることになっている――に先んじるために選ばれた。もしこのガガーリンの宇宙飛行が成功すれば、フルシチョフは歴史を作るばかりか、切望してやまなかった政治的ダイナミズムを手に入れることができる。もし失敗すれば、フルシチョフはこの打ち上げのすべての証拠を闇に葬るだろう。

こうした裏のドラマを知る由もなく、リップマンとその妻はフルシチョフのサンクチュアリーに四月十一日午前一一時三〇分に到着した。そして、夜、辞去するまで、散歩したり、飲食したり、語り合ったりの八時間を過ごすことになる。

リップマンはアメリカや世界の指導者たちと容易に会見することのできる人物だったが、その彼にしても、共産主義世界の最高指導者にその黒海の「隠れ家」で面談できる機会はそう訪れてくるものではなかった。コラムを書き始める前、リップマンはウッドロー・ウィルソン大統領の顧問であり、ヴェルサイユ条約を定めた一九一九年のパリ講和会議にも代表の一人として参加している。「冷戦」の語を生み出したのも彼であり、アメリカはヨーロッパにおける新しいソ連勢力圏を受け入れよとの意見の主唱者だった。モスクワがリップマンに寄せる関心はきわめて強く、第二次大戦中、彼の取材源や研究テーマなどについて情報を得るべく、彼の秘書メアリー・プライスの周囲にソ連のスパイ組織が形成されていたほどである。

別荘の敷地を並んで歩いているとき、背が高く筋骨たくましいリップマンはずんぐりしたフルシチョフを威圧するかのようだった。しかし、明るい午後のバドミントンの試合では、フルシチョフはソ連外務省から派遣されたリップマン夫妻の護衛官(でっぷりした女性だった)とチームを組み、猛烈な負けじ魂を発揮して、よりアスレティックなリップマン夫妻を圧倒した。驚くばかりの敏捷さで、くり返しくり返しシャトルコックを、しばしば相手側の頭を狙ってネットすれすれに打ちこんだ。

昼食時間にフルシチョフの右腕アナスタス・ミコヤンがグループに加わり、その後三時間半の会話が始まった。話題は、ほとんど全面的にベルリンに関してだった。リップマンはシベリアでトンプソン大使が感じたのと同様に、フルシチョフにとってはベルリンの将来こそが何事にもまして最重要の問題なのだなと感じざるを得なかった。

リップマンは出発前に、ホワイトハウス、国務省、CIAの高官たちから詳しい説明を受けており、彼らに代わって探りを入れることが出来た。彼は質問した。——なぜあなたはベルリン問題をそれほど緊急な案件と考えるのか。なぜベルリンに関して五年ないし一〇年の猶予期間を取り決めないのか。そうすれば、その期間内に米ソが相互の関係における他の諸問題の解決に取り組むことができ、そのことでベルリンに関する同意を形成しやすい雰囲気が醸成されるのではないか。

さらに遅らせるという考えをフルシチョフはにべもなく否定した。リップマンは、それはなぜなのかと食い下がった。

フルシチョフは答えた。──ドイツ問題の解決は、「NATOの一二個師団を握るヒトラーの将軍たちがフランスとアメリカから核兵器を獲得する前に」なされなければならない。ヒトラーの残党が核兵器を手にする前に、ポーランドとチェコスロヴァキアの現在の国境を確定し、東ドイツの永続的存立を保証する平和条約を結ばなければならないのだ。さもないと西ドイツは、ドイツを統一し、戦前の東部国境の回復を目指す戦争にNATOを引きずりこむに違いない。

フルシチョフとの会話をリップマンは記憶に刻み込み、妻は逐語的に書き綴った。ミコヤンがウォツカとアルメニア・ワインをせっせと注いでくれるので、二人は酔わない用心をしなければならなかった。フルシチョフが気を利かして用意してくれたボウルに時どきこっそりとグラスの酒を空けていた。

フルシチョフはケネディに聞かせるつもりで話しているようだった。自分は絶対に今年、「ドイツ問題になんとかケリをつける」つもりだと夫妻にくり返し告げた。リップマンは後にコラムに書いたところによれば、フルシチョフは難民の奔出を止め共産主義国家東ドイツを救うために、ベルリンに関して「決定的行動に出ることを固く決意し、おそらくもはや引き返しがたいほどコミットしている」のだった。

フルシチョフは自分のベルリン構想を三点にまとめてリップマンに説明した。これまで公表してきたものよりも詳しい説明だった。このインタビューに基づく三部から成る記事は、四五〇の新聞に掲載され、リップマンに二度目のピュリツァー賞を受賞させるのである。

フルシチョフはリップマンに次のように話したのだった。――第一に、フルシチョフは、決して再統一されることのない「二つのドイツが事実として存在する」ことを西側が受け入れるよう求める。それゆえアメリカとソ連は、平和条約を通してドイツに三つの要素――東ドイツ、西ドイツ、そして西ベルリン――が存在することを成文化すべきだ。この結果、西ベルリンの役割は、国際的法規によって「自由都市」として確定されることになる。それ以後は、西ベルリンへのアクセスと同地の自由は、フランス、イギリス、アメリカ、ソ連の各軍隊の象徴的部隊によって、また国連によって任命された中立国の軍隊によって保証される。占領四カ国は、二つのドイツ国家との間に、こうした結果をもたらす協定を結ぶことになる。

とはいえ、ケネディはこのオプションを受け入れそうもない。それでフルシチョフはリップマンに、彼が「予備的立場」と呼ぶものを説明した。自分は、二つのドイツ国家に二、三年の猶予期間を与える一時的協定を受け入れてもよい。この期間の内に、東西のドイツ国は、緩い連邦、もしくは他の形による統一について交渉することができる。もし両者がこの期間内に合意に達したら、このことは条約に書きこまれる。しかしもし失敗したら、すべての占領権は終了し、外国軍隊は撤退することになる。

フルシチョフはリップマンに言った。もしアメリカがこれら二つのオプションのどちらも討議することを拒否するのなら、自分の「第三の立場」は、東ドイツ国家と単独の平和条約を結ぶことだ。これは、西ベルリンへの全アクセス・ルートの完全な管理権をウルブリヒトに与えることを意味する。もし西側同盟諸国がこの新しい東ドイツの役割に抵抗するならば、自分はソ連軍を投入してベルリン市全体を封鎖するつもりである〔すでに東ベルリンはソ連の支配下にあるから、実際には西ベルリンを封鎖することを意味する〕。

この露骨な脅しの衝撃をやわらげようとして、フルシチョフはリップマンに、――だからと言って、自分はやみくもに危機を引き起こすつもりはない、まずはケネディと直接会ってこの問題を討議したいのだ、と言った。つまりフルシチョフは、リップマンを通してケネディ大統領との交渉を開始しているのだった。

リップマンはアメリカ代表の役割をあえて買って出たかのように、フルシチョフに言った。ベルリンに関する論議に五年間の猶予期間を設けるのはどうなのだろうか。この期間中、ベルリンの現在の状況を凍結したままにしておくというのは……。リップマンは訪ソ前のブリーフィングを通して、ケネディがこの案を気に入っていることを知っていた。

フルシチョフは手を激しく振って問題外だとの意思を示し、こう言った。自分のベルリン最後通牒からすでに三〇カ月が経っている。いまさらそんな長い先延ばしに同意できるわけがない。それに自分は、ベルリン問題を、十月のソ連共産党大会まで、未解決のままにしておくつもりはない。自分にとってベルリン問題解決の最終期限は一九六一年の秋または冬だ。

フルシチョフは言った。自分はケネディがアメリカの政策を決定しているとは思わない。ケネディの背後にいる勢力は、ひと言でいえば「ロックフェラー」だ。ケネディを操っているのは、大資本だ。しかし、これらの資本家たちは、「その帝国主義的本性」にもかかわらず、良識によって説得され得る存在のはずだ。もし、お互いに有益な協定か、ソ連の一方的行動もしくは戦争のどちらかを選ばなければならなくなったなら、ロックフェラー一派は必ず、協定を結ぶことを選ぶに違いない。

フルシチョフは続けた。自分はアメリカの核兵器などこけおどしだと思っている。「私の意見では、われわれが東ドイツと平和条約を結ぶからと言って、人口二五〇万の西ベルリンに『自由都市』という特別の地位を与える平和条約を結ぶからと言って、それが気に入らぬがゆえに、数億の人間が死んでしまう戦争を始めるような、そんな愚かな政治家は西側にはいない。そんな愚か者はまだこの世に生まれたことはない」

その日の終わり、ぐったりとしてベッドに横たわったのは、リップマン夫妻であってフルシチョフではなかった。別れに臨んで、フルシチョフは夫と妻のそれぞれを、息詰まるばかりのハグで抱きしめた。二人は疲れて、酔って、近くのガグラの町のホテルに戻った。ちょうどひと月前、トンプソン大使は憔悴し切ったフルシチョフを見た。しかし、きょう、リップマンの見たフルシチョフは活気にあふれていた。そして翌朝、フルシチョフをよりいっそう高揚させる知らせが飛び込んでくるのである。

ソ連、ピツンダ半島
一九六一年四月十二日、水曜日

打ち上げ成功の知らせが入ったとき、フルシチョフが口にしたのはただひと言、「で、生きているのかね?」という質問だった。電話してきたのはセルゲイ・コロリョフ。伝説的なロケット設計者でソ連宇宙プログラムの最高責任者だ。

生きています、とコロリョフは答えた。それどころではない、ユーリー・ガガーリンは宇宙に行った最初の人類となり、さらに地球の周囲を一巡した最初の人類となったあと、無事、地球に戻ってきたのだ。ソ連は彼のミッションをヴォストークつまり東と命名していた。太陽の昇る方角の名によって自国の隆盛を印象づけるためだった。プロジェクトはその目的を達成したのだった。とりわけフルシチョフが歓喜したのは、一〇八分の飛行の間にガガーリンが、一九五一年にドミートリー・ショスタコーヴィッチが作曲した「母国は聞く、母国は知る、その息子が空を飛ぶのを」という歌詞を持つ愛国的歌曲を口笛で吹いたことだ。有頂天になったフルシチョフは軍首脳部の抗議を押し切って、即刻、ガガーリンを少佐に二階級特進させた。

フルシチョフは喜びと誇りに満ちあふれていた。一九五七年のスプートニク・ミッションに次いで、彼は宇宙競争においてふたたびアメリカを打ち破ったのだ。同時に彼はミサイル技術を、ソ連の核戦闘能力の向上という状況の中で、明白な軍事的意味合いをこめて誇示していた。そして、それにもまして重要なのは、ヴォストークの成功が、彼にとって、十月の党大会のために痛切に求めてやまなかった政治的打ち上げロケットとなったことだ。――これで、敵対者たちを黙らせることができそうだった。

今回の飛行を特集した政府機関紙『イズヴェスチヤ』のトップ全段抜き見出しは、「偉大な勝利、われらの国家、われらの科学、われらの技術、われらの男たち」だった。フルシチョフは息子セルゲイに、ソ連国民がこぞって真の英雄を祝う大々的な式典をやるんだと、相好をくずして語った。年初からの緊張の連続が父親の健康に負担をかけていることに気づいていたセルゲイは、すぐモスクワに戻るのはやめたほうがいいと忠告したが、フルシチョフが聞き入れるはずもなかった。KGBは、そもそも、自分たちに完全には制御できない群衆というものが嫌いだったから、大式典には不賛成だった。が、フルシチョフは彼らの警告にも耳を貸さなかった。

フルシチョフは一九四五年五月九日の第二次大戦終結以来最大のパレードと国民的祝賀を命じた。勝利の喜びに酔いしれるあまり、彼はガガーリンとその妻の乗った無蓋のリムジンにとっさに飛び乗り、レーニン大通りから赤の広場まで陽光降り注ぐ街路を共にパレードし、沿道の群衆の歓呼に共に手を振って応えた。英雄をよく見ようとして木に登る者もいたし、窓から身を乗り出す者もいた。道路際のバルコニーというバルコニーは見物人であふれ、その重みで崩れ落ちるのではないかとフルシチョフは心配だった。

レーニン廟上の演説の中で、フルシチョフはガガーリンの愛称を用いつつこう豪語した。「われわれに対し鉤爪を研いでいたすべての者たちに知らせよう……ユルカが宇宙に行ったと、彼はすべてを見た、そしてすべてを知っていると」。フルシチョフはまた、ソ連を見くびっていた人たち、ロシア人は「はだしで着る物もないやつら」だと考えていた人たちを嘲笑した。ガガーリンの飛行は、ソ連国家の技術的能力を世界に告知するものであると同様に、フルシチョフにとっては自分個人の指導能力が確認されたことを示すものでもあった。ろくに学校にも行かず靴をはくこともなかった貧民の子が、ケネディを、そしてすべてにおいてはるかに発達したアメリカを、追い抜いたのだ。

マーキュリー計画によってアラン・シェパードが宇宙における二人目の人類、最初のアメリカ人となるのは、三週間以上ものちのことだ。歴史は永遠に、フルシチョフとユルカが最初だったと伝え続けるのである。

ワシントンDC
一九六一年四月十二日、水曜日

最悪のタイミングだった。アデナウアーがワシントンに到着したのは、ユーリー・ガガーリンがカザフスタンに無事落下傘降下したわずか数時間後のことだったし、オーヴァル・オフィスで迎えてくれた合衆国大統領は、実は、キューバ侵攻問題で頭がいっぱいで遠来の客を歓迎する気分とは程遠かったのだ。

もっと具合の悪いことがあった。アデナウアーがワシントンに着くほぼひと月前に、ベルリン市長ヴィリー・ブラントがスポークスマン（ベルリン市政府広報責任者）のエゴン・バールを伴なってこの地を訪れていた。新任の合衆国大統領が、同盟国の最高指導者との会見よりも前に、同じ国の野党の大物と会見するなど、ほとんど前例のないことだった。しかしこれが、緊張を孕んだケネディ＝アデナウアー関係の実態だった。

ひと月前ケネディはブラントに告げていた。「西側が受け継いだ第二次大戦のすべての遺産の中でベルリンは最も困難な問題です」。それなのに、これについての良い解決策が考えつかない……。ブラントもその点は同じだった。「われわれはただこの状況と共に生きるしかないのでしょうな」とケネディは言ったのだった。

ブラントも多くの人々と同様、「フルシチョフはベルリンの地位を変えるために十月の共産党大会前に行動を起こしそうだ」と見ていた。西側の決意をテストするために、東ドイツとソ連は、このところベルリンの東西間の民間・軍の移動に対するハラスメント〔嫌がらせ〕を増大させている。しかし、万一ソ連がふたたび西ベルリンを封鎖したとしても、西ベルリンは大量に燃料と食糧を備蓄しており、六カ月は持ちこたえられる。この間に、ケネディ大統領は交渉によって事態を打開してもらいたい、とブラントは言った。

ブラントはオーヴァル・オフィスでの四〇分間、ケネディに、ベルリンの自由という大義のためのより大きな情熱を注入しようと努めた。彼は、西ベルリンは自由世界への窓だと言った。西ベルリンこそ、いずれは解放されるという東ドイツの人々の希望を生かし続けるための窓なのだ。「西ベルリンがなければ、この希望は死にます」。そしてアメリカのプレゼンスは西ベルリンが存続するための「不可欠な保証」なのだ、と力説した。会談の中でケネディは、西ベルリンを国連保護下の「自由都市」

にするというソ連提案（ケネディがこの提案を支持しているという噂があった）を拒否する意思を初めて明らかにし、ブラントを安心させた。ブラントもまたケネディを安心させようと、わが社会民主党が当初、中立路線を掲げてソ連に媚びていたのは完全に過去のことだとあらためて強調したのだった。

ブラントとのこうしたやりとりに比べれば、ひと月後のケネディとアデナウアーの会話は、あまりなごやかなものとは言えなかった。ケネディはアデナウアーに、ブラントにしたのと同じ質問の多くをぶつけたが、返ってきた答えはブラントのそれに比べて不満の残るものだった。一九六一年にソ連はベルリンでどう出るだろうかと訊かれて、アデナウアーは、自分は予言者ではないから、「何でも起こるかもしれないし、何も起こらないかもしれない」としか言えませんな、と答えた。さらにアデナウアーは、フルシチョフが一九五八年十一月にあの六カ月の期限を切った最後通牒を発したとき、彼がこんなに忍耐強いとは誰も予想していなかった、彼はいまだにあの時の脅しを実行に移してはいませんな、と言った。

ケネディは、――ソ連が東ドイツと単独に平和条約を結び、しかし西側諸国のベルリンへのアクセスを妨害しなかった場合、アメリカはどう反応すべきだと思いますか、と尋ねた。

アデナウアーは若い大統領に年長者らしい態度で、ドイツに関する法的状況がいかに複雑であるかについて、縷々説明した。米英仏ソ四カ国とドイツ国全体との平和条約がいまだ結ばれていないことをご存じかとも訊いた。ソ連が西ドイツ各地にまだ軍事代表部を保持しているという「少しも知られていない事実」を認識しておられるのかとも尋ねた。実は、西側の三カ国からは、これについてあまり多くを言うなと要請されている、これら三国もまた東ドイツに同じような施設を持ち、ここを通して東側のもろもろの情報を入手しているのですからな、と首相は付け加えた。

ケネディのストレートな質問をアデナウアーが受け流してしまったので、外相ブレンターノがソ連の出方について意見を述べた。第一の可能性は、ふたたびのベルリン封鎖だ。しかし、これはまずありそうもない。第二は、ソ連がベルリンに関する管理権を東ドイツ指導部に委譲すること。これに続いてベルリンへのアクセスを妨げるハラスメント戦術を行なう。ブレンターノの見るところ、こちらのほうがありそうだ。だからこの可能性に向けての対策を策定しておくべきではないか。

そうなった場合、西ドイツはNATO同盟の軍事的誓約を守り、ソ連軍の攻撃に対して西側軍隊を守るべく介入する所存であるとアデナウアーは言った。「もしベルリンが東側の手に落ちたら、それはヨーロッパと西側世界にとって死刑宣告を意味します」とブレンターノは言った。

そのあと、ベルリン危機発生の場合、どのような事態においてどちらの側がどのような法的権利を持つのかについて、複雑な討論が続いた。国際法上、西ドイツはベルリンに関してどのような権利を持つのか？　西ドイツはどのような権利を求めるのか？　米英仏ソ四カ国はベルリン市民に物資を提供しまた彼らを防衛するためのいかなる権利を持つのか？　ベルリンに対するNATOの保証は何に依拠しているのか？　その保証はいつ、誰によって実行されるのか？　ベルリンでの紛争がどのような事態に立ちいたった場合、西側は核兵器を使用するのか？

どの質問も容易に答えられるものではありませんな、とアデナウアーは言った。

ケネディはいらいらしながら通訳の言葉を聞いていた。

アデナウアーにとって、ベルリン危機の解決とは、この都市の分割を、ドイツ全体の分割と同様に、明確なかたちで東西に区分することだった。彼は、西ドイツが西側世界に統合されることは、いつの日か実現されるであろうドイツ統一の前提条件だ、と思っている。西側への統合によって、強い立場で統一を交渉するためのより良いチャンスが生まれるのだ。アデナウアーはケネディに言った。西ドイツはソ連と二国間協議に入ることに何の関心も持ちません。「世界の壮大なゲームの中で、西ドイツは結局のところ非常に小さな存在にすぎませんからな」。しかし、ベルリンに関してソ連と直接討議しないという西ドイツの政策を実効あるものにするためにも、アメリカの完全なコミットメントが必要なのです。

ケネディは言った。自分としては、米軍をドイツに駐留させておくことによって生ずる、毎年三億五〇〇〇万ドルの「金の流出」が頭痛の種だ。これはドイツ・マルクの評価がいかに高かろうとそれが役に立たない問題だ。自分はこれを「わが国の国際収支における大きな要素の一つ」と呼んでいる。どうか、ドイツにおけるアメリカのコスト削減に協力していただきたい、ドイツの軍需物資その他物品のアメリカでの調達を増やしていただきたい。ケネディは、(前年十二月アイゼンハワー政権の財務長官ロバート・アンダーソンが西ドイツを訪問した際に噂になったのとは異なり)アデナウアーから直接の予算上の救済を求めはしなかった。しかし彼は、豊かな西ドイツが発展途上の国々に、もっと支援を提供するよう求めた。これは部分的にはアメリカのにならうグローバルな重荷を減らすことでもあった。アデナウアーはこのことにも、また、アメリカの負担を軽くする他の経済的手段にも、同意した。

西ドイツ防衛がアメリカの予算に与えるインパクトについて論議されたということは、両国関係の重要な変化を示していた。ケネディは個人的に、前任者たちに比べてドイツへの関心が薄かった。そのうえ彼は、繁栄を誇る西ドイツは、当然、アメリカのコストを埋め合わせるべきたと思っていた。

ケネディ＝アデナウアー会談の終わりに発表されたコミュニケは空疎なものだった。合意点に関しては漠然とした表現にとどまったし、意見の異なる問題についてはまったく触れていなかった。ドイツ誌『シュピーゲル』の特派員の報じるところによると、――アデナウアーは西ドイツ政府の主要な関心事に何ら答えを得られなかった訪問にいたく失望した。三回に及ぶ長い会談は、「西ドイツ首相の体力を消耗し尽くし、彼の政治的諸計画を抹殺した」。会談後ホワイトハウスの階段を降りてくるアデナウアーは、「見るからに疲れきって、肩を落とし、日焼けした顔は土気色だった」。

『シュピーゲル』はさらに報じた。――ケネディ政権は、ホワイトハウスでの会談後の週末を友人であるアイゼンハワー前大統領と共にペンシルヴェニアで過ごしたいというアデナウアーの要請を受け入れなかった。ケネディ政権はアデナウアーを、テキサスへ、「副大統領ジョンソンの人里離れた牧場」へと「追放」したのである……。

アデナウアーは自国の華々しい経済的成功にもかかわらず、ワシントンで自分自身の通貨価値が下落していることを思い知らされた。かつて共にマーシャル・プランを実行し、国を再建し、NATO加盟を推進し、ソ連と対決したアメリカの仲間のほとんどは、公職をしりぞいていた。最も親密な同盟者ジョン・フォスター・ダレスは二年前に他界していた。二、三のドイツ人記者はホワイトハウスの公式発表を真に受けて、アデナウアーとケネディはより深い個人的紐帯を結んだなどと報じたが、それを裏付ける証拠は何もなかった。

会談を終えて、ケネディはホワイトハウスの芝生に降りたった。ワシントンの四月の湿気を含んだ寒さの中、彼は心にもない賛辞をアデナウアーに送った。「歴史は彼を最も惜しみなく評価することでしょう。西欧諸国を団結させることにおいて、合衆国と連邦共和国のきずなを強めることにおいて、彼の業績は際立っています」

これに応じてアデナウアーも、深い不信をいだいている男を、「自由世界の運命に関わる巨大な責任」をになう「偉大な指導者」と持ち上げた。

当時誰も注目しなかったやりとりがある。ある記者が会談後行なわれたナショナル・プレス・クラブでの記者会見で、鉄のカーテンに沿ってコンクリートの壁が建てられるかもしれないという噂がありますが、と質問した。アデナウアーは少したためらったあと、「ミサイル時代にコンクリートの壁はあまり意味がないね」と答えた。

テキサス州、ストーンウォール
一九六一年四月十六日、日曜日

晴れわたった日曜日の正午、アデナウアーは娘のリベット、外相ブレンターノと共に空路ワシントンからテキサス州オースティンに到着した。オースティンでヘリコプターに移乗し約六〇マイル先のストーンウォールへ。ここは人口ほぼ五〇〇、副大統領ジョンソンの生地であり彼のLBJ牧場の所在地でもある。アデナウアーは難問山積の現実世界を離れドイツ人にとってほとんど神話的な魅力を持つ世界へと入っていった。空漠たる大地の広がるアメリカの古き西部の世界。この世界はドイツ人にとっては同国人作家カール・マイの多くのベストセラー小説によって馴染みになったものだ（余談ながら、マイはアメリカ西部を一度も訪れていない）。

牧場が多く樹木の生い茂った丘陵地帯の続くこのテキサス中央部は一世紀前にドイツ人によって開拓された。その子孫たちが「WILLKOMMEN ADENAUER〔ドイツ語で「ようこそアデナウアー」〕」や「Howdy Podnur〔西部の方言で「やあ、いらっしゃい」〕」と書かれたプラカードを持ってドイツ連邦首相《ブンデスカンツラー》を暖かく歓迎した。ウニバルド・シュナイダー神父がストーンウォールの聖フランシス・ザヴィア〔聖フランシスコ・ザビエル〕教会でアデナウアーのためにドイツ語で特別の午後ミサを行なった。

近くのフレデリックスバーグ（そこではドイツ語がまだ広く話されている）を訪れたとき、アデナウアーは母国語で、自分は「人生において二つのことを学んだ。一つは、ひとがテキサス人になることはできる、しかしテキサス人がテキサス人であることを止めることは絶対できない、ということ。もう一つは、世界にテキサスよりも大きなものが一つだけある、それは太平洋だ、ということ」と語って、周囲の人々を喜ばせた。ジョンソン副大統領も喜んだ一人だった。第一線のドイツ人記者たちを引き連れての訪問だったから、アデナウアーはこの西部の旅を、ワシントンでの失望の解毒剤としてだけでなく、来たるべき選挙戦の事前運動として活用する気になっていた。

ケネディから目立たない任務ばかり与えられて面白くなかったジョンソンも今回ばかりは、「とことんご機嫌をとるように」との指示通り、アデナウアーを大いにもてなした。もちろん彼の本心は、今はテキサスなんぞではなくワシントンにいて、キューバに対してもっと強硬策をと、持論をまくしたてていたいところだったのだ。

LBJ牧場の中を流れるパーダナリス川のほとりに立てられた二つの巨大なテントで歓迎のテキサス風バーベキューのパーティーが開かれ、アデナウアーはソーセージをほおばった（まさにこのころCIAに支援された亡命者部隊二五〇六旅団の艦艇は、兵員、兵器、弾薬を積んでキューバ南岸沖四〇マイルのランデブー地点に集結しつつあった）。ジョンソンはテンガロンハットをアデナウアーの頭にかぶせると、これをアデナウアーはあみだにかぶり直してポーズをとった。この写真はドイツの主要各紙に掲載されることになる。ジョンソンはまたアデナウアーに鞍と拍車を贈り、西ドイツ首相が冷戦のなかで自由という名の馬をいかに勇敢に駆ってきたかを称えた。アデナウアーは感動の面持ちで、テキサスは自分の故郷のように思われると述べた。

四月十七日月曜日、帰国するアデナウアーを空港まで送る車中で、ジョンソンはケネディからの電話を受けた。ジョンソンはアデナウアーにケネディの別れの挨拶を伝え、続けてこう言った。大統領は西ドイツを「大国」とみなしていると申しております。それから声をひそめ、亡命者たちの侵攻が引き金となって、キューバで蜂起が始まっています、と、ケネディから聞かされたばかりの情報を伝えた。

そのあと、どういうことになるかはまだわかりませんがね、と付け加えた。

ワシントンDC、ホワイトハウス
一九六一年四月十八日、火曜日、夕刻

アデナウアーは無事ボンに戻った。ケネディ大統領は展開中のキューバ危機からしばし離れ、燕尾服に白いタイといういでたちで、シャンパンを手にしている。周囲には国会議員の面々とその配偶者たち。全員が、ケネディ夫妻がワシントンに持ち込んだ優雅と魅惑の雰囲気に浸っている。

前日未明、CIAによってグアテマラで武器を供与され訓練されていた一四〇〇人のキューバ亡命者がピッグズ湾に上陸を開始している。その作戦がいまや破局に向かっていることを、ゲストのほとんどは、まだ知らなかった。

二日前、キューバの国籍マークを付けた八機のB26爆撃機が、ニカラグア東岸、プエルト・カベサスにある秘密のCIA航空基地から発進し、上陸作戦支援のための予備的攻撃を企てたのだが、これが失敗に終わった。カストロ軍の有する三ダースの戦闘機のうち五機を破壊するにとどまり、この結果、上陸部隊の艦艇は敵機の攻撃にさらされることとなり、サンゴ礁という予期しなかった障碍に出会う以前に、脆弱化した。

カストロ側のT33ジェット機は、武器弾薬、食糧、通信手段などを積んだ二隻の貨物船を撃沈。亡

命部隊兵士の多くは四散して不十分な装備しか持たないまま誤った場所に上陸した。ホワイトタイ・パーティーの日の朝、国家安全保障担当補佐官マクジョージ・バンディはケネディに悪いニュースを伝えていた。「キューバ政府軍の強さ、民衆の反応の弱さ、わが方の戦術的立場の脆さは、われわれの予想を上回っています」

にもかかわらず、その宵、海兵隊軍楽隊はにぎやかに「ミスター・ワンダフル」を演奏し、一流歌手がブロードウェイのヒット・メロディーを高らかに歌い上げた。そのなかを大統領とファースト・レディが、完璧なカップルが、完璧な微笑と共に赤いカーペットの敷かれた階段を降りてきて、巨大な喝采に包まれる。

ジャッキーは上院議員を相手にパートナーを換えつつダンスを楽しみ、大統領は自信にあふれて賓客たちと言葉を交わす。なにしろ支持率はなお七〇パーセントを越えているのだ。

午後一一時四五分、大統領は賓客を残して会議へと向かう。この会議が、失敗しつつあるキューバ作戦を救う最後のチャンスとなるかもしれない。まるでハリウッド映画の一シーンだった。ホワイトタイの大統領と閣僚が、最もフォーマルな礼服を着て胸の勲章をきらめかせた軍首脳連中と、戦闘計画を語り合っている。その間キューバでは、彼らが送り出した男たちが、敵の砲火の下で絶望的な戦闘を強いられている。ケネディは、作戦に米軍兵士や米軍機を使うのを拒むことによって、アメリカの関与を否認する論拠をつくろうとした。しかし彼の指紋は、いま繰り広げられている惨劇のいたるところに拭いようもなく付着しているのだ。

室内の軍高官のほとんどは、アイゼンハワー大統領がカストロ打倒の計画を承認した一九六〇年一月、すでに現在の職務に就いていた。この作戦の総指揮に当たっているのは、ケネディがアイゼンハワー政権から留任させた六十八歳のＣＩＡ長官アレン・ダレスだ。彼はこの作戦の最初のプランを策定した。一五〇〇人の亡命者と、第二次大戦時の戦闘機を操縦するアメリカ人パイロット数名を用いて、左翼政権転覆を成功させた一九五四年のグアテマラ・クーデターをモデルにしたプランだった。グアテマラに関与したCIA職員たちもまた新しいキューバ侵攻計画に参加していた。

この会議の中で最も重要な存在はリチャード・ビッセルだ。知性にあふれ上品で心の内を明かさない。スパイの世界に憧憬を持つケネディ兄弟の心を捉えた人物である。長身で猫背の元イェール大学経済学教授は、CIAの計画担当のトップであり、キューバ作戦の直接の責任者だ。洗練されていていささか自虐的。彼がケネディに初めて会ったのは、新大統領のためにCIA幹部職員が女子禁制の「アリバイ・クラブ」で催した晩餐会の時だが、この席で自分のことを「人食い鮫」になぞらえて、ケネディを笑わせている。

ケネディ政権成立後、ダレスとビッセルはこれまでの計画に最後の仕上げを行なった。この計画は、亡命者兵士約一四〇〇人によるかなり大がかりな陸海共同の上陸作戦であり、この上陸が成功すれば、キューバ国内の抵抗組織メンバー二五〇〇人、同調者二万人が行動を起こし、これに鼓舞されて、アメリカ情報機関の推定で総人口の二五パーセントを占める反カストロ大衆が蜂起する、というものだった。

ケネディはこれらの数字にはまったく疑問をいだかなかったものの、この計画に多少の変更を命じた。それがかえって作戦成功のチャンスを減らすことになった。彼は上陸地点をキューバ南岸中央部の町トリニダードからピッグズ湾〔コチノス湾〕に変更した。こちらの方が夜間上陸に適している。夜間上陸ならあまり目立たず、反撃の可能性も少ないだろうという理由からである。ケネディは、アメリカの直接の関与が露見してしまう恐れのある航空機その他による支援は行なわぬよう主張し、最初の空襲への参加機も一六機から八機に減らした。――これまた「侵攻の規模を小さくする」ためである。

ベルリンが大統領の思考に影響を与えていた。アメリカがキューバ侵攻にあまりにも直接的に関与すると、それを口実にしてソ連がベルリン問題で軍事行動を起こすかもしれない。ケネディはそんな口実をフルシチョフに提供したくなかったのだ。

土壇場になってのケネディの変更は大至急の調整を必要とし、その結果、多くの見落としや手抜かりが生まれた。ピッグズ湾内に船の航行にとって危険なサンゴ礁がひしめいていることを誰も予期していなかった。上陸作戦がうまくいかなかった場合、前の上陸地点なら兵士たちが山中〔反カストロ・ゲリラのいるエスカンブライ山脈〕に逃げ込むことも容易だったのに、ピッグズ湾だとそれが出来ない。そのことに誰も思い及ばなかった。しかも、情報漏洩が頻繁だった。すでに一月十日、『ニューヨーク・タイムズ』は第一面に三段抜き見出しで、「アメリカ、グアテマラの秘密空陸両用基地で反カストロ部隊の訓練に協力」と報じていた。さらに四月初め、ケネディは補佐官アーサー・シュレジンジャーを通して、『ニュー・リパブリック』に、ある記事の不掲載を要請せざるを得なかった。侵攻計画についてきわめて正確に詳述されている記事だった。

「カストロはこっちに諜報員を潜入させる必要はないな。わが国の新聞を読むだけで十分だものな」とケネディは愚痴を言ったのだった。

四月十七日の侵攻は、ケネディとフルシチョフの間に書簡による激論の応酬を生み出していた。フルシチョフは、戦況が上陸部隊側に不利となっていることをまだ知らずに、モスクワ時間四月十八日午後二時、これまでに彼がケネディに向かって用いた最も脅迫的な言辞を用いて、警告を発した。キューバとベルリンをリンクさせて、彼は言った。「軍備と世界の政治状況が今日このようなものであるがゆえに、いわゆる『小さな戦争』であっても、地球の至るところに連鎖反応を引き起こし得るのです」

フルシチョフはケネディの否認を受け付けず、アメリカが侵攻部隊を訓練し彼らに飛行機や爆弾を供与していたのは周知の事実ではないかと言った。「軍事的破局」の可能性について警告しつつ、「われわれの立場は明快です。われわれはキューバ人民とその政府に、武力侵攻を撃退するために必要なすべての援助を与えるでしょう」と述べた。

ケネディは同日ワシントン時間午後六時ごろ、フルシチョフに反論した。「あなたは重大な誤解をしておられる」と前置きして、キューバ人が民主主義的自由の喪失を「耐えがたいもの」とみなしていること、そしてそのような状況が、一〇万を越える難民たちの間に反カストロの抵抗運動を成長させていることを、多くの事例を挙げて強調した。同時にケネディは、アメリカが介入していないというフィクションにあくまで固執しており、われわれも手を出さないのだからそちらも手を出してはならない、とフルシチョフに警告した。「合衆国はキューバに対しいかなる武力介入も意図していません」。もしソ連が今回の事態に対応して介入するならば、合衆国は「外部からの侵略に対してこの半球を保護する」という義務を尊重することになるでしょう。

このやりとりがまだ記憶に鮮明だったので、ケネディはより大規模なアメリカの関与を求める声のすべてに抵抗した。彼は、上陸部隊に米軍機による限定的上空援護を緊急に与えるべきだ、そうすればまだ勝利を得ることは可能だ、というビッセルの意見をしりぞけた。ビッセルは、自分が求めているのは空母エセックスからのジェット機二機だけだ、これでカストロ軍機を撃墜し、立ち往生している上陸部隊を支援するのだ、と食い下がった。

「駄目だ」。大統領は言った。

ケネディはわずか六日前、補佐官たちがこの作戦に疑念を表明すると苛立って、「みんな、この件では自分のきんたまを握ってばかりいるんだな」と言ったのだった。いま彼はまさに同様の苛立ちを示していたが、その苛立ちは彼をこの不始末に引きこんだ人々に向けられていた。彼らはこの作戦の勝利のためには軍事行動をエスカレートするしかないと進言するのだが、しかし、そんなことをすれば、ますますアメリカの関与が明白になってしまうではないか。

「私が海兵隊員を一人でも上陸させれば、その途端に、われわれは首までこの件にはまりこんだことになるんだ」。ケネディはビッセルに言った。「私はアメリカを戦争に突入させてそのあげく敗北させるなんてことは絶対にできない」。さらにケネディは、「アメリカ製ハンガリー事件」は望まなかった。蜂起を煽っておいて、その蜂起が弾圧されるのを拱手傍観していた、と受け取られたくはなかった。「このまま突き進めば血みどろの大虐殺になってしまうだけだ。お分かりかな、紳士諸君？」

もし大統領が軍用機を用いたくないのなら駆逐艦の大砲を用いたらどうですか、と海軍作戦部長アーレイ・バーク提督が言った。第二次大戦と朝鮮戦争の英雄であり、麾下の駆逐艦を極限の猛スピードで航進させることから「三一ノット・バーク」の異名をとった人物だ。彼はなんとしてもケネディにアクセルを踏んでほしくて、さらに言葉を続けた。まだ戦況は変えられます、一隻の駆逐艦の艦砲射撃で「カストロの戦車隊なんぞ木端微塵です」、これは比較的簡単な仕事なんです。

「バーク」。大統領は憤然として言った。「私は合衆国をこの件に関与させたくないんだよ」

「冗談じゃない、大統領閣下。われわれはもう関与してしまってますよ」。バークは言い返した。提督が若いＰＴボートの艇長をとがめているかのような口調だった。彼は、政治的不決断がいかに多くの人命を犠牲にし、戦闘の流れを変えるかをいやというほど見てきたのだ。

午前二時四五分、ケネディは三時間に及んだ会議を終えた。弱々しい妥協が成立していた。大統領は、亡命者軍のＢ26爆撃機六機が物資や弾薬を投下するのを援護するために国籍マークのないジェット機六機を派遣することを承認したのだ。――しかし爆撃機は援護のジェット機よりも一時間早く現場に到着し、このうち二機がキューバ政府軍によって撃墜された。すべてが終わったとき、カストロはキューバ人亡命兵士一一四名を殺し一一八九名を捕虜にしていた。彼は三日間の戦闘で敵を降伏させたのだった。

これはまずい、とアチソンは即座に思った。ケネディのキューバにおける大失敗はフルシチョフの思考にも同盟諸国の信頼感にも否定的インパクトを与えるに違いない。「なんという無思慮で無責任なことをしでかしてくれたのだ……」と彼は嘆息した。

外交官研修所で若手外交官たちを前にアチソンは言った。「才能ある若いアマチュアがブーメラン投げをやっていた、ところが、あろうことか、彼はそのブーメランにノックアウトされてしまった。ヨーロッパではこのように見ています」。ヨーロッパ人は「そんなに未経験な人物がそんなに恐るべき武器をもてあそんでいることに唖然としているのです」。

ヨーロッパの旅から戻ったあと、アチソンはかつての上司トルーマンに気落ちした感じの手紙を書いた。出発前ローズ・ガーデンでケネディと話したことに触れたが、大統領の名は出さずに、「なぜわが国がこの愚かなキューバン・アドベンチャーに関わったのか、私には想像もできません。私はヨーロッパに旅立つ前にその話を聞きました。教えてくれた人に私は言いました。トルーマン政権の時もイランやグアテマラについて同じような提案がしばしばなされたが、トルーマン大統領と私はそれらをみな却下してきたのだと。なぜそうしたのか、その理由も話してやりました。私はこのキューバの件は当然のことながら取りやめになったものと思っていました」

彼はトルーマンに、この失態がヨーロッパ人のケネディ観に与えるインパクトは深刻だろうと言った。ケネディを指して、「この政権の指導力は驚くほど弱いように見えます」と言い、「私の理解するかぎり、この政権はアイゼンハワー政権期に作られた計画をただ惰性で実行に移したようです。やったことと言えば、その計画から、成功のために不可欠な力の諸要素を取り除いたことぐらいです。どんなに優れた頭脳がそろっていても判断力がなければ話になりません。ケネディは、少なくとも海外では、その若さと見た目の良さが生み出していた熱狂的なまでの称賛の非常に大きな部分を失いました」。さらにアチソンは、ワシントンはいまや「失意の町」であり、「国務省の士気はほとんどどん底まで落ちています」と書いた。

外交官研修所でのアチソン発言のことはケネディの耳にも届いた。大統領は発言の全文の写しを入手した。やがてアチソンは、ケネディが自分に寄せる信頼に「不幸な結果」が生じていることに気づくことになる。二人が直接面談する度合いは急角度で減少していった。

アチソンの辛辣な批判はまさにケネディの骨身にしみたようだった。

モスクワ
一九六一年四月二十日、木曜日

フルシチョフは自分の幸運がほとんど信じられなかった。

彼はケネディがキューバで行動に出ることを前もって知っていた。コラムニスト、リップマンにもピツンダでそのことを告げている。しかし彼がどんなに想像力豊かであったにしても、これほどまでの不手際は予想できなかった。新しい合衆国大統領は、その最初の対外活動の試練において、フルシチョフが思い描いた最低の期待値さえも裏切った。ここ一番というところで弱さをさらけだした。アイゼンハワーの計画をキャンセルする度胸もなく、それを自分のものに作り直して機能させる意地もなかった。アメリカの威信にとって大きな重要性を持つこの作戦を成功に導くだけの決意がなかった。

ケネディは、ベルリンにおいてしっぺ返しに出る口実をフルシチョフに与えはしなかったが、同時に、この失敗を通してフルシチョフに、アメリカを指導しているのはどのような男なのかについて貴重な情報を提供したのだった。「ケネディという男が理解できないよ」。フルシチョフは息子のセルゲイに言った。「本当にあれほど優柔不断なんだろうか？」フルシチョフはハンガリー事件の際の自分の対応と、ピッグズ湾事件でのケネディの対応とを比較せざるを得ない。ケネディは実に拙劣だ。あのとき俺はソ連軍を投入して血みどろのしかし果断な処置をとった。その結果、ハンガリーは共産圏に確固として留まることになったのだ。

とはいえ、懸念材料もある。フルシチョフが前年U2型機事件の責任者として批判したCIA長官ダレス。彼がふたたび米ソ首脳会談を妨害すべく、今回の侵攻を主導したのではないか。それから――四月十七日はフルシチョフの誕生日だ。フルシチョフは自己中心的な人物だったから、もしかするとケネディが、俺に恥をかかせようとして、あえてこの日にキューバ上陸作戦を発動させたのではないか。そんな思いにも捉われたが、しかしながら、ケネディの失敗は、誕生日をだいなしにするどころか、フルシチョフに思ってもみなかった贈り物を届けてくれたのである。

その後のケネディについてのKGBの報告は、フルシチョフにとって励ましになるものもあれば気がかりなものもあった。励ましになるものとしては、ロンドンからの、恐らくアメリカ大使館から得た情報があった。――ケネディが側近たちに、キューバの失敗のあと、CIA長官ダレスや財務長官C・ダグラス・ディロンのような共和党員を政権内に置いていたことを悔やんでいるというものだ。同時にフルシチョフは、キューバ事件がケネディ政権の性格について何を物語っているか、さまざまに思いをめぐらした。大統領は本当に政権を支配しているだろうか、それとも、ダレスのような反共タカ派によって操作されているのだろうか？　あるいはケネディ自身がタカ派なのだろうか？　あるいはよりありそうなことだが、今回の侵攻作戦は、ケネディがもしかすると、従来のタカ派よりもより危険でさえある存在——計測しがたい、予想しがたい敵対者であることを示唆しているのだろうか？

真実が何であれ議論の余地のないことは、フルシチョフの運がわずか一週間のうちに劇的に好転したことだった。ガガーリンの宇宙での勝利、アメリカのピッグズ湾での敗北、この二つが結びついて、信じられないような劇的変化が生まれていた。フルシチョフがトンプソン大使とシベリアで会い、しぶしぶながら、ケネディからの首脳会談の誘いを受け入れる意思を伝えてから、わずか六週間だった。

今やケネディの立場は弱まってしまった。これならリングに引き込んで勝負ができるぞ、とフルシチョフは思った。

フルシチョフの運は彼の想像以上の速さで変化したが、それだけに、ますます行動を急がねばならないことを、彼は知っていた。ベルリンの街の状況は、頑固なほどに変わっていなかった。そのベルリンに若い世代が集まってきていた。世界の二大政治体制が公然と調停者なしで対峙しているのを目撃できる世界唯一の都市。その光景と雰囲気をじかに味わおうと若者たちは期待をふくらませていた。

そしてフルシチョフは、この対峙状態の帰趨を成行きに任せるつもりはなかった。

コラム

イェルン・ドンネル、ベルリンを知る

ここは都市というよりも思想だ。そういう確信が、若いフィンランド人作家イェルン・ドンネルをベルリンのとりこにした。その確信のゆえに、この街は、他のどの街にもまして、大学を出たばかりの彼のアドベンチャーとインスピレーションへの熱望を満足させてくれた。

パリ左岸にはサルトルとその弟子たちがいるし、ローマのヴィア・ヴェネトには「甘い生活」がある。学問と放蕩を共に学ぶことのできる点ではロンドンのソーホーに敵う場所はない。しかし、ドンネルに、彼の生きる分断された世界へのユニークな窓を提供してくれるのは、このベルリンだけだった。ドンネルは思った。東ベルリン人と西ベルリン人の違いは純粋に環境によって生まれたものでしかない。だから、彼らは世界で最も深刻な社会的実験のための完璧な実験用マウスだ。彼らは同じ歴史によって形成された同じベルリン人だったのが、一九四五年、にわかに異なった体制に分けられて、一方では繁栄のデカダンな悪徳に、他方では自由なき拘束服の美徳に支配されることとなった。ベルリン人は、常に地理的に、ヨーロッパとロシアの双方から圧迫を受けてきていたが、しかし冷戦はその状況を心理的で地政学的なドラマに変えたのだった。

二〇年後ドンネルはイングマル・ベルイマン監督の『ファニーとアレクサンデル』をプロデュースし、この映画は四部門のアカデミー賞を受けることになるのだが、しかし、ストックホルム大学を出たばかりの時期の彼は、自分を現代のクリストファー・イシャーウッドと見なしていて、みずからの芸術的キャリアの門出に、いま生きているこの時代のベルリンのクロニクルを書こうとしていた。

イシャーウッドの『さらばベルリン』は、第二次大戦とホロコーストの序曲ともいうべき、一九三〇年代の共産党員とナチ党員の間の街頭での乱闘を描いているが、ドンネルは自分の書く物語も、これに劣らず歴史的意味を持つものにしたかった。ただし彼の描くベルリン人は、自分たちを取り巻く政治世界に対してはより受動的な傍観者となるはずである。

ドイツ人はベルリン人のぶしつけな賑やかさを表現するのに、軽蔑の思いを込めて「ベルリンの鼻面《シュナウツェ》」という言葉を使うほどだ。そしてこうした賑やかさは、戦後占領期にも少しも失われなかった。詩人スティーヴン・スペンダーはベルリン人が冷戦期に示した外見上の勇敢さを次のように描写している。「ベルリン人が示す特異な勇敢さは世界の人々にとって信じがたいほどの驚異を呼び起こすが、これは、彼らが恐怖を突き抜けた地点にいるからだ。大国間の対立に翻弄され続けて、彼らはもはや怖れなど何の役にも立たない、それゆえ、怖れるものなど何もないという心境に達しているのだ」

西ベルリンの地下鉄車内の冷たい湿気の中で、ドンネルは自分のドラマの主役となるべきベルリン人の顔を観察する。重苦しく何の好奇心もなさそうな顔、顔、顔。自分たちの都市において人類の運命が決定されるかもしれないというのに、ベルリン人はみな奇妙に無感動だ。まるで現実があまりに巨大で吸収できないかのようだ。

ドンネルはこの分割された都市を描写するのに適切なメタファーを、なかなか思いつかなかった。後に彼は読者に詫びることになる。「夢遊病者のようなほとんど自動的な執念」に抵抗できず、つい、二つの最も著名な通りの対照的性格を持ちだしてしまった、と。その二つの通りとは——西ベルリンのクアフュルステンダムと東ベルリンのスターリン大通りである。

西ベルリン全体と同様、クーダム（地元ではこう呼んでいる）は終戦直後のカオスの中から出現し、エネルギーに溢れ、ネオンが輝き、ファッションが憧れをかきたて、そして日々膨らんでいく札入れの持ち主たちを目当てにした新しいカフェやバーが軒を連ねる通りとなった。

東ベルリン全体と同様、スターリン大通りは社会の脆弱さを新古典主義的壮大さの陰に隠していた。何もかも規格通りであることが要求され、それぞれのアパートのサイズから、廊下の広さ、窓の高さまでが決まっていた。国家保安省は、何人の住民の間に何人の密告者を配置するかまで、事細かに決めたのである。

　クーダムの中心部は長さ四キロにすぎないが、その通りの中にこの国の最高級宝石店の内の一七、自動車販売店一〇、ベルリン屈指の有名レストランがひしめいている。裕福な市民がそぞろ歩く街角には戦争の悲しみを背負った女たちがたたずみ誘いの声をかけている。そんな場所にほど近く、エドゥアルト・ヴィンターのフォルクスワーゲン・ショールームがあり、ここではベルリンで最も豊かな男が、コカコーラ独占販売の店を開いていないときには一日三〇台の車を売っていたのだ。

　ベルリンを舞台にしたイシャーウッドの小説は、ミュージカルや映画の『キャバレー』となって親しまれているが、このなかで彼は戦前のクーダムを「侘しい薄暮のなかで、高級ホテル、バー、映画館、商店……が偽ダイヤのように派手にきらめきつつ軒を連ねる」と描写している。戦後の再建の折り、鋭角的なコンクリートとガラスの建造物が導入されてはいたが、通りの雰囲気はほとんど戦前のままだった。

　クーダムのよりいかがわしい面もまた戦争を生き延びた。ドンネルは「昔かたぎ」という名のあやしげなバーで、デュッセルドルフから来た会社員が金髪の女給の耳を舐めているのを見た。女がうんざりして体を引くと男の唇は今度は彼女の腋の下を襲うのだった。ベルリンはドイツじゅうの男たちが快楽を求めてやって来る場所だった。だれに知られることもなく門限もなく、女装バーからもっとありきたりの楽しみまでを堪能できる場所だった。ベルリンで起きたことはベルリンの中に留まるのである。

共産側の東ベルリンに入って、ドンネルはクーダムの分身に遭遇する。一九四九年スターリンの七十歳の誕生日を記念してウルブリヒトは、大フランクフルター通りを独裁者の名にちなんで改称した。その名は独裁者が死に、やがてフルシチョフによって断罪された後も一九六一年十一月に至るまで維持される（その後はカール・マルクス大通りとなった）。

ウルブリヒトはスターリン大通りを、共産主義の権力と可能性を誇示するショーケースとして再建した。「ドイツ最初の社会主義道路」、「労働者階級のための宮殿群」の街とされて、一九五二年から一九六〇年にかけて、スターリン好みの堂々たる八階建てアパートが続々建設された。戦時の瓦礫は消え、バルコニー付きで高い天井を持つフラットが、エレベーターが、セラミックのタイルが、大理石の階段が生まれ、――当時としては贅沢な話だが――各アパートにはバスが付いていたのだ。もちろん軍事パレードが行なえるように、ところどころに樹木のある、六レーンの、幅九〇メートル長さ二キロの大通りとなった。毎年メーデーのパレードもここを通ったし、一九五三年労働者蜂起の主戦場もここだった。

スターリン大通りにほど近い場所で、ドンネルは東ベルリン人の静かな絶望を目撃する。第二次大戦の惨害を耐え抜いたというのにその後ふたたび、苦難の歴史を生きなければならなかった人々の深い絶望に触れたのだ。ベルリン最古のパブの一つ「ラーベ・ディーレ」。まだ戦時の瓦礫の山が放置されたままのシュペルリングス・ガッセ〔雀横丁〕という狭い路地にある店で、カウンターと三つのテーブル、壁に沿っていくつかのベンチ、簡素ながたがたの椅子がいくつかあるだけだ。

あるじはフラウ・フリードリッヒ・コナルスケ。八十二歳。同じカウンターで五七年働いている。自分の悲しい生涯のことは話そうとしないが、客たちのことはいかにも楽しそうに噂する。客は全員男、と言いたいところだが一人だけ女性がいる。声の大きい四十過ぎの女で、ストレートでぐいぐいやりながら、自分の胃の手術の話を事細かにしゃべりまくる。

「酔っぱらった男一〇人のほうが生酔いの女一人よりましね」とコナルスケは愚痴をこぼす。

窓際のテーブルで中年男が二人、ギターを爪弾きつつ、センチメンタルな歌をあれこれ歌っていたが、彼らがそろそろ引き揚げようとした時になって、客の中の偏僂の男が甲高い声で最後のリクエストを叫んだ。『『リリー・マルレーン』を頼むよ。聞きたいんだ。やってくれたら一杯おごるよ」

すると、客の中で一番身なりのいい男――それゆえ他の客たちは、こいつ、党員か国家保安省の職員だなと思った――が、反対だと叫んだ。その歌はヒトラーも好きだった、だからやるべきじゃない。

偏僂の男は憤然として抗議した。「それがどうした？『リリー・マルレーン』は、戦争中、兵隊たちが平和への思いをこめて――そうだ、平和への思いをこめて、歌ったんだ。ナチなんかとは関係ないんだ」。その通りだった。この歌は第一次大戦中、兵士ハンス・ライプがベルリンからロシア戦線に向かう時に書いたものだ。偏僂の男は、アメリカ人やイギリス人だってこの歌を愛しているんだぞと、さらに抗議した。

「あの歌はみんなのメロディーだ！」酔っぱらった若い男が叫んだ。ボクサーだったのか、大きな扁平な鼻、つぶれた耳。指先はニコチンで黄色くなっている。フラウ・コナルスケの客たちが次々と声をあげて、党員らしき男に反論した。しかし歌い手たちはまだ躊躇していた。一瞬の不遜の振る舞いが長期間の投獄に繋がりかねないのだ。

ボクサー風の男は酔った勢いで、身なりのいい男に凄んでみせた。「あんた、聞きたくなかったら出ていっていいんだぜ」。それから最初の一行を一人で歌い始めた。すぐに二人のミュージシャンが唱和し、やがて次々と声が加わり、ついにはみんなの合唱となった。ひとりそれに加わらぬダークスーツの男がちびりちびりビールをなめている。

フラウ・コナルスケは飲み物を客全員に振る舞った。それからドンネルを脇に連れていき、後ろの壁にかかった小さな額——第二次大戦の頃からここにあるように見えた——に入れられた文章を示した。「われわれはこの世に生まれてきたときと同様はだかで死ぬのだ」と書かれている。

彼女は初対面のドンネルに訊いた。「あんた、私の死んだあと誰かがこの店を継いでくれると思う？ 私の親戚も友だちもみんな西ドイツにいるの。その人たちが東ベルリンにやってきて、このちっちゃな穴倉で朝の一〇時から夜の二時まで働く気になると思う？」

彼女は自分の問いに自分で答えた。「思うわけないよね」

第9章 危険な外交

「アメリカ政府と大統領は、ソ連指導部がアメリカ政府と大統領自身の能力を過小評価することを懸念している」

ロバート・ケネディ。一九六一年五月九日、ソ連軍情報部員ゲオルギー・ボルシャコフにワシントンで

「ベルリンは切除するしかない腫れものなんだよ」

フルシチョフ首相。一九六一年五月二十六日、アメリカ大使ルウェリン・E・ジュニアにモスクワで

ワシントンDC
一九六一年五月九日、火曜日

ワイシャツ姿でネクタイを緩め、ジャケットをさりげなく肩にかけたアメリカ司法長官ロバート・ケネディは、ペンシルベニア・アベニューに面した司法省脇玄関の階段を駆け降りて、ソ連スパイ、ゲオルギー・ボルシャコフに手を差し伸べた。

「やあ、ゲオルギー、しばらくだね」。旧友に会ったような口ぶりだが実際には七年前に一度ほんの束の間、顔を合わせただけの仲である。ロバートに付き添っているのはエド・ガスマン。ピュリツァー

賞受賞記者で今はロバートの報道担当官にして司法省スポークスマンだ。司法長官vs.スパイという前例なき会見をお膳立てしたのはこのガスマンであり、そのための仲介の労をとったのは『ニューヨーク・デイリー・ニューズ』記者フランク・ホールマンだ。そのホールマンは今、ボルシャコフをタクシーでここまで連れて来て、その傍らにたたずんでいる。

「ちょっと歩こうか」。ロバートはこれから異例で非常識な対話を始めるとは思えない打ち解けた態度でそう言うと、ガスマンとホールマンに向かってうなずいてみせ、付いて来なくていい、との意思を伝えた。春の宵の靄のなか司法長官とスパイは、後者が関わっている雑誌の話などしながら、ワシントンモールへと歩いていった。

やがて、ロバートが座ろうかと言い、二人は芝生の一隅に腰を下ろした。刈られたばかりの草の匂いが空気に満ちている。長く続くモールの片方の端にアメリカ国会議事堂が、もう一方の端にはワシントン・モニュメントがそそり立ち、座った二人の背後はるかに、スミソニアン・キャッスルの正門がある。夕刻の散歩を楽しむ恋人たちや旅行者の群れが気遣わしげに雨雲を見あげている。どうやら嵐になりそうだ。

ボルシャコフは自分がいかにフルシチョフに近いかを語り始めた。自分は駐米ソ連大使ミハイル・メンシコフよりも有用で直接的なフルシチョフへの連絡係となるだろうというのだ。確かにこのころ、ロバートもその兄も、メンシコフのことを道化者とみなすようになっていた。

ロバートはボルシャコフに言った。――兄はフルシチョフにぜひ会いたいと思っている。そして最初の会見に先立って、双方が議題を正確に把握するためにコミュニケーションを改善することを望んでいる。きみがフルシチョフの側近の何人かと親しいことは私も承知している。もしきみにその意思があれば、こうしたコミュニケーションの改善に一役買ってもらいたい。「もし側近たちが情報をきみから、じかに受けることができれば凄いことだ。そうすれば、彼らがそれをフルシチョフに報告することができるはずだからね」

雷鳴がとどろいた。ケネディは冗談を言った。「ぼくがここで雷に打たれて死んだら、ロシアのスパイが大統領の弟を殺したと新聞が書くかもしれない。戦争の引き金になったら大変だ。さあ、引き揚げよう」。二人は最初は早足で歩いたが、間もなく雨が降り出した。懸命に駆けて土砂降りになる前になんとか司法省庁舎に到着、専用エレベーターで長官執務室に上がった。二つのアームチェア、冷蔵庫、書棚のあるこぢんまりした控えの間で、濡れたシャツを脱ぎ下着姿で会話を続けた。

冷戦期における最もユニークで――その後も長い年月にわたって――部分的にしか理解されなかった関係の一つが、こうして始まった。その日以来、司法長官とボルシャコフはしばしば――ある時期には月に二、三回も――出会っている。ほぼ完全に報告もされず記録もされていない接触だった（記録しておかなかったことをロバート・ケネディは後に悔やんでいる）。ロバートはこれらの対話の際、決してメモを取らなかったし、兄に報告する際も、じかに口頭で伝えるだけだった。それゆえ、ボルシャコフとケネディの接触は、ロバート・ケネディの不十分なオーラル・ヒストリー、ソ連の記録、ボルシャコフの部分的な回想、そしてあれこれの時点で関わりを持った若干の人々の記憶を通して、不完全にしか再現できない出来事となったのだ。

ケネディ大統領はロバートがボルシャコフに最初に会うとき、周囲の対外政策顧問やソ連専門家に相談もせず通知もせずに、承認を与えていた。これは、ピッグズ湾の失態を経て、ケネディ兄弟が自分たちの指揮下にある情報機関、軍事組織を信用しなくなっていたことの証左でもあり、彼らの隠密行動への偏愛の反映でもあり、またスムーズな首脳会談のために可能なかぎり周到に準備したいという彼らの意欲の表れでもあった。

一方フルシチョフにとって、ボルシャコフは重要なプレーヤーという以上に有用な駒だった。冷戦の複雑なチェスボードの上で、フルシチョフはボルシャコフを使って、自身の思惑を明らかにすることなしに、ケネディを引き寄せることができた。この接触の構造は、最初からフルシチョフにとって有利だった。ケネディ大統領がボルシャコフから得られたのは、フルシチョフやその他の高官がケネディに伝えるべくボルシャコフに提供した情報だけだった。これに対しボルシャコフは、大統領の弟であり兄の考えを熟知しているボビー〔ロバート〕から、はるかに多くのものを聞き出すことができたのだ。

五月初めの段階で、ボルシャコフは、フルシチョフがケネディに接触するために持っていた二つのチャンネルの一つでしかなかった。ソ連首脳陣が自国の最大利益のために、双方のチャンネルを動かしていた一方で、アメリカの高官たちは、五日前になされた公式のコンタクトについてしか知らなかった。すなわち――五日前、ソ連外相グロムイコが駐ソ・アメリカ大使トンプソンに電話した。用件は、フルシチョフを首脳会談に招いたふた月前のケネディ書簡へのソ連最高指導者の遅まきながらの返答を伝えることにあった。

グロムイコはトンプソンに、フルシチョフ自身が直接、自分の気持ちを伝えられないことを詫びた。首相はまたしても十月の党大会に備えて農村地帯に出掛けなければならず、五月二十日まではモスクワに戻れない。首相に代わって次のことをお伝えしたい。ソ連首相はピッグズ湾とラオスをめぐって両国の間に「不一致が増大しているという事実をきわめて残念に思っています」。

グロムイコは前もって書いておいた文章を注意深く読みながら言った。「ソ米両国は、双方の間に架橋不能の深淵があると考えるのでなければ、今回のことからも適切な結論を引き出すべきです。すなわち、われわれは同じ惑星に生きているのであり、困難な諸問題を適切に解決し、両国関係を改善する道を見つけるほかはないのです」。その目的に動機づけられて、フルシチョフは今やケネディの招待を受け会談に応じる用意があり、「両国をつなぐ橋は建設されなければならない」と信じているのです。

グロムイコはトンプソンに、ケネディの招待は「まだ有効なのですか」、それともピッグズ湾事件のあと「修正されているのですか」と、尋ねた。質問の仕方は丁重だったがメッセージそのものはかなりぶしつけだった。ケネディはキューバであんなにひどい失態を演じておいて、まだあえてフルシチョフと会うつもりなのか、とグロムイコは訊いているのだった。

かくして、ケネディ大統領へのフルシチョフのアプローチはその第三ステージに入った。第一ステージは、アメリカ大統領選直後から大統領就任直後に見られた、何としても早くケネディに会いたいというフルシチョフの懸命の努力。第二は、新大統領のタカ派的な一般教書演説後のフルシチョフの熱意の減退。そして今、フルシチョフはふたたびケネディに会うことに意欲を燃やしている。自国の優越性(と彼が信じるもの)の上に立って、今や弱くなってしまった相手を押しまくろうと思っている。

トンプソンは受話器を置くと、すぐに本国に電報を打った。両国関係の危険な悪化を食い止めたいのなら、大統領は会談に同意すべきだ、リスクもあるかもしれないが、会談を行なう必要性の方がリスクを大きく上回る。トンプソンはただちにそう結論したのだ。彼はグロムイコとの会話を報告した午後四時の秘密電報に続いて、ラスク国務長官宛てに、フルシチョフの差し伸べた手をつかむよう大統領に勧めるべきであるという極秘電報を打った。批判者たちは、ケネディのことを、餌食になることも知らずに熊の罠に歩み寄る傷ついた小獣のように言うかもしれない、しかし、ケネディがフルシチョフにこの提案をしたのはピッグズ湾事件のずっと前のことであること、そしてフルシチョフが今になって回答してきたのだということを、大統領は公然と明らかにすべきだ。

さらにトンプソンは会談に賛成する立場から、次の四点に分けて持論を展開した。

・このような首脳会談が行なわれるという見込みそれ自体が、ソ連側をして、ラオスや核実験、軍縮といった問題に関して「より合理的なアプローチ」を取ることを促すだろう。

・十月ソ連共産党大会での重要な諸決定は今後数年の米ソ関係を規定するものとなると思われるが、フルシチョフとの直接対話は、ケネディにとってこれらの決定に影響を与える最良の機会となるだろう。

・このような米ソ対話に毛沢東が反対しているがゆえに、「会見したという事実だけで中ソ関係は悪化するはずである」。

・最後に、フルシチョフと直接対話する意欲を世界に示すことは、世論に好影響を与え、ケネディが、西ベルリンの自由を防衛するためにアメリカの強い立場を維持することをより容易にするだろう。

モスクワとの関係の否定的転回にもかかわらず、トンプソンはまた、フルシチョフは基本的には、西側と付き合っていきたいという欲求を変えていないし、平和共存という対外政策の原則を放棄していない、と述べた。トンプソンは、ワシントンにいる批判者たちからフルシチョフの弁護人というレッテルを貼られるのをしばしば気にしていたが、にもかかわらず、さらにこう主張した。フルシチョフは第三世界での西側との対決を自分から主導したのではない、ただ、キューバ、ラオス、イラク、コンゴでのアメリカの後退を利用しているだけなのだ、と。

しかし、ケネディがこのような首脳会談に前提条件なしに同意するのは危険だった。より徹底的にソ連の意図をテストし、再度の対外政策の失敗を避けなければならなかった。ケネディはフルシチョフが真剣に関係改善を望んでいるかどうかを、外交的手段を通して確認したかった。

一日熟慮したあと、ケネディはラスクを通してトンプソンに慎重な回答を与えた。ラスクはトンプソンに次の内容をフルシチョフに伝えるよう求めた。――大統領はフルシチョフ首相に会うことを「今も望んで」おり、双方が六月初めにおいてもそれを望んでいることを希望している、六月初め、場所はウィーン（ソ連お好みの場所だ）、というのはどうだろうか。ただし、残念ながら大統領はまだ明確な決断には到達していない。五月二十日フルシチョフ首相がモスクワに戻るまでには結論を出すつもりである。

続いて条件の問題だ。ラスクは電報の中でトンプソンに、まず第一に、現在進行中のラオス紛争へのソ連の態度を変更しないかぎり、このような首脳会談を開催する雰囲気は醸成されがたい、とフルシチョフに伝えるよう求めた。ラオス問題を討議するジュネーヴ会談は次の週に始まる。大統領は戦争の終結とラオスの中立化を求めているのだが、現地で戦闘がエスカレートしている間、ソ連側はジュネーヴで時間稼ぎをしている。

ジュネーヴでアメリカ代表団を率いている特使アヴェレル・ハリマンは大統領にこう報告している。フルシチョフがラオス中立化を受け入れる気があるのかどうか怪しいものだ。「ジュネーヴに来ている共産主義者は、ラオスで自分たちの目的が達成されることに自信を持ち、安心しきっているように見える」。ソ連は、アメリカが会議に参加した後に自分たちが実効的な停戦を勝ち取ってみせるという、アメリカにとって受け入れがたい事態を現出しようと策を弄している。これは首脳会談に真剣に参加しようとする国の行動とは言いがたい。

さらにラスクはトンプソンに告げた。――「内政上の理由により」大統領は、核実験禁止協定を締結したいという自分の目標に対し、ウィーン会談の間に、フルシチョフがある種の好意的反応を示すことを求めている。また大統領は、ウィーンでのいかなる公的言明においてもベルリンに関してはいっさい言及がなされない旨、保証することを求めている。ベルリンは大統領が交渉する用意のない事柄だからである。

三日後、ケネディ大統領は同じメッセージを、弟を通して、ソ連側に伝えた。すなわち、五月九日、ロバート・ケネディが下着姿でボルシャコフと司法省の一室にいるときのことだ。

ロバートが最初の密会の日として五月九日を選んだのは、ボルシャコフには好都合だった。この日は、ワシントンではただの平日だが、モスクワでは国の祝日であり、ソ連大使館のスタッフは勤務を免除されナチ・ドイツ打倒の一六年記念日を祝ったのだ。ケネディ大統領との極秘チャンネルという自分の立場を、最も親しい同志たちからも隠したいボルシャコフにとっては、良い日取りだった。

このコンタクトを進める中で、ボルシャコフは直接の上司である、ソ連軍参謀本部情報総局（GRU）の大使館付き代表の反対を無視していた。上司にとって、中級のソ連エージェントが、想像し得る最も重要な米ソ情報裏ルートを構築するなど考えられないことだった。ボルシャコフの相手であるロバート・ケネディとは、大統領の弟でありその最も信頼する腹心であり、そしてFBIの全防諜活動を監督している司法長官なのである。

にもかかわらず、ボルシャコフにこういうハイ・レベルの任務を追求する気を起こさせているのは、これに関するフルシチョフ自身の承認だった。仲介役はフルシチョフの女婿アレクセイ・アジュベイ。『イズヴェスチヤ』紙編集長でボルシャコフの友人であるアジュベイは、フルシチョフが一九五九年に最初の訪米を計画しているとき、助言者としてボルシャコフを推薦したのだった（そのしばらく前までボルシャコフは、叙勲された戦争英雄であり国防相でありフルシチョフによって追放されるゲオルギー・ジューコフ元帥に忠実に仕えていた)。

そのあとボルシャコフがアメリカに派遣された。表向きは大使館の情報官で英文のソ連宣伝誌『USSR』の編集人ということになっていた。これはボルシャコフの二度目の滞米だった。一度目は一九五一年から一九五五年までタス通信社特派員という名目で滞米した。

ボルシャコフは隠密行動が本分のはずのスパイにしては、いたって目立つ存在でワシントン社交界の人気者だった。ゆたかな黒い髪、青く鋭い目、ロシア風アクセントが特徴の明朗闊達な酒豪で美食家だった。友人知己の中には、『ワシントン・ポスト』編集長ベン・ブラッドレー、記者チャールズ・バートレット(大統領にその妻となるジャクリーンを紹介した人物)、大統領の首席補佐官ケニー・オドネル、特別顧問テッド・ソレンセン、報道官ピエール・サリンジャーなど、多数のケネディ陣営インサイダーもいた。

しかし、ボルシャコフとケネディを結ぶ最も重要なリンクはフランク・ホールマンだ。ホールマンはワシントンのジャーナリストで、かつてはニクソンに近かったがいまやケネディ政権に接近しようと努めている。六フィート八インチの体軀、南部風の訛りと挙措、低く太い声、常にボウタイをし葉巻をくわえて、仲間たちからはもっぱら「大佐」と呼ばれている。まだ四十歳だが、すでにワシントンの有名人だ。ルーズヴェルト、トルーマン、アイゼンハワー、そして今はケネディと歴代大統領を取材してきている。その経験からワシントンでは人間関係がすべてだということを知っており、彼自身、至るところに人脈を持っていた。

ホールマンはボルシャコフにとっていわば無給の情報提供者だった。二人は、一九五一年ソ連大使館でホールマンに敬意を表して催された昼食会の席で初めて会った。この昼食会は、チェコの共産主義政権がプラハのAP通信の全支局員を投獄したことへの返報として、ナショナル・プレス・クラブがソ連人記者たちを同クラブから除名しようとしたとき、ホールマンが努力してこれを取りやめさせたことに感謝して行なわれたものだ。ホールマンはこの努力の動機を問われて、クラブなんて、いろんな立場の人間が「嘘と嘘を交換し合う」ことができる場所でなくちゃならないからね、とジョークを飛ばしている。彼はその後もソ連に対して友好的に動き、新任のソ連大使館報道官（どうやらスパイらしかった）のクラブ入会の保証人にもなった。

一九五五年帰国する際、ボルシャコフはホールマンとの繋がりをGRUの後継者ユーリー・グヴォズデフ（表向きは文化アタシェだった）に引き継いだ。一九五八年十一月のフルシチョフのベルリン最後通牒の際、グヴォズデフはアメリカ側に、アイゼンハワー政権はこの通牒に過剰反応すべきでない、フルシチョフは決してベルリンに関して戦争を始めることはないから、との重大なメッセージを伝えたが、このとき、メッセンジャーとなったのはホールマンである。グヴォズデフはまた一九五九年ニクソン副大統領訪ソの際、受入れの諸条件について交渉するなど下準備を行なったが、この時もホールマンの協力を得ていた。ホールマンは、自身をソ連の「伝書バト」と呼んでいた。

ボルシャコフは一九五九年ふたたびワシントンに赴任しグヴォズデフと交替する。そしてホールマンと再会してますます強い友情を結び、家族ぐるみの付き合いをするようになった。そしてたまたまホールマンはこの数年、新司法長官の報道官エド・ガスマンと親しくなっていた。ホールマンはそのガスマンに、ボルシャコフとの会話の中の最も興味深い部分を伝えていた。そしてガスマンは、これらの会話の要点をロバート・ケネディに話していた。四月二十九日、ガスマンの了解を得て、ホールマンは初めてボルシャコフに、司法長官との会見の可能性について話したのだった。「どうかな、きみがロバート・ケネディに直接会うほうがベターだとは思わないかい、そうすれば彼はきみの情報をじかに受け取れるわけだし」

その後一〇日間にわたり無数の会話が行なわれた。そして五月九日、ボルシャコフはホールマンから電話で午後四時ごろの「遅いランチ」に付き合わないかねと言われたとき、何か重要なことが起きようとしているなと思った。

「なぜそんなに遅いんだね?」ボルシャコフは尋ねた。

ホールマンは説明した。この日何度もボルシャコフをつかまえようとしたのだが、休日当番の男は、ボルシャコフは雑誌の最新版の校了のため印刷所に詰めていると言うばかりだったのだ。

二人がこぢんまりした目立たないジョージタウンのレストランに落ち着いてからしばらく後に、ホールマンが腕時計を見た。ボルシャコフがもう帰る時間なのかねと訊くと、ホールマンは言った。「いや、もう出かける時間なんだ。きみはロバート・ケネディと六時に会うんだよ」

「何だって!」とボルシャコフは言った。古いスーツと擦り切れたシャツの袖口に目をやり、「どうして前もって言ってくれなかったんだい?」

「怖いのかい?」ホールマンが訊いた。

「怖くなんかない。ただ、まったく用意してないんだよ」

「きみはいつだって用意しているさ」。ホールマンはほほえんだ。

その数時間後、司法省の一室で、ロバートはボルシャコフに話している。——兄は両国間の緊張が、多くの場合、双方の意図と行動についての誤った理解と誤った判断から生まれていることを憂慮している。ピッグズ湾の経験を通して、兄は不正確な情報に基づいて行動を起こすことの危険について学んだ。兄はピッグズ湾のあと一つ過ちをおかした。それはあの作戦に責任のある上級職員たちをただちに解雇しなかったことだ。

さらにロバートは言った。「アメリカ政府と大統領は、ソ連指導部がアメリカ政府と大統領自身の能力を過小評価することを懸念している」。彼がソ連政府に伝えるよう、ボルシャコフに求めているメッセージは、これ以上ないほどに明瞭だった。すなわち、もしフルシチョフがケネディ大統領の決意をテストしようなどとするならば、大統領は「是正措置をとり」、モスクワに対しより強硬な態度に出るしかないのだぞ、と述べているのだった。

彼はボルシャコフに言った。「現在、米ソ双方の主要な関心事はベルリンの状況だ。この問題の重要性は誰の目にも明らかとは言えないかもしれない。ベルリンに関する双方の意見の一層の誤解は戦争に結びつき得る、と大統領は考えている」。しかし、まさにベルリンの状況の複雑さのゆえに、大統領は、ウィーンでの会談が、進展を得るのに非常な困難が予想される問題に集中することを望まないのだ。

ロバートはさらに言った。大統領が求めているのは、両国首脳が会談を、互いをよりよく理解するための、個人的繋がりを創るための、そして彼らの関係をさらに発展させるための道筋を素描するための、一つのチャンスにすることだ。大統領は核実験停止のような問題については実際の協定を求めている。しかしながらベルリンに関しては、双方がこの問題を十分時間をかけて深く研究するまで、重要な外交手続きは遅らせるべきだと思っている。

数時間前に会見を知らされたばかりにしては、ボルシャコフの回答は的確なものだった。彼は、もし米ソ首脳会談が開かれたなら、そのときフルシチョフは、核実験問題に関して「実質的」譲歩を考慮するだろうし、ラオス問題に関しても進展を図ることだろう、と述べた。ボルシャコフは、首脳会談の諸決定のいずれからもベルリンのことを外すべきだというロバートの主張については、コメントしなかった。これをロバートは誤って同意と受け取ったかもしれなかった。

ボルシャコフの答えに励まされて、ロバートはあり得べき核実験禁止協定について概要を説明した。両国は一九五八年以来、低いレベルの交渉を続けてきた。しかし、常に難航するのは検証問題だった。アメリカはソ連領内の施設を査察する権利を求めてきたが成功していない……。ここでロバートは一方的譲歩を提案した。アメリカはお互いの領土内で地震性の出来事を調査するため毎年二〇回の査察を求めていたが、これを一〇回に半減するというのだ。この合意への条件は、双方からの異議申し立てをモニターするための国際委員会の創設をどちらも拒否しないということだった。

ロバートの提案の陰には、ソ連が核兵器実験を隠せるような深くて巨大な穴を掘っているのではないかという、高まりゆくアメリカの不安があった。ソ連が以前受け入れる意思を示した最大の年間査察は三回だった。そしてソ連は、すべての検証が「トロイカ」――ソ連圏、西側資本主義圏、第三世界をそれぞれ代表する三人の査察官――によって行なわれることを求めていた。アメリカ側は、ソ連代表に事実上の拒否権を与えるという理由で、この方式に反対していた。「大統領は、フルシチョフとアイゼンハワーとのキャンプ・デーヴィッド会談の悲しい経験をくり返したくない。来たるべき会談が具体的合意を生み出すことを希望しているのだ」とロバートは言った。

ボルシャコフは求愛者の役割を演じていたから、首脳会談への大統領の前提条件はフルシチョフにとってとうてい受け入れがたいものなのだとロバートに思わせるようなことはひと言も言わなかった。一つだけ問題があった。すなわち、ボルシャコフは単なるメッセンジャーであって、ロバートが兄の心の中を知っているようにはフルシチョフの内心を知ることができないということだ。

ボルシャコフ＝ロバート・ルートのアメリカ側への危険は多様で深刻だった。ボルシャコフは自分がそうと意識することもなしに偽情報でアメリカ側を騙すことができる。一方、ロバートは偽情報など流す度合いは相手よりもはるかに少ないし、たとえそれを試みたとしてもそんな技術には慣れていない。そのうえ、ボルシャコフはほとんど疑いもなくFBI職員に尾行されている。二人の密会についての報告に接したら、FBIのボス、J・エドガー・フーヴァーのケネディ兄弟への疑念はますます募ることだろう。

さらにボルシャコフには、ロバートのような駆け引きの自由がなかった。そしてケネディ大統領は、このルートのことを、少なくともウィーン首脳会談後までは最重要閣僚にさえ秘密にするつもりであり、それゆえ、ボルシャコフの信頼性を確かめる独自の手段を持たなかった。モスクワ当局はボルシャコフが話し合える限度までも定めていたばかりか、問題を持ち出す際の正確なやり方まで決めていた。もしロバート・ケネディが、ボルシャコフにとって不案内な問題を切り出したら、ボルシャコフは、持ち帰って検討し、追って連絡すると答えたことだろう。

ボルシャコフがロバートとの最初の会見から得た最も重要なメッセージは、大統領が首脳会談に乗気であること、彼がフルシチョフから弱腰だと見られているのではないかと不安をいだいていること、ベルリンの地位を議論するのを望んでいないこと、そして何にもまして核実験禁止協定の締結を望んでいること、だった。一方、ボビーは最初の会見から、フルシチョフについて従来以上の突っ込んだ情報を得ることはなかった。それればかりではなく彼は、フルシチョフが兄の出した諸条件を受け入れる用意があるという誤った印象を得ていたのである。

五時間の会話のあと、ボビーはボルシャコフを車で家まで送った。アドレナリンによる昂奮状態の中、ソ連スパイは一睡もせずに報告を書き上げ、翌朝早くモスクワに打電した。フルシチョフはこのボルシャコフ報告のおかげで、首脳会談をめぐって、ケネディが達成したいと思っていること、不安に感じていることを詳しく知ることができた。同時に彼は、ソ連側が受け入れる意思のある事柄について、大統領を巧みにミスリードしていたのだ。

トビリシ
一九六二年五月十二日、金曜日

是が非でもウィーンでの首脳会談開催に同意してもらいたいフルシチョフは、大急ぎで、ケネディの求める信頼醸成のための措置を実行した。

ジュネーヴでラオス問題について交渉しているソ連代表は、差し迫った危機を回避するための方式についてイギリス代表と合意に達した。その結果、戦闘行為の停止とラオス中立化の達成を目標とする一四カ国の会議がジュネーヴで開かれることになった。

フルシチョフはグルジアのソヴィエト支配確立四〇周年祝賀のため、前日からトビリシを訪れている。彼のこの日の演説は、アメリカ国務省の高官たちの見るところ、前年五月のU2型機事件以後、米ソ関係についてソ連側が発した最も穏健な声明だった。ケネディの首脳会談の誘いを受け入れるのに用いた表現をくり返して、フルシチョフは言った。「ケネディ大統領と私は対極に立つ人間であるけれども、どちらも同じ地球に生きています。ある種の問題に関しては双方が共通の言語を持たなければならないのです」

この日また、フルシチョフはケネディに、二カ月近く前になされた首脳会談の申し入れを受け入れる旨の書簡を書いた。文中、ラオス問題のような進展が期待されそうな事案については触れられていたものの、核実験禁止については何の言及もなかった。しかしフルシチョフは、ベルリン問題をなおざりにするつもりは、さらさらなかった。ベルリンに関して一方的優位を求めるものではない、しかし来たるべき会談を通して、「ヨーロッパにおける緊張の危険な淵源」を除去することを求めたいのだと、彼は書いていた。

今度はケネディの動く番だった。

ワシントンDC
一九六一年五月十四日、日曜日

急いでいるように見られたくなくて、ケネディは四八時間後になってフルシチョフに回答した。フルシチョフが核実験禁止問題に冷淡なこと、何が何でもベルリン問題を論じようとしていることは、不満だった。それにフルシチョフの書簡は、ロバートからボルシャコフに伝えたはずの、ケネディの求める前提条件に全然触れていなかった。しかし、すべての危険にもかかわらず、ケネディは会談に同意するしかないと考えていた。

フルシチョフのトビリシ演説とラオス問題に関する態度は、ケネディにとって励ましになるものだった。しかし、困った事実があった。第二次大戦後最も決定的な会談の一つとなるはずのものが一カ月足らず先に設定されてしまい、外交官たちのいわゆる、首脳会談の「具体的成果」について双方が合意に達するだけの時間がないのだ。ベテラン外交官の目には、大統領の迅速さは性急でナイーブに見えた。

ケネディは最も親密な同盟者たちに電報を送り、来たるべき会談について通知した。とりわけドイツとフランスはこの会談に懐疑的であるに違いない。不信で一杯のはずのアデナウアーには、こう書いた。「私は以前にフルシチョフに会ったことがありませんので、現在の国際状況を考えるにつけても、このような出会いは有用だろうと思います。この意見をあなたも共有してくださることと思います。実際に会談が行なわれた場合は、フルシチョフとの議論の内容についてあなたにお知らせするつもりです。議論はたぶん、まったく一般的な性格のものになるだろうと予想しています」

準備は急ピッチで進められた。歴史的会談になることは明らかだった。しかもテレビ時代最初の重要会談だった。ベルリン問題を避けたいというケネディ大統領の努力にもかかわらず、彼の対外政策チームは、ベルリンはキューバ、ラオス、核実験禁止、あるいは他のあれこれの問題よりも、はるかに大きな度合いで、成立一年目の政権を規定する問題だという考えを受け入れつつあった。

五月十七日、国務省政策策定スタッフの一員であるヘンリー・オーウェンは、政権の中で広まりつつあるコンセンサスを次のように述べていた。――「私の見るところ、政権が直面するすべての問題の中で、ベルリンは最も破滅を孕んだ案件である」。したがって、一九六三会計年度には通常兵器とヨーロッパの防衛のための予算をもっと増やし、「ベルリン危機に対処し、そしてたぶんそれを抑止するためのわが国の能力を高める」べきである。

二日後の五月十九日にケネディ政権は、新聞がすでに数日にわたりリークに基づいて報じていたことを正式に発表した。すなわち大統領は（パリでドゴールと会ったあと）六月三日と四日に、フルシチョフとウィーンで会う。

西欧とアメリカのコメンテーターたちは、立場の弱まった大統領が不利な立場でウィーンに向かうことを懸念した。西ドイツの知識層向け週刊紙『ツァイト』は、ケネディを旅するセールスマンになぞらえ、落ち目になったセールスマンが、商売を立て直すため直接、競争相手の許に交渉に行くようなものだと論じた。

ヨーロッパの反響を紹介して『ウォールストリート・ジャーナル』は、ケネディは「衰えたアメリカが冷戦における西側リーダーとしての位置をふたたび獲得しようと懸命にあがいている……という強い印象」を与えていると書いた。スイスの有力紙『ノイエ・チュルヒャー・ツァイトゥング』は、首脳会談はアメリカによって拙劣に用意されてしまったと慨嘆し、このような会談を開催するに当たっては事前にクレムリンに態度変更をさせておくのが必要条件であるのに、ケネディはこれを放棄している、と批判した。

ウィーンは建前としては中立的な土地だが、ヨーロッパの外交官たちはまだ、もう一つの候補地だったストックホルムよりも、はるかにソ連圏に近くその影響下にある都市だと考えていた。『ノイエ・チュルヒャー・ツァイトゥング』は「かくしてケネディは、期日も場所も先方の選ぶに任せて出かけてくるという印象だ」と書き、傷ついた合衆国大統領が「あわてて同盟国との関係を修復し、おずおずとオーストリアにやってきて、強力なロシア指導者と対面するのだ」と断じた。

東ベルリン
一九六一年五月十九日、金曜日

風向きが有利に変わったのを感じとった東ドイツ指導者ヴァルター・ウルブリヒトは、ベルリンで大胆な動きに出た。東ドイツ駐在ソ連大使ミハイル・ペルヴーヒンはソ連外相グロムイコに、ウルブリヒトはソ連の承認なしに民間人の身分証明書の提示を強化するなどして西ベルリンへの圧力を強めている、と訴えた。

「わが友人たちは」――東ドイツ首脳陣のことをモスクワではこう呼んでいる――「今や西ベルリンとの境界線でそのような締め付けを強めています。これによって、彼らの言うところの『西側へのドア』を閉ざし、GDR〔ドイツ民主共和国〕からの人口大流出を減らし、西ベルリンを基地として行なわれているGDRに対する経済的陰謀の影響を弱めようというのです」。ペルヴーヒン大使はさらに報告の中で、ウルブリヒトはソ連の政策との矛盾を承知の上で、ベルリンの境界線を閉鎖しようとしていると述べた。

フルシチョフはウルブリヒトの独走が限度を越えることを憂慮した。アメリカ側がウィーン首脳会談をキャンセルするような事態になるのは困る。そんなことにならないよう、性急さと傲慢さを増す一方の東ドイツ指導者をなんとか抑えていてくれと、ペルヴーヒンに指示した。

ワシントンDC
一九六一年五月二十一日、日曜日

ケネディ大統領は自分が罠にはまるのではないかと思い始めていた。

首脳会談の二週間前、ロバート・ケネディはふたたびボルシャコフと接触した。今度は日曜日。これなら二人の出会いはいっそう目立ちにくいだろう。司法長官はソ連スパイをヴァージニア州マクリーンにある煉瓦造りの別荘「ヒッコリー・ヒル」に招き二時間にわたり話し合ったのだ。

ボルシャコフはソ連の立場を縷々説明した。彼は五ページの詳細なブリーフィング・ノートをすっかり暗記していたのだ。その驚異的な記憶力と、いかにも打ち解けた態度とが、彼がこのような秘密ルートの仕事にまだあまり習熟していないという事実を覆い隠していた。

ロバートは自分が大統領の代理として話していることを明らかにした。自分に連絡するときは必ず公衆電話を使うこと、名を名乗るのは自分の秘書か報道官エド・ガスマンだけにすることをボルシャコフに求めた。ボルシャコフ自身が電話するのを避けたいときはホールマンが代わって電話し、ガスマンに、「俺の男がきみの男に会いたがってるよ」と告げるのだった。ロバートはボルシャコフに、この接触を知っているのは兄だけであること、そして彼はそれを承認していることを、伝えた。

対照的に、ボルシャコフの役割は今やソ連指導部内のかなり広い部分に知られるようになっていた。GRUはボルシャコフの報告のすべてを、ウィーン会談のための助言者グループを率いる外務官僚アナトーリー・ドブルイニンに伝えていた。ボルシャコフの上司であるGRUの一幹部は、五月二十一日のロバート・ケネディとの会見について驚きを込めて書いている。「アメリカ政府の一員がわが方の男と秘密裏に会うなど、前代未聞のことだ」。ソ連政府は、駐米大使館と駐米情報部員に、この裏チャンネルをアメリカのメディアとFBIに気づかれないよう全力を尽くせとの命令を送っていた。

ロバートはボルシャコフに、――自分はフルシチョフが大統領への書簡の中で核実験禁止協定締結の可能性についてほとんど何も語っていないことに失望している、と述べ、続いて、次のような譲歩的な提案をした。すなわち、アメリカはソ連の求める査察官のトロイカ方式――ソ連、西側、そして第三世界の代表から成る――を受け入れる、ただしソ連は何を査察の対象とするかについての拒否権を持たない、というものである。

ボルシャコフは、自分が実際に与えられている以上の権限を持っているかのように、ロバートに思わせた。ソ連は一五基の無人探査ステーションを領内に受け入れる用意がある、これはアメリカの要求していた一九基に近いものだ、とボルシャコフは言った。

フルシチョフとの親近感を強調しようとして、ロバートは言った。自分も兄も、ソ連人の言う歴史的ドイツ問題には原則として同意している、ドイツ報復主義者へのソ連の不安にも共感している。大統領は、核武装したドイツがその東方領土の回復を図るのではないかというソ連の危惧を、もっともだと思っている。「兄は彼らを敵として戦ったんだ」。だから米ソは、ただ手段について意見が違うだけなんだよ、とロバートは言った。

ボルシャコフとロバート・ケネディは彼らの密会をウィーン首脳会談の一週間前まで続けた。たぶんこうした下準備が効いたのだろう、会談の際、（通訳を入れるだけの）両指導者二人だけの対話の時間をもっと増やすべきだという、ケネディ大統領の要請に、モスクワが応諾の回答をしてくるのに一日しかかからなかった。

しかし、ウィーン首脳会談前の最後のボルシャコフ＝ロバート対話の二日後に、フルシチョフはベルリンの将来に関する交渉を断固行なうつもりであるとの最も明確なメッセージをアメリカ側に送る。彼はこれを駐ソ大使トンプソンという公式チャンネルを通して伝えた。この問題を絶対に議論するという意志を誰の目にも明らかにしておきたかったのである。

モスクワ、スポーツ宮殿
一九六一年五月二十三日、火曜日

偶然ながら、ベルリン問題を取り上げるという意志をフルシチョフが明確に表明したのは、二年半前、ベルリン危機を引き起こすことになる演説を、ポーランドの共産主義者たちに向かって行なったのと同じスポーツ施設でだった。

招待を受けたトンプソン大使とその妻がフルシチョフのボックスに腰をおろし、アメリカのアイス・カペーズのゲスト・パフォーマンスを観覧し始めて何分もたたないうちに、ソ連首相は、私はアイス・ショーはもう一生見なくてもいいほど見たんです、夕食でもご一緒にいかがです、と言い出した。夫妻を個室に案内しながら、実はあなた方を招待したのはウィーンのことを話し合うための口実だったのです、と告白した。

トンプソンはメモをとらなかった。しかし、あとでワシントン宛ての電文を書くのに少しの困難も感じなかった。アメリカ音楽、氷上でスケートのきしむ音、観衆の喝采をバックに、フルシチョフは間違えようのないメッセージを発していた。彼は言ったのだ。――ベルリンに関する新しい合意がなされなければ、自分は秋または冬までに、一方的行動を取る。ベルリンの管理権を東ドイツに与え、すべての同盟国の占領権を終わらせるつもりである。

フルシチョフはケネディの核軍縮への執着を一蹴した。ベルリン問題が存在するかぎり核軍縮など不可能だ。そして、もしアメリカがベルリンにおけるソ連の目的に干渉するために力を用いるならば、ソ連も力でもって対応するしかない。もしアメリカが戦争を求めるのなら、ソ連も受けて立つしかない……。トンプソンはフルシチョフのこうした脅迫者的側面を以前にも見たことがあった。しかし、ウィーンでの会談を数日後に控えてのこの態度には、これまで以上の不安を覚えた。

しかし、フルシチョフはすぐ肩をすくめて、自分は戦争など起こるとは思わないと言った。「戦争を欲するのは狂人だけだ。そして西側の指導者たちは狂人じゃあない。ヒトラーはそうだったけどね」。そう言ってテーブルをどんと叩いた。続いて、彼がいやと言うほど体験した戦争の恐怖についてしばらく語り、ケネディがベルリンのゆえにそのようなカタストロフを引き起こすなど、とうてい信じられないと言った。

トンプソンは、ベルリンの状況を変更すると脅して危険を引き起こしているのは、ケネディ大統領ではなくあなたですよと反論した。

それはそうかもしれないが、もし戦闘行為が勃発すれば、ベルリンを防衛するため国境を越えて東ドイツに入らなければならないのは、そしてそのことによって戦争状態を引き起こすのは、アメリカ側であってソ連ではない、とフルシチョフは言った。

　フルシチョフは夕食の間、大戦がわれわれ連合国側の勝利に終わってから一六年、もうベルリンの占領に終止符を打つべき時だ、と何度も述べた。自分はもともと一九五八年のベルリン問題最後通牒の中でも、六カ月以内の解決を要求していたではないか、と言い、ベルリンの状況は現在のままでもいいのではないですかと言うトンプソンを、「あれからもう三〇カ月が過ぎてしまったんだぞ」と一喝し、アメリカはソ連の威信を傷つけようとしている、こんなことを続けさせるわけにはいかないのだと凄んでみせた。

　トンプソンは、確かにアメリカはフルシチョフが東ドイツと平和条約を締結するのを止めることはできない、しかし重要な問題は、フルシチョフがその締結を利用してアメリカのベルリンへのアクセス権に干渉するかどうかだ、と言った。フルシチョフがウィーン首脳会議に向けて、より強硬な態度に出た場合の探測気球を上げている一方で、トンプソンの方もケネディならこう応じるだろうと思われる言葉を発して、相手の反応を見ているのだった。

　トンプソンはさらに言った。全世界におけるアメリカの威信はベルリン市民への誓約を守るか否かにかかっている。そのうえアメリカ自身、もしソ連の圧力に屈してベルリンを犠牲にしようものなら、次は西ドイツ、西欧を失うのではないかと危惧している。「そうなった場合の心理的効果はわれわれの立場にとって破滅的なものになるはずです」

　フルシチョフはトンプソンの言い回しをあざ笑い、今や彼の口癖となってしまった言葉をくり返した。ベルリンは実際にはアメリカにもソ連にも少しの重要性もない、それなのに、なぜ双方ともベルリンの地位を変えることにそんなに向きになるのかね？

　トンプソンは言い返した。ベルリンが本当に重要性のない土地なら、あなたがなぜそんな大きなリスクを冒してまでベルリンで優位に立とうとするかわかりません。

するとフルシチョフはウィーンで提示しようと思っている提案を披露してみせた。——アメリカが「自由都市」西ベルリンに軍隊を置き続けることは、いかなるものによっても妨げられることはない。変化するのはただ、アメリカ政府が将来において、それらの権利を東ドイツと交渉しなければならなくなるという点だけである。

トンプソンは探りを入れた。あなたにとってベルリン問題のどんな要素が一番悩みの種なのですか。難民問題なのではありませんか。フルシチョフはその質問には答えず、ただ、「ベルリンは切除するしかない腫れものなんだよ」とだけ言った。

続けてフルシチョフはトンプソンに言った。——ドイツの再統一など不可能だ。ドゴール、マクミラン、アデナウアーを含めて誰も実際にはそれを望んではいない。ドゴールは私に言ったことがある。ドイツは分割されたままでいいし、それどころか、三つに分割された方がもっといいだろう、とね。

温厚柔和なトンプソンだが、このあたりでフルシチョフの脅迫を切り返しておかないと、ベルリンに関して彼に青信号を与えたと誤解されてしまうと気づいて、こう言った。「そうですな、もしあなたが実力を行使なさるのなら、もしあなたがわが方のアクセスともろもろの結びつきを力でもって遮断なさるおつもりなら、そのときはわが方も力に対して力を用いることになりますな」

フルシチョフは微笑をうかべて穏やかに、きみは私を誤解しているよと言った。むら気なソ連指導者は、私は力を用いることなど考えてはいないと断言し、私はただ、東ドイツと条約を結んで、アメリカが「降伏の条件」として獲得した諸権利を終わらせようとしているだけなのだよ、と言った。

アイス・リンクでの対決に関するトンプソンの電報は、彼が聞いたばかりの話の重要性を少しも反映していなかった。フルシチョフにとって、あのやりとりはウィーンでの本番のドレス・リハーサルだったのだ。しかしトンプソンは、フルシチョフの恫喝を過小評価した。彼は、フルシチョフが初めて、ベルリンの恒久的分断が実現してもアメリカの諸権利が侵されることはないことを詳しく説明した、と電文に書いていた。さらにトンプソンは、フルシチョフはベルリン問題を十月の共産党大会が終わるまでは押し出してこないだろうとの持論をくり返し、フルシチョフはウィーンで、「ベルリン問題を適切穏便に処理するだろう」と推測していた。

にもかかわらずトンプソンは、ケネディがウィーンでフルシチョフに、ベルリン問題に関して双方の面子を保つことのできる方式を提示したらどうか、と提案していた。いずれにせよベルリン問題はこの年遅くには重要課題として浮上するだろうから、というのがその理由である。さもないと、「戦争が起こりかねない」と彼は書いていた。

同じ日、ケネディはベルリンから別の情報を得ていた。ベルリンのアメリカ代表部トップ、外交官のE・アラン・ライトナー・ジュニアが次のように報告してきたのだ。――ソ連は「ベルリンの現状と当分のあいだ共存しうる」はずであり、フルシチョフは行動のためのタイムテーブルを何ら持っていない。したがって、ベルリンの自由を防衛するアメリカの決意をあらためて示し、かつ、「ソ連はベルリンから手を引け」との強いメッセージを送ることによって、ケネディはウィーンでフルシチョフを抑え込むことができる。

ライトナーは、ケネディがウィーンで弱いところを見せるとどうなるか、十分認識するよう求めて、「大統領は暫定的な解決や妥協、あるいは暫定協定について議論する意志があることなど示すべきではありません。そんなことをしたら、アメリカの決意を誤算すると、どのような恐るべき結果が待っているか、フルシチョフに警告することのインパクトが薄らいでしまいます」と書いていた。

ワシントンDC
一九六一年五月二十五日、木曜日

意に染まぬ最初の原稿を書き直したくなった作家のように、ケネディは五月二十五日に、二度目の一般教書演説――「国家の緊急課題に関する国民への特別演説」を行なうことにした。最初の演説から一二週あとである。それは、ピッグズ湾を経験しウィーン会談を前にした時点で、誤解の余地なき決意のメッセージをフルシチョフに送ることによって、舞台をしつらえなくてはならないという大統領の認識を反映していた。

ロバート・ケネディはボルシャコフとの出会いの一つを使って、前もってフルシチョフに、今回の演説の中の大統領のレトリックは厳しいかもしれないが、だからといって、協力への彼の意欲は減退してはいないのだ、と知らせておいた。とはいえ、そもそもこの演説がフルシチョフに対するものであると同様、アメリカ国民向けの強さのメッセージである以上、ボルシャコフ・チャンネルでそのニュアンスを十分に伝えることなど出来るものではなかった。

上下両院合同会議の前に立ち、全国のテレビ視聴者に向け、ケネディは述べた。――歴代のアメリカ大統領の中には、「容易ならざる時期」に際会した場合一年に二度の一般教書を発表した例がある。現在はまさにそのような時期である。アメリカは全世界の自由の大義に責任を持つがゆえに、私はここに「自由のドクトリン」を明らかにするものである。

四八分間にわたる真昼の演説は大きな拍手によって一七回中断された。大統領は健全なアメリカ経済を維持する必要を強調し、不景気の終焉と景気回復の始まりを祝った。南半球――アジア、ラテンアメリカ、アフリカ、中東――を「立ち上がりつつある民衆の土地」と呼び、そこは自由の敵対者が反撃を受けるべき「世界の偉大なる戦場」となっていると述べた。軍の増強と近代化、軍備競争における対ソ優位、三倍の経費を投じて核シェルターを建設するなど民間防衛の整備、これらを実現するために、国防予算の約七億ドルの増額を求めた。さらに、海兵隊員一万五〇〇〇人の増員を求め、第三世界における対ゲリラ戦を従来以上に重視して、これに対応すべき榴弾砲、ヘリコプター、装甲兵員輸送車の増強、即戦力としての予備部隊の設置を要求した。さらに最も重要と見るべきは、一〇年後には人間を月に送り、地球に帰還させるだろうと宣言したことだ。これは、最初に衛星と人間を宇宙に送ったソ連との競争に、絶対に負けてはいられないという決意の表明だった。

ウィーン首脳会談をわずか九日後に控えて、ケネディはアメリカ国民に、世界は刻一刻と危険の度合いを増していること、自由のチャンピオンであるアメリカは全世界に責任を持っていること、それゆえアメリカは必要とされる犠牲を引き受けなければならないこと、を訴えていた。ウィーン会談については、手ごわい相手との話し合いだけに、獲得目標を低く抑えていた。教書の中では一パラグラフ割いているだけだ。

その中でケネディは、「公式の議題は予定されていないし、いかなる交渉もなされることはないでしょう」と述べていた。

モスクワ
一九六一年五月二十六日、金曜日

フルシチョフはケネディから一発食らったと思った。これに対応すべくただちに最も重要な支持組織である、ソ連共産党幹部会を招集した。彼は速記者を伴なって出席した。これはいつものように、重大な発言をすることを出席者に示すサインである。

フルシチョフは幹部会の同志たちに、――ケネディは「くそったれ野郎」だが、しかし、ウィーン首脳会談はきわめて重要だ、なぜなら自分はこの会談を用いて、自分の言う「ドイツ問題」を前進させるつもりだからだ、と言った。自分が提案するつもりの解決策を、トンプソン大使に対して使ったのと同じ表現を用いつつ、説明した。

ベルリンの地位を変えるために自分が提案しようとしている手段は核戦争を引き起こすだろうか？彼は同志たちに尋ねた。引き起こすかもしれない、といったん自分で答え、そのあと続けて、しかし、そんなことは九五パーセントあり得ないと言い、そう考える理由を説明した。

幹部会員の中で、アナスタス・ミコヤンだけがあえてフルシチョフと異なる意見を表明した。ミコヤンは、アメリカはベルリンに関して通常戦争を行なう意志も能力もある、このことをフルシチョフは過小評価している、と述べたのだ。この意見に動かされたのか、かつてはもっぱら西ドイツとアデナウアーを主な脅威として攻撃していたフルシチョフが、そうだ、アメリカこそすべての国の中でソ連にとって最も危険な国だ、と言い始めた。アメリカに対する愛憎入り混じった思いに捉われているフルシチョフは、ウィーンの会談を準備する中で、アメリカ憎しの方向に態度を切り替えたのだ。これは、党幹部たちにとって、会談に彼がどんな結果を期待しているかを明確に示唆するものだった。

フルシチョフは今や脳裏から離れなくなった意見をくり返した。――自分はケネディに会うけれども、アメリカを実際に動かしているのはケネディではなくて、ペンタゴンとCIAだ。これは、アイゼンハワーと会談しているときにもすでに感じたことだ。アメリカ指導層が論理的な原則に基づいて決定を行なっているとは思えないのは、このような理由からだ。「だから、特定の勢力が出てきて、何かの口実を見つけて、わが国に対する戦争を始めるなんてことが起こるかもしれないんだ」

フルシチョフは同志たちに告げた。――自分は戦争のリスクを恐れはしないが、どうすれば戦争を避けられるかも知っている。ケネディが、ベルリンの地位が変更されることに対して核兵器によって反撃しようとしても、アメリカの同盟者たるヨーロッパ諸国と世界の世論が、彼を引きとめるだろう。ドゴールとマクミランは、アメリカが戦争に向けて突進するのを決して支持しないはずだ。彼らはソ連のミサイルの射程から見て、ソ連の主な核ターゲットがヨーロッパにあることを理解しているからだ。

「彼らは知的な人間だからこれを理解しているんだ」とフルシチョフは言った。

それから彼は、ウィーンで自分が提案するつもりの最後通牒の、六カ月の猶予期限が切れた後、ベルリンの状況がどのように展開するかを詳しく説明した。――まずソ連は東ドイツ政府と平和条約を一方的に締結する。それから、西ベルリンへのすべてのアクセス・ルートの管理権を東ドイツ政府に移譲する。「われわれは西ベルリンに侵入しない。われわれは封鎖を宣言しない」。だから軍事行動のための口実を与えることはない。「われわれは空の交通を許可する用意があることを示す。ただし、西側の飛行機が着陸するのは、(西ベルリンではなく)ドイツ民主共和国の空港でなければならない。われわれは軍隊の撤収を要求しないし、実力で持ってこれを排除することもしないが、しかし、それらの存在はあくまで違法であるとわれわれは考える。われわれは食料品の搬入を妨害しないし、他のいかなるライフラインも遮断しない。西ベルリンの事態についてはあくまで非侵害・不関与の政策を厳守する。だから私は、戦争状態と占領体制が終結するからといって、そのことが戦争を引き起こすとは思わないのだ」

ミコヤンひとりが異論を唱え、戦争の蓋然性はフルシチョフが考えているよりも高いのではないかと言った。とはいえ彼はフルシチョフへの遠慮から、フルシチョフの言う五パーセントに対して一〇パーセントと、わずかに高く言っただけだった。「私の思うに、彼らは核兵器なしでの軍事行動を始めるかもしれませんぞ」とミコヤンは言った。

フルシチョフは反論した。ケネディはひどく戦争を恐れているから軍事的に反応してくることはないだろう……。それから幹部会員たちに言った。われわれはたぶんラオス、キューバ、あるいはコンゴでは、これら地域の通常兵力のバランスがあまり明確でないがゆえに、妥協しなければならないこともあるだろう、しかし、ベルリンに関しては、わが方の軍事的優位に疑問の余地はない。

フルシチョフはこの優位を一層高めるために、列席していた国防相ロジオン・マリノフスキー、軍参謀総長マトヴェイ・ザハロフ、そしてワルシャワ条約軍司令官アンドレイ・グレチコに、「ドイツに展開しているわが兵力の相互関係を徹底的に点検し、何が不足しているかを確認する」よう命令した。必要なものにルーブルを費やすことは一向に構わない。まず、大砲と基本的兵器を増やすことが肝心だ。そして挑発が一層強まった場合にそなえて、さらに兵器を用意しておく必要がある……。彼はまた、ベルリン作戦の実行計画に関する報告を二週間以内に提出するよう、軍人たちに求めた。彼はウィーンで強硬な発言をするつもりでいる。ソ連の軍事力は六カ月以内に、その発言にふさわしい程度にまで高められるべきなのだ。

ミコヤンは反論した。――フルシチョフはケネディを、軍事的に対応するしかない危険な立場に追い込んでいる。空路に関してはこれまで通り西側の航空機が西ベルリンに着陸できるようにしておいたらどうか。そうすれば、ベルリン問題の解決はケネディにとってもより受容しやすいものになるのではないか。

フルシチョフは首を振った。――いいかい、同志たち、東ドイツは崩壊寸前なんだ。毎週、数千の専門職の人間が逃げ出している。この大脱走を止める確固とした行動をとらなければ、ただウルブリヒトを苛立たせるだけでなく、ワルシャワ条約加盟諸国の間に疑念を生むことにもなるんだ。われわれの側には「一貫性もなく確信もないのだな」と感じられてしまうんだ。

自分は空の回廊を閉鎖するのに乗り気なだけではない、――フルシチョフはミコヤンのほうを向いて言った。――西側の飛行機が西ベルリンに着陸しようとすれば、撃墜するつもりだ。「われわれの立場は非常に強い。しかし、もちろん、われわれは今や実際に彼らを怖じ気づかせなければならない。たとえば、その辺を飛びまわっている飛行機がいたら、これを撃ち落とさなくちゃならないんだ。向こうは挑発的行為でもって反応してくるか？　そうするかもしれない……。しかし、われわれがわれわれの政策を実行したいのなら、そしてわれわれの政策が認められ、尊敬され、怖れられることを求めるのなら、断固たる態度を取ることが必要なんだ」

「作戦会議」の最後にフルシチョフは、ウィーンで、通常の外交儀礼どおりにケネディと贈り物を交換すべきかどうか、同志たちの意見を訊いた。外務省の高官たちは、ケネディ大統領に最高のブラック・キャビア一二缶と、ソ連とロシアの音楽のレコードを贈ってはどうかと言った。他の顧問の中には他の贈り物と共にケネディ夫人に銀製のコーヒー・セット一式を贈ることを考えている者もいて、フルシチョフの承認を求めた。

「贈り物の交換って戦争の前でもやるものさ」とフルシチョフは答えた。

マサチューセッツ州、ハイアニスポート
一九六一年五月二十七日、土曜日

ケネディを乗せたエア・フォース・ワンは豪雨のなかアンドルーズ空軍基地を離陸してハイアニス

ポートに向かった。三日後、ケネディはパリに着きドゴールに会う。一週間後にはフルシチョフと共にウィーンにいる予定だ。この二十七日、ハイアニスポートのケネディ家別荘で、父親ジョゼフは息子の寝室を官能的な女性たちの写真で飾った。息子の四十四歳の誕生日を前に、同じプレーボーイとしての悪ふざけをしたのだ。

大統領はこの別荘で簡単に誕生祝いをやったあと資料読みに没頭するつもりである。渡された資料は核戦力バランスからフルシチョフの心理学的性格まで多くの分野にわたっている。フルシチョフについて、アメリカの情報機関が描き出したのは、ある瞬間には人を魅惑し次の瞬間には人を痛罵する男、人の心を操る賭博師、資本主義世界との共存と競争を求める確信的マルクス主義者、粗野で移り気で、農民風で、狡猾で、何はともあれ予測しがたい指導者、というものだった。

大統領としては、アメリカ指導部に関するソ連側の調査がこれほど精密でないことを希望するばかりだ。ケネディの背中の痛みは、政権発足後も消えたことはなかったが、数日前のカナダでの記念植樹の際に受けた傷のせいで一層ひどくなっていた。旅の荷物の中に彼は会談のための資料だけでなく、背中のための麻酔剤プロカイン、アディソン病のためのコーチゾン、減退気味のエネルギーや他の病気のためにビタミン、酵素、アンフェタミンのカクテルといった治療薬を入れていかなければならないのだ。

別荘内で彼は松葉杖にすがって歩いていた。公衆の前では決して見せない姿だった。まるで、傷を負ったボクサーがタイトル戦に向かおうとしているかのようだった。

第10章　ウィーン――ちびっこ、アル・カポネに会う

「だから、われわれは滑稽な状況にはまりこんでいるんだ。

われわれはいま、核戦争になるかどうかの瀬戸際にいるのだが、
それは、将来ドイツが再統一された場合の首都として
ベルリンを確保するための条約をめぐって対立しているからだ。

それでいてわれわれ全員は、ドイツが再統一されることはまずあり得ないと知っている。

ずいぶん馬鹿げた話じゃないか。

しかしわれわれはあの協定に縛られている。われわれだけではなくソ連側も縛られている。

だから、彼らにあの協定を無視させるわけにはいかないのだ」

ケネディ大統領。一九六一年六月一日、パリでバスタブにつかりながら友人たちに

「あなたは人間の精神と良心の発達を防ぐダムを造るつもりなのですか……。

もしそうなら、それは人間の力でできることではありません。

スペインの異端審問では異端の人々を焼き殺したが、しかし思想は焼き殺されず、究極的には勝利しました。

ですから、もしわれわれが思想をめぐって争いを始めるとしたら、
ソ米間の紛争と衝突は避けがたいものになってしまいます」

フルシチョフ首相。一九六一年六月三日、ウィーンでケネディ大統領に

パリ

一九六一年五月三十一日、水曜日

市民の大歓迎、素晴らしいフランス料理、一〇〇〇人を越す取材陣の生み出す大々的な報道……。いずれもケネディにとって喜ばしいものだったが、彼がパリで最も喜びを覚えたのは、何といっても、十九世紀に建てられたケードルセ宮殿（フランス外務省）の「国王の間」の大きな金メッキのバスタブに浸かって過ごした時だった。

「ああ、ホワイトハウスにもこんなバスタブがほしいよ」。背中の激痛を抑えようと湯の中に深く身を沈めて大統領はケニー・オドネルに言った。それは後にオドネルが語ったところによれば、ピンポン台ぐらいの長さと幅のあるバスタブだった。補佐官のデーヴィッド・パワーズは、もし大統領が「カードをうまく切れば」ドゴールが記念品として贈ってくれるかもしれませんよと言った。

こうして、彼ら三人が「タブ・トーク」と呼ぶことになるものが始まった。ケードルセ宮殿の巨大なスイートルーム。ウィーンに向かう途中パリに三日滞在するケネディの宿としてドゴールがここを提供したのだ。ぎっしり詰まった日程の合間合間に、ケネディはこの部屋の金のバスタブにつかりながら、直前に行なった対話などについて、側近の中の最も親しい友である二人とあれこれ話し合ったのだ。二人はともに第二次大戦とケネディの政治戦の双方のベテランである。オドネルは肩書はホワイトハウスの秘書官だが、ケネディ家との関係はハーヴァードで彼がロバートのルームメートだったときから始まっていた。パワーズはケネディの愛想のよい「忠僕」だ。いつもケネディを楽しませ、そのスケジュールを管理し、必要があればただちに性的パートナーを調達できる。

その朝、世界で最も有名なカップルをパリの街路の両側から歓迎した人々の数は五〇万から一〇〇万の間といわれる。数えた主体によって群衆の数は異なる（フランスの警察はホワイトハウス報道担当室に比べると抑え気味だった）。ケネディの前任者たち——とりわけルーズヴェルトとアイゼンハワー——とドゴールとの冷ややかな関係を考えれば、ケネディへの暖かい歓迎ぶりは驚くべき変化だった。ドゴールは常に、すべてのアメリカの指導者はヨーロッパにおけるフランスの指導性を掘り崩して、アメリカ自身が取って代わろうとしているのではないかと見ていた。とはいえ、きょう、彼は光り輝くようなファースト・カップル（その写真は主だったすべてのフランス誌の表紙を飾っていた）のオーラをみずからも浴びてご満悦だった。年齢の差もドゴールを寛容な気分にさせていた。若い前途有為のアメリカ人を伝説的・賢者的な人物が自分の翼の下に庇護してやるという、ドゴール好みの役割を楽しんでいた。

この朝一〇時オルリー空港でドゴールはケネディを出迎えた。巨大な緋色のカーペットが敷かれ、五〇台の黒いシトローエンが並び、騎馬の共和国親衛隊儀仗兵が威儀を正していた。楽隊が「ラ・マルセイエーズ」を演奏するなか、六フィート四インチの将軍《ル・ジェネラル》はダブルのビジネス・スーツ姿でコンバーティブル型リムジンの中に起立していた。

『ニューヨーク・タイムズ』は、「二人は相並んで——それぞれに高齢と若年、威厳と闊達、瞑想と実行、静穏と覇気を表現しつつ、パリの街を移動した」と報じた。

セーヌ左岸サン・ミシェル大通りでは歓声がひときわ高かった。気を良くしたドゴールに勧められてケネディがリムジンの後部座席で立ち上がると、これがまた一層大きな拍手喝采を生んだ。冷たい風にもかかわらず、ケネディは帽子もかぶらず、薄いトップコートを着ているだけだった。雨の降りだしたその午後も、彼はそれ以上の装いはしなかった。シャンゼリゼを疾走するリムジンの中で二人はびしょ濡れになった。ドゴールは文句も言わずこの苦行に耐えていた。

こうした颯爽たる外見の陰に、就任以来最も重要な週を迎えようとしている疲れて傷ついた合衆国大統領がいた。彼は適切な心構えもなく十分な下準備もなく、ウィーンでの勝負に臨もうとしているのだった。フルシチョフはピッグズ湾後のケネディのあれこれの弱点を見つけ出そうとするだろう。もちろん、いくらでも見つかるはずだった。

国内では、ケネディはアメリカ南部での激しい人種紛争に直面していた。二世紀に及ぶ抑圧を終わらせようとアフリカ系アメリカ人が立ち上がり、州際交通の差別に反対する「フリーダム・ライダーズ」の運動が高まりを見せていた。しかしこうした努力はケネディ政権からなまぬるい支持を得ただけであり、アメリカ人の三分の二近くの反対に遭っていた。

対外関係では、キューバでの失敗、ラオス問題の未解決、ベルリンをめぐる緊張の高まりが、ケネディのパリ・ウィーンの旅をいやがうえにもリスクに満ちたものとした。ケネディは国内の人種問題と取り組んでいるときでさえベルリンとの関連を考えていた。公民権委員会のメンバー、セオドア・ヘスバーグ神父に、なぜ人種差別廃止にもっと積極的にならないのですかと問われて、ケネディは、「いいですか、神父。私は明日にもベルリンにアラバマの州兵を派遣しなくちゃならないかもしれないんです。国内が大騒動の時にそんなことはしたくないんですがね」と答えている。

ケネディがオタワでの植樹式で背中の筋肉をふたたびひどく傷め、その痛みがヨーロッパへの長いフライトのなかで悪化したのは、大統領就任後彼を見舞ったもろもろの不運の一つでしかないように見えた。しかし、彼が松葉杖で頼りなげに歩くのは、一九五四年の脊椎固定手術以来のことだった。颯爽としたイメージを守るために彼は公衆の前で杖を使うことは拒んだ。だが、これによって、背中にますます大きな負担が加わり、フランス滞在中、痛みは耐えがたいほどになった。

侍医のジャネット・トラヴェルも大統領に随行していた。彼女は、ケネディの背中の痛みが昂じていることと、それへの治療が彼にもたらす影響が気がかりだった。もしかすると治療が、訪欧中の大統領の気分から忍耐力までさまざまな面で影響を与えるかも知れなかった。大統領はすでに、痛みをやわらげるために一日に五回、入浴するかホット・シャワーを浴びていた。国民は知らなかったが、オーヴァル・オフィスにある彼の有名なロッキングチェアの真の目的は、大統領の腰の激痛をやわらげることにあったのだ。彼の腰には、医師たちが一〇年近くにわたりノボカインの一種である強力なプロカインを注射してきた。トラヴェルはまた彼を、慢性腎炎、高熱、高コレステロール血症、不眠、そして胃や結腸や前立腺の異常で治療していた。後年トラヴェルは、パリは「非常に困難な時期」の始まりだったと述懐する。彼女はパリでケネディに一日に二、三回注射していたという。ホワイトハウスの医務官ジョージ・バークリー提督は、プロカインについて懸念していた。プロカインは一時的な知覚麻痺によって痛みを鎮めるが、その後、一層激しい痛みが生じ、ますます多量でますます強力な麻酔薬が必要になってくる。バークリーはより多くのエクササイズと物理療法を勧めたが、ケネディは即効性のある薬物注射の方を好んだのだ。

　トラヴェルは大統領に与えた錠剤や注射について日々、「薬剤投与記録」を付けていた。尿路感染症と膿瘍のためのペニシリン、睡眠用としてツイナール、下痢と体重減少を防ぐためのトラセンチン、その他テストステロン〔男性ホルモンの一種〕やフェノバルビタール〔催眠・鎮静剤〕を含むもろもろの治療薬……。しかし、彼女が記録することのできない注射もあった。特異な医師による特異な治療が行なわれていた。この医師も大統領の訪欧に、よりひっそりとではあるが随行していた。

　マックス・ジェーコブソン博士は「ドクター・フィールグッド」〔快感先生〕の異名で知られている。患者はテネシー・ウィリアムズやトルーマン・カポーティ等々、有名人ばかり。疲労と抑鬱の治療として、もっぱら、ホルモン、動物の器官細胞、ステロイド、ビタミン、酵素、そして――最も大事な

――アンフェタミンを含む注射をしていた。

ケネディはジェーコブソンの療法がたいへん気に入っていて、前年十一月息子のジョン＝ジョンを難産のすえ生んだジャッキーにも、ヨーロッパ訪問に備えてスタミナを回復させるためもあって、これを勧めていた。

ヴェルサイユ宮殿でのドゴールとの公式晩餐会の前に、ドクター・フィールグッドはケネディにいつもの注射をほどこした。そのあと、赤い頬、黒い髪の小柄な医師は大統領夫妻のスイートをちょこちょこと歩いてジャッキーの寝室に行った。彼女はそこで晩餐会用の衣装を選んでいた。アメリカ人オレグ・カッシーニのデザインしたドレスの上に羽織るのは、ジバンシーの優雅なフレンチガウンがよさそうだ。これで彼女とフランスとの関わりが強調できる……。ドクター・フィールグッドが顔を見せるとジャッキーは人払いをした。医師は大統領夫人の臀部に針を刺し、ある液体を注入した。そしてその夜、ヴェルサイユ宮殿、鏡の間での六コースの晩餐のあいだ、彼女はまばゆいばかりに光り輝いたのである。トルーマン・カポーティはのちにジェーコブソンの治療をこう称賛している。「スーパーマンになったみたいな感じなんだ。空を飛ぶ気分さ。アイデアがどんどん湧いてくる。コーヒー・ブレークもなしに七二時間働けるんだ」

しかし、ソ連最高指導者との重要な会談を控えたアメリカの最高司令官にこれらの薬品が与えられることは、国家の安全保障に重大な結果をもたらす可能性があった。これらの薬は中毒性があるだけでなく、活動過多、過度の精神緊張、認識障害、神経過敏といった副作用を起こす場合がある。注射と注射の間に、自信過剰から抑鬱の発作へと気分が大きく揺れ動くかもしれないのだ。「ジェーコブソン博士は一九七五年に医師免許を失うことになる。彼の患者の一人でケネディの友人、マーク・ショーは一九六九年、「激しい慢性的な静脈内アンフェタミン中毒」の結果、四十七歳の若さで死んでいる」。

ロバートにさんざん言われて、大統領は後にジェーコブソンの調合物を食品医薬品局（ＦＤＡ）に提出し分析してもらった。ドクター・フィールグッドが注射しているのはステロイドとアンフェタミンだという報告が届いたとき、ケネディは少しも動ぜず、「馬の小便だとしてもかまやしないよ。効き目があるんだもの」と言ったのだった。

ドゴールとの会談に向けて、ケネディは主な目的を三つ持っていた。三つともウィーン会談にからみ、またウィーン会談がベルリン問題に与えるインパクトに関わっていた。第一に、ケネディは、ウィーンでフルシチョフと渡り合うにはどうすれば一番良いか、ドゴールのアドバイスが欲しかった。第二に、次のベルリン危機が起きた場合（ケネディもこれは起こるだろうと思い始めている）、ドゴールは同盟諸国がこれとどう取り組めばよいと思っているのかを、知りたかった。最後にケネディは、パリ訪問を、自分の公的イメージを向上させ、それによりウィーン会談に向けて自分の立場を強めるのに役立てたかった。

アイス・カペーズ・ショーでフルシチョフがベルリンに関してトンプソン大使を脅迫したことをケネディから聞くと、ドゴールは手をひと振りして言った。「フルシチョフ氏はずっと言い続けているのですよ。自分の威信はベルリン問題の帰趨にかかっている、だから六カ月以内に解決しなければならない、と。そして六カ月が経ち、それからまた六カ月が経ち、という具合です」。そして肩をすくめ、「もし彼がベルリンに関して戦争をする気なら、とうに始めていたはずです」。

ベルリンは主として心理的な問題だと思う、とドゴールは言った。「双方の側にとって、ベルリンが今ある場所に位置しているのは悩ましいことです。しかし、何と言っても、それはそこにあるのです」

ケネディ＝ドゴール会談は、すでに、以前の合衆国大統領とドゴールの会談よりも、良好なスタートを切っていた。アイゼンハワーはかつてケネディに、ドゴールはアメリカとＮＡＴＯを民族主義的尊大さで見下しておりそのことで全大西洋同盟を危険にさらしかねないと警告していた。フランクリン・ルーズヴェルトも生前、ドゴールの強烈な性格をジャンヌ・ダルクのそれになぞらえていた。アイゼンハワーはケネディに言ったものだ。「年をとるにつれて、ますますやつらのことが癪に障ってくる。――フランス国民のことじゃなくて、フランス政府の連中のことがね」

前任者たちと違って、ケネディはドゴールと付き合う上で二つの利点を持っていた。一つは、はるかに年下の人間として、年長者に礼を尽くす態度をごく自然にとれることだ。もう一つは、妻ジャクリーンのソルボンヌ仕込みの教養とその流暢なフランス語が誇り高き将軍に与えるインパクトだ。ランチを摂りながら彼女とブルボン王朝やルイ十六世についてなごやかに語り合ったあと、ドゴールはケネディの方を向いて感に堪えたように言った。「奥様はほとんどのフランス女性よりもフランス史に詳しくていらっしゃる」

黄金のバスタブに無事戻って、ケネディは友人たちに言った。「ドゴールと私は仲良しになったよ。たぶん私があんなにチャーミングな妻を持っているせいだね」

モスクワ、キエフ駅
一九六一年五月二十七日、土曜日

ケネディがパリの狂騒的歓迎に耐えているころ、フルシチョフはもう少し穏やかな心境で旅路につくところだった。モスクワからウィーンまで一二〇〇マイルを六両連結の特別列車で行く。キエフやブラチスラヴァでは地方遊説の時のように停車して演説するつもりだし、通過する駅という駅で人々の歓声が待っているはずである。

共産党各組織の動員した数千の群衆が、モスクワのキエフ駅でフルシチョフを見送った。出発前の慌ただしさのなか、フルシチョフはトンプソン駐ソ大使と少し言葉を交わした。このときの短い会話についてトンプソンは、上司に宛てた電報の中で、かなり苦しげな楽観論を述べている。「私は、フルシチョフが大統領との会見が快いものであることを望んでいるものと信じます。またフルシチョフが、もし可能なら、両国の雰囲気や相互関係の改善をもたらす諸問題について、提案や態度表明をしたいと願っていると信じます。しかし、それが実際に可能であると考えるのは、きわめて困難です」

フルシチョフが乗車しようとしたとき、一人の少女が駆け出して来て、彼に赤いバラの大きな花束を贈った。常に衝動的なフルシチョフは、大使夫人ジェーンに声をかけ、群衆の歓呼のなか、花束を彼女にプレゼントした。

トンプソンはその場に集まった報道陣に、確信もないまま、「すべてがうまく行くことを希望しています」と述べた。とはいえ、彼はひそかに、ケネディがベルリン問題に関して不意打ちを食らうのではないかと懸念し始めていた。最新の手がかりは、この日のソ連政府機関紙『イズヴェスチヤ』のとげとげしい社説だ。それは、わが国はベルリンに関して行動する前に、もはや西側の同意を待ってはいられないと宣言していた。

通過する駅ごとに、群衆がフルシチョフに熱狂的な喝采を送った。手を振って応えながら、彼は誇りで胸が一杯だった。多くの人々が彼を歓迎し激励する旗やポスターや横断幕を持っていた。彼がとりわけ感銘を受けたのは、生地に近いウクライナのムカチェヴォ駅の駅舎正面を覆った巨大な深紅の幕だった。それにはウクライナ語であふれるような親近感と敬意をこめて、「ご機嫌よう、ニキータ・セルゲーヴィッチ!」と書かれていた。

キエフでは数千の市民の歓迎を受けつつ街を見て回り、この街で愛された詩人タラス・シェフチェンコの墓前に花輪を捧げた。チェコスロヴァキアでの最初の停車地チエルナでは、街の至るところに、フルシチョフの巨大な肖像とこの国の党第一書記にして大統領であるアントニーン・ノヴォトニーのそれとが、ノヴォトニー自身の指示により、並んで掲げられていた。シンバルやトランペットを鳴り響かせつつ両国国歌が演奏されるなか、制服姿のピオネール（共産党少年組織）の子どもたちがフルシチョフに抱えきれないほどの花を贈り、続いて、刺繡入りブラウスを着た美しい娘たちがパンと塩という伝統的な歓迎の贈り物を手渡した。

ブラチスラヴァはウィーンに入る前の最後の停車地だ。当局は念入りに歓迎を演出した。公共の建物すべてに歓迎の幕が懸けられた。――「揺るぎない平和の擁護者フルシチョフに栄光あれ」。フルシチョフとノヴォトニーは群衆を前に、ベルリン問題の「最終的解決」を見いだすのだと熱弁を振るったが、かつてヒトラーが呼号したユダヤ人問題の「最終的解決」との表現上の一致については、二人とも気づいていないようだった。古都トレンチーンでは、ウィーン会談の前夜を祝って、街のシンボルである中世の城の上空に花火を打ち上げた。ここに置かれたゲシュタポ司令部は一九四五年四月十日、死闘の末ソ連軍に占領されたのだった。

面子を保ちたいフルシチョフは、ウィーン入りを前に小細工を弄した。ブラチスラヴァからの列車の出発を予定よりも四時間遅らせて午後二時にしたのだ。ケネディがパリで大群衆の歓迎を受けたという知らせを聞いて、フルシチョフとその部下は、ソ連首相もウィーンでしかるべき歓迎を受けなければならないと考えた。勤務時間が終わるころに到着すれば、共産党系労働組合が傘下の労働者をウィーンでの歓迎に動員できるだろう。

パリ　一九六一年五月三十一日、水曜日

ドゴールはケネディの教師の役を買って出たかのようだった。手がつけられないほどに激昂したフルシチョフをいかに巧みに操縦したかを語って聞かせ、ウィーンでの会談のある時点で、フルシチョフは必ずや戦争でもって脅迫してくるだろうと警告もした。

ドゴールはフルシチョフと会談した際の自分の言葉を再現してみせた。――あなたはデタント〔緊張緩和〕を求めているふりをしているだけだ。本当に求めているのなら、デタントをもっと主張し実行すべきだ。平和を欲するのなら全面軍縮交渉を開始すべきだ。現在の環境の下では世界の状況は徐々に変化するのであり、いずれ時が来れば、ベルリンの問題も全ドイツの問題も解決できるのだ。しかし、もしあなたがベルリン問題を冷戦の文脈の内側で提起することに固執するのなら、その場合、いかなる解決もあり得ない。あなたは何を求めているのか？　戦争を求めているのか？

フルシチョフはそのときドゴールに、自分は戦争を求めてはいないと答えたのだった。

そうであるなら、戦争に結びつきかねないようなことは何もすべきではない、とドゴールは告げたのだという。

フルシチョフを扱うのはそんなに容易なのだろうか。にわかに信じられない思いで、ケネディはドゴールに言った。――たとえば、あなたはフランス自身の核兵器能力が必要だと思っている。それはモスクワとの核の応酬となった場合、アメリカが、パリのために、ましてやベルリンのために、ニューヨークを危険にさらすことはないだろうと見ているからだ、もしあなた自身が、アメリカの決意をそんなに深く疑っているとしたら、フルシチョフだって同じように思うのではありませんか。

ドゴールはケネディの手に乗らなかった。彼は言った。——今は私（ドゴール）がどう考えているかに関係なく、フルシチョフにアメリカの明白な決意を伝える時なのだ。「重要なのは、この状況を変化させる意志がないことを示すことです。ベルリンについてのいかなる譲歩も、いかなる地位の変化も、軍隊のいかなる撤退も、運輸や通信に対するいかなる新しい障碍の発生も、敗北を意味します。そして、その結果、ドイツのほぼ完全な喪失、フランス、イタリア、その他諸国の内部での非常に深刻なもろもろの喪失をもたらします」。さらに、「もしフルシチョフが戦争を欲するのなら、われわれもそれに応ずることを彼に明確に伝えるべきなのです」。ソ連の主張を前にしてあなた（ケネディ）が引きさがろうとしなければ、フルシチョフが軍事的対決を仕掛けてくることはないはずです、とドゴールは言った。

ドゴールがもっと懸念していたのは、ソ連と東ドイツが、ベルリンにおける西側の立場を徐々に弱めていくのではないかということだった。彼は言った。「世界の人々の目には明らかに見えているのに、自分たちだけは気づかない。——そういうかたちで弱体化していくのが心配です。とりわけ、ベルリンの民衆は敏感です。彼らは全員が英雄というわけではない。われわれの弱さと解釈できるような何事かが起きたら、彼らはベルリンを離れ始め、やがてベルリンはもぬけの殻となり、東側のものになってしまう。そんなことが起こるかもしれないのです」

ドゴールがベルリンについてこんなに勇敢に話せるのは、フランスがベルリンの安全保障についてアメリカのような重荷を担っていないからだ、とケネディは思った。ベルリン問題の解決策についてもドゴールはずいぶん漠然としたことしか言っていない。もっと詳しい答えを聞きだそうとして、ケネディは言った。——自分は実務的な人間です、あなたがベルリンに関して戦争を決意するのは、どのような状況になったときなのか、具体的に話していただけませんか。

ドゴールは言った。――自分は現在問題になっている事案のどちらに関しても戦争を始めることはしない。もしソ連が一方的に東ドイツと平和条約を結んだとしても、あるいはベルリンに関する四カ国手続きを変更して、東ドイツに対し東ベルリンに関してより大きな主権を与えても（たとえば、境界検問所を通過する際パスポートにスタンプを押すなどの権利を委譲するなどしても）、「それ自体は、われわれの側が軍事的報復をする理由にはなりません」。

ケネディは偉大なフランス人に食い下がった。「では、どんな風に、どんな瞬間に、われわれは圧力をかけるべきなのですか？」ソ連と東ドイツは、ベルリンの状況を複雑化する多くの手段を持っている。その中には西ベルリンを廃墟にするという脅しまでが含まれる。これに対して西側は何の打つ手もない。「われわれはどう対応すればいいのでしょう？」

ドゴールは言った。西側はソ連と東ドイツが軍事的に行動した場合にのみ、軍事的に対応すべきだ。「もしフルシチョフか彼の子分たちが、実力を用いてベルリンとのわれわれの通信・交通を遮断したならば、そのときはわれわれは実力を用いなければなりません」

ケネディはうなずいた。ただし彼はドゴールと違って、ベルリンにおける西側の立場のいかなる弱まりもただちに大きな災厄を意味するとは思わなかった。もちろんそれが西ドイツと全ヨーロッパにとって「致命的ではないが深刻な」打撃であることは間違いありません、と彼は言った。

ケネディはドゴールの助言を求めた。フルシチョフはピッグズ湾事件の顛末を見てアメリカの決意の固さに疑念を持っていると思われますが、ウィーンで彼に西側の断固とした意志を悟らせるにはどうやったら一番いいと思いますか。またソ連が新たにベルリン封鎖を行なって、まず中隊規模の兵力を送りこみ、それがうまくいかずに、旅団規模の兵力を送りこんできた場合の、アメリカと同盟国の緊急事態対応策についてはどう思いますか。

ドゴールは答えた。ベルリン周辺ではソ連の通常兵力が優位に立っています。したがって、あなたがソ連の手を縛り得るのは、ただ核兵器使用の意志を明示することによってのみだと思います（この核兵器の使用の明示こそ、ケネディが最も避けたいことだったのだが）。「われわれがフルシチョフに認識させなければならないのは、もしベルリン周辺で戦闘が起これば、それは全面戦争を意味するということです」

その夜のエリゼー宮大晩餐会のころまでに、ジャックとジャッキー（フランスの新聞は大統領夫妻をそう呼んでいた）は、その魅力でこの国をとりこにしてしまっていた。夫妻はその宵、三〇〇人の賓客とともに、鏡とタペストリーに囲まれた広いダイニング・ホールのテーブルに着いた。長大なテーブルを金の刺繍入りの白いオーガンザで作られたただ一枚のテーブルクロスが覆っている。どうやってこのようなものが作れるのか、夫妻は感に堪えて眺めていた。共和国親衛隊交響楽団がガーシュインからラヴェルまでさまざまな楽曲を演奏したが、いずれも米仏両国の深いきずなを謳いあげたものだった。

挨拶の中でケネディは、自分がフランスの影響をいかに大きく受けているかについてジョークを言った。「私が寝ているのはフレンチ・ベッドです。朝食を用意してくれるのはフランス人シェフです。執務室に行きますと、その日の悪いニュースを持ってきてくれるのは報道官のピエール・サリンジャーです。まあ彼は母国語［フランス語］で話すわけではありませんが。そして私の妻はフランスの娘というわけです」〔サリンジャーの母はフランス人。彼のファースト・ネームは母方の祖父の名をもらったもの。ジャクリーンの父はフランス系〕

広いフランス窓越しに雨の夜景が望めた。宮殿の芝生と大噴水が庭園灯の光の中でエメラルド・グリーンに染まっていた。晩餐会後のレセプションは一〇〇〇人の招待客でにぎわった。『ワシントン・

ポスト』によれば「筆舌に尽くしがたくエレガントな」光景だった。男たちはきらめく飾り帯《サッシュ》をかけ、星型、十字型の大きな記章は燕尾服の胸に留め、小さなメダルは折り襟に二列、三列と付けて誇らしげに歩き、女性たちはロンググローブをはめて宝石をきらめかせ、数少ない老婦人たちはティアラをかむっておおらかに微笑んでいた。

とはいえ、この宵のスターはジャッキーだった。薄いピンクと白のストローレースで出来たディレクトワール様式のガウン。髪はパリのエリート御用達のヘアドレッサー、アレクサンドルが腕を振るった。『ニューヨーク・タイムズ』の記者が聞きだしたところによると、彼はファーストレディーの髪を一インチ、カットして調髪し、「ゴシック・マドンナ」の雰囲気を出したのだという。アレクサンドルはさらに、翌日のヴェルサイユでの晩餐会には、ルイ十四世時代を髣髴させる髪型にしたい、ダイヤモンド製の焔型ヘアクリップを使って「妖精のような感じを出す」つもりだと言ったという。

ケネディの母親ローズはほっそりとした体に、長いバレンシアガのホワイトシルクのガウンをまとっていた。ガウンにはピンクの花々のアップリケが施されていて、その花々の中心には本物のダイヤモンドが縫い付けられていた。パリの出版物は一斉に、ケネディ家の人々が全員なんとまあヨーロッパ的であることかと、感動をこめて書きたてるのである。

ケネディは翌日の「タブ・トーク」のとき、西側が西ベルリンの自由を守るには核爆弾を使うという意志表示をするほかはないというドゴールの意見について、友人たちと話し合った。

「だから、われわれは滑稽な状況にはまりこんでいるんだ」。ケネディは湯気の中で言った。「われわれはいま、核戦争になるかどうかの瀬戸際にいるのだが、それは、将来ドイツが再統一された場合の首都としてベルリンを確保するための条約をめぐって対立しているからだ。それでいてわれわれ全員は、ドイツが再統一されることはまずあり得ないと知っている。ずいぶん馬鹿げた話じゃないか。しかしわれわれはあの協定に縛られている。われわれだけではなくソ連側も縛られている。だから、彼らにあの協定を無視させるわけにはいかないのだ」

ウィーン
一九六一年六月三日、土曜日

アメリカの先遣チームは、ケネディ大統領のウィーン到着の準備を着々と整えていた。あえてフルシチョフの不安を掻き立てているかのようなやり方だった。フルシチョフはケネディの人気が世界的に上昇していることを、チームの者たちに妬ましそうに話していた。ケネディの空港到着時の大々的な歓迎と自動車パレードにソ連が反対すればするほど、オドネルはますます派手な行事にしようとした。ソ連が文句を言うたびに、彼はリムジンや旗の数を増やしていった。

ウィーンはいまや全世界の注目を浴びていた。国家の首脳同士の会談でも、これほど国際的なメディアの関心を呼んだことはいまだかつてなかった。少なくとも一五〇〇人の記者が、装備と支援スタッフと共に、二人の男とその会談を取材すべく集まっていた。

二人の男は、この日午後零時四五分、歴史的出会いを捉えようとするカメラマンの狂騒的シャッター音を浴びつつ、アメリカ大使公邸で顔を合わせた。公邸は茶色い石柱の並ぶ灰色の化粧漆喰の建物だ。その天蓋の下、赤いカーペットの敷かれた階段上で、二人は握手を交わした。二人の背後には、砂利を敷かれた小さな円形の中庭があるのだが、この日の雨で重くなったモミとシダレヤナギのせいで、人々の目からは隠されている。

これより数分前、ソ連首相はまずその丸っこい両脚をソ連製の黒いリムジンから突き出して、やおら車外に降り立ち、そこへ、ケネディが軽快な足取りで階段を駆け降りてきた。ケネディは慢性的な痛みの徴候などいささかも見せていない。注射や錠剤や、固く締めたコルセットで抑えている。大きな期待と関心が寄せられていただけに、二人の出会いも初めのうちは、避けがたいことながら、ぎこちなかった。

まるで選挙戦で有権者に呼びかけるときのように、ケネディはボストン風の発声法で、型通りの挨拶をした。「こんにちは。お会いできてうれしいです」

「私も同じ思いです」。フルシチョフは通訳を通して言った。

共産世界の指導者の禿げた頭部はケネディの鼻の高さだ。オドネルは後に、この瞬間を記録するためにムービーカメラを持ってこなかったことをどんなに悔やんだか、思い起こすことになる。彼には、ケネディは「ずんぐりしたソ連指導者」をあまりにも露骨に観察しているように思われた。

ケネディは片手をジャケットのポケットに突っ込んで、後ろに下がった。ゆっくりと好奇心まる出しでフルシチョフを眺めた。カメラマンたちがもっと握手のポーズをとっていてくださいと叫んでいるときでさえ、ケネディはフルシチョフ観察を止めなかった。まるで、長年追い続けていた珍獣に出くわした大物狩りの猟師のようだった。

フルシチョフは外相グロムイコに何事かささやき、それから内部に移動した。

最初のケネディ＝フルシチョフ会談を報道する中で、『ニューヨーク・タイムズ』記者ラッセル・ベーカーは、一四六年前、メッテルニッヒ、タレイラン、その他のヨーロッパの指導者たちが、ヨーロッパ安定の一世紀を築くべく集まった、あのウィーン会議と比べて、今回、外交儀礼のたぐいがいかに変化したかに注目して、こう書いている。「ここ、ワルツと感傷的な音楽とホットドッグとハプスブルク家のふるさとで、世界最強の二人の人物が、昨日、公邸内の音楽室で対談したのである」

『ウォールストリート・ジャーナル』は両首脳を、ヘビーウェイト級の試合に臨むボクサーであるかのように紹介し、「アメリカ大統領は一世代年下。フルシチョフが実社会という学校で学んだのに対し、ケネディは高い教育を受け、将来に向けての政治的野心に溢れている。この両者が、一八〇七年、ヨーロッパの地図を描き直すべく、共に強大な力を誇るナポレオンとアレクサンドル一世が、ネマン川のいかだ船の上で相まみえた故事を再現するかのように、この古きウィーンで、かつては誰しも認める権力の中心、今はひたすら平穏のうちにひそかに存在することをのみ願う小国の首都で対決する。興味津々のドラマではある」と書いた。

同紙は会談の結果として「一番まし」なのは、ケネディが自分はフルシチョフと知り合うために会うだけで、ベルリンあるいは他の何事に関しても交渉するつもりはないという事前の発言を固守することだ、と主張した。

ヨーロッパの新聞も一斉に会談の歴史的意義について論じた。スイスの有力紙『ノイエ・チュルヒャー・ツァイトゥング』は、同紙がすでに忠告していたにもかかわらず、ケネディは何の準備もなしに海千山千のクレムリンのボスに会おうとしていると嘆いた。ドイツの知識層向け新聞『ツァイト』は、ウィーン発の記事の中で、「西側が直面する問題は、デモステネスがマケドニアのフィリッポス二世に反対してアテネ人に述べた言葉のとおりである。すなわち、一人の男が武器を手にして大軍の先頭に立ち、口では平和を叫びつつ、実際には戦争を始めようとして、あなたの前に立ったとき、あなたはこれを防ぐ手段を取る以外に何ができるのか？」と論じた。

六年前オーストリアは、占領四カ国と国家条約を結んだ。これによって同国は近隣のワルシャワ条約諸国の運命を免れ、自由な、主権ある、民主的な、そして中立の国家として再生することができた。それだけにウィーン市民は、超大国の会議の舞台を提供するという新しい中立的役割に熱狂した。ヘルベルト・フォン・カラヤンはウィーン国立歌劇場でワーグナーを指揮し、カフェや街路は、ゴシップを求め、有名な訪問者たちをひと目なりとも見たいと願う市民で溢れ返った。

ウィーンのティーンエイジャー、モニカ・ゾンマーは、友だちたちと一緒に、ケネディを「ポップ・アイドル」扱いし、彼の写真を寝室の壁に飾っていた。どうしてオーストリアにはこういう素敵な人が出てこないのだろうと残念でならず、その思いを日記に綴っていた。別のティーンエイジャー、ヴェロニカ・ザイアーは首脳会談をめぐる大騒動に心を乱された。五年前のハンガリーでのソ連軍の残酷な弾圧を目にしていただけに、ウィーンの街ににわかに増えた警察官の姿が彼女を脅えさせた。桜の木に登って眺めていると、フルシチョフ到着の前後、飛行機やヘリコプターが物々しく上空を旋回していた。また侵攻でも始まるのかと恐怖にとりつかれ、バランスを崩して地面に落ちた。そしてしばらく「カブトムシみたいに」仰向けになったまま、上空のヘリコプターを見つめ続けていた。

長い困難な会談になりそうだったから、ケネディはまず肩の凝らない雑談から入ることにし、一九五九年フルシチョフ最初の訪米時の上院外交委員会での彼ら二人の最初の出会いのことを持ちだした。

彼らの対論の特徴となる「先制攻撃」方式の第一撃として、フルシチョフは言った。あの時の会見はよく覚えています、ただし「あなたにハローとグッバイ以外のことを言う機会はほとんどありませんでしたな」、だって、あなたはずいぶん遅れて来たんですから。それからフルシチョフは、先見の明を誇るかのように、――あのとき私はあなたにこう言ったのですよ、あなたは前途有望な青年政治家と聞いています、とね。

これに答えてケネディは言った。あなたはあのとき、私があまりに若く見えるのでとても上院議員とは思えないと言いましたね。

それは記憶違いじゃないかな、とフルシチョフは言った。普通、私は「そのようなことは言わないんです。なぜって、若い人たちは年上に見られたがるし、年を食った人間は若く見られたがるものですからね」。なに、私だって二十二歳で若白髪になるまでは歳よりも若く見られていたんです。「自分の年齢をあなたに分けてあげられたら、あるいは、あなたと年齢を交換できたらどんなにいいかと思いますよ」。そう言ってフルシチョフは笑った。

こうした最初の応酬からして、フルシチョフは会談のパターンを決めてしまっていた。ケネディの短い発言や質問に長々としたお喋りで答えて煙に巻くのである。アメリカ側は早く優位に立とうとして、第一日目の会談をアメリカ大使の公邸で行なうことを求め、ソ連側は、二日目は自国大使館で行なうことを条件にこれを受け入れたのだった。しかし、初日からホームにいるかのようにのびのび振るまっているのは、フルシチョフだった。

この状況をなんとか打開しようと、ケネディは会談についての自分の希望を開陳した。私は強大な力を持つ米ソ両国が、「別々の諸国と同盟し、別々の政治的・社会的システムを持ち、世界各地で互いに競合関係にあるとはいえ」、紛争に至るような事態を避ける方法を見いだすことを望んでいます。

フルシチョフはこれに答えて、自分が「アメリカとその同盟国との間の友好的な関係を発展させるために」長期間にわたりいかに努力してきたかを滔々とまくしたてた。同時に彼は、「ソ連は他の諸国を犠牲にしてアメリカと同意に達することは望みません。なぜならそのような同意は平和を意味しないのですから」とも述べた。

ベルリンに関する討議はすべて二日目に回すことで予め合意していたので、初日の議論は両国関係全般と軍縮問題に集中した。

フルシチョフは、自分が最も懸念しているのは、アメリカがソ連よりも経済的に優位にあることをテコにして各地に紛争を引き起こそうとしているのではないか、ということだと言った（これは、ソ連圏が西側の貿易と西側からの借款にますます依存していることを言外に認めたものだった）。そして彼は、自分はいずれソ連をアメリカよりも豊かにしてみせる、略奪者のように振る舞うのではなくて自国の資源をよりよく利用することによってそうするのだと言った。

ケネディが、ソ連の経済成長率が改善していることに感銘を受けていると短く述べたのに対し、フルシチョフは少しの注意も払わず、ふたたびまくしたて始めた。一九五三年から一九五九年までのアイゼンハワー政権国務長官で対ソ強硬論者だったジョン・フォスター・ダレスを槍玉にあげた。彼の名を呪いの言葉ででもあるかのように吐き捨て、あの人物は共産主義を消滅させようとした、社会主義体制と資本主義体制が共存し続けられることを「事実上も法律上も」認めようとしなかった、と非難した。さらにフルシチョフは、ケネディに、今度の会談で、自分は「大統領を共産主義の優位性について納得させるつもりはないし、大統領も自分を資本主義に宗旨替えさせようなどと時間の無駄遣いをすべきではない」と言った。

首脳会談前の打ち合わせで、トンプソン大使はケネディに、フルシチョフとのイデオロギー論争は避けるようにと警告していた。相手は筋金入りの共産主義者で弁証法的討論には長年の経験を積んでいる。貴重な時間を消費するだけで、まずケネディに勝ち目はない……。しかし、自分のディベート力に絶大な自信を持つケネディは論争を挑まずにはいられなかった。

あなたの発言は「非常に重要な問題」を提起している、とケネディは切り出した。あなたは、アメリカと同盟している国々において自分たちが自由主義体制を除去しようとするのは構わないが、ソ連の勢力圏において共産主義を抑え込もうとする西側の努力には断固反対と言っておられる。これは「われわれにとって非常に深刻な関心を呼ぶ」事柄です。

精いっぱい穏やかな声を出して、フルシチョフは答えた。それは「ソ連の政策の不正確な解釈」だ。ソ連はその体制を他国に押し付けようなどとはしていない、ただ単に歴史的変化の波に乗っているだけです……。続いてフルシチョフは、封建体制からフランス革命に至るもろもろの事象について歴史の講義を行なった末に、あなたは正反対のことを考えておられるだろうがソヴィエト体制はみずからの価値のゆえに勝利を収めるのです、「ともあれ、これは論争するような事柄ではないし、ましてや戦争になるような事柄ではありません」と結んだ。

専門家たちの助言を無視し続けて、ケネディはふたたびフルシチョフとイデオロギー論争をやろうと決意した。大統領は後に、もしフルシチョフが他の問題について真剣に取り組むのなら、イデオロギー論争についてもまともに対応するはずだと思ったのだ、と説明する。ともかく、ケネディはフルシチョフに言った。「われわれの立場は、人々は体制を自由に選択すべきだというものです」。自分が懸念しているのは、人々の意思を代表しない少数派による政権――すなわちソ連の友人たちの支配する政権――が、アメリカに関わりのある諸地域で勢力を獲得しつつあることです。「これは歴史的不可避性だとソ連は思っているのかもしれないが」、アメリカはそうは思わない。このような状況はソ連とアメリカを軍事的紛争に引きずり込みかねないものと自分は憂慮しています。

フルシチョフはケネディに、あなたは「人間の精神と良心の発達を防ぐダムを造るつもりなのですか」と訊いた。もしそうなら、それは「人間の力でできることではありません。スペインの異端審問では異端の人々を焼き殺したが、しかし思想は焼き殺されず、究極的には勝利しました。ですから、もしわれわれが思想をめぐって争いを始めるとしたら、ソ米間の紛争と衝突は避けがたいものになってしまいます」

フルシチョフはこの応酬を楽しんでいるようだった。一つでもいいから同意点を見いだしたい苦しい紛れの努力の中でケネディは次のようなことを言った。——共産主義は現在ある場所に、すなわちポーランドやチェコスロヴァキアといった場所に、存在し続ければよい。しかし、どこであれ、ソ連の影響下にない場所において受け入れることはできません……。後に議事録を読んだアメリカの高官たちは衝撃を受けることになる。ケネディは、彼以前のどの大統領にも増して、ヨーロッパが二つの勢力圏に分割されているという現実を積極的に受け入れる意思を表明してしまっている。ケネディは、もしソ連が共産主義を他の地域に拡大することを放棄するならば、ワルシャワ条約機構諸国の中の自由を求める人々の未来を抵当に入れてもいい、と述べているかのようだった。

フルシチョフは、世界中のすべての共産主義の進展はソ連の画策したものであるとのケネディの信念に反論した。——たとえば現在、共産主義思想などというものが存在しない地域に、共産主義思想が生まれ発展したとする、それでもあなたは、これはソ連のせいだと言って反対するのですか、もしそうなら、確かに「紛争は避けがたいでしょうな」。

わがままな生徒を教え諭すように、フルシチョフはケネディに言った。結局のところ、共産主義思想を創始したのはロシア人ではなく、ドイツ生まれのカール・マルクスとフリードリッヒ・エンゲルスです。かりに私が共産主義を否定したところで——もちろんそんな意志は毛頭ありませんが——共産主義思想は発展し続けるのです。フルシチョフはさらに、ケネディに、「世界の平和的発展のために不可欠」なこととして、共産主義と資本主義を世界の二つの主要なイデオロギーとして認識することを求めた。もちろんどちらの側も、自分たちのイデオロギーが広まることを喜ぶわけですがね、とフルシチョフは言った。

もし首脳会談の勝敗がどちらの側が長く弁舌を振るったかで決まるとしたら、フルシチョフの方が最初から断然優勢だった。ケネディには準備がなかった。フルシチョフの度胸に太刀打ちできるだけの経験を積んでいなかった。他の高官たちと共に脇から会談の様子を見ていたトンプソンは、これまでの経験から、フルシチョフがまだウォーミングアップをしているに過ぎないことを知っていた。

「思想は銃剣やミサイルの弾頭からは生まれるべきでない。銃剣なんていまや時代遅れです」。思想戦争においては、ソ連の政策は暴力的手段なしに勝利するだろうとフルシチョフは言った。「しかし毛沢東は権力は銃から生まれると言ったのではありませんか?」とケネディは言った。彼は深まりゆく中ソ対立のことを知っていて、探りを入れたのである。

「私は毛がそんなことを言ったとは思いません」。フルシチョフは嘘をついた。実際には、西側に対する毛の好戦的志向を自分の経験で知っていた。彼はさらに、「毛はマルクス主義者です。マルクス主義者は常に戦争に反対しています」と言った。

緊張を緩和して平和を確保するという自分の用意した議題に戻ろうとして、ケネディは言った。私が避けたいのはアメリカとソ連の間の誤算です。これは両国を「将来、長期にわたって失われた状態」――これは核戦争後の長い放射能汚染のことだ――にしかねません。

「誤算?」

苦いものでも吐き出すような発音でフルシチョフは言った。

「『誤算』!『誤算』!『誤算』! あなたの国の国民も新聞記者も、ヨーロッパその他の土地のあなたの友人たちも、いつだってその厭らしい言葉を口走る」

フルシチョフはまくしたてた。――「誤算」って、ひどく曖昧な言葉じゃないですか。正確な意味は何なのです？　フルシチョフはその言葉をしつこいほどくり返したあと、さらに言った。あなたは私に「小学生みたいに座って両手を机の上に出しておけ」って言うのですか？　何と言われようと、共産主義思想がソ連国境の内側に留まるだろうなどと保証することは私にはできません。しかし、「われわれは誤って戦争を始めるなんてことはありません……あなた方はその『誤算』という言葉を冷凍庫にしまって二度と使わないでください」。

ケネディは呆気にとられ、椅子にもたれて嵐をやり過ごした。

ややあってケネディは、「誤算」という語を使うことで何を言いたかったかを説明しようとした。――たとえば第二次大戦では「西欧はいくつかの国の出方を正確に見通せなかったためにあのような悲劇に見舞われました」。最近では、アメリカが、朝鮮で中国の行動を予知できませんでした。私がこの会談で求めているのは、「双方の側の判断に正確さを導入すること、そして、われわれの前途についてより明確な判断を獲得すること」なのです。

ケネディの説明はまだ途中だった。が、フルシチョフとしては、昼休みの前に、もう一席弁じておかなくてはならなかった。

彼は言った。――私は、この会談の目的は両国関係を悪化させることではなく改善することだと信じています。もし私とケネディ大統領がその点で成功するならば、「この会談のために使われた費用は完全に正当化されるでしょう」。もし成功しなかったら、費用は無駄になり、人々の希望は挫折することになるのです。

参加者たちが時計を見ると、驚いたことにもう午後二時になっていた。

フルシチョフはアメリカ大使公邸の食堂でビーフ・ウェリントンのランチを摂りながらも大声でし

ゃべり続けた。ほとんどがウォッカのドライ・マティーニでだいぶご機嫌になっていた。長いテーブルに首脳二人と、両国の顧問や高官など随行者九人ずつが着席している。フルシチョフは農業技術から宇宙旅行までさまざまな話題で座を楽しませた。

人類最初の宇宙の旅としてガガーリンの飛行の自慢もし、同時に、ガガーリンの上司たちが、一人の人間では手に負えないパワーを持つがゆえに、最初彼に宇宙船の統御を任せたがらなかったという打ち明け話もした。

ケネディは、アメリカとソ連で共同の月探検を検討しませんかと提案した。いったんは断わったものの、フルシチョフはすぐ考え直し、「いいじゃないですか」と言った。これがこの日の最初の進展のようだった。

ランチの終わりに、ケネディは葉巻に火をつけ、マッチをフルシチョフの椅子の後ろに放った。ソ連首相は脅えた振りをしてみせ、「あなた、私に火をつけるんですか?」と訊いた。もちろん、そんなことはしませんよと、ケネディは請け合った。

「そうか」。フルシチョフは微笑して言った。「資本主義者であって放火者ではないんですな」

フルシチョフの荒々しいエネルギーは、ケネディの洗練された魅力を圧倒していた。

食後の乾杯の挨拶は、午前中の二人の会話のアンバランスを如実に反映していた。ケネディの挨拶はフルシチョフの「活気とエネルギー」を称え、実りある会談を希望した簡潔なものだった。

フルシチョフの挨拶は長かった。まず、米ソ両国が力を合わせれば、他のどのような国が企てるどのような戦争でも阻止できると言い、続いて、アイゼンハワーの話をし始めた。当初自分はアイゼンハワーとも良好な関係にあったのだが、この関係を台無しにしたのはU2型スパイ機事件だ。アイゼンハワーはこの事件はみずからの責任で行なったのだと述べたが、私(フルシチョフ)の見るところ、

によって企てられ、――彼らは成功したのだ。

「アイゼンハワーがあの飛行について知らなかったのはまず確実だ」。しかしアイゼンハワーは、「騎士道精神を発揮して」みずから責めを負ったのだ。あの飛行は、米ソ関係を悪化させることを望む人々によって企てられ、――彼らは成功したのだ。

さらにフルシチョフは「時が熟したら」ケネディをソ連に招待したいと述べたが、それから一転して、かつて国賓として訪ソした前副大統領ニクソンへの攻撃を始めた。ニクソンは「夢のキッチン――アメリカに存在せず今後も存在するはずのないキッチン――を示すことによって、ソ連国民を資本主義に宗旨替えさせようとしたのです。そんな馬鹿げたことを考えつくのは」ニクソンだけです……。

さらにフルシチョフは、ニクソンが大統領選で敗れたのは、完全に私の功績ですよとケネディに言った。ソ連軍に撃墜され投獄されていたアメリカ人飛行士たちの釈放をニクソン陣営が求めたが、私が拒否した、このせいでニクソンは負けたのです。もし私が釈放していたら、あなたは少なくとも二〇万票差でニクソンに敗れていたことでしょう。

「その話をあまり言いふらさないでくださいよ」。ケネディは声を立てて笑いながら言った。「もしあなたが、ニクソンより私のほうが好きだと触れまわったら、私は国内で破滅してしまいます」

フルシチョフは大統領の健康を祈念してグラスをあげ、いやお若くてうらやましいかぎりですと言った。しかしこのとき、ケネディはずっと年長の男が襲われるような痛みに耐えていた。コルセットの下で腰が疼いていた。朝、「ドクター・フィールグッド」の施した注射のご利益は薄れつつあった。プロカインも、ビタミンも、アンフェタミンも、酵素も、フルシチョフの舌鋒の前には効果を失うかのようだった。

ランチのあとケネディはフルシチョフを庭園の散歩に誘った。通訳たちだけが随行した。トンプソンらの助言によるものだった。フルシチョフは他のソ連高官連中の前ではどうしても恰好をつけたがる、独りでいる時の方が柔軟になるはずだというのだ。

ケネディの友人オドネルとパワーズは、超大国首脳同士の散策を公邸の二階の窓から観察した。フルシチョフはケネディの周囲を回りながらテリアのように吠えたてたり、指を振りたてたりしている。ケネディは気楽な感じで芝生を歩きながら、時どき立ち止まって二言三言しゃべっている。狼狽した様子も怒っている様子もない。

オドネルはオーストリア・ビールをぐいと飲みほし、カメラを持ってこなかったことでふたたび自分を責めた。この散策がケネディの腰に苦痛を与えていることは、彼のいる場所からも見てとれた。はるかに背の低いフルシチョフを覗きこもうと身をかがめるたびに、大統領は顔をしかめていた。

屋内に戻ったとき、ケネディはフルシチョフに、顧問が同席する前に、通訳だけを入れての対話をもう少し続けませんかと、言った。これは面白くなってきたなと、フルシチョフは同意した。

ケネディは、「誤算」への恐怖についてさらに説明しようとした。またしても、なんとかフルシチョフときずなを結びたいという苦し紛れの努力の中で、ケネディは「キューバの状況に関して」自分が一つ判断ミスをおかしたことを認めた。

ケネディは言った。私はアメリカの政策を動かす判断を、ソ連が次に世界でどう動くかに基づいて、下さなければならない。これは、あなたが「アメリカの動きに関して判断しなければならない」のと同様だ。だから私はこの会談を、「これらの判断により大きな正確さ」をもたらすのに役立つものとしたい。それによってこそ「米ソ両国がお互いの国家的安全を危険に曝すことなく、この競争の時代を生き抜くことができるのです」。

フルシチョフは言い返した。危険は、アメリカが革命の原因を誤解したときにのみ起こるんです。革命はすべて内発的なものでありソ連が作りだしたものではないのです……。彼はアメリカの同盟国たるイランの例をあげ、「ソ連はあの国に革命を望んではいないし、そのような展開を促すようなことは何もしていません」と切り出した。

しかし、「あそこの民衆はあまりに貧しく、国は混乱状態です。遅かれ早かれ変化は起こらざるを得ず、シャーはきっと転覆されるでしょう。シャーを支持することによってアメリカはイラン国民の中に反米感情を生み出し、対照的にソ連への好感を生み出しているのです」。

フルシチョフはそれからキューバに話題を転じた。「フィデル・カストロに率いられたほんの一握りの人々が抑圧的なバティスタ政権を打倒しました。バティスタに対するカストロの戦いの間、アメリカの資本主義支配層は……バティスタを支持しました。このことが、キューバ国民の怒りがアメリカに向かっている理由です。あなたが決定を下したキューバ上陸作戦は、キューバの革命勢力とカストロ自身の地位を強めただけでした。……カストロは共産主義者ではない。しかしアメリカの政策が彼を共産主義者に変えてしまうかもしれません」

自分の人生に触れて、フルシチョフは言った。私は共産主義者として生まれたわけではない。「私を共産主義者にしたのは資本主義者たちです」。また彼は、キューバはアメリカの安全を危険にさらすというケネディの考えをあざ笑った。わずか六〇〇万の人間が強大無比のアメリカにとって本当に脅威になり得るのですか、と訊いた。

フルシチョフはケネディに説明を迫った。あなたはアメリカがキューバに関して思いのままに行動するのは自由だと主張されているようだが、いったいどのような世界的先例を作るつもりなのですか。ソ連がトルコやイランの国内問題に——アメリカの同盟国でありアメリカの基地やロケットを持っているこれらの国の国内問題に――干渉するのも自由だということになるわけですか？　ピッグズ湾侵攻事件によって、「アメリカは他国の国内問題に介入するという一つの先例を作りました。アメリカがキューバよりも強いのとまったく同様に、ソ連はトルコやイランよりも強い。この状況は、あなたの言葉を使うならば、『誤算』を引き起こすかもしれませんぞ」

フルシチョフはその恐るべき言葉をことさらに強調して発音した。

ケネディの言葉に共鳴するかのように、フルシチョフは双方が「誤算を生む可能性を排除すること」に同意した。会話の中で「大統領がキューバは誤りだったと述べた」のを歓迎してのことである。

ケネディはふたたび、唸る熊を宥めようとした。彼は、もしイランのシャーが国民の生活を改善しなかったら「あの国にも重要な変化があるだろう」というフルシチョフの主張を認めた。キューバ、トルコ、イランに関して問い詰められて、ケネディはそう答えざるを得なかった。彼はまた、自分はバティスタのファンではなかったと弁明し、自分が現在懸念しているのは、カストロがキューバを地域的トラブルの基地に変えてしまうことだと言った。さらに彼は、確かにアメリカはトルコとイランに軍事施設をもっているが、「この両国は非常に弱い国であり、（キューバがアメリカの脅威になりえないのと同様）ソ連の脅威とはなりえない」と述べた。

数日後、両指導者の対話の議事録を読んだアメリカの高官たちは、次の個所に接して、ふたたび衝撃を受けた。キューバへの言及の中で、ケネディは、もしポーランドに西側に友好的な政府が成立したら、フルシチョフはどう反応するか、と問題を提起し、「世界に生起し勢力均衡に影響を与える変化は、米ソ両国が威信をかけた条約上の誓約に関わりのないかたちで起こることが決定的に重要である」と言ったのだ。ケネディが示唆しているのは、ポーランドはワルシャワ条約加盟国であるがゆえに、アメリカの干渉はあり得ないということだった。

つまり、ヨーロッパの分割を受容可能で永続的なものと認める点において、ケネディはまたしても、これまでのどの合衆国大統領もソ連最高首脳に対して述べたことのない、最もあけすけな言明をしているのだった。ケネディはこの明白な譲歩を埋め合わせるかのように、国民によりよい生活水準や教育を与えられないソ連圏の指導者たちは長続きしないだろうとも言った。同時にケネディは、クレムリンの威信がかかっている地域にはアメリカは干渉しないだろう――そしてソ連も同じルールにのっとって行動してもらいたい、と述べていた。

フルシチョフは、アメリカの政策は一貫していないと言い返し、その後すぐに、いや、大統領個人のことを批判したのではない、あなたはまだ就任して間もないのだから、と弁解した。続いてふたたびイランの問題を取り上げた。アメリカはさかんに民主主義を強調しているくせに、シャーを支持している、「シャーは自分の権力は神から与えられたものだと言っているが、イラン陸軍の軍曹だったシャーの父親が王位を強奪し、殺人と略奪と暴力とによって、この権力をわがものにしたことは誰もが知っている事実です。……アメリカはイランに巨額の金をつぎこんでいるが、その金は国民には届かない。みんな、シャーの取り巻き連中が横取りしているのです」

フルシチョフは続いて彼がアメリカの偽善と見なすものに矛先を向け、その一例としてスペインの独裁者フランコへのアメリカ政府の支持を挙げた。「彼がどうやって権力を獲得したかをアメリカは知っている。そのくせ彼を支持しているんです。……アメリカは世界各地の最も反動的な政権を支持している。それがアメリカの政策なのだ、人々はこのように見ているのです」。フルシチョフはまた、確かにカストロは共産主義者になるかもしれない、しかし彼は初めから共産主義者だったのではない、アメリカの制裁が彼をモスクワ寄りにしたのです、と言った。

ケネディはお手上げ状態だった。フルシチョフと論戦したいという意欲はあったものの、自分の最も苦手とする分野で攻めたてられ、まともに反撃できなかった。一九五三年の東ドイツ暴動と一九五六年ハンガリー動乱でのソ連の力の行使を非難することもしなかった。さらに悪いことに、すべての中で最も重要な質問を提起するのも忘れていた。――なぜ、何十万もの東ドイツ国民が西側のよりよい生活を求めて逃亡するのか？

初日の会談の終わり近くに、ケネディはポーランドの問題に戻り、あの国で民主的な選挙が行なわれれば、現在の親ソ政権が敗れて西側により近い政権が生まれるかもしれませんよと言った。フルシチョフはショックを受けた振りをして、「アメリカが承認し外交関係を結んでいる政府についてそんなふうにおっしゃる」のは、あまり感心しませんなと言い、「ポーランドの選挙制度はアメリカのそれよりも民主的なんです」と付け加えた。

ケネディはさらにアメリカの複数政党制とポーランドの単一政党制の差異について論じたが、フルシチョフは耳を傾けようともしなかった。両者は民主主義の定義についても同意できず、したがってポーランドに民主主義があるかどうかなど、意見の合いようがなかった。

ケネディとフルシチョフは地理的、哲学的に地球を一周した。アンゴラからラオスに至るもろもろの問題について、フルシチョフが攻勢をかけケネディがそれに答えるというかたちで論じ合った。この日のフルシチョフの最大の譲歩は、ラオスの独立、中立化を受け入れたことだった。合意の細部についてはなお双方の下僚がウィーンで詰めることになった。彼にしては珍しく、フルシチョフはケネディから引き換えのものを求めようとしなかった。

フルシチョフは翌日の最重要のテーマ、ベルリン問題の討議のための舞台を整えておきたかったのだ。

夕暮れが近づいていた。ぶっ通しの討論で大統領は疲労し、やつれていた。もう時間もない。彼は、次の議題である核実験禁止問題は、今夜、オーストリア大統領との夕食のときに話し合ったらどうか、そうすれば明日はほとんどの時間をベルリン問題に割くことができるが、と提案した。彼はまた、両方の問題を明日討議してもよい、どちらにするかはお任せしますと言った。

フルシチョフは、ベルリン問題よりも前に核実験禁止問題を討議すると、会談前に約束していた。ケネディは、ソ連が核実験禁止に関心を持っていないことを知っている。だから、約束は違えないでくださいよと、フルシチョフに念を押した。

ケネディが時計に目をやると、フルシチョフは、全般的軍縮の文脈においてのみ、核実験禁止を討論することに同意しますと、せわしげに言った。ケネディはこれには反対だった。理由は単純で、実験禁止はすぐにも同意され得るが、全般的軍縮協定を結ぶには何年もの交渉が必要となるからだ。

ベルリンに関してフルシチョフは、要求が明日満足させてもらえなければ、一方的に行動するつもりだと言った。「ソ連は、アメリカがこの問題を理解し、両国が共に平和条約を締結できることを希望しています。……そうなれば両国関係は改善されるでしょう。しかしもしアメリカが平和条約締結を拒んだとしても、ソ連は締結します。なにものもそれを止めることはできません」

六時四五分、この日の会談は終わった。

フルシチョフがソ連のリムジンに乗って去ったあと、アメリカ大使館公邸の階段で、茫然たる面持ちのケネディはトンプソン大使の方を向いて尋ねた。「いつもこんなふうなのかい？」

「まあ、そうですな」とトンプソンは言った。

トンプソンは、大統領が私の忠告を受け容れてイデオロギー論争を避けておられたら、事態はもっとマシだったと思いますよ、と言いたいのを、ぐっとこらえた。トンプソンは明日のベルリン論議がなお一層困難なものになりそうなことを知っていた。

それはまだウィーン会談のハーフタイムでしかなかったが、チームUSAの劣勢はすでに明らかだった。

フルシチョフは通訳のオレグ・トロヤノフスキーに語っている。――ケネディは見込み通りの弱い男だった。「非常に未経験で、未熟でさえある。彼に比べると、アイゼンハワーははるかに知性も洞察力もある」

当時ウィーンにいたアメリカ外交官ウィリアム・ロイド・スティアマンは、その後の数年間、学生たちにウィーン会談の教訓について教えるのだが、その講義のタイトルは「ちびっこ、アル・カポネに会う」だった。このタイトルで彼は、老獪粗暴な攻撃に対するナイーブで弁解がましい反応を表現したのだった。彼は、ピッグズ湾の失敗が首脳会談の場でのケネディの自信を減殺し、フルシチョフに、「ケネディは俺のカモだ」と思わせたのだと見ていた。

スティアマンの洞察は多くの観察者のそれよりも的確だが、これは彼が、ケネディ＝フルシチョフ会談で記録係だった友人のマーティン・ヒレンブランドから直接説明を受けていたからだ。スティアマンは、会談がうまくいかなかったのは部分的にはケネディに対する主要助言者たちの補佐がきわめてお粗末だったからだと見ている。会談があらぬ方向に進み始めたときこれを是正するだけの適切な知識を持った支援スタッフがいなかったのである。

スティアマンの見るところ、国務長官ラスクはアジア専門家であって、ソ連問題には十分な判断力を持ち合わせていない。国家安全保障問題担当補佐官バンディは理性的に過ぎて決断力がない。政権の中枢に、トルーマン政権におけるディーン・アチソン、アイゼンハワー政権におけるジョン・フォスター・ダレスのような、歴史感覚とそれに伴なう戦略的方向性を大統領に指し示すことのできる顧問がいなかったのだ。

スティアマンによれば、ケネディはまた、会談前の計画作成段階でも、政権内の国家安全保障スタッフを使わずに、ボルシャコフと弟のロバートとの間で秘密裏に事を運び、そのことで成功のチャンスを減らしてしまったのである

ありがたいことに、ケネディが滞在しているアメリカ大使公邸にも、パリのケードルセのよりも地味ではあるが、バスタブがあった。早速ケネディがこれに浸かっていると、オドネルがこの日の朝のややぎこちない瞬間について質問した。大統領はあのとき公邸の階段で随分しげしげとフルシチョフを眺めていましたね。

「この数週間、彼についてあんなに研究し語り合ったあとだもの、彼の顔を見つめてみたくなったって仕方ないよ」とケネディは言った。

「彼は予想と違いましたか」。オドネルが訊いた。

ケネディは「いや、そんなことはない」と答えてからすぐに訂正し、「たぶん彼は予想よりも少し非理性的だ……これまで読んだり聞いたりしたことから、彼は頭が切れてタフなのだろうと思っていたんだが。ああいう政治体制でトップの座に着くには頭が切れてタフでなければならないからね」

デーヴ・パワーズは大統領に、自分とオドネルが二階の窓から両首脳が庭園を散歩するのを見ていたと言った。「彼がまくしたてていたとき、あなたはずいぶん冷静でしたね」

ケネディは肩をすくめた。「他にどうしようもないだろう？　靴を脱いでそれで彼の頭を叩けとでもいうのかい？」フルシチョフはベルリン問題についてケネディを屈服させようとして喋りまくって

いたのだという。アメリカはドイツ統一などという考えをどうして支持できるのか。自分は息子をドイツ軍に殺された。ドイツ人への同情などまったくない、と言ったのだという。ケネディはフルシチョフに、――私だってドイツとの戦争で兄を失っているのですよ、しかし、アメリカは西ドイツに背を向けるつもりはありませんし、ベルリンから出ていくつもりもありません、「つまりそういうことなんです」、と告げたのだという。

それにしても、米ソどちらの側であれ、「誤算」が戦争を引き起こしかねないと言ったときのフルシチョフの反応は凄かったな、とケネディは友人二人に語った。「まさに猛り狂ったんだ」。明日の会談では間違ってもその言葉は使うまいと思っているよ、とケネディはオドネルに言った。

その宵、自分の主催する晩餐会を前にオーストリア大統領アドルフ・シェルフは外交儀礼上の問題を解かなければならなかった。両首脳の夫人の内どちらを自分の右の席に座らせるべきか？

フルシチョフは、この国の独立と中立を謳った一九五五年五月十五日のオーストリア国家条約を結ぶことによってウィーンがベルリン同様の分割都市となることを救ってくれた人物だ。それゆえ、彼の妻ニーナが栄誉ある位置を占めるべきだった。しかしウィーン市民はケネディ夫妻に夢中だった。オーストリア人は、中立国の国民であるにもかかわらず、自分たちの属しているのは西側だと感じていたのだ。外交的妥協によって、シェルフは晩餐会ではマダム・フルシチョフに自分の右側に座ってもらい、そのあと、音楽の間での演奏会の際にはミセス・ケネディにその位置を占めてもらうことにした。

それはオーストリア独立後の最初のパーティーだった。二六五年の歴史を持つシェーンブルン宮殿のフラッドライトに照らされた門の周囲に六〇〇〇人以上のウィーン市民が、ケネディとフルシチョフの到着を見ようとひしめいていた。宮殿の寄せ木細工の床も窓も徹底的に磨かれて光り輝くばかりだった。博物館の展示室から運ばれてきた最高級のアンティークが宮殿のそこここに飾られた。宮殿の庭園から採られた花々がすべてのテーブルに盛られて、広間全体に芳香がただよった。テーブルはみな「ゴールド・イーグル・サーヴィス」でセットされていた。かつて皇帝フランツ・ヨーゼフが用いたきわめて高価な磁器ばかりで、いずれも白い背景にオーストリアの双頭の鷲が浮き彫りにされている。

料理が冷たかったという点は別として、オーストリア人たちは実に行き届いた晩餐会だったと肩を叩きあって喜んだ。ジャッキーとニーナが仲良くやっていることも客たちの目を引いた。ジャッキーは床まで届くピンクのシース・ドレスに、オレグ・カッシーニのデザインによるスリーブレスでローウェストのガウン。ニーナの方はかすかに金の刺繍のレースの入ったダークなシルクドレス。——こちらは多少プロレタリア的だ。

夫たちも同じく対照的で、ケネディはディナージャケットで決めていたが、フルシチョフは普通のダークスーツに格子縞のグレイのネクタイだ。白手袋、ニー・ブリーチズに金モールのウェイターたちは、飲み物で一杯の銀のトレーを手に廊下や部屋部屋をせわしなく歩き回った

「ミスター・フルシチョフ」。一人のカメラマンが呼びかけた。「ミスター・ケネディと握手してもらえませんか?」

「私はまず彼女と握手したいよ」。フルシチョフはにやっと笑ってジャクリーンのほうに顎をしゃくった。

AP通信の記者エディー・ギルモアは書いている。ジャクリーンの前に出ると「頑固で喧嘩好きなことで知られる共産主義指導者は、ボルガ川の氷が溶ける春の頃の恋する小学生のように見えた」。ウィーン・フィルハーモニー管弦楽団の室内合奏団によるモーツァルトの演奏、ウィーン国立歌劇場

舞踊団による「美しく青きドナウ」の演技を、フルシチョフはわざわざジャクリーンの隣の席に移って鑑賞したのだった。

ケネディの行動もあまり優雅なものではなかった。音楽が始まる直前、彼は椅子に座ろうとしたのだが、その椅子にはすでに先客があった。大統領は危うくフルシチョフ夫人の膝に腰をおろしてしまうところだったのだ。

彼はお詫びの微笑をした。まったくもって、ウィーン首脳会談はうまくいきそうもなかった。

第11章 ウィーン——戦争の脅し

「アメリカには世界で最も危険な地点の状況を正常化する気がないのですな。ソ連はこの腫れ物を手術したいんです。——この刺を、この潰瘍を取り除きたいんです……」

フルシチョフ首相。一九六一年六月四日、ウィーンでケネディ大統領に

「私はこういう人間に会ったことがなかった。核戦争になったら一〇分間で七億人が死ぬのだと私が言うと、彼はただ、『それがどうした』とでも言うかのように私を見つめるだけだった。そんなことは全然気にならないという印象だった」

ケネディ大統領。一九六一年六月、『タイム』誌記者ヒュー・サイディに

ウィーン、ソ連大使館
一九六一年六月四日、日曜日、午前一〇時一五分

ニキータ・フルシチョフはソ連大使館の前で、まるで緒戦に勝ったあと早くリング中央に戻りたがっているボクサーのように、右に左にせわしなく立ち位置を変えていたが、やがてアメリカ側の車列

が到着すると、前歯の隙間を見せてにっこりと笑い、小さな丸々とした手を差し伸べてケネディを迎えた。

労働者階級の国を自認する国家の施設にしては、ウィーンのソ連大使館は臆面もなく帝国的威風を放散させている建物だ。十九世紀末、帝政時代に獲得したもので、まずネオ・ルネサンス様式のファサード、そして天然花崗岩と大理石で出来た壮大な玄関ホールが訪れる者を圧倒する。「ソ連領土のちっぽけな飛び地にようこそ」。そう言ってフルシチョフはケネディを迎え入れ、続いて、「小さなグラスで飲むこともあるが、話すときはいつも威勢よくやろう」というロシアのことわざを口にしたが、これの意味はいま一つ、ケネディにはピンとこなかった。

まず九分ばかり雑談。記憶されるべきことは何もない。そのあとフルシチョフはアメリカ人たちを、柱の並ぶ廊下を抜け広い階段を上り、二階へと案内した。一同、赤いダマスク織のかかった壁の会議室に入り、ソファーに腰をおろした。

二人の首脳はその朝、二日目の会談を前に、それぞれ自分たちにふさわしい時間を過ごした。カトリック教徒であるケネディ夫妻はウィーン少年合唱団のコーラスを聞き、聖シュテファン大聖堂のゴシック的荘厳さの中でフランツ・ケーニッヒ枢機卿からミサを受けた。膝まづいて祈るファースト・レディーの目には涙が浮かんでいた。礼拝を終えて姿を現わしたケネディ夫妻に、丸石敷きの広場に詰めかけた群衆が拍手を送った。ほぼ同じころ、市内シュヴァルツェンベルク広場では、はるかに少数で少しも熱狂的でない人々が、ソ連軍の戦勝記念像〔二〇メートルの柱の上に一二メートルのソ連兵の像が立つ〕——地元では「無名強姦者記念像」という痛烈な名で知られている——に花輪を捧げる無神論国家の指導者を、好奇のまなざしで見守ったのだった。

両国代表団が集まると会議室の赤いカーテンが閉められた。丈の高い広い窓は隠されて明るい陽光が遮られ、室内に暗鬱の雰囲気が垂れこめた。ケネディはまた初日と同様、肩の凝らない話題から始めるべく、ソ連首相に子どものころのことを尋ねたが、フルシチョフの方は、この特権階級の息子と、自分の貧民としての出自について語り合う気持ちなどさらさらない。ただ、自分が生まれたのは、ウクライナの境界から一〇キロ足らずのロシアのクルスクに近い農村だ、とそっけなく答えた。

そして素早く話を現在に転じ、最近クルスク近くで、きわめて大量の、推定三〇〇億トンの鉄鉱石が発見されたのだと言った。おそらく全体の埋蔵量はその一〇倍になるだろう。そう言えば、アメリカの鉄鉱石の埋蔵量は五〇億トンで、わが国に比べるとお話にならない量ですな、「わが国の埋蔵量は将来の長い期間にわたって全世界の需要をまかなうように十分です」と彼は言った。

フルシチョフは二日目の討論の出だしの数分で、他愛のない身の上話になったかもしれないものを自国資源の豊富さの誇示に変えてしまった。彼は大統領の生いたちについては訊かなかった。そんなことはもう十分に知っていた。彼は苛立ちを抑えながら、そろそろ本日の目的の方に移りませんか、と言った。一刻も早く、ベルリンとその将来についての議論に入りたかった。

ロンドンの『タイムズ』はその日の朝版で、ウィーン首脳会談についてのあるイギリスの外交官の懸念を掲載した。彼は「われわれはあの若者があまりにひどく傷を負わずに熊の檻から脱出できることを希望している」と述べていた。まさにフルシチョフはこの朝、鉤爪を剝き出しにして現われたのだ。双方の代表団はラオス問題に関して一夜にしてかなりの進展を達成していたのだが、フルシチョフはそのことを、いかに双方の側が緊張を減少し得るかの例として捉える気はなかった。

米ソの外相とそのスタッフは、中立ラオスを受け入れるとの合意に達していた。それはフルシチョフにとって高い政治的コストを伴ないかねない譲歩だった。中国、北ベトナム、そしてパテト・ラオ（ラオスの共産主義運動）が反対すると思われたのである。フルシチョフはこの合意をケネディと共に祝おうとはせず、アメリカはアジアでなおその関与を維持し続けるつもりのようだが、と言い出して、そもそもアメリカにそのような権利はない、そのような発想は、乱暴な言い方を許していただければ、自分は偉大なのだという幻想、すなわち誇大妄想から生まれたものと言わざるを得ない、と非難した。

さらにフルシチョフは、会談の流れを核実験禁止問題の方向に向けようとするケネディの努力に抵抗した。全面的な関係改善のみがベルリン問題の究極的解決に道を開くのだというケネディの論理を拒んだ。フルシチョフにとっては、ベルリンが第一番に来なければならなかったのだ。

核実験禁止を推し進めようとして、ケネディは「千里の道も一歩から」という中国のことわざを引き合いに出した。「中国のことにお詳しいようですな」とフルシチョフは言った。

「お互い中国を良く知るようにならなくてはなりませんね」とケネディは答えた。

フルシチョフはにやりと笑って、「中国についてはずいぶん勉強させられましたよ」と言ったが、これは彼にしては珍しい失言だった。毛沢東とうまくいっていない実情をつい認めてしまったのだ。

しかしソ連側は、いずれ中国も手にする会談の最終的議事録を手直しする。「中国はわれわれの隣人であり友人であり同盟者である」というセンテンスが付け加えられるのである。フルシチョフが実際にはひと言も言わなかった台詞である。

首脳会談の最も重要な討議は、フルシチョフの警告をもって始まった。彼はまず、ソ連政府は最大限の忍耐をもってベルリン問題の解決を待っていたのだと切り出した。そして、これから述べるベルリンに関するわが国の立場は「米ソ両国の関係に大きな影響を与えるでしょうし、もしアメリカがわが国の立場を誤解するならば、さらに大きな影響を与えることになるでしょう」と言った。

双方の顧問たちは一斉に身を乗り出した。これから、いよいよ本番だ。「第二次世界大戦が終わって一六年が過ぎました」と、フルシチョフは続けた。「ソ連はあの戦争で二〇〇〇万の国民を失い、国土の多くの部分を破壊されました。そして、第二次世界大戦を引き起こしたドイツは、いまや、ふたたび軍事力を獲得し、NATOの中に支配的立場を保持しています。ドイツの将軍たちはNATO内で要職を占めているのです。これはまさに第三次世界大戦の脅威そのものです。もしこれが起きたら第二次世界大戦のそれを上回りさえする惨禍がもたらされるのです」

したがってソ連は、これ以上の遅延を容認するわけにはいかない。それによって得をするのは、西ドイツの軍国主義者だけなのだ。ドイツ統一には現実的可能性がなく、ドイツ人自身さえそれを求めていない。だからソ連は、「二つのドイツ国家が存在するという現実」から行動を始めるのだ。

フルシチョフはさらに言った。――ベルリンの地位を変更する平和条約を結ぶことについて、私個人としてはあなたと合意したいと思っているが、もしそれが可能でないのなら、私は単独で行動し、ソ連によってなされたすべての戦後の約束を反古にするつもりだ。それ以後、西ベルリンは「自由都市」となる。アメリカ軍隊はそこに留まり得るが、ただしソ連軍もそこに共存することになる。そしてソ連も、アメリカとともに「西側が西ドイツの自由と呼ぶもの」が確保されるよう努力する。さらにソ連は、中立国軍隊または平和を保証するための国連部隊が駐留することにも「賛成」する用意がある。

回答を始めるに当たってケネディはまず、「このような率直なかたちで意見を表明してくださったこと」をフルシチョフに感謝した。鎮痛剤とアンフェタミンを打ちコルセットをきつく締めたケネディは、いま、自分は、ベルリンに関する新しい最後通牒と言えるものを突きつけられたのだと認識した。明確な鋭い回答を与えなければならない。ケネディはこの瞬間を待ちかまえていたのだ。一語一語に注意をこめて発言していった。

ケネディは、二人はもはやラオスのようなより小さな問題ではなくて、はるかに重大なベルリン問題について語っているのだ、と強調した。ベルリンは「アメリカにとって最大の関心事です。アメリカがベルリンに存在するのは、誰かの許可を得ているからではない。アメリカがあの地で戦ったからです」。アメリカの第二次大戦の死傷者はソ連のそれほどには高くないかもしれないが、しかし、「アメリカは東ドイツの同意によってではなく、契約上の権利によってベルリンに存在するのです……」。

「ベルリンは、第二次大戦後のすべての合衆国大統領が、ここに関わる協定や他の契約上の権利に基づいて行動してきた土地であり、また、すべての合衆国大統領がそれらの義務への忠誠を確言してきた土地であります。もしわれわれがこの都市から放逐されたり、ここに関わるわれわれの権利の喪失を受け入れたりしたならば、その後、誰もアメリカの合意や誓約を信頼しなくなるでしょう。この事案にはアメリカの国家的安全がかかっています。なぜなら、もしわれわれがソ連の提案を受け入れたら、アメリカの約束は紙くず同然のものだと見なされてしまうからです」

ウィーン首脳会談では、その瞬間まで、言葉は何の結果も伴なわず空疎にぶつかり合うだけだった。しかし今や、記録係たちは身を乗り出して首脳たちの発言を一語もあまさず正確に書き綴っていた。世界最強の二人の男が、最も統御しにくく最も危険な問題をめぐって対決している。

まさに歴史的瞬間だった。

ケネディは続けた。「西欧はアメリカの国家的安全のために不可欠な土地です。そしてアメリカは二つの戦争において西欧を支援してきました。もしアメリカが西ベルリンを離れることになれば、ヨーロッパもまた放棄されることになります。だから、西ベルリンについて語っているとき、われわれはまた西欧について語っているのです」

ソ連側にとって新しく感じられたのは、ケネディがくり返し、ベルリンの前に修飾語「西」を付けていたことだ。これまでの合衆国大統領は誰も、ベルリン全体への誓約と西ベルリンへの誓約とを、これほど明確に区別していなかった。ケネディは、たぶん彼が大統領として最も雄々しく振るまっていたときに、同時に、一方的譲歩をしてしまったのだ。続いて彼は、フルシチョフが前日の会談の中で「今日の米ソ軍事力の比率はイコールだ」ということに同意したことを持ち出した。そして、アメリカ同様の軍事力を持ち、宇宙開発にも経済にも確固たる業績を持つソ連のような国が、なぜ、アメリカが不可欠な関係を持ちすでに長く存在している場所から去るよう求めるのか、「理解するのが困難」だと言った。ケネディはさらに、アメリカは「戦争によって勝ち得た」権利を放棄することに決して同意しないと述べた。

フルシチョフの顔が赤らんだ。怒りによって体温が上昇したかのようだった。彼は大統領の発言を遮って、つまりあなたは平和条約を結びたくないと言われるのですなと言った。アメリカの国家的安全についてのケネディの言葉をいかにも軽蔑した口調でくり返してみせ、これじゃあ、まるで「アメリカは自国の立場を良くするためならば、モスクワまで遠征してもいいのだ」と言っているようなものですよ、と言った。

「アメリカはどこにも遠征しようなどと思ってはいません」。ケネディは答えた。「アメリカがモスクワに行くとかソ連がニューヨークに行くとかを話し合っているわけじゃありません。われわれが話し合っているのは、アメリカがベルリンにいる、一五年もいるということです。アメリカはベルリンにとどまるつもりだと、われわれは言っているのです」

ケネディは前日試みてうまくいかなかったやり方をくり返してみた。より懐柔的な態度に出たのだ。彼は言った。ベルリンにおける状況が「満足のいくものでない」ことは分かっている。とはいえ、「世界の多くの土地の状況も満足のいくものではありません」。しかしいまは、ベルリンにおける、あるいはもっと全般的に言って、世界におけるバランスを変えるのに適切な時ではない。「もしこのバランスが変わるならば、全体としての西欧における状況も変化することになり、これはアメリカにとって最も深刻な打撃となるのです。……あなたは同じような喪失を受け入れることはないでしょうし、われわれもまたそれを受け入れることは出来ないのです」

その時までフルシチョフはいつもの大言壮語をかなり抑えていた。しかし今や両腕を振り立て顔を深紅に染め、甲高い声で、スタッカート風にまくし立てた。「アメリカには世界で最も危険な地点の状況を正常化する気がないのですな。ソ連はこの腫れ物を手術したいんです。――この棘を、この潰瘍を取り除きたいんです。――どちらの側の利益も損なわれることじゃない、むしろ世界中の人々の幸せに繋がることなんです」

ソ連は「策略や脅迫」でもってベルリンを変えようとしているんじゃない、そうじゃなくて「厳粛に平和条約を締結することによってそうしようとしているんです。この行動がアメリカの利益に反するものだと大統領はおっしゃる。まったく理解に苦しむ発言です」。ソ連は現存する境界線を変えることを求めてなどいない。ただ、「新しい戦争を求めている人々を阻止する」ために、境界線を正式に確定しようとしているだけじゃないですか。

フルシチョフは、アデナウアーがドイツの国境を修正し第二次大戦後失った領土を回復したいと願っていると、嘲るような口調で話した。「ヒトラーは、ドイツにはウラル地方にまで達するレーベンスラウム〔生存圏〕が必要だと言っていました。ヒトラーに協力し彼の計画を実行した将軍たちは今やＮＡＴＯの高級指揮官です」。彼はまた、ベルリンにおける自国の利益を保護しなければならないというアメリカの論理は、とうてい「理解できませんし、ソ連がそれを受け入れることはあり得ません」と言い、申し訳ないが、「世界のいかなる力を持ってしても」ソ連政府が平和条約に向けて前進することを止めることはできませんと述べた。

彼は戦争から一六年が過ぎたとふたたび言い、ケネディに尋ねた。あなたはソ連がさらにどれだけ長く待てばいいと言うんです、もう一六年？ もしかしてあと三〇年？

室内の仲間たちをぐるりと見わたし、腕をひと振りして、言った。自分はあの戦争で息子の一人を失った、グロムイコは二人の兄弟を失った、ミコヤンはやはり息子の一人を失った。「ソ連には、少なくとも家族の一人を失っていない家庭は一つもないんです、ソ連指導部を見てもそれが言えます」。もちろんアメリカの母親たちも、ソ連の母親たちと同様に、息子の死を悲しんでいることでしょう。ただ、アメリカの戦死者はせいぜい十数万だがソ連の死者は一千万単位なのです。

フルシチョフはそれから宣言した。「ソ連は平和条約を結びます。ドイツ民主共和国の主権は尊重されます。その主権に対するいかなる侵害も、ソ連によって、公然たる侵略行為と見なされ」、しかるべき結果を招くことになりますぞ。

フルシチョフは戦争をやるぞと脅しているのだった。まさにドゴールが予言したとおりだった。アメリカ代表団は衝撃の中で押し黙っていた。大統領はどう対応するのだろうか。

ケネディは静かに、ソ連がそのような平和条約を結んだあと、ベルリンへのアクセス・ルートはオープンのままなのかどうか、尋ねた。ケネディはすでに、西ベルリンにおける西側の権利が変更されたり同盟諸国のベルリンへのアクセスが妨げられたりしないかぎり、ソ連が東ドイツと平和条約を結ぶことを受け入れようと決意していたのだ。

しかしフルシチョフは、新しい条約はアクセスの自由を変更するだろうと言った。

ケネディの容認し得る限度を越えた回答だった。

「それはわれわれにとって実に重大な挑戦です。その結果がいかに深刻なものとなるか誰にも予見できないでしょう」とケネディは言い、さらに、自分はただ「西ベルリンにおけるわれわれの立場とベルリンへのわれわれのアクセス権を否定されるために」ウィーンにやって来たのではない、自分はウィーン首脳会談を通して米ソ関係が改善されることを希望していたのだが、これでは逆に両国関係は悪化することになる、ソ連が自国の持つ諸権利を東ドイツに委譲するのはソ連の勝手だが、しかし、ソ連がアメリカの権利まで投げ与えてしまうのはとうてい容認できない、と主張した。

フルシチョフはアメリカの立場を探り始めた。昨年アイゼンハワーが彼と討議した線に沿った中間的な合意――両国の威信を保つための方策――はまだ可能だろうか。すなわち、関係各国が六カ月のタイムリミットを設定し、その期間内で、二つのドイツ国が統一問題を話し合う、もしその期間内に交渉が不調に終われば(フルシチョフはそうなると確信しているのだが)、その後は「どこがどこと平和条約を結ぶのも自由となる」、このやり方は可能だろうか。

フルシチョフは言った。たとえアメリカがソ連の提案に不同意でも、「ソ連がもはや待てない」のだということ、したがって年末までに、西ベルリンへのすべてのアクセスを東ドイツの管理下に置くための行動をとること、この二つはぜひとも理解してほしい……。フルシチョフはこうした行動をとり得る権利の根拠として、ソ米両国がドイツを倒すために払った対価の違いの統計的分析を挙げた。――第二次大戦でソ連は二〇〇〇万以上の国民を失ったが、アメリカはわずか一四万三〇〇〇の兵士を失ったに過ぎない。

ケネディは、このような被害こそ、新しい戦争を避けなければという思いに私を駆り立てているものなのです、と言った。フルシチョフはケネディに、(大嫌いなはずの言葉を使って)あなたはソ連が「誤算」するかもしれないと危惧しておられたが、自分には誤算をやりそうなのはアメリカ側のように思われると言った。「もしアメリカがベルリンに関して戦争を開始するならば、そうすればいいでしょう。

もともとペンタゴンがやりたかったことなのですから。しかし、アデナウアーとマクミランは戦争が何を意味するかを非常によく知っています。戦争をしたがるような狂人がいるのなら、拘束服を着せなくてはなりませんな！」

アメリカ・チームはふたたび驚愕した。今回、フルシチョフは「戦争」という語を使った。三回使った。どのようなレベルであれ、外交交渉の場でこの語が使われるのは前代未聞のことだった。

この話題を切り上げるかのように、フルシチョフはきっぱりと言った。──ソ連は年末までに平和条約を締結する。これに伴ないベルリンにおける西側の諸権利は将来にわたり変更される。ともあれ、いずれは常識と平和が勝利を収めることを自分は確信している。

フルシチョフはまだ、ケネディ提案ともいうべきものに答えていなかった。それで、大統領はふたたび探りを入れた。もしフルシチョフが西ベルリンを現状のままにしておくのであれば、自分は平和条約をそれ自体としては好戦的行為と見なさない。「しかしながら、われわれの契約上の権利を否定するような平和条約は好戦的行為です」、つまり「われわれの権利の東ドイツへの委譲が好戦的行為なのです」。

ケネディの発言の意味が次第に明確になってきた。あんたはあんたの持ち物についてやりたいことをやれ、しかし、われわれの持ち物には手を触れるな、彼はそう言っているのだった。もしアメリカが西ベルリンに関して何事か譲歩すれば、世界はアメリカを「真剣な国だとは見なさないだろう」。しかし東ベルリンはソ連の領分だ、ソ連はそこで気の向くままにやればいいじゃないか、ケネディはそのように示唆しているのだ。

これは後に、ケネディが提案した一種の取引だと見なされるようになる。しかしこの時点では、フルシチョフはそれを認めなかった。それどころか彼は、こう答えたのだ。ソ連は「平和条約締結後は、絶対に、いかなる条件のもとでも、西ベルリンにおけるアメリカの諸権利を許容しない」

彼はそれから、アメリカが戦後、ソ連に対して行なった不当行為（と彼が思うもの）のあれこれを激しく非難した。アメリカはソ連から、西ドイツへの戦争賠償請求権、西ドイツにおけるもろもろの権利、権益を奪った。さらにアメリカはいま、東ドイツとの平和条約を拒否しているが、これは二重基準を犯していることになる。アメリカは一九五一年に、原案策定など準備段階でソ連に相談することなく、日本との平和条約を結んだではないか。あのとき外務次官アンドレイ・グロムイコはソ連代表団を率いて会議に参加し、奮闘したが、結局は、アメリカが中国を招いていないこと、そして反ソ的な軍国主義日本を創造しようとしていることに抗議して、署名を拒否したのだ。

これに対しケネディは、あなたはかつて、自分が当時権力の座にあったなら、対日平和条約に署名しただろうと公式の場で言っていたじゃありませんか、と反論した。

しかし、フルシチョフにとっての問題は、自分なら署名したとかしないとかいうことではなく、アメリカがソ連の同意を求めさえせずに事を進めたことなのだ。フルシチョフは、ベルリンに関するケネディの対応も「俺はやりたいことをやるんだ」式の独断性においては共通していると言った。

さらに彼は、このたぐいのアメリカの行動は十分すぎるほど見てきた、だからソ連は断固として東ドイツと条約を結ぶ、もしアメリカがその後、ベルリンへのアクセスをめぐる東ドイツの主権を侵害したら、その対価は大きくなる、と言った。

ケネディは言い返した。私が求めているのはベルリンをめぐる紛争ではない。いずれは全ドイツ問題の解決につながるような、東西両ドイツ関係、そして米ソ両国関係の全体的改善だ。私は「ソ連から東欧との紐帯を奪うようなやり方で行動する」ことは望まない……。そして前日と同じく、フルシチョフを安心させるかのように、私はヨーロッパの力のバランスを崩すようなことは何もしない、と言った。

　さらにケネディは、自分がフルシチョフから青年と呼ばれたことに言及し、あなたは私が比較的に未経験なことに付け込もうとしているのかもしれないが、私は「アメリカの利益にとって全面的に不利な取決めを受け入れるために大統領になったのではありません」と言った。これに対しフルシチョフは、東ドイツとの条約の一方的締結に代わるものはただ一つ、暫定協定だと言うばかりだった。つまり、この協定のもとで二つのドイツ国家が交渉し、それ以後は同盟国のすべての権利が消滅するという方式だ。これは「ベルリン問題の責任がドイツ人の側に移されたという外見を与えることになる」。しかしドイツ人たちは決して統一に同意しないだろうから、結果は同じことなのだと、フルシチョフは言った。

　それからフルシチョフは、俳優のような劇的タイミングで、一通の文書をケネディに手渡した。ベルリン問題に関する覚書であり、その目的は、彼の最後通牒に公的効力を与えることだった。ケネディ・チームの誰も、クレムリンがこのような文書を大統領に出すだろうと、あらかじめ注意を喚起した者はいなかった。ボルシャコフもこうした動きについてほのめかしもしなかった。フルシチョフは、ソ連側がこれを用意したのは、アメリカ側にソ連の立場を研究してもらうためであり、そうすることによって「たぶん後日、アメリカがそれを望んだとき、この問題に戻れるようにするため」なのだと言った。

　フルシチョフはその大胆な動きでもって、ベルリンをめぐってのケネディとの衝突コースに身を置いたのである。彼のこの行動は、部分的には、ケネディが現状にしがみついて、問題を交渉しようという意欲をアイゼンハワーほどにも見せていなかったがゆえのものだった。フルシチョフにとって、アメリカ側のこのような頑なな態度は、U2型機事件前のアイゼンハワー政権のもとでも受け入れがたいものだったが、いまや一層耐えがたい障碍になっていたのだ。
あっという間に正午になってしまった。

フルシチョフとケネディが大使館内で緊張気味のランチをとっているとき、彼らの妻たちは、パラヴィッチーニ宮殿でのオーストリア大統領令嬢マルタ・キュルレ博士主催のランチ・レセプションに出席していた。宮殿の前、日光の降り注ぐヨーゼフ広場に詰めかけていた一〇〇〇人ほどの群衆は、先に到着したフルシチョフ夫人をわずかなざわめきで迎え、少し遅れて到着したアメリカ大統領夫人には盛大な拍手喝采を送った。車を降りたジャクリーンが宮殿のドアの前で足を止めた。ロイター通信の記者アダム・ケレット゠ロングは、このときベルリンから派遣されてウィーンに来ていたが、カメラマンたちがジャッキーに、もっと魅惑的なショットを撮りたいので胸をぐっと突き出してくださいと叫ぶのを聞いて、ぎょっとした。「しかも彼女はそれをやったんだよ」と、彼は後に回想する。「マリリン・モンローみたいに映画スターみたいにやってみせて、喜んでいたんだ」

レセプションの途中、宮殿三階の窓が開いて首脳夫人ふたりが並んで姿を現わした。ジャッキーはネービー・ブルーのスーツ、黒いピルボックスハット、三連の真珠、白い手袋という装い。さながらファッション雑誌のイラストだった。フルシチョフ夫人はやや素朴な装いで、『ニューヨーク・タイムズ』は彼女のことを、アメリカのファッション誌がもっとおしゃれをしてほしいと願って大いに啓発している、家庭の主婦の典型のようだと描写したが、ニーナ・ペトローヴナはそもそも、そういうことには無頓着な人だった。ゆっくりとではあるが正確な英語を話し、ジャッキーの知的な会話に感心もし、その容姿を「まるで芸術作品のよう」と賛嘆した。ニーナは宮殿の窓辺で、ジャッキーの手袋をしたほっそりとした腕を、手袋をしていない丸っこい自分の手で持って高く差し上げ、ほほ笑んだ。群衆の間から、期せずして「ジャッキー……ニーナ！　ジャッキー……ニーナ！」の連呼が湧き起こった。――こうした暖かさは夫たちの最後の食事にはないものだった。

二人の首脳は兵器生産と軍備政策について語り合った。フルシチョフは言った。――大統領の五月の議会へのメッセージを熟読したが、その中で国防費を劇的に増大しておられる。実際のところ独占資本に牛耳られているアメリカが軍備の縮小などできないことは理解するが、しかしながら、アメリカの軍備増強は、私をも強制して、心ならずもソ連軍の規模を増やさざるを得なくなるのですぞ。

このような話の流れの中でフルシチョフは、前日昼食中に交わした月探査の共同計画の件を持ち出した。昨日の前向きな口ぶりとは違って、やはり軍縮が行なわれないかぎり、そのような計画は無理だと言った。ごくわずかな協力の可能性さえ残しておきたくないかのようだった。

ケネディは、少なくとも宇宙プロジェクトのタイミングぐらいは調整できるのではないかと言った。確信なさそうに肩をすくめてフルシチョフは、そのようなコースも可能かもしれませんなと答えた。それからケネディに向けて、甘いソ連製シャンパンのグラスをあげ、「自然な愛は仲介者を通しての愛よりも良い」とジョークを飛ばし、われわれが直接言葉を交わし合ったのは積極的な意味を持つことでした、と言った。

さらに彼は大統領に、ベルリンに関する新しいソ連の最後通牒は「アメリカやその同盟国に敵対するためのものでない」ことを理解していただきたい、ソ連政府がやろうとしていることは外科手術のようなもので、確かに痛みは感じるかもしれないが、患者が生き永らえるためには必要なのです、と言い、お得意の比喩をまじえて、ソ連は「その橋を渡ると言ったら渡るんです」と言った。

さらにフルシチョフは、確かに米ソ関係は「大きな緊張」を体験することになるが、必ず「太陽はふたたび現われて明るい光を降り注ぐことでしょう。アメリカはベルリンを欲していないしソ連もまた欲していない……唯一、真にベルリンに関心を持っているのはアデナウアーだけです。彼は理知的な人だが年老いている。ソ連は、年老いた死にゆく者が若く血気盛んな者を邪魔立てすることに同意はできません」

ケネディへの乾杯の挨拶の中で、フルシチョフは自分が大統領を困難な立場に置いたことを認めた。――きっと同盟諸国はベルリンに関する大統領の決定を疑問視することでしょう。しかし、同盟諸国の影響力や利害関係などあまり気にすることはありません。たとえば、ルクセンブルクはあなたに何の問題ももたらさないでしょう。私の場合だって同じです。どこかの名もない同盟国など、「少しも怖くありません」。

フルシチョフはそれからグラスをあげ、信心深いケネディなら「この事業を果たす上で神のご加護を」と言うだろうが、自分はむしろ神よりも良識の加護を求めたいと言った。

ケネディのお返しの乾杯の辞は、両首脳の義務を強調するものだった。核時代において、いったん紛争が起これればその結果は「世代から世代へ受け継がれていく」、指導者の義務はきわめて重大であり、どちらの側も「相手側の利益や相手側の背負っている責任を十分認識すべきだ」と訴えたのだ。

ケネディがフルシチョフのために持ってきた贈り物がテーブルの上に置かれていた。アメリカの軍艦コンスティテューション〔一七九七年就役の帆走フリゲート〕の模型だ。ケネディは言った。この船の大砲の射程はわずか半マイルでした、核時代において爆弾は大陸間を飛び、その破壊力はかつてと比較にならない凄まじさです、指導者たるものとうてい戦争の発生を許すわけにはいきません。

ケネディはさらに、この会談の舞台となった中立の街ウィーンに言及し、双方の側の安全と威信への危険が増大したあとであっても、公平な解決策を見つけ得ることを象徴しているこの街の精神をお互い忘れないようにしたい、「この目標は、お互いが賢明であってお互いの領域にとどまっていさえすれば、達成できるものです」と言った。

また出てきた。これがベルリン危機へのケネディ流解決策だった。彼はまたしても示唆しているのだ。ソ連側はその勢力圏の内部ではやりたいことを何でもやればいい、と。それは、彼がこの日、あれこれの表現で、すでに数回くり返してきた意見だった。――そしていま彼はそれを最終的な挨拶の中で用いたのだった。

最後の会話だからケネディは少しなごやかな雰囲気を出したかった。それで、この日交わした会話を思い出した。ケネディがフルシチョフに、現在の自分（ケネディ）と同じ四十四歳のとき何の仕事をしていたかと尋ねたら、フルシチョフは、モスクワ計画委員会のチーフをしていたと答えたのだった〔実際にはフルシチョフは当時モスクワ市党第一書記だった〕。ケネディは、私があなたの年齢（六十七歳）のときにはボストン計画委員会のチーフでいたいですよと冗談を言った。

「たぶん大統領は全世界の計画委員会のチーフになりたいのでしょう」とフルシチョフはあざけるような口調で応じた。

いやいや、ボストンだけのです、と大統領は言った。

二日間の会談は実りのないものに終わりそうだった。もう少しでもいい、なんとか積極的な結果を引き出したかった。ケネディは最後の試みに出た。午後、フルシチョフともう一度、通訳以外の者を除いた二人だけの話し合いを申し入れたのだ。

「もう一度頑張ってみなくちゃ、ここから帰れないよ」。大統領はケニー・オドネルにそう言った。

そんなことをすると予定通り出発できなくなりますとスタッフに告げられて、ケネディは一喝した。いま、世界で一番重要なことは、フルシチョフと決着をつけることなんだ。「時間通りに出て行ったりするものか！　彼をもっと知るまでは出発はしないぞ」。ケネディは生まれてこのかた、自分の魅力とパーソナリティーに物を言わせて障碍を乗り越えてきた。しかし、それのどちらもが、フルシチョフには効き目がなかった。

ケネディは最後の短い対話をベルリン問題の重要さを認めることから始めた。重要性は認めるが、ただし、米ソ両国関係の前進のために、「ソ連は、アメリカの国益に非常に深く関わるような状況を引き起こさないでもらいたい」と言った。さらに「平和条約とベルリンへのアクセス権とは別物である」ことをふたたび強調し、米ソ間の直接的対決を避けるようなかたちで状況が展開することを希望した。

しかし、ケネディをすでに抑え込んでいると思っているフルシチョフは、さらに強く締め付けた。もしアメリカが平和条約締結の後も、あくまで自国の権利を主張し、東ドイツ国境を侵犯するなら、「力は力によって迎えられるでしょう」、そして、「アメリカはそれに対して用意すべきだし、ソ連も同じことをやるつもりです」と言ってのけた。

ケネディはウィーンを離れる前に、フルシチョフが自分に提示しているオプションを明確に理解しておきたかった。それで、尋ねた。あなたが示唆された暫定的取決めのもとで、ベルリンにおけるアメリカの軍隊は、ベルリンへの自由なアクセス権〔西ベルリンと西ドイツの間を自由に通行する権利〕を持って、留まり得るのですか？

そうです、六カ月間はね、とフルシチョフは答えた。

六カ月経つと軍隊は撤退しなければならないのですか？　ケネディは尋ねた。

その通りです、とフルシチョフは言った。

大統領は言った。――あなたはアメリカが真剣であることを信じていないか、あるいは、状況があなたにとって非常に「不満足」なため、このような「思い切った行動」が必要だと信じているかの、どちらかです。私は帰国の途中にロンドンでイギリス首相マクミラン氏と会う予定ですが、自分が不幸な二者択一、つまり、ソ連のベルリンに関する既成事実を受け入れるか、それとも対決かの二者択一に直面していることを、彼に告げなければなりません。あなたはまるで、私に紛争か降伏か、どちらかを選べと迫っているかのようですね。

フルシチョフは言った。――それではあなたの体面を保つために、アメリカとソ連の軍隊はベルリンに留まり得ることにすることも考えられますな、ただし占領軍としてではない、東ドイツの管理下に置かれて、国連の承認を得た軍隊としてです。「私は平和を欲します。しかし、もしあなた方が戦争を欲するなら、それはあなた方の問題です。戦争でもって脅しているのはソ連ではなく、アメリカです」

延長したものの、会談はやはりうまくいかなかった。「変化を強制しているのはあなたです、私ではない」と大統領は抗議した。フルシチョフと違い、「戦争」という語を挑発的に使うのは避けた。まるで、核の棒を持った二人の少年が、お前の方が喧嘩を売っているのだと言い争いをしているかのようだった。

「いずれにせよ」とフルシチョフは言った。「挑戦されれば受けて立つしかありません。ソ連は対応しなければならないし対応するでしょう。戦争の惨禍は双方が等分にこうむることになります……。戦争か平和かが決まるのは、アメリカ次第です」。どうぞ、このことをマクミランにもドゴールにもアデナウアーにも知らせてください。

フルシチョフはさらに、ベルリンに関する自分の決意は「絶対不動」の「確固としたもの」だ、西側同盟諸国による西ベルリン管理の変更を含む東ドイツとの平和条約を、十二月までに結ぶか、それとも、これと同じ結果をもたらす暫定協定を結ぶか、二つに一つしかないのだ、と述べた。

「もしそれが事実なら、寒い冬になりそうですな」とケネディは言った。簡潔で痛烈な反駁だったが、大統領は間違っていた。難局は彼の言葉よりもずっと早くに到来するのである。

ベルリン
一九六一年六月四日、日曜日、午後

フルシチョフとケネディがベルリンにおける戦争の可能性について激烈な言葉を投げつけ合っていたころ、当のベルリン市民は、ひと月も続いた長雨のあとようやく晴れ渡った週末を迎えて戸外に出ていた。自動車で、スクーターで、高架電車で、地下鉄で、泳ぎ遊び日光を浴びるために市内の多くの公園や湖に向かっていた。

ベルリンの新聞はこの日の天候を「素晴らしいサミット日和」と呼び、各紙が一致して、ドイツの運命を支配する両指導者の会見は必ずや緊張緩和につながるだろうと報じていた。夕刻、西ベルリンの映画館は評判の作品——昨年度アカデミー賞一一部門受賞のチャールトン・ヘストンの『ベン・ハー』、今年度アカデミー賞四部門受賞の『スパルタカス』、ジェームズ・メースンとスーザン・ヘイワードの『マリッジ・ゴー・ラウンド』——を観にきた双方の側のベルリン市民で一杯だった。東ベルリン市民の持つ弱い東ドイツ・マルクでも映画館の入場券は西ドイツ・マルクと一対一の交換で買えた。この街で一番良い交換レートだったのだ。

東ベルリンではヴァルター・ウルブリヒトが、パン不足の問題に頭を悩ませながら、党青年組織の「子どもの日」を祝う行事に参加していた。ウィーン首脳会談のニュースはほとんど来ていないので、東ベルリンの新聞にも、首脳夫人たちのウィーン見物の写真と記事ばかりが載っていた。

この週末、過去十数年間のどの時点にも見られないほど、難民の流出が減っていた。東ドイツ人たちが、より良い方向への変化が生まれるのではないかという希望をもって、ウィーン会談を見守っていた証左だった。

会談に何を期待するかと問われて、ウルブリヒトは、成行きを見守るだけだねと答え、西ベルリンのヴィリー・ブラント市長は市民たちに向かって「われわれの大義は信頼すべきケネディ大統領の手に委ねられています。……さしあたり、われわれとしては、将来において新しい脅威と危険を招きかねない誤解のいくつかが取り除かれることを希望しましょう」と語りかけたのだった。

ウィーン
一九六一年六月四日、日曜日、午後

フルシチョフはソ連大使館の階段を降りたところで、ついさっき戦争でもって脅しつけたばかりの男に、にっこり笑って別れを告げた。ケネディは渋い表情で、茫然自失に近い状態だった。カメラマンたちは翌日の新聞のために二人の対照的なムードを捉えた。

フルシチョフはこの日自分が勝利したことを知っていた。もちろん、この結果どのような事態が生まれるかはまだ知る由もない。彼は後に回想する。――ケネディは「不安そうに見えただけでなく心を深く傷つけられているようでもあった。……見ていて私は気の毒に感じざるを得ず、自分も少しだけ心を痛めた。私は彼を傷つけるつもりはなかった。もっと別のムードで別れられればどんなによかっただろうかと思う。しかし、彼を助ける手立ては私にはなかった。……別の人間に対するひとりの人間として、私は彼を失望させたことを申し訳なく思った。……」

「政治は無慈悲なビジネスだ」とフルシチョフは結論的に言ったのだった。

彼は、アメリカの強硬派がウィーンでのケネディの拙劣なやり方を知ったときどう言うか推測できた。彼らはきっと、「われわれがいつも言っている通り、ボリシェヴィキには交渉のためのソフトな表現というのが理解できないんです」とか「連中はパワー・ポリティックスしか理解できない。あなたは騙され、鼻を摑んで引っぱられ、ぶん殴られて、挙句の果て、手ぶらで恥を掻いて、帰って来たんです」と言ってケネディを迎えるのだろう。

空港でケネディを見送ったあと、オーストリアの外相ブルーノ・クライスキーはフルシチョフを訪ねて対談した。「大統領は空港で非常にふさぎこんでいました」とクライスキーは言った。「心を痛めているようでした。顔が変わっていました。明らかに会談は彼にとって満足のいくものではなかったのです」。フルシチョフは自分もケネディが落ち込んでいるのに気づいたと言い、それからクライスキーに告げた。ケネディについて自分が問題だと思うのは、彼がまだ「力関係の変化を完全には理解していないことだ、彼はまだ前任者たちの政策に基づいて行動している。――ドイツ問題に関しては特にそう言える。ケネディには、ベルリンに覆いかぶさっている世界戦争の脅威を取り除こうという意欲がない。今回の会談は、われわれが互いの考えを探り、互いを知るようになるチャンスとなった点で、有益だった。しかし、それだけだ。そしてそれでは十分でない」

二日間の会談は心にきわめて鮮烈に焼きついていたから、フルシチョフはケネディとの対話の多くを、クライスキーに話して聞かせた。――オーストリア社会党幹部であるクライスキーが、フルシチョフの勝利の言葉を、ベルリン市長ヴィリー・ブラントを含むヨーロッパの左派政治家たちに伝えることは承知の上だった。

ケネディと対照的に、フルシチョフは到着した時と同様、ゆっくりとウィーンを離れた。フルシチョフが自分に敬意を表して催されたオーストリア政府の晩餐会に出席しているころ、ケネディはロンドンに向かう機内で、フルシチョフに負わされた傷を舐めていた。

ケネディは自分の拙劣な振る舞いについて驚くべきほどに正直だった。

アメリカ大統領旗とアメリカ国旗をそのフェンダーにはためかせた黒いリムジンで、国務長官ラスクと共にソ連大使館から引き揚げてくるとき、ケネディは手のひらをリアウィンドウの下のシェルフに叩きつけた。ラスクはラスクで、とりわけ、フルシチョフが激しいやりとりの中で「戦争」という語を使ったことにショックを受けていた。これは、本来、外交交渉では使うべきではない言葉だ。意味は同じでも、もう少し穏当な感じの言葉に置きかえられるのが普通なのだ。

ラスクはまた、会談前にずいぶんブリーフィングをやったにもかかわらず、フルシチョフのあの酷烈さ粗暴さについては、大統領の準備が足りなかった、と思った。ウィーンでの失敗の度合いは、ピッグズ湾の大失敗と違って、計測するのが困難だ。確かにウィーンの場合、不適当な地点に上陸させられ、ケネディとアメリカ政府が自分たちを見捨てることはないと信じつつ絶望的戦闘の中で命を落としていった亡命者たちはいない。しかし、結果はキューバの場合以上に、惨憺たるものでさえあり得る。フルシチョフはケネディの弱さにうすうす感づいていたが、それがいまや確信に変わった。嵩《かさ》にかかって、核戦争にも繋がり得る「誤算」のたぐいを仕掛けてくるかもしれないのだ。

ケネディは例のドイツ問題に関するソ連の覚書（六カ月以内にこれらの要求を受け入れられたい、「さもないと……」という）をロンドンでマクミランに見せるつもりである。当然、ソ連はこれを公表するはずだとケネディは見ていた。そうなったら、アメリカを含む西側のケネディ批判者たちは、彼が危険にも気づかずに、ベルリン問題の罠にかかるために、のこのこウィーンまで出向いていったと非難するだろう。

ケネディは鬱積したものを発散したかった。しかし、いまや彼自身の一部のようになってしまった大統領付き記者団にどうやってあの会談の結果を話したらいいのか？ ソ連専門家ボーレンに記者会見で言っておけと指示した通りに、和気藹藹の会談だったと伝えればいいのか？

いや。ケネディは報道官ピエール・サリンジャーをウィーンに残し、ジャーナリズム産業のトップ記者たちに、首脳会談の「陰気な」結末について語らせることにした。また、大統領はロンドンに向けて発つ前に、大使公邸の一室で、『ニューヨーク・タイムズ』記者ジェームズ・「スコッティー」・レストンと二人だけで会うことにした。彼はオドネルに、「状況の深刻さ」をアメリカ国民に伝えたい、『ニューヨーク・タイムズ』はそれにぴったりのメディアだ。スコッティーに暗鬱な実相を話そうと思う」と言った。

それでもケネディはまだ、フルシチョフがベルリンについての脅しを実行すると確信してはいなかった。フルシチョフは脅しをかけてくるだろうが、これまでと同様、結局は先送りするに違いないというドゴールの言葉はたぶん正しいのだ。「きょうの彼みたいな話し方をして、もしそれが本気であるのなら、それは狂人だ。しかし彼が狂人でないことは確かだからね」。ケネディはオドネルにそう言ったが、その実、自分の言葉をそれほど信じているわけではなかった。

レストンはスコットランド生まれで五十二歳。すでにピュリツァー賞を二度受賞し、ワシントンでたぶん最も影響力があり、最も広く読まれているジャーナリストだ。いつものツイードにボウ・タイ姿で、ブライヤーパイプを嚙みながら、ケネディの話を聞いている。二人は約束を交わしている。すなわち、レストンは記事の中で大統領の発言を直接引用しない、また、この単独会見のことはいっさい表に出さない、ということになっている。

ケネディはハットを目深にかぶりソファーに身を沈めている。一記者と最高司令官の間の最も率直な対話の一つとなりそうだった。

ウィーン首脳会談についてケネディの話を聞こうとひしめいている一五〇〇人もの各メディアの記者をさしおいて独占インタビューをする。これはレストンが軽蔑してやまない新しいテレビ時代において胸のすくような功業だった。ケネディが語る中身によってはこの会見は、よりいっそう意味深いものになるだろう。暗い部屋だった。他の記者たちの目を避けてブラインドが閉ざされていたのだ。

「どうでした?」レストンは訊いた。

「わが人生で最悪だったね」。ケネディは言った。「こてんこてんにやられたよ」

レストンはノートブックにメモした。「いつもの軽口ではない。真実を語らずにはいられないときの人間の顔だ」

ケネディはレストンと並んでソファーに深く腰を下ろしたまま、言った。フルシチョフはアメリカの帝国主義について私を激しく非難した。――ベルリンのことになると特別に攻撃的になった。「問題が二つあるんだ。第一。なぜ彼があんな風に、あれほど敵対的な態度に出たのか、その理由を見つけ出すこと。第二。われわれはそれについて何が出来るか。それを見つけ出すことだ」

レストンはケネディと直接対話したことを注意深く隠した『ニューヨーク・タイムズ』の記事の中で、正しい結論を出した。――大統領は「ソ連指導者の強固さとタフネスに驚かされた」。会談はとげとげしいものだった。大統領は討議された諸問題について悲観的な思いをいだきつつウィーンを離れた(これはまさに正確な記述だった)、とりわけ、大統領は「ドイツ問題が非常に厄介な問題となるという印象を強く持った」。

ケネディはレストンに告げたのだった。ピッグズ湾事件の顛末を見て、フルシチョフは「こんな若くて経験がなくて、あんな失態をやらかす人間はひとひねりだと思ったに違いない。あんなことを始めて先を見通すこともできない人間には、根性もないに決まってる。そう思って、私をさんざんの目に遭わせたのだ。……ひどいことになってしまったよ」

ケネディはこの事態が生んだ危険についてすでに素早く分析し、対策を考え出していた。「もしフルシチョフが、私を未経験で度胸のない男だと思っているなら、その考えを改めさせないかぎり、彼と付き合っていくことはできない。だから、われわれは行動しなければならないんだ」。まず何よりも、軍事予算を増やし、ドイツにもう一個師団派遣しなければならない。ケネディはレストンにそう述べたのだった。

ロンドンに向かうエア・フォース・ワンの機内で、ケネディはオドネルを自分のキャビンに呼んだ。もう少し鬱憤を晴らしたかった。ただし、ラスクやボーレンその他には聞かれたくなかった。絶望がすでに機内全体のムードを暗くしていた。空軍連絡将校ゴドフリー・マクヒューは、「ワールド・シリーズに負けた野球チームと同乗しているみたいだった。誰もあまりしゃべらなかった」と述べている。

ケネディは就任の際、ベルリン問題は後回しにしようと決意していた。ところがいまやそれは彼の目の前で爆発しそうになってしまった。西ベルリンにおける西ドイツと同盟諸国の権利を維持しようとすると、それが核戦争を引き起こしかねないのだ。その恐怖にケネディは圧倒されていた。

「すべての戦争は愚かさから始まる」。ケネディはオドネルに言った。「私が孤立主義者でないことは神がご存じだが、それにしても、ドイツのソ連管理地区〔東ドイツ〕内のアウトバーンを経由する〔西ベルリンへの〕アクセス権についての議論をめぐって、あるいは、ドイツ人が再統一されたドイツを求めるからといった理由で、百万のアメリカ人の生命を危険にさらすのは、実に愚かしいことに見える。もし私がロシアに対し核戦争の脅しをかけるならば、もっとずっと大きい、もっとずっと重要な理由からでなければならない。私がフルシチョフを土壇場まで追いつめるとしたら、それは、全西欧の自由が危なくなっているような事態の中でなければならない」

首脳会談の前、大統領へのブリーフィングのため熱心に働いた人々は、とりわけ失望の度合いが大きかった。なかでも、トンプソン大使のスタッフは、自分たちの助言のほとんどが無視されたのを見て、ひどく落ち込んでいた。その一人ケンプトン・ジェンキンズは後にこんなことを言っている。「あれはケネディにとって黄金の機会だった。こうすればよかったんだ。ジャッキーの魅力でフルシチョフをうっとりさせ、そこへケネディが入っていって言うんだ。『さあ、はっきり言うぞ、あんたの血みどろの手をベルリンから離せ、さもないとあんたを破滅させるぞ』とね」

フルシチョフが理解できるのはこういう言葉なのだ。アメリカは核の優位を完全に確保しているのだから、ケネディはウィーンであんなに責め立てられることはなかったのだ。ジェンキンズは後に会談の議事録を綿密に検討して、ケネディがフルシチョフにタフなメッセージを伝えることを「まったくやっていない」のを知り、残念がった。「大統領は一貫してこう語っていた。『われわれは出口を見つけなければならない。どうしたらあなたを安心させることができるか？　あなたにわれわれの動機を疑ってほしくない。われわれは侵略など考えていない』」。この結果フルシチョフは、ケネディが付け込みやすく、御しやすい人間であるとの確信をますます強めた。それ以後フルシチョフは、いくら強引に出ても反撃される心配はないと見て、いっそう攻撃的な態度をとった、とジェンキンズは見ている。

ケネディの前任者たちは西ベルリンをきわめて決然と防衛した。部分的には、いずれは東ドイツの共産主義支配を打ち破るという希望のゆえであり、また、この都市を将来の統一ドイツの首都にするという西ドイツ政府の主張を支持するためでもあった。ケネディはこの二つのどちらも信じていなかった。ただ、彼はベルリンで失敗することは避けたかった。そこからアメリカが撤退すると、西ドイツが反米的、反英的になり、NATOの分裂に繋がるかもしれないからだ。

ケネディはロンドンに向かう機内でオドネルと語り合いながら、ベルリン問題でのフルシチョフの苦境について、驚くばかりの同情の意を吐露している。ソ連にとってベルリン問題はまず経済的な問題なんだ、西ベルリンの繁栄する資本主義が東ドイツから優秀な人材を奪っていることなんだよ。

「その件で苛立っているからと言ってフルシチョフを責められないよ」とケネディは言った。

フルシチョフに打ちのめされたばかりだったのに、ケネディはその憤懣をアデナウアーと西ドイツ国民に向けてぶつけるかのようだった。彼らからケネディはソ連に対して十分に強硬でないと、文句を言われ続けていたからだ。彼はオドネルに言った。——たとえ、戦後の四カ国合意がアメリカ大統領にまさにそのことを義務付けているとしても、私にはベルリンに関して戦争を起こすつもりはない。

「ドイツの分裂はわれわれが引き起こしたのではない。われわれは四カ国によるベルリン占領にまったく責任はない。あれは間違いだった。アメリカもソ連もそもそも同意すべきでなかったことなのだ。ところが今や西ドイツの人々は、われわれにソ連人を東ドイツから追い出させたがっている」

ケネディは愚痴を言った。「われわれは西欧の軍事的防衛、とりわけ西ドイツの防衛のために途方もない額のカネを使っているが、それだけじゃ足りないってわけだ。そのくせ西ドイツは世界で最速のスピードで工業国家に成長しているのだからね。まあ、われわれとしては核戦争に突き進むのはNATO同盟を救うための最後の土壇場の場合しか考えられないが、もし西ドイツ側が、そういうことでもなしに、われわれが核戦争に進むと思うのなら、どういう場合が想定されるのか、はっきり示してほしいよ！」

エア・フォース・ワンがロンドンに向けて降下し始めたころ大統領はオドネルに言った。フルシチョフは「さんざん喚いたけれど」、ああいう脅しを実行に移すとは私は思わない。ただし、突然のアメリカの軍事的行為への反応として、ソ連が性急な反対行動に走ることのないよう用心深くあらねばならない。「もし核戦争を始めねばならぬとしても、われわれは事態を整理して、それが、他の誰でもなくアメリカ大統領によって開始されるようにしなければならない。東ドイツのどこかの検問所での揉め事でトラック隊の血の気の多い軍曹によって始まるのではなく、ね」

ロンドン
一九六一年六月五日、月曜日、朝

イギリス首相マクミランはケネディの苦しみを、――背中の肉体的苦痛とフルシチョフとの会談が原因の心理的苦悩の双方を、すぐに感じた。

二人が語っている間に、危機モードのアメリカ高官たちはヨーロッパのあちこちに散って、主要な同盟国に新しいソ連の最後通牒ともいうべきものについて説明を行なっていた。ラスクはパリでドゴールとNATO当局者と会い、国務省のフォイ・コーラーとマーティン・ヒレンブランドはボンに飛んでアデナウアーと会談した。

イギリス首相は予定されていた「外務省その他」を含めたケネディとの公式の朝の会合を取りやめ、彼をアドミラルティハウスの自分の居室に招いた（首相官邸は修理中で閉鎖されていた）。彼らは午前一〇時三〇分から午後一時二五分まで三時間近く、予定を一時間超えて話し合った。マクミランはケネディにサンドウィッチとウイスキーを供して、もっぱら聞き役に回った。彼らはそれから外相ヒューム卿をまじえて午後三時までふたたび語り合った。この日のマクミランとの会談から生まれたきずなは、ケネディにとって、さまざまな外国首脳との関係の中でも、最も密接で最も信頼のおけるものとなった。彼は年上のイギリス人のドライな機智、深い知性、そしてどんなに深刻な事柄に対してもさりげない態度を失わないやり方が好きだった。

マクミランはウィーン首脳会談に関して後に回想する。「ケネディは生まれて初めて自分の魅力に影響されない男に出会ったのだ」。ケネディはマクミランの目には「やや茫然とし――『当惑し』といったほうがフェアかもしれない……強く印象づけられて衝撃を受けているように」見えた。ケネディはフルシチョフの無慈悲さ乱暴さに圧倒されているようだった。ナポレオンの「権力絶頂期に初めて」会った後の人間のようでもあり、「ヒトラーと会話をしようと努力している」ネヴィル・チェンバレンのようでもあった。

マクミランはケネディに告げた。――西側はただ、こう言ってやればいいのです。「ソ連は東ドイツとの条約について好きなことをやればいい。しかし西側は自分たちの権利を主張する。これらの権利に対するどのような攻撃にも、全力を挙げて対抗するぞ」と。

ケネディは言った。――これまでソ連の行動を抑えてきたのはその脅しです。不幸なことに、フルシチョフは、ラオスや「その他の土地」(これはキューバの婉曲表現である)での最近の出来事のあと、西側は弱くなっていると感じているのです。結局のところ、核の独占を保持していた一九四九年においてさえ、西側はソ連の封鎖を突破して陸路、西ベルリンに入ることはしませんでした。そしてソ連側は今や、一二年前よりも自分たちが相対的に強くなっていることを知っているのです。

ヒューム卿はこう言った。――東ドイツ難民の問題や他の衛星諸国との不和などの問題のゆえに、フルシチョフはベルリンに関して行動に出ざるを得なくなっているのではないでしょうか。フルシチヨフは「こうした事態を解決する方法を見つけなければならないと感じているはずです」。フルシチョフのベルリンに関する新しい覚書が公表されると、西側はやや居心地の悪い立場に立たされるかもしれません。覚書は「額面通りに読むかぎり、かなりまっとうなものに見えるからです」。

ケネディは、翌日ワシントンで行なう演説の原稿を作成するのにマクミランの助言を求めた。マクミランはこう答えた。演説の中で、フルシチョフの見解を叙述すること、西ベルリンに対する西側の誓約を強く再確認すること、そして、ベルリン人がみずからの未来を自由に選ぶ権利について再表明することです。さらにマクミランはこう言った。確実に言えることは、「世界の他の部分で何が起こっていようとも、ベルリンでは西側が勝利を収めているということです。あんなに多くの人々が共産主義のパラダイスを逃げ出しているという事実は、ソ連体制の問題点を広告しているようなものです」

ケネディとマクミランは、ベルリンに関して軍事その他の面での緊急事態対応計画を強化することで合意した。とりわけ、次のような場合――（1）ソ連が東ドイツと条約を締結した場合、（2）条約締結後、民間の物資供給が妨げられた場合、そして／もしくは（3）西側の軍関係の物資供給が阻まれた場合――の対策について協議した。ヒュームはケネディがソ連の覚書への反対提案をしたらどうかと言ったが、ケネディは同意しなかった。ベルリン問題の交渉について提案などすると、これまた新しい「弱さのしるし」と見られるかもしれないという理由からである。

アメリカに戻る機内で、ケネディは高官たちと話し合った。半ズボン姿。目は赤くて潤んでいた。激しい疲労感に襲われていた。背中はずきずき痛んでいた。――病気と、それを治すための薬物とが、ウィーンでの彼の行動にどれだけマイナスの影響を与えたかは、ケネディ自身にも分かるはずのないことだった。頭を振り、足元をじっと見つめ、それから素脚を抱きしめ、フルシチョフの強硬な態度と今後起こり得る危険について、ぼそぼそと話した。

ケネディは秘書のイーヴリン・リンカーンに、ワシントンでの多忙な一日に備えて少し休みたいと言い、自分が目を通していた秘密文書を安全に保管しておいてくれるよう彼女に頼んだ。言われた仕事をやっているとき一枚の紙片がイーヴリンの目にとまった。ケネディの筆跡で文字が二行書かれていた。

　私は神を信じます。——そしていま嵐が近づいています。
　もし神が私のための場所をお持ちなら、いつでもお召しに応じます。

いったい、どういう意味なのだろう。イーヴリンは漠然と不安を感じた。彼女は知らなかったが、これはケネディがエイブラハム・リンカーンの言葉をうろ覚えのままメモしたものだった。リンカーンが一八六〇年の春、奴隷制を廃止する決意をこめてイリノイ州の教育者に語った言葉である。イーヴリンがひそかに思ったような死への憧れの言葉ではなく、むしろ新しい任務への意欲を示す言葉だったのだ。

ケネディを迎えたロバートは、大統領の頬につたう涙を見た。いま感じているストレスとこれから下さなければならない決定の困難さとが混じり合っての涙なのだと思った。ロバートは後に回想する。——私は「このような事柄について兄が泣くのをそれまで一度も見たことがなかった。私と兄は私の寝室にいた。彼は私を見て言った。『ボビー、もし核戦争になっても、君や私はどうと言うことはない。私たちは良い暮らしをしてきたし、もう大人だ。自分たちでこんな事態を引き起こした責任もある。しかし、女性や子どもたちが核戦争の中で死んでいくことを考えると、とても耐えられないよ』」

大統領の長年の友人であるジャーナリスト、ジョゼフ・オルソップは、ロンドン訪問中のケネディにウェストミンスター大聖堂で会っている。ここでスタニスワフ・ラジヴィウ〔ポーランドの旧王族〕の女児の命名式が行なわれた。彼の三番目の妻はジャクリーン・ケネディの妹リー・ブーヴィエだった。マクミラン首相やケネディ一族全員が出席した盛大な儀式だった。大統領はオルソップを脇に連れていき、ウィーンでの体験を一五分ほど語った。「あのことは彼には非常に大きなショックだったのだと私は感じた。彼はそれに適合し始めていた」

オルソップはそれまで、ピッグズ湾事件が、「挫折なき人生を送ってきたがゆえに囚われていた、自分は常に成功するのだという幻想からケネディを解放してくれた事件だと思っていた」。しかしオルソップは、ウィーンの経験はケネディにより深刻な影響を与えていることに気づいた。もちろんキューバの事件は、人間は正念場において失敗することがあるという教訓となった。しかしまかり間違えば核戦争になりかねないという点で、ウィーンの出来事はより一層深刻な意味を持っていた。

ケネディは就任して四カ月と一六日だった。しかし彼が真にアメリカの最高司令官になったのはウィーンにおいてだと、オルソップは思った。ケネディはあの地で、彼の敵の苛烈な性質と、ベルリンが彼らの戦場になることを示す現実とに、向き会ったのだ。

「あのあと、彼は真に言葉の完全な意味での大統領になり始めたのだ」とオルソップは思った。

モスクワ 一九六一年六月六日、火曜日

六月五日午後グロムイコ外相らと共にウィーンからモスクワ・ヴヌコヴォ空港に戻ったフルシチョ

フはしばらく休憩、やがて到着したインドネシア大統領スカルノを最高会議幹部会議長レオニード・ブレジネフらと共に出迎えている。

翌六日の夜はインドネシア大使館で行なわれたスカルノの六十歳の誕生日の祝宴に参加した。大使館の芝生で楽団がダンス音楽を演奏し、ブレジネフや第一副首相アナスタス・ミコヤンを含むさまざまな党幹部が、フルシチョフに急かされては、立ち上がって民俗舞踊に加わっていた。各国外交官やロシア人名士たちがリズミカルに手拍子をとっていた。踊り手たちの中にはラオスのスバンナ・プーマ殿下〔中立派指導者〕もいた。

スカルノ自身がフルシチョフの妻ニーナをダンス・フロアに連れだした。フルシチョフのウィーン後の高揚感はすべての人々に伝染していたのだ。フルシチョフはある時点でタクトを手に楽団を指揮したこともある。その宵じゅうジョークを飛ばし続けていた。スカルノが、フルシチョフに楽団を指揮させるのと引き換えに、ソ連から新しい借款を供与してもらいたいのだと言うと、ソ連首相は上着を開き、ポケットを引っ張り出してそれらが空っぽであることを見せた。

「見てくれ、この人のおかげで私はすっからかんだよ」。そう言ってみんなを笑わせた。

また、ミコヤンが巧みに踊るのを眺めながら、彼がずっとナンバー2でいられるのは、党中央委員会が、彼があんなにも素晴らしいダンサーだと決議したからなんだ、と軽口をたたいた。こんなに屈託のないフルシチョフは、一九五六年のハンガリー事件や一九五七年の反フルシチョフ・クーデター計画の前のころ以来誰も見たことはなかった。スカルノが美しい娘にキスしたいと言い出したとき、フルシチョフの妻は群衆をさっと眺めて、一人の女性を見つけ出した。この女性の夫は妻にそんな役をさせるのをためらった。

「まあいらっしゃいな」。ニーナは言った。「一度キスするだけでいいの。二回することはないのだから」

それで女性はインドネシア大統領の頬にキスした。

しかしその宵の出来事で出席者の記憶に長く残ったのは、やはり、スカルノがフルシチョフをダンス・フロアに引っ張っていき、ぎこちないパ・ド・ドゥーを踊ったときの光景だ。彼らはしばらく手を取り合って踊った。が、やがて、躁状態気味のフルシチョフが一人で踊った。フルシチョフはいつも自分のダンス・スタイルを「氷の上の牝牛」と呼んでいた。重く、もたもたした、不安定な足取りだったのだ。

しかしこの宵、フルシチョフはコサック風に身をかがめ、足を盛んに蹴り出した。ずんぐりしたソ連首相はいつになく敏捷に見えた。

モスクワ帰着後のフルシチョフは確かに行動的だった。彼はウィーン首脳会談議事録のコピーを多数作り各共産主義国に配布するよう命じている。自分がケネディを巧みに操ったことを、多くの人々に――とりわけ国内外の彼の批判者たちに――知ってほしかったのだ。通常は極秘とされるソ連の公文書がかなり広い範囲に配られた。まだ社会主義陣営の一員とは考えられていないキューバのカストロの許にも届けられた。カンボジア、エジプト、イラク、インド、ブラジル、メキシコ、そしてガーナなど非共産主義国ながら友好的な一八カ国の指導者にも駐在ソ連大使が口頭で説明した。異端の共産主義国ユーゴスラヴィアの大統領ヨシプ・チトーはコピーはもらえなかったもののソ連高官の口頭による説明を受けた。

フルシチョフは勝利者のように振る舞い、会う人ごとに首脳会談でのみずからの功業を語り聞かせた。ウィーンでの強硬な態度が、国内では高圧的・独裁的路線の強化となって現われた。市民の不満の高まりや、放浪、犯罪、失業の増加を、すべて過度の自由化のせいにし、まるで、彼を批判する新スターリン主義的反対派にとって代わったかのようだった。

「ずいぶんとリベラル派になっちまったもんだな!」と、検事総長のロマン・ルデンコを怒鳴りつけたのは六月半ばのことだ。フルシチョフの見るところ銃殺してしかるべき窃盗犯に対して法律があまりにも寛大であることに腹を立てたのだ。

「いかにお叱りを受けようとも、法律に書かれていないかぎり、死刑を適用することはできません」とルデンコは言った。

「『悪い種は絶やしちまえ』っていう百姓のことわざがあるよ」。フルシチョフは言った。「スターリンはこういう問題では正しい立場をとったものさ。まあ、彼はやりすぎたが、しかし、われわれはぜったい犯罪者を容赦しなかった。敵との戦いは無慈悲で果断なものでなくちゃならんのだ」

こうしてフルシチョフは、七月には、死刑の適用範囲の拡大、KGB内の警察部門の規模の拡大などを強行し、自分が導入しようとしていた自由化の多くを逆転させた。

東ベルリン
一九六一年六月七日、水曜日

東ドイツ駐在ソ連大使ミハイル・ペルヴーヒンからウィーンの会談について説明を受けたとき、ヴァルター・ウルブリヒトは自分の幸運がほとんど信じられなかった。その後、東ベルリン・カールスホルストにあるドイツ駐留ソ連軍司令部の高級将校(彼らとはほぼ毎日話し合っている)からさらに詳細を聞かされて、彼の満足感はますます高まった。

三日三晩つづいた東ドイツの国家人民軍とソ連軍との合同演習が終わったばかりだった。フルシチョフがベルリンに関してついに行動に出た場合、西側がどのようなことを仕掛けてこようと、こちらには軍事的に対応する用意があることを見事に示した演習だった。この演習を重視して視察に訪れていたソ連国防相ロジオン・マリノフスキーとワルシャワ条約機構軍司令官アンドレイ・グレチコも、ウルブリヒトの兵士には感銘を受けたようだった。東ドイツ軍の陸上戦闘への練度は彼らの予期したよりもはるかに高かった。

ウルブリヒトはいつもながらの一二時間の執務を終えると、満ち足りた思いで帰路についた。車はベルリンから北東へほぼ二〇マイル、深い森に接したヴァンドリッツの新しい住まいへと彼を運んでいく。パンコウ区の美しい庭園や化粧漆喰の別荘を車窓に見ながら、彼は楽天的な気分にひたっていた。もう何カ月もいや何年もこんな気分を味わったことはない。

ペルヴーヒンからは、フルシチョフがウィーンでケネディに手交したソ連の覚書のコピーをもらっていた。何カ月にもわたって多くの書簡の中で頑固にくり返してきた、ベルリンの将来に関するウルブリヒトの意見の多くが、フルシチョフの公式声明の中にとりいれられていた。ペルヴーヒンによれば、ソ連政府はこの文書を二日の内に公表するとのことだった。

今度はフルシチョフも、ベルリン最後通牒を反古にすることはできないはずだ。ウルブリヒトはそう確信していた。それに、フルシチョフはドイツに関して他の点でも以前より強硬な態度をとり始めているようだ。ソ連外相グロムイコがモスクワ駐在のイギリス、フランス、アメリカ各大使館に、怒りの文書を突きつけている。このほどアデナウアー西ドイツ首相が、連邦参議院〔西ドイツ上院〕本会議を六月十六日に初めて西ベルリンで開催すると決めた。そのことに抗議したのだ。グロムイコはこの動きを全社会主義国への「主要な新しい挑発」だと非難していた。

フルシチョフをさんざん責め立ててきたウルブリヒトだったが、この日は感涙にむせばんばかりの手紙を書いた。「親しき友よ、私たちは平和条約の達成と西ベルリン問題解決のためのあなたの偉大など努力に対して、ソ連共産党幹部会とあなたに、心から感謝します」。さらにウルブリヒトは、最後通牒の文言に全面的に同意するだけでなく、首脳会談でのフルシチョフの対応と、ソ連共産党、ソ連政府、そして社会主義陣営を代表しての彼の発言を完全に支持する、と書き、「これは偉大な政治的業績です」と称えた。

しかし、ウルブリヒトはまた、達成されたことの多くは自分の圧力のゆえに得られたものであることを認識していて、いま、その圧力を緩める気はなかった。文面の多くを使って彼はソ連・東ドイツの双方にとって危険な西ドイツ「報復主義」の伸長を述べたてた。たとえば、西ドイツ経済省の態度だ。同省は、もしソ連と東ドイツの間で平和条約が締結されたら、東ドイツとの貿易協定を破棄すると脅している。そうなれば、東ドイツは外国として扱われ、西ドイツでの日常物資購入の際、外国通貨で支払わなければならず、外国通貨を持たない東ドイツは経済的に大きな打撃を受けることになる。

さらに、アデナウアーを初めとする西ドイツ政府高官は、中立諸国に対して、東ドイツの領事館と貿易事務所の権限を減らすよう働きかけている。アデナウアーはまた、次のオリンピック大会への東ドイツの参加を阻止しようと画策している。

そして、ウルブリヒトの最大関心事は、フルシチョフが完全にベルリンに乗り気になったと見られる今、この問題のこれ以上の延引を阻止することだった。彼はこう書いた。「同志ペルヴーヒンが、当地でわれわれに伝えてくれたところによりますと、〔ソ連圏の各国共産党の〕第一書記の協議が出来るだけ早く行なわれることを、あなたも望んでおられるだろうとのことでした」。それゆえ、勝手ながら、「平和条約のための準備を議論すべく」、七月二十日と二十一日に参集するよう、ポーランド、ハンガリー、ルーマニア、ブルガリアに通知させていただきました……。

ウルブリヒトは全社会主義圏がこの問題で結束してほしかった。フルシチョフに教え諭すかのようにこう書いた。「この会議の目標は、政治的、外交的、経済的、そして組織的準備について同意を得ること、そして、ラジオ・新聞などアジテーションの調整・協調のための方策についての同意を得ることでなければなりません」

第12章 怒りの夏

「首都の建設労働者は、そのほとんどがアパートの建設で多忙をきわめています。他の仕事をする余裕はありません。壁を造ることなど誰も考えていません」

ヴァルター・ウルブリヒト。一九六一年六月十五日、記者会見で

「彼はなんとか大統領としてやっていますが、それはうわべだけのことです」

ディーン・アチソン。一九六一年六月二十四日、ケネディ大統領についてトルーマン宛て私信の中で

「フルシチョフはいま、ベルリン問題について一九六一年末までに危機を引き起こすのだと言って、行動している。このベルリン問題は、ベルリン市の問題という次元をはるかに越えており、全体としてのドイツ問題さえも上回る、広く深い案件である。それは、米ソ間の決意の問題になっており、その結果如何が、アメリカに対するヨーロッパの――実際には全世界の――信頼を決定づけるほどの意味を持つに至っている」

ディーン・アチソン。一九六一年六月二十九日、ケネディ大統領に提出したベルリン問題に関する報告の中で

東ベルリン、政府合同庁舎
一九六二年六月十五日、木曜日

ヴァルター・ウルブリヒトが西ベルリン駐在の特派員を東ベルリンに呼んで記者会見を開くと決めたとき、東ドイツ政府の報道担当者は最初途方に暮れた。前例のないことで、どうやって西側の記者を招いたらいいのかさえ知らなかったのだ。

ウルブリヒトは一九五二年に東西ベルリン間の電話中継線を遮断している。仕方なく、東ドイツの担当者は、西ドイツ・一〇ペニヒ硬貨多数と西ベルリンの報道協会員名簿を持った特別作業チームを、境界線を越えて西ベルリンに送りこんだ。チームの面々は、手分けして公衆電話から西側の特派員一人ひとりに電話をかけ簡潔なメッセージを伝えた。「ドイツ民主共和国国家評議会議長ウルブリヒトが記者会見を開きます。場所は政府合同庁舎。日時は六月十五日木曜日の一一時。ご出席のほどを」

三日後、三〇〇人ほどの記者——西ベルリンから来た者がこの内のほぼ半分を占めている——が広いバンケット・ホールに集まった。ナチ第三帝国の時代、ヘルマン・ゲーリングが空軍省の将校たちを供応した部屋だ。ステージの奥、かつてナチの鷲と鉤十字がかかっていた場所に、東ドイツ国家の象徴、巨大なハンマーとコンパスが誇らしげにそそりたっている。

ウルブリヒトが広間に入ってきたとき、記者たちの体温と外の暑さとエアコンがないことで、すでに汗ばむほどに暑く、息苦しかった。ウルブリヒトの傍らには伝説的共産主義者ゲルハルト・アイスラーがいた。報道機関を牛耳り、特派員の間では東ドイツのゲッベルスとして知られる男だ。分厚い多焦点眼鏡によって拡大された小さな目で、人々を見渡している。ソ連スパイとしてアメリカで有罪判決を受けたが、一九四九年保釈中に行方をくらまし、ポーランド船にもぐりこんで劇的にニューヨークを脱出、結局、建国直後の東ドイツに落ち着いた。西側の記者たちは彼について自分の知っている情報をささやき合った。

共同放送ネットワークの特派員ノーマン・ゲルブはその場の雰囲気に浸っていた。彼はウルブリヒトをこんな間近で見たことがなかった。小柄で控えめで、縁なし眼鏡で、口を固く結んだ白髪頭のこの男が、苛酷きわまるソ連と東ドイツの権力闘争をどうやって生き抜いたのか、不思議な気がした。山羊髯を生やしそれをきちんと刈りこんで、自分をレーニンに似せようとしているようだったが、ゲルブの目には、独裁者というよりも、どこかの会社の老課長にしか見えなかった。

この記者会見は、モスクワでフルシチョフがウィーン首脳会談について最初の公式報告をするのに時間を合わせて行なわれたものだったが、ウルブリヒトの長ったらしい冒頭発言は、歴史的重要性のある何事かを期待してやってきた特派員たちを失望させた。しかし、この異例の会見を組織したウルブリヒトの目的は、彼が質問を受け始めてから次第に明らかになっていった。彼は質問を二つか三つずつまとめて、それに答えるやり方をとった。甲高い声で、講義調に延々と答弁を続け、質問攻めに遭うことを避けるかのようだった。

特派員たちが猛然とメモをとるなか、ウルブリヒトが宣言した。——東ドイツが（西側の同意の有無に関係なく）ソ連と平和条約を締結したあとは、西ベルリンの性格は劇的に変化するだろう。それは「自由都市」となり、「自明のことながら、いわゆる難民収容所は閉鎖され、人身売買に従事している者たちはベルリンを退去することになる」。そのことはまた、西ベルリンにあるアメリカ、イギリス、フランスそして西ドイツの「スパイ・センター」の閉鎖をも意味する。さらに条約締結後は東ドイツ人の東西間通行はより厳しく規制され、内務省の許可を得た者のみが国を離れることができることになるだろう。

左派的な『フランクフルター・ルントシャウ』の特派員アンナマリー・ドヘルはウルブリヒトに、東ドイツ国境がオープンな状態なのに、どうやって東西ベルリン間の通行の規制ができるのか、説明を求めた。「議長。あなたの言われる『自由都市』の創設とは、ドイツ民主共和国の国境検問所がブランデンブルク門に建設されることを意味するのですか?」彼女は、ウルブリヒトが自分のプランを絶対にやり抜くと決意しているのか、「どのような結果をも」、戦争になる可能性をも考慮したうえでそう決意しているのか、と訊いた。

ウルブリヒトはいつも通りの面持ちで何の感情もまじえずに答えた。「あなたの質問は、西ドイツには、われわれがわが国の建設労働者を動員して壁を建設させるのを見たがっている人たちがいる、という意味に受け取れますな」。言葉を切って、演壇から小太りのドヘル記者を見下ろし、さらに言った。「そのような話があるとは認識していません。首都の建設労働者は、そのほとんどがアパートの建設で多忙をきわめています。他の仕事をする余裕はありません。壁を造ることなど誰も考えていません」

このときウルブリヒトは初めて公けの場で「壁」のことを口にしたのだ。——記者のほうは障壁のたぐいのことなどひと言も言わなかったにもかかわらず。彼はうっかり腹の内を見せてしまったのだが、メディアの側は誰もそれに気づかず、この発言に注目した報道はなかった。記者たちはウルブリヒト特有の瞞着答弁なのだろうと思ったのである。

その宵の六時、東ドイツ人たちはウィーン首脳会談の結果に関するフルシチョフ自身の報告を国営テレビで見ることができた。このなかでフルシチョフは「ドイツとの平和条約はこれ以上延期できない」と断言していた。予定通り、これに続いて午後八時に、ウルブリヒトの記者会見の編集ずみの録画が放映された。

効果はただちに現われた。境界線の監視が強化されたにもかかわらず、この翌日には、一日の記録としてはこの年最多の難民流出が起こった。四七七〇人。一年に直せば一七四万人。これだけの数が一七〇〇万の人口から去ることになる。「トーアシュルスパニック」――通り抜ける前にドアが閉まるのではないかという恐怖――という語が頻繁に用いられるようになった。ウルブリヒトの発言のあと東ドイツ全体に発疹のように広がった不安感を的確に表現する言葉だった。

当時のコメンテーターのなかには、難民の急増は、ウルブリヒトが自分の記者会見の衝撃度を誤算した結果だと思った者もいた。しかし、これはおそらく、東ドイツの戦術だったと見ていいだろう。確かにフルシチョフは、ベルリンに関して自分の決意をしばしば公然と表明するようになっていたが、彼がウィーンのあと自分がどのように動くべきか、全体的に考え抜いていないことをウルブリヒトは察知していたのである。

ウルブリヒトのほうは、自分のすべての動きを入念に計算していた。難民の急増は短期的には自分にとって不利な事態だ。しかしこのことで、フルシチョフをこれ以上何もしないわけにはいかない状態に追い込める。行動に出ざるを得ないと決意させることができる。

一気に進むことだ。ウィーン会談によって得られた勢いを失ってはならない。ウルブリヒトはそう決意していた。

ワシントンDC、ホワイトハウス
一九六一年六月十六日、金曜日

ケネディのピッグズ湾事件処理についてのディーン・アチソンの批判は広く知られていた。だから、そのケネディからふたたび助言を求められたとき、アチソンは悪い気持はしなかったし少し驚きもした。大統領の質問は単純ではあるが答えるには難しいものだった。――ウィーンで突きつけられた最後通牒に対してケネディはどのように対抗するか？　ベルリンに関するフルシチョフの脅しをどこまで真剣に受け取るべきか？　そしてこれについてケネディは何をなすべきか？

アチソンとケネディの関係は、かなり複雑だったと言えるだろう。二人が比較的親しくなったのは、一九五〇年代遅く、当時上院議員だったケネディが隣人であるアチソンを議会での会合が終わった後、時たま、ジョージタウンまで自分の車に乗せて帰ることがあったからである。若いケネディは知らなかったが、アチソンはケネディの父親ジョゼフをひどく嫌っていた。アチソンの目から見れば、ジョゼフは、アメリカの孤立主義外交政策を支持していたばかりか、不誠実な方法で富を築き、その汚れたカネで、息子にホワイトハウスを買ってやった男なのだった。

しかし、ケネディ大統領にとっては、たぶんアチソンは最も頼りになる人だった。緊急の質問につねに明確な答えを提供してくれる人だった。アチソンはこの日の自分の仕事を、政府の意思決定プロセスに活を入れることだと考えていた。この日、集まっているのは、「ベルリン緊急事態対応計画に関する各部局間調整グループ」、通称「ベルリン・タスク・フォース」である。まずアチソンは、室内の男たちに、自分の目的は「現在進められている政策行動に干渉することではなく、むしろ一層の思考と行動性を刺激する」ことにあるのだと請け合った。

続けて彼は述べた。われわれはフルシチョフのウィーンでの脅しを額面通りに受け取るべきだ。われわれのベルリン緊急事態対応計画はもはや単なる理論上の演習ではなくなった。決定を下し、断固として行動しなければならない。行動しないことのコストは巨大である。アメリカ弱しと見るフルシチョフの誤認を早急に打破しなければならない。ベルリン問題はまさに「アメリカの威信、そしてたぶんアメリカの存続そのものと深く関わる」案件なのである。

私は政治的解決が可能であるとは思わない。「同盟諸国の意見に関係なく」、われわれが困難な決定を行なう政治的意思を持っているか否かが問われている。フルシチョフは「いまや、以前にはやろうとしなかったことをやる気になっている。これは疑いもなく、アメリカが彼に核兵器によって反対することはないと彼が見ているからだ」。

アチソンはさらに、核兵器を使用する意志を持たないのなら、アメリカはロシアの攻勢に対抗することはできない、と述べた。彼は、室内の人々の意見を聞くつもりなどまったくなかった。彼らを自分の考えに改宗させることだけを考えていた。彼の見るところ、ケネディ政権は最悪の事態に陥りつつあるようだった。アメリカに核兵器を使用する意志がないのではないかと思えば思うほど、フルシチョフはますますケネディを試練にさらし、彼が核兵器を使用せざるを得ない事態にまで追い詰めるかもしれない。「核兵器は、使われるべき最後のそして最大の兵器と見なされるべきではない。そうではなくて、アメリカを抑止政策の失敗から守るための新政策における第一歩の兵器と見なされるべきなのだ」とアチソンは言った。

アチソンの強硬路線は、民主党内とこの部屋に集まっている高官たちの間に、多くの敵を生んでいた。彼は語り続けた。ベルリンに関する現在の不行動は、ベルリンの街をはるかに越えて、広い範囲に波及効果をもたらし、世界中のアメリカの国益を危険にさらすだろう。「ベルリンはアメリカの力の立場にとって最重要な場所だ。そこから撤退することはわれわれの力の立場を破壊することになる」。だから、われわれは「相次ぐ敗北を引き起こすことも、一気に究極的破局に突入することもしてはならない。そうならないように断固としてかつ用心深く行動しなければならないのだ」。

次にアチソンは、軍事問題の決定は、統合参謀本部や国防総省に当然属するものだと断わった上で、次のような案を提示した。アメリカ予備兵力を、即戦力として役立つよう、例年の夏期計画以上に集中的に訓練する。「STRAC部隊」——米陸軍戦略機動軍団の戦闘部隊——をヨーロッパに派遣して演習を行ない、そのあと一部を帰国させず、これによって、ヨーロッパにおける西側戦力を増加させる。ポラリスその他のミサイル・システムと潜水艦の突貫生産プログラムを立案実行し核戦力を向上する。核実験を再開する。さらにケネディのフルシチョフへの約束を破って、（U2型機とRB47型機の乗員の逮捕と米ソ関係の断絶をもたらした）ソ連領内偵察飛行を再開する。そして、ベルリン防衛をよりよく援助し得る諸地点に航空母艦を配備する。

室内の男たちは啞然とした。アチソンが提案しているのは、まさに完全な軍事動員であり、アメリカを戦時体制下に置くものだ。アチソンがケネディの考えを幾分なりとも反映しているのであれば、いま室内の男たちは、ベルリンをめぐるモスクワとの対決における歴史的転換点に立ち合っていることになる。

アチソンは同じ調子で続けた。軍事予算の相当規模の増額、議会の決議によって支持された国家非常事態の宣言が必要だ。これによってアメリカ国民に事態の深刻さを認識させる。このためにはもちろん、アメリカ国民と議会を心理的に用意させなければならない。それゆえ、国民に電撃的刺激を与える一手段として、空襲シェルター建設の大プログラムを実行することを提起したい。

戦略空軍司令部は全般的警戒態勢に入るべきだし、一部兵力をヨーロッパに移動させるべきだ。これのどれもがソ連にいかなるインパクトも与えなかった場合は、駐屯部隊をベルリンに空輸し、同時に、地上交通を増加させて検問所通過が可能であることを確認し続ける。次の段階として、「戦術核兵器さらには戦略核兵器の究極的使用を示唆する軍事的行動」を展開する。

当然、同盟諸国、とりわけイギリスからは抗議があるだろう。「同盟諸国と共同行動をとることは重要である。しかしわれわれは、西ドイツが脱落しないかぎり、他の同盟国の支持を得られなくても行動する用意をすべきである」。（アチソンは、友人アデナウアーは自分のプランを支持してくれると確信していた。最大の危険にさらされているのが西ドイツの軍隊であり西ドイツの国益である以上、これは不可欠なことだった）。「西ドイツが共に行動してくれるかぎり、われわれは最後の最後まで突き進む用意がなければならない」

室内の男たちは、アチソンがどこまでケネディの代弁をしているのか知らなかったが、彼が大統領の募りゆく焦燥感を反映していることだけは確認できた。ケネディは就任以来、国務省の緩慢な意思決定プロセスに苛立ち、同省のことを「ゼリー入りのボウル」と呼んでいた。ペンタゴンのほうも、大統領の質問に答えるのに、しばしば何日も何週もかかるありさまだった。大統領は数百万の人命のかかった事柄について数分で決定を下さなければならないこともある。そんな任務にふさわしく、自分の直属機関には、もっと迅速な処理能力を備えてほしかったのだ。

アチソンはこの提案について二週間の検討期間を与えた。そして、決定を下しその実行のための行動を起こすべきだと言った。愕然としている一同の顔を見渡して、彼は言った。自分のこの案が非常にリスキーであることは承知している、しかし、もしアメリカ政府がベルリンを守るために真に核兵器を用いる用意があるのであれば、無謀な計画とは言えない、なにしろベルリンはアメリカ全体の威信がかかっている場所なのだから。

「もしわれわれに最後まで突き進む用意がないのならば、開始すべきでない。いったん開始したら、途中でやめるのは破滅的だ。もし全リスクを引き受ける用意がないのなら、われわれはみずから誓った約束を果たさないわけだから、そのことがもたらす惨憺たる結果を軽減する仕事を始めた方が良い」

アチソンがプレゼンテーションを終えたとき、部屋は静まり返った。アチソンは、ワシントンで政策を実際に動かすのは、最も断固たる決意を持った者であることを知っていた。

ケネディ政権の外交政策最高スタッフのなかの誰ひとりとして反対意見を述べようとしなかった。アチソンの同盟者でありこの会合の司会者である国務省のフォイ・コーラーが重い沈黙を破り、全面的な同意を表明した。が、そのあと、こう付け加えた。共産側がベルリンへのアクセスを妨害してきた場合、これに抗議するために、アウトバーンを通って示威的に軍隊を送りこむというアチソン氏のアイデアに、イギリスは反対するだろう、マクミラン首相はかつて、そんなことをしたら、その部隊はソ連軍によって「木端微塵にされる」と述べたことがある……。

ペンタゴンのポール・ニッツェも、イギリスのドイツ・ベルリン問題政策策定スタッフのトップであるサー・イーヴリン・シャックバラが、かつて「軍備増強でもって国民を震えあがらせないことが肝要だ」と言ったことを紹介した。これに対しアチソンは、もしNATO同盟諸国がベルリンを守る行動に反対するのなら、アメリカは覚悟を固めて前進するのみだと言った。「もしわれわれが『わっ!』と言ったら怖がるかどうかを彼らに問うてみても意味がない。そうではなくて、まず『わっ!』と言って彼らがどんなに遠くまで飛びのくかを見る。そうやって前進するしかないのだ」

この会議のためにモスクワからやってきていた反アチソン派のトンプソン大使は、「われわれはフルシチョフを完全に追いつめるべきでない」と警告した。そして、重要なのはアメリカが同盟諸国から孤立しているとソ連に思わせないことだ、だから、「イギリス政府の協力を得る前に、最初から『わっ!』なんて言わないほうがいいのではないか」。

アチソンは、フルシチョフにはわれわれが本気だと思わせイギリスには本気でないと思わせるなど至難のわざだと、言い返した。

アチソンと違いトンプソンは、フルシチョフが軍事的対決を望んでいず、戦争を避けるために可能なかぎり努力するに違いないと思っていた。だから、こちらがとる行動は目立たないもののほうがよい、そのほうがフルシチョフを彼特有の激情行動に駆り立てることがなく、われわれの望まない戦争を誘発する危険性は少ないはずだ、と主張した。

一方ニッツェは、目立たない行動が効果的であるとする意見に疑念を呈した。緊急事態対応計画を実行する場合には、大統領の宣言とか議会への説明の必要な動議の提出とか、どうしても目立った動きをせざるを得なくなるではないか、というのだ。

そこへアチソンが口をはさみ、宣言だとか説明だとかそういう〝騒音〟はその気になれば避けられる、というのは議会は当面、既存の有事立法に基づいて多くの方策を実行すればよいのだ、これらを正当化する法案は後で成立させれば済むことである、と述べた。

アチソンはすべてを考え抜いてきたようだった。

大統領の日程との関係について問われると、アチソンは、最終決定のための基礎資料は、来週末まで、遅くとも一〇日以内に、国務長官と国防長官に提出されるべきだと言った。アチソンが最終期限を定め、全員が黙々とこれに従っていた。

ペンタゴンのニッツェがここで発言し、――作業グループを三日以内に発足させ、まずベルリンに関してどのような手段が必要かリストアップさせよう。あらゆる軍事的手段の一覧をいつ提出するか、六月二十六日までに決めさせよう、と提案した。

政府の仕事としては珍しく敏速だった。

モスクワ、クレムリン
一九六二年六月二十一日、水曜日

ヒトラーのソ連侵攻すなわち独ソ戦開始二〇年を記念した式典で、フルシチョフは劇的効果を盛り上げようと軍服を着こんでいた。英雄の勲章が数多く留められた中将の制服。第二次大戦中スターリングラード戦線で政治委員だったときのもので、戦後、袖を通したことはなかった。すっかり腹が出っ張ってしまったフルシチョフに、ソ連陸軍は本来なら新しい制服を仕立ててやるべきだったのかもしれない。

この式典に関連して、軍事的・政治的英雄としてのフルシチョフの半生を描いたドキュメンタリー・フィルム『われらのニキータ・セルゲーヴィッチ』がモスクワのいくつかの映画館で公開された。『イズヴェスチヤ』はこの映画の紹介記事の冒頭で、こう書いていた。「いつでもどこでも問題の真っただ中に飛び込み民衆と共に行動する――それがソ連国民の知るニキータ・セルゲーヴィッチ・フルシチョフだ」

テレビカメラの前で宇宙飛行士ユーリー・ガガーリンはフルシチョフを「宇宙時代のパイオニア的探検者」と称えた。「宇宙征服に新時代を開いたロケット産業の創設と発展を導いた」がゆえに、フルシチョフは二度目のレーニン勲章と三度目の「鎌と槌」金メダルを受けた。フルシチョフからはガガーリンの飛行に貢献した七〇〇〇の人々に勲章が授けられた。さらに彼は個人的同盟を固め、ライバルを中立化するために、党幹部会内の同盟者レオニード・ブレジネフと、十月党大会での潜在的敵手フロル・コズロフに、レーニン勲章を授与した。ベルリンに関して行動に出る前に、練達の政治家らしく、まず自分の横腹の守りを固めたのである。

フルシチョフは、西側がベルリンに関して妥協を拒否しているのは、わが国ばかりでなく全共産世界への脅迫だ、しかし、ソ連と社会主義陣営の軍事力の成長のゆえに、西側は二〇年前のナチ・ドイツと同様、完全な失敗を味わうに違いない、と述べた。

軍事的英雄や上級指揮官が次々と立って、フルシチョフの指導性を称賛しベルリン問題への注意喚起を呼びかけた。地上軍総司令官ヴァシーリー・チュイコフ元帥は、群衆に向かって、「ベルリン攻略戦の期間、ベルリン周辺には、われわれが解放してやった捕虜を除けば、一人のアメリカ兵、イギリス兵、フランス兵もいなかった。これが歴史の真実だ」。だから、ドイツ降伏後ずいぶん経ってからベルリンにやってきた西側諸国が特別の権利を主張するなど、「まったく根拠がないことなのだ」と述べた。

群衆は喝采した。

元ウクライナ・パルチザン部隊の指揮官A・N・スブロフ将軍は、フルシチョフは歴史的瞬間に主要な敵を見定め、達成可能な計画に基づいた適切な行動を指示することのできる、生来の軍事戦略家であると、実体験をまじえつつ語った。国防相ロジオン・マリノフスキーは――アメリカとその同盟国はソ連の周囲に「巨大な軍事装置と侵略的同盟体制」を構築し、核兵器とロケットを大量に蓄え、アルジェリア、コンゴ、ラオス、キューバと世界各地に緊張を生み出すなど、第二次大戦を引き起こしたのと同じ政策を行なっている。これはすべて、「社会主義に対する階級的憎悪に目がくらんだ結果なのである」と述べた。

フルシチョフは、彼がベルリンに関して命令するであろうどんな行動をも正当化し得るストーリーを作り出していた。アメリカはモスクワの最も危険な敵だ、ベルリンは双方の命運をかけた決戦場だ、そしてフルシチョフはこの歴史的瞬間に世界の社会主義者を導く不世出の英雄だ……。この式典はフルシチョフにとって、ベルリンに向けての鬨の声であり同時に十月の党大会に先駆けての示威行動だった。ベルリンの将来とフルシチョフは、切り離しがたく結びついていたのだ。

フルシチョフはそれから軍部に、自分を支持してくれていることへの報酬をたっぷりと支払った。一九五〇年代半ば以降、彼は、通常戦力から核ミサイル戦力への転換を進めるなかで国防予算と兵員を削減してきたのだが、今や兵力削減を取りやめ、新兵器へのアクセスを提供し、予算を増額し、「わが国軍隊の全兵科」がバランスのとれた戦闘能力を持つよう改めた。軍は「わが祖国の自由を守るために、いかなる敵をもただちに粉砕しうるすべてのものを持たねばならぬから」であった。

熱狂した群衆はフルシチョフに喝采を送った。

ワシントンDC
一九六一年六月二十四日、土曜日

ディーン・アチソンはベルリンに関する新提案の最終的手直しに取り組みながら、時間を作って、かつての上司ハリー・トルーマン元大統領に、新しい上司についての憂慮を綴った手紙を送っている。

――「どうにも不安と当惑を感じざるを得ません。彼はなんとか大統領としてやっていますが、それはうわべだけのことです」

四日後、六月二十八日、アチソンはベルリン提案の草案をケネディに提出した。これは、この日に行なわれる大統領の記者会見と、翌日開かれる国家安全保障会議メンバーおよび有力議員との重要会議のための資料となるものだった。

この日の記者会見は発足六カ月で一三回目。国民とメディアからの高まる圧力に押されて開かれた。

ケネディはヨーロッパからの帰国後、ベルリン問題について議論するのを渋っていて、その結果、フルシチョフに立ち向かう意欲の点で国民やペンタゴンに遅れをとっているとの報道がなされるようになっていた。アメリカ最大の発行部数を持つ週刊誌『タイム』は七月七日号で、「政権は危険に満ちた冷戦の道を、国民の先頭に立って進んでいくだけの指導性をまだ示していない、という広範な感情が生まれている」と述べ、ベルリンの挑戦にケネディが「躊躇なく大胆に」対処することを求めた。

そのような報道についてケネディはサリンジャーに、「こんなヨタ記事は止めさせるべきだよ」と愚痴を言った。とりわけ彼を苛立たせたのは、リチャード・ニクソンによる、「一人の男がこんなに大口を叩いて、こんなに少ししか行動しなかったのは、アメリカの歴史始まって以来だ」という攻撃だった。

大統領就任後しばしばそうであるように、ケネディの記者会見での対ソ発言は、彼の対ソ政策の現実よりも強硬だった。ケネディはフルシチョフの最後通牒について、「誰もこの脅迫の重大性を見誤ることはできない」、「それは西側世界の平和と安全に関わるものである」と非難した。そして、「あらゆる種類の手段」を検討するつもりではあるが、ベルリンの事態のための軍事動員の提案はこれまで見たこともないと否定した。この否定は、ベルリンに関する軍事的対応についてアチソンと大統領が話し合うのが明日であるという、最も狭い意味でのみ、真実だった。

ワシントンDC、ホワイトハウス、閣議室
一九六一年六月二十九日、木曜日

ベルリンに関するアチソン報告の最初の三つのパラグラフは、行動への明白な呼びかけを含んでい

た。

フルシチョフはいま、ベルリン問題について一九六一年末までに危機を引き起こすのだと言って、行動している。このベルリン問題は、ベルリン市の問題という次元をはるかに越えており、全体としてのドイツ問題さえも上回る、広く深い案件である。それは、米ソ間の決意の問題になっており、その結果如何が、アメリカに対するヨーロッパの――実際には全世界の――信頼を決定づけるほどの意味を持つに至っている。アメリカ全体の立場がこの問題の帰趨によって左右されると言っても過言ではない。

この意志と意志の闘争が解決するまで、ベルリン問題を交渉によって解決するという企ては、時間とエネルギーの浪費であるだけでなく、危険でさえある。なぜなら、交渉によって達成し得るものは、フルシチョフとその仲間たちの精神状態に依存しているからである。

現在フルシチョフは、自分の意志が勝利することを信じていると広言し、その理由は、アメリカとその同盟国が自分を阻止するのに必要なことをやらないだろうからだと言っている。彼は雄弁や論理によっては説得され得ない。友情によってほだされることもあり得ない。サー・ウィリアム・ヘイター〔元駐ソ・イギリス大使〕が書いているように、「ロシア人の目的を変えさせる唯一の方法は……彼らのやりたいことはできないのだということを具体的に示してやること」なのである。

これを前文としてアチソンは自分の提案を簡潔に説明した。――ベルリンは、ただソ連がそれを問題とすることを決意したがゆえに、問題なのである。ソ連側には次のような理由がある。彼らはベルリンの中立化を求めている（もちろんその先には、ベルリン奪取という目的がある）。彼らは西側の同盟を弱体化するか破壊するかしたい。そして彼らはアメリカの信頼を傷つけることを望んでいる。「真のテーマは、フルシチョフがあの国の偽りの代表者であり、戦争挑発者であるということなのだ。このことはくり返し強調されるべきだ」

アチソンの目標は、フルシチョフの思考を変えることにあった。ベルリン問題でどんなにケネディを試してみてもケネディの態度は微動だにするものではない、だから、もうそんなことは企てない方がいいのだ、と悟らせることだった。アチソンは大統領に、国家非常事態を宣言することを求め、アメリカの核戦力および通常戦力の急速な増強を求めた。ベルリン以外の西ドイツ領内に駐留するアメリカの兵力をただちに二または三個師団増強し、全体で六個師団とするよう求めた。そこにある潜在的メッセージはもし誰かがベルリンに関して後退するとすれば、それはソ連側でなければならない、ということだった。

アチソンはまた、侵犯された場合西側が軍事的に対応すべき三つの「要件《エッセンシャルズ》」を強調した。――第一。ソ連側はベルリンに駐留する西側の部隊を脅かしてはならない。第二。ソ連側はベルリンへの空および地上のアクセスを妨害してはならない。第三。ソ連側は自由世界における西ベルリンの発展と地位に干渉してはならない……。さらにアチソンは述べた。どのようなかたちであれアクセス妨害があった場合には一九四八年型の空輸をもって対応すべきだ。もし、これに対しソ連が、軍事能力が向上したことと、ベルリンへの供給物資が増大したことのゆえに、前回よりも効果的に妨害を行なった場合は、大統領は米軍装甲師団二個師団をアウトバーン経由で派遣し西ベルリンを強制的に開放すべきである。

アチソンは手袋を投げ捨てて決断を迫っていた。しかしケネディはまだそれを拾い上げる用意がなかった。会議の間、大統領はほとんど無言だった。彼は考えていた。アメリカ国民はアチソンが提案しているようなきわめて野心的なコースを受け入れるだろうか。同盟諸国はもっと気乗り薄だろう。ドゴールはアルジェリアで手一杯だ。マクミランは軍隊にアウトバーンを突進させるなどとんでもないと言うに決まっている。

トンプソンが反対論をリードした。アチソンの言うように、フルシチョフの動機は、アメリカを辱めることにあるのではない、そうではなくて、東欧を安定させソ連の立場を強化することにあるのだ、だから、西側は静かに軍備増強を行なえばいい、そして、九月の西ドイツ総選挙のあとベルリン問題についての外交攻勢をかければいいのだ、と彼は主張した。トンプソンはまた、もし国家非常事態を宣言などしたら、アメリカはまるで「ヒステリー状態」になったかのように見られるし、フルシチョフを、彼が他の状況なら避けるであろうような、性急な報復行動に駆り立ててしまうかもしれない、と言った。

海軍作戦部長のアーレイ・バーク提督も、アチソンの提案に反対した。彼はアチソンが主張する軍事的「探り」の規模にも、探りとは無関係な空輸にも反対だった。提督はピッグズ湾事件の際、ケネディが勝利に必要な軍事的支援の投入を渋ったことを目撃している。アチソンのベルリン大計画に賭けてみる気にはなれなかった。

ケネディは自分の政権が二つの陣営に分かれているのを見た。一方は「ベルリン強硬路線派《ハード・ライナーズ・オン・ベルリン》」、もう一方は「ベルリン柔軟路線派《ソフト・ライナーズ・オン・ベルリン》」。こちらは反対派から頭文字をとって侮蔑的に「SLOB派」と呼ばれている〔slobには頓馬、無精者などの意味がある〕。強硬派は、アチソン、国務次官補フォイ・コーラー、国務省のドイツ・デスク全体、国防次官補ポール・ニッツェという顔ぶれ。そしてたいていの場合、ペンタゴンの統合参謀本部、副大統領リンドン・ジョンソンもこの派に属した。

柔軟路線派は「SLOB派」と呼ばれるのを嫌がった。彼らはソ連へのタフなアプローチや一定の軍備増強は支持しつつも、ベルリン問題は基本的には交渉によって解決するしかないと考える人々だ。こういう呼び名は、自分たちへの信頼を傷つけようとする企てのように思われた。彼らは強固なグループであり、ケネディに個人的に近しい者が多かった。トンプソン、ケネディのソ連問題顧問チャールズ・ボーレン、ホワイトハウスの補佐官アーサー・シュレジンジャー、ホワイトハウスの顧問でハーヴァードの教授ヘンリー・キッシンジャー、そして特別顧問テッド・ソレンセン。ロバート・マクナマラとマクジョージ・バンディもこの派に含まれた。

しかしアチソンは、彼らの対抗できない武器を持っていた。具体的で包括的で、兵士一名の動かし方まで念頭において練り上げた提案である。SLOB派はこれに対するいかなる代替案も持っていなかった。

会議のあと、シュレジンジャー補佐官はアチソン対策に乗り出した。シュレジンジャーは四十三歳で歴史学者。アドレイ・スティーヴンソンの大統領選挙戦にスタッフとして三度関わったあと、ケネディと手を結んだ。彼の信条は、理念的人間は高貴な目的を達成するために権力者と協力すべきだというものだ。事例は歴史からいくらでも取り出すことができる。テュルゴー、ヴォルテール、ストルーエンセ、ベンジャミン・フランクリン、ジョン・アダムズ、トーマス・ジェファソン、――欧米のその時々の知識人が「物事の当然の秩序として権力との協力を実践」しているのだ。シュレジンジャーは国務省の法律顧問、エイブラム・チェイズに目をつけ、アチソン提案に替わるべき思索派なりの計画を策定する仕事を始めないかと持ちかけた。

これを知ってアチソンはチェイズに警告した。私はすでに柔軟な対応策をいろいろ考えてみたのだが、どれも難点があった。「エイブ、きみもわかるよ。まあ、やってごらん。でも、うまくはいかないと思うよ」

ピツンダ
一九六一年七月初旬

黒海の隠遁所でフルシチョフは苛立っていた。もっと適切な地図がほしい。この地図では話にならない。

東ドイツ駐在大使ミハイル・ペルヴーヒンが送ってきたベルリンの地図は、境界線を描きこまれてはいるものの、かなり大雑把で、この都市を効果的に分断するというウルブリヒトの計画が正しいのかどうか、フルシチョフには判断できなかった。ベルリンのいくつかの部分では、区域が街路の中央を通る線で分けられているし、別の部分では、境界線が建物の中や運河の中を通り抜けていたりする。さらに念入りに見ると、「片方の歩道は一つの区域に、もう片方の歩道は別の区域に」、すなわち、「通りを横切るともう境界線を越えている」というケースもあって、フルシチョフは眉をひそめたのだ。

ペルヴーヒンは七月四日の手紙で、外相グロムイコに報告していた。——毎日、二五万人ほどのベルリン市民が、鉄道で車で徒歩で、境界線を越えて暮らしているのだから、これを閉鎖するなど技術面から言えば悪夢だ。「ベルリン市内の全境界線に沿って構造物を建設しなければならず、さらに、きわめて多数の検問所を増やさなければならない」。とはいえ、「政治状況の著しい悪化」を見れば、「どういうかたちであれ」境界を閉ざすことは必要となるかもしれない……。さらにペルヴーヒンは、そのような動きに対して西側が否定的反応を示すのではないか、禁輸など経済的圧迫を加えてくるのではないか、と憂慮した。

ウルブリヒトはそのような疑念はとっくに払拭していた。六月末までに、政治局で安全保障を担当するエーリッヒ・ホーネッカーと共に、いかに境界を閉鎖するかについて詳細な計画を策定し終えていた。彼はソ連大使と、通訳として若い前途有為のソ連外交官ユーリー・クヴィチンスキーを、東ベルリン郊外デルンゼー湖畔の自宅に招き、閉鎖についての最も肝心なポイントを力説した。――東ドイツの状況は目に見えて悪化しつつあります。「間もなくそれは爆発するでしょう」。ぜひフルシチョフ同志に告げていただきたい。ソ連が行動しなければ、わが国の崩壊は「避けがたいのです」と。

ウィーン会談以来、フルシチョフの息子セルゲイは、父親が「ひっきりなしにドイツのことを考えている」のに強い印象を受けていた。その一方でフルシチョフは、東ドイツとの戦争を終わらせるための平和条約には関心を失っていた。条約という一片の文書を獲得しようと一九五八年以来さんざん苦労したすえに、それが得られたところで、自分の最も緊急の問題である難民流出問題を解決するのには何の役にも立たないのだと悟ったのだ。

フルシチョフがそのような条約（アメリカとその同盟国が無視するであろう一つの文書）を一方的に東ドイツと結ぼうと結ぶまいと、ケネディは一向に気にしていないようだ。それを思うと、よけい条約の価値が疑問になってくる。ウルブリヒトはまだ平和条約を求めているが、フルシチョフは、そのような文書を手に入れるのをそれほど急ぐことはない、むしろ東西ベルリンの間の「穴をふさぐ」ことの方が急務である、と考えるようになっていた。

フルシチョフはセルゲイに言った。いったん西へのドアが閉ざされたら、「たぶん人々はうろうろするのをやめて働き始めるだろう。経済は離陸するだろう。そしてそれほど長く経たないうちに、西ドイツ側が、関係改善を求めて東ドイツのドアを叩き始めるだろう」。それを待って、有利な立場から平和条約の問題を西側と交渉すればいいのかもしれないな。

しかし、いま、フルシチョフにとっての問題は地図だ。ベルリンの地図だ。第二次大戦終結直後、四カ国が四つの区域を分ける線を引いたとき、誰もこれらの線が将来、通行不能の境界になるなどとは考えもしなかった。フルシチョフが後年、「歴史がこの不便さを創り出した。そしてわれわれはそれと共に生きるしかなかった」と書いたとおりである。

フルシチョフはペルヴーヒンに電話した。この地図に描きこみをした連中は、資格がないか、考えが浅いかのどちらかだ。「さっぱり意味がつかめないぞ」。彼はさらに大使に、ベルリンにおける軍司令官でありドイツ駐留ソ連軍の長であるイヴァン・ヤクボフスキーを呼び、「私の要請を伝えてくれ。つまり、各区域の境界を明確に描き、それぞれの地点で管理を実行することが可能かどうかについてコメントを加えた、ベルリンの地図を作製するよう、話してくれ」と言った。

そのあと、フルシチョフはペルヴーヒンに、その地図を同志ウルブリヒトに渡し、競合する世界の二大体制を分断する、ぎざぎざで、不規則で、無防備な境界線を全線にわたって閉鎖することの実現可能性について、彼のコメントを訊いておくようにと言った。

ウルブリヒトは、一九六一年にはいつもそうだったように、すでにフルシチョフの先を行っていた。そして同じころ、遠く離れたアメリカ、フロリダ半島マイアミ・ビーチでは、一人の女性が脚光を浴びようとしていた。世界の人々に東ドイツ難民問題をいやがうえにも思い起こさせる出来事であり、ウルブリヒトを、一層、境界閉鎖への思いに駆り立てる出来事だった。

コラム

マルレーネ・シュミット、美しき難民

彼女はヴァルター・ウルブリヒトの究極の屈辱だった。

ウルブリヒトがベルリン境界線を閉ざそうとひそかに画策しているとき、彼の国を逃れた者の一人が、マイアミ・ビーチのステージのキャットウォークを、きらめくミス・ユニバースの冠をかぶって、颯爽と歩いていた。カメラのフラッシュを浴びながら、ウルブリヒト最大の難問題が、審査員の評議の結果、「世界一の美女」の姿をとって立ち現われたのだ。

マルレーネ・シュミットは二十四歳。知的で、溌剌として、金髪で、少しシャイで、大いに優雅であった。西ドイツの『シュピーゲル』誌は彼女を、ボッティチェリ描く肢体と電気技師の脳を持った女性と書いた。しかし、彼女が人々の心を惹きつけた真の理由——世界中で彼女が大きく報道されている最大の理由——は、自由を求める彼女の必死の逃走の物語だった。

マルレーネが東ドイツの工業都市イェーナを逃れてからまだ一年しか経っていない。イェーナは第二次大戦中連合軍の空爆によって甚大な被害を受け、戦後はまたソ連が行なった工場等の解体接収によって徹底的に破壊された。共産主義設計者たちはその跡に、色彩もなく個性もない暗鬱なブロック建築物を建て並べ、街を「再建」したのである。西ドイツ・シュトゥットガルトの彼女の新居はイェーナから二二〇マイルしか離れていないが、まさに別世界であった。

ゴットリープ・ダイムラーの自動車と内燃機関を中心に産業が成長していたシュトゥットガルトは、やはり米英軍の空襲でその大部分を破壊された。しかし、世界第三の輸出大国になりつつある西ドイツの戦後の経済的奇跡は、すでにこの街を、緑多い丘陵地帯の、クレーンと新車と活力に満ちたブー

ムタウンに変貌させていた。

西ドイツに入って数週間後、マルレーネはミス・ドイツ・コンテストに参加した。一等賞はフランスのルノー・コンバーティブルだという地元新聞の広告に惹かれたのである。高級温泉地バーデンバーデンで優勝し、渡米したマルレーネはフロリダで世界各国から集った四八人の競争相手にうちかち、ドイツ人として最初で唯一のミス・ユニバースとなった。

『タイム』誌は、彼女を逃亡させてしまったことについて、共産側の不手際を揶揄しないではいられなかったようである。「たとえどんな大脱走だったとしても、東ドイツの国境警察隊が、しなやかな五フィート八インチのマルレーネを見つけなかったとは理解に苦しむ。……西側なら絶対そんなへマはしないだろう」

ミス・ユニバース・コンテストは、パラマウント映画によって組織され演出された祭典で、この年の司会はテレビ司会者でコメディアンのジョニー・カーソン、解説者は女優ジェーン・メドウズだった。マルレーネ優勝の模様はテクニカラーで世界中に流された。数万の東ドイツ国民もこれを見た。屋根の上に不細工に取り付けられたアンテナが西ドイツ・テレビの電波を捉えてくれるおかげである。食い入るように見守った。

マルレーネは信じられない思いだった。シュトゥットガルトの研究所で電気技師として得ていた給料は一週五三ドル。ミス・ユニバースになって勝ち得たのは五〇〇〇ドルの現金、五〇〇〇ドルのミンクのコート、一万ドルの個人出演契約、そして衣装の山だ。新聞によれば、彼女の優勝祝いは朝の五時まで続き、そのあとオレンジジュース、ベーコン・エッグ、トースト、コーヒーという「アメリカン・スタイルの朝食」を摂った。「少し疲れました。でもとても幸せです」と通訳を通して話した。通訳はドイツ語に堪能な海軍大尉で、記者会見、インタビュー、写真撮影等々を通して、彼女にまめまめしく付き添っていた。

マルレーネを通して難民問題が世界の注目を浴びたためにウルブリヒト側も反応せざるを得なくなった。脱出を抑えるべく三本建ての対策をとった。まず、社会主義の美徳と資本主義の失敗についてのより積極的な宣伝だ。次に、難民の家族を共謀のかどで罰するなど抑圧体制の一層の強化。そして、戻ってきた難民に仕事から住居まで世話してやるなど、脱出者へのさらなる帰国の勧誘。

しかし、効き目はなかった。難民の数はエスカレートするばかりだった。脱出する機会が間もなく消えるらしいという噂がそれに拍車をかけていた。

マルレーネに関して、東ドイツの共産主義青年組織機関紙『ユンゲ・ヴェルト』(若い世界)は、難民問題に世界の関心を集めるためにミス・ユニバース・コンテストを利用したとアメリカを非難し、飢餓と貧窮の共産主義から黄金きらめく西側によって救われた「ソ連管理地域版シンデレラ」物語を捏造したとして西ドイツ・メディアを批判した。さらに同紙は、東ドイツでは彼女は電気技師としての技能と社会主義的知識の豊かさのゆえに評価されていたのに、「いまや大事なのは彼女のバストとヒップだけだ。彼女はもはや真面目には扱われない。単なる見世物になってしまった」と述べた。

そのような報道についてアメリカのジャーナリストからコメントを求められると、マルレーネはあきらめたように肩をすくめ、「そう言われるのは予想していました。世界が東ドイツの状況をあらためて認識することは、東ドイツ政府にとって不愉快なことだろうと思います」と言った。

ミス・ユニバースとなった点を除けば、マルレーネの物語は、あの頃の大多数の難民の物語と変わるところはなかった。彼女はまず母と妹が逃亡するのを援助した。その数週間後、彼女を当局が共謀のかどで捜査しているのを知り、二人の後を追ったのである。彼女らの犯した罪とはレプブリークフルフトすなわち共和国逃亡罪であり、一九五七年のパスポート規則変更法に照らせば、マルレーネは有罪とされた場合、三年以下の懲役刑に服さなければならなかったのだ。

『ユンゲ・ヴェルト』は、彼女のマイアミでの優勝を資本主義特有のはかない快楽の一つと呼び、束の間の喜びのあとには見知らぬ土地での困難な生活が待っている、「一年だけはもてはやされるだろうが、その後は忘れ去られてしまうのだ」と書いた。

マルレーネの場合、東ドイツのプロパガンダは部分的には正しかったことになる。一九六二年、彼女はハリウッドの俳優でテレビの西部劇シリーズ『ブロンコ』の主演者、タイ・ハーディンの八人の妻の中の三人目となる。四年後彼と離婚。その後、女優、脚本家、プロデューサーとして、映画製作にたずさわった。作品は一二本。いずれも、女性のヌードを除けば注目すべき内容はない。「ハリウッドの生活は自分に向いていないと悟ったのです」。彼女はアメリカを去るという自分の選択について、後にそう述懐している。マルレーネは故国に戻り、ザールブリュッケンで電気エンジンの仕事に就いたのだった。

しかし、東ドイツを去るときのマルレーネの選択は、自由か牢獄かという切羽詰まったものだった。刑期を終えて出獄しても技術者として働くことは禁じられ、不自由で暗鬱な世界にからめ取られて生きるしかなかった。ハリウッドは彼女にとって失望だった。しかし西側への脱出は彼女の救済だった。

マルレーネ・シュミットがミス・ユニバースの冠をかぶってひと月足らず後に、ウルブリヒトは、脱出口を――マルレーネを含む非常に多くの人々が通り抜けて行った自由への門を、閉鎖する行動に出る。

(下巻へつづく)

訳者略歴
宮下嶺夫（みやした・みねお）
一九三四年京都市生まれ。慶應義塾大学文学部卒。主な翻訳書に、H・ファースト『市民トム・ペイン』、N・フエンテス『ヘミングウェイ　キューバの日々』（以上、晶文社）、W・ロード『真珠湾攻撃』、R・マックネス『オラドゥール　大虐殺の謎』（以上、小学館）、G・ジャクソン『図説スペイン内戦』（彩流社）、A・ドルフマン『ピノチェト将軍の信じがたく終わりなき裁判』（現代企画室）、P・プレストン『スペイン内戦　包囲された共和国1936―1939』（明石書店）など。

ベルリン危機1961
ケネディとフルシチョフの冷戦　上

二〇一四年　六月一〇日　印刷
二〇一四年　六月三〇日　発行

著　者　フレデリック・ケンプ
訳　者　©宮下嶺夫
装丁者　日下充典
発行者　及川直志
印刷所　株式会社理想社
発行所　株式会社白水社

東京都千代田区神田小川町三の二四
電話　営業部〇三（三二九一）七八一一
　　　編集部〇三（三二九一）七八二一
振替　〇〇一九〇‐五‐三三二二八
郵便番号　一〇一‐〇〇五二
http://www.hakusuisha.co.jp
乱丁・落丁本は、送料小社負担にてお取り替えいたします。

株式会社 松岳社

ISBN978-4-560-08371-0

Printed in Japan